믿음 없는 믿음의 정치

The Faith of the Faithless: Experiments in Political Theology

Copyright ⓒ 2012 by Simon Critchley

All rights reserved.

Korean Translation Copyright ⓒ 2015 by E-Who Publishing Co.

Korean edition in published by arrangement with Jonathan Clowes Ltd.

through Imprima Korea Agency

믿음 없는 믿음의 정치

정치와 종교에 실망한 이들을 위한 삶의 철학

지은이 _ 사이먼 크리츨리
옮긴이 _ 문순표
펴낸이 _ 이명회
펴낸곳 _ 도서출판 이후
편집 _ 김은주, 유정언, 홍연숙
편집 부분 도움 _ 김혜영
디자인 _ 이수정

첫 번째 찍은 날 2015년 11월 5일

등록 _ 1998. 2. 18(제13-828호)
주소 _ 서울시 마포구 양화로 156, 1229호(동교동, 엘지팰리스 빌딩)
전화 _ 대표 02-3141-9640 편집 02-3141-9643 팩스 02-3141-9641
www.ewho.co.kr

ISBN 978-89-6157-081-7 03100

이 도서의 국립중앙도서관 출판시도서목록(CIP)은 e-CIP 홈페이지
(http://www.ni.go.kr/cip.php)에서 이용하실 수 있습니다.
(CIP 제어번호: CIP2015027066)

믿음 없는 믿음의 정치
The Faith of the Faithless

정치와 종교에 실망한 이들을 위한 삶의 철학

사이먼 크리츨리 지음
문순표 옮김

이후

제이미슨 웹스터에게,
사랑을 담아

| 차례 |

일러두기

1. 한글과 외래어 표기는 〈국립국어원〉 표준국어대사전 표기 및 '외래어 표기법'을 따랐다. 단, 원칙대로 표기할 경우 현실과 지나치게 동떨어진 음이 나오면 실용적 표기를 취했다.
2. 단행본, 정기간행물에는 겹낫쇠(『 』)를, 논문이나 기고문, 에세이, 시 등에는 홑낫쇠(「 」)를, 단체나 기업 및 영화나 텔레비전 프로그램 명의 경우 격쇠(〈 〉)를 사용했다.
3. 본문 및 미주에서 옮긴이의 설명이 필요하다고 생각되어 첨언한 부분은 대괄호([ ])로 표시했다.
4. 별표(*)로 표시한 본문의 주석은 모두 옮긴이의 것이다.
5. 보통 성서 번역에서 belief(s)는 '단순한 믿음'이나 '신념', '믿음의 조항(들)'을 뜻하다가 17세기 이후에는 '지식과 믿음'의 관계처럼 '지성화된 믿음'으로 세분화되었다. 이와 달리 faith는 경험 가능성이나 입증 가능성과 상관없이 자신을 초월하는 대상이나 참이라고 믿는 이념과 진리 등에 투신하는 양태나 행위를 가리키고 belief(s)를 아우르는 더 포괄적이고 일반적인 개념이다. 이 책에서도 암암리에 둘 사이의 구분이 반영되어 있다. 이를테면 '종말론적 믿음'은 belief로, 저 신앙 체계에 함축되어 있는 헌신과 충실성의 태도 등은 faith로 각기 다르게 표현되어 있고 후자를 더 강조한다. 이처럼 두 개념이 의미상으로는 확연히 구별되고 더구나 이 책에서 전자는 존재론적·인식론적인 차원에서, 즉 종교적 권위 따위가 믿음의 조건이 된다는 점에서, 후자는 윤리적인 차원에서, 즉 외적 권위 없이 스스로 부과하는 믿음의 차원에서 서로 대비시켜 논의한다. 이렇게 볼 때 belief(s)와 faith의 번역어는 각기 '믿음', 믿고 우러러보고 전념한다는 뜻의 '신앙'이나 '신념'이 와야 적절하다. 그런데 '신앙'은 무속 신앙처럼 이미 확고히 자리한 역사적이고 개별적인 믿음 체계를 가리키는 경우가 많고 정치와 종교의 내밀하고 역설적인 관계를 규명하려는 이 책의 본뜻과 달리 faith를 종교('신앙')나 성직('신념') 영역 한쪽에만 치우쳐 이해될 가능성이 있다. 그래서 불가피하게 belief(s)와 faith 모두 더 일반적이고 포괄적인 '믿음'이라고 옮겼다. 다만 '천년왕국 신앙'이나 '종말론 신앙'처럼 이미 역사적으로 존재했던, 초월적 대상에 대한 개별 믿음 체계를 지시하는 경우에는 belief를 예외적으로 '신앙'으로 옮겼다. 그리고 서론에 인용된 오스카 와일드의 '불가지론'과 나란히 faith를 언급할 때만 '신앙'으로 옮겼다. 그 밖에도 두 개념이 병기될 때에는 faith를 '신앙'으로 belief를 '믿음'으로 옮기고 따로 원어를 표기해 뒀다. 번역에는 부각되지 않지만 두 개념의 미묘한 차이와 저자의 강조점을 염두에 두고 읽으면 좋겠다.
6. 인용되거나 언급된 문헌 중 번역본이 있는 경우에는 미주에서 그 서지 사항과 쪽수를 표기하고 본문 인용의 경우 번역본을 참조하되 저자의 의도와 맥락에 적합하게 옮겼다.
7. 본문에 등장하는 하이데거 관련 인용문과 개념은 한국어법에 최대한 가깝게 번역한 이기상의 『존재와 시간』, 독일어 직역 투가 특징적인 소광희의 번역본에 기댄 박찬국의 『하이데거의 존재와 시간 강독』 두 판본을 참조하되 저자의 의도가 가장 잘 부각되고 가독성을 높이는 쪽으로 달리 옮겼다. 해당 인용문의 쪽수는 시중에서 구할 수 있는 이기상 번역본을 병기했음을 미리 알려 둔다. 참고로 이 책의 저자는 맥쿼리와 로빈슨 판(J. Macquarrie and E. Robinson, Blackwell, Oxford, 1962)을 참조했다.

정치와 종교에 실망한 이들의
연대를 위하여

오스카 와일드의
그리스도교

이야기 하나, 소소한 우화로 이 책을 시작하고 싶다. 1897년 5월 19일 오스카 와일드Oscar Wilde는 성추행으로 2년 동안 구금되었던 레딩 교도소에서 풀려났다. 그날을 끝으로 와일드는 영국을 떠나 디에프로 갔다. 프랑스에 도착해서 그는 신실한 벗이자 애인이기도 했던 로버트 로스Robert Ross를 만났다. 로스는 5만 단어가량이 빽빽하게 들어찬 여든 쪽짜리 원고를 건네받았다. 와일드는 이 원고를 투옥 중이던 마지막 몇 달 동안 작성했던 것으로 보인다. 교도관들은 한 번에 한 장의 종이만 주었고, 다 채워지면 완성된 종이를 가져가고 새것을 건넸다. 이 원고는 3년 뒤 파리에서 엉망진창이 되어 죽기 전 와일드가 쓴 마지막 산문이었고 감옥에서 작성한 유일한 작품이었다.

그것은 변덕스러운 애인 앨프리드 더글러스 경에게 보내는 길고도 때로 격렬한 서간이었다. 일부 삭제를 거쳐, 시편 130편의 첫머리 "야훼여, 심연으로부터 당신을 부르오니"에서 따온 라틴어 '심연으로부터De Profundis'가 제목으로 붙어 1905년에 출간되었다. 이 편지의 종교적 차원은 흥미롭다. 특히 그리스도의 형상에 대한 와일드의 해석이 그렇다. 내 생각에 와일드의 이 편지는 이 책의 다양한 실험들을 안내해 줄 정치와 믿음belief이라는 딜레마의 양상을 아주 잘 비추고 있다.

『심연으로부터De Profundis』는 자기 자신을 파괴하여 무척 보기 드문 예술적 재능을 낭비했던 이의 간증이다. 하지만 이 텍스트에는 고요하며 강철 같은 뻔뻔함이 새겨져 있기도 하다. 와일드는 모든 것(자녀, 명성, 돈, 자유)을 상실했지만 어떤 초월적 신의 외적 명령 앞에 머리를 조아리지는 않는다. 반대로 자신의 고통을 "생생한 자기완성self-realization의 양태"가 되기 위한 기회로 본다. 그는 "내가 관심을 두는 것은 그것이 전부야"라고 덧붙인다. 와일드의 자기-파괴는 자기 바깥에서 구원을 찾는 데로 이어진 게 아니라 더 깊숙하게 자기 안에서 뭔가 새로운 자기-형성과 자기-예술성의 수단을 발견하는 데로 이어진다. 투옥을 견뎌낼수록 와일드는 전보다 더한 개인주의자가 되는 것 같다. 앞으로 살펴보겠지만 문제는 훨씬 더 복잡해진다.

와일드는 그러한 자기완성의 행위에 종교도 도덕성도 이성도 소용 없다고 주장한다. 종교니 도덕성이니 이성이니 따위는 모두 모종의 외부 대행자의 발동을 요구하기 때문이다. 탁월한 도덕 폐기론자인 와일드에게 **도덕성**Morality이란 외부에서 부과된 법의 제재에 관한 것이므로 거부될 수밖에 없다. **이성**Reason으로 와일드는 자신에게 유죄를 선고한 법과 이 법들을 부과한 체제가 잘못되고 부당하다는 것을 알 수 있게 된다. 그렇지만 자신에게 닥친 일의 본질을 파악하고 이를 초월하려면 자신의 불

믿음 없는 믿음의 정치

운을 어떤 부당함이 외부에서 부과된 것이라고 합리적으로 여길 수는 없다. 반대로 잘못된 것을 내면화해야 한다. 그런데 여기에는 합리적 절차가 아니라 예술적 절차가 필요하다. 그것은 와일드에게 감옥 생활의 면면(판자로 된 침대, 혐오스런 음식, 끔찍한 의복, 침묵, 고독과 수치심)이 그가 "영적 체험"[2]이라 부르는 것으로 예술적으로 바뀌어야만 한다는 것을 뜻했다. 와일드의 육체가 겪은 다양한 수모는 '영혼의 영성화', 고통에서 아름다움으로의 변용, 혹은 정신분석학자들이 '승화sublimation'라 부르는 탈바꿈된 수난이 되어야만 한다.

그런데 종교에 대한 와일드의 견해야말로 정치와 믿음belief이라는 주제와 관련해 매우 흥미로운 것이다. 다른 이들이 비가시적인 무형의 것과 거대한 미지의 것이나 그 비슷한 것을 믿는 자리에서 와일드는 "만질 수 있고 볼 수 있는 것"[3]에 대해 보다 미적인 충실함을 고백한다. 그렇다면 와일드의 종교는 감각적인 것이다. 그는 계속해서 내가 이 책에서 맞닥뜨리려 하는 딜레마를 기술하는 비범한 발언을 한다.

도대체 종교를 머리에 떠올릴 때면 **믿지 못하는** 이들을 위한 수도회를 하나 세우고 싶다는 기분이 든다. 불신자들의 신심회Confraternity of the Faithless라 부를 수 있을 그곳에서는 양초도 태우지 않는 제단 위에서 자신의 마음에 아무런 평화도 거하지 않는 사제가 축복받지 못한 빵과 와인이 비워진 성배를 거행하고 있을 것이다. 참된 것은 모두 틀림없이 종교가 될 것이다. 그리고 불가지론은 신앙과 마찬가지로 의례를 갖게 될 것이다.[4]

"참된 것은 모두 틀림없이 종교가 될 것이다"라는 구절이 두드러지게 눈에 띈다. '참되다'는 것은 무슨 의미일까? 분명 와일드는 명제의 논리적 진리나 자연과학의 경험적 진리를 언급하고 있지 않다. 내 생각에 와일드는 '참되다'를 근본적 의미에서 '무엇에 신실하다', 즉 충실함의 행위로서 독일어 트로이treu('충실한loyal'이나 '충직한faithful'을 뜻한다)에 그 맥이 닿아 있는 어떤 것으로 파악하고 있다. 이는 아마도 예수가 "나는 길이요, 진리요, 생명이다"(요한복음 14장 6절)라고 말했을 때 그 구절에 담긴 '진리'의 의미일 것이다. 종교적 진리란 어떤 이가 결혼을 약속하고 그 약속을 확인하는 충실함의 체험인 서약troth과도 같다. 그렇다면 참된 것이란 믿음faith의 체험이고 이는 유신론자는 물론이거니와 불가지론자와 무신론자에게도 해당한다. 믿지 못하는 자도 여전히 그들이 믿을 수 있는 종교적 진리와 제의라는 틀이 필요하다. 와일드가 언급한 말의 중핵에는 **믿음 없는 이들의 믿음**faith of the faithless과 **비신자들의 믿음**belief of unbelievers이라는, 진리의 이념을 포기하지 않지만 그 의미가 바뀌는 어떤 믿음faith에 대해 얼핏 모순되어 보이는 생각이 존재한다.

나는 이 믿음 없는 이들의 믿음faith이라는 이념이 정치와 믿음belief의 딜레마를 다루는 데 유용하다고 생각한다. 비신자들에게 여전히 믿음의 체험이 필요한 것 같다. 그렇다고 믿음이 전통적인 종교 개념으로 뒷받침되어야 한다고 생각하는 것은 아니다. (앞으로 나는 왜 그런지 탐구해 볼 것이다.) 전통적으로 종교는 초월적인 충만의 체험이나 어쩌면 바로 이러한 공준, 말하자면 마르틴 하이데거Martin Heidegger가 '존재-신-론onto-theology'[5]이라 부른 것으로 규정된다. 어떻게 그런 믿음 없는 이들의 믿음이 형제회confraternity, 자매회consorority나 (루소의 열쇳말을 사용하자면) **연합**assoicaiton을 결속시킬 수 있는가. 이어지는 [사유] 실험들에서 나의 지속적 관심사가 될 **정치적** 물음이다. 의욕 꺾인 냉소주의로 미끄러지지 않도록 저지하는 것이 정치적 삶이라면, 여기에는 특정 맥락으로 환원되지 않으면서도 장소locality와 자리site와 지역region(와일드의 경우에는 교도소 감방)에서 연대를 형성할 수 있는, 동기를 부여하는 권위 있는 믿음이 필요할 것 같다.

이 믿음 없는 이들의 믿음은 자기나 주체의 바깥에 있는 신성한 외적 명령이나 초월적 실재 그 어떤 것도 자신의 대상으로 가질 수 없다. 와일드의 말처럼 "하지만 신앙이든 불가지론이든 그것은 내 바깥에 있는 것이 되어선 안 된다. 그 상징들은 나 자신이 창조한 것이어야 한다."[6]

우리는 어떤 역설을 마주하고 있는 것으로 보인다. 한편으로 참된 모든 것이 종교가 되어야 한다. 그렇지 않으면 믿음에 (말 그대로) 신뢰나 권위가 없어진다. 하지만 다른 한편으로 우리는 저 권위의 입안자들이고 또 그래야만 한다. 믿음 없는 이들의 믿음은 내가 내 영혼의 대장간이 되고 우리 모두가 영혼의 대장장이가 되어야 하는 곳에서 이뤄지는 집단적 자기-창조의 작업이 되어야만 한다.

이 분명한 역설은 와일드의 그리스도 형상에 대한 해석으로 일소된다. 1891년 에세이 「사회주의에서 인간의 영혼the Soul of Man under Socialism」에서 와일드는 그리스도를 "경이로운 영혼을 지닌 거지"이자 "영혼이 신성한 나환자"로 묘사하고 있다. 그리스도는 "고통을 통해 자신의 완성을 실현하는 신"인 셈이다.[7] 그렇다면 와일드의 감금이란 그리스도의 확장된 본받기imitatio로 가장 잘 이해될 것이다. 여기서 그는 고통을 겪음으로써 존재하는 자가 된다. 고통을 통해, 고통 하나만으로 우리는 자기 영혼의 대장간이 되는 것이다. 따라서 리딩 감옥에서 와일드가 겪은 고통이란 예술가로서 자기완성의 조건이다. 와일드가 그리스도를 이해하는 중핵에, 아르투어 쇼펜하우어Arthur Schopenhauer에 가까운 고통의 형이상학이 존재한다. "삶의 비밀은 고통이다. 이는 만물의 뒤에 숨겨져 있는 것이다."[8] 와일드의 표현주의적 낭만주의 미학에 따르면 예술의 진리란 고통의 내면성을 외형에 육화시키는 것이자 깊은 내면을 외적으로 표현하는 것이다. 바로 여기서 와일드는 예술가의 삶과 그리스도의 생명 사이에 있는 내밀한 접속을 발견한다.

　와일드에게 그리스도란 최상의 낭만주의 예술가이자 상상력으로 내
면의 것을 표면화하는 시인이다. 그리스도는 자신의 생명과 수난을 고
통으로 바꿔 놓음으로써 그 자신을 하나의 예술 작품으로 만들었다고
와일드는 말한다. 그리스도가 목소리 없는 고통의 세계를 표현하도록
만듦으로써 그 자신을 숭고한 예술 작품으로 창조해 냈다는 것이다.

　예술가에게 표현이란 삶이라는 것을 상상할 수 있는 유일한 양식이다. 그에
게 말을 못 한다는 것은 죽어 있는 상태와 같다. 하지만 그리스도에게는 그렇
지 않았다. 우리를 거의 경외로 가득 채우는 폭넓고 경이로운 상상으로, 표현
하지 못하는 전 세계, 목소리 없는 고통의 세계를 자신의 왕국으로 취하고 그
자신을 저 세계의 외부 대변자로 만들었던 것이다.[9]

　짓밟힌 자들과 가난한 이들을 동정하면서도 부유한 이들의 힘들고
공허한 쾌락주의를 똑같이 연민할 때의 그리스도란 이성이 아닌 상상의
행위로서, 모든 피조물에 대한 동정의 상상적 투사로서 사랑의 육화다.
그리스도가 가르치는 것은 사랑이다. 그래서 와일드는 "당신이 정말 사
랑을 원할 때 사랑이 당신을 기다리고 있음을 발견하게 될 것이다"[10]라
고 쓴다. 스스로를 사랑에 대해 열어 놓겠다는 결심으로 어떤 권력도
그 위에 군림할 수 없고 결정할 수도 없는 은총을 받아들이는 것이 가
능해진다.

　그리스도에게 보내는 이례적인 찬사는 와일드가 그리스도의 "위험천만
한 생각"[11]이라 부르는 것에서 절정에 달한다. 그것은 와일드 그 자신과
같은 죄인을 처리하는 문제다. 그리스도는 죄인을 단죄하지 않고("너희
중에 죄 없는 자가 먼저 돌로 치라") 차라리 죄와 고통을 "본래 아름답고 성

스러운 것이자 완성의 양식"[12]으로 바라본다. 여기서 와일드는 죄의 행위 자체가 성스럽다는 것이 아니라 이 행위의 변용이 오랜 회개와 고통의 경험에 뒤따르는 것이라 이야기하고 있다. (와일드는 이를 몹시도 비헬레니즘적인 사유라 여긴다.) 우리가 미적 변용이나 승화 과정을 통해 과거를 바꿀 수 있을 만큼 그러하다. 와일드는 이렇게 결론 내린다. "대부분의 사람들이 이 생각을 파악하기란 어렵다. 그걸 이해하려면 감옥에 가 봐야 할지도 모른다. 그렇다면 감옥에 가 보는 것도 나름 가치 있을 것이다."[13]

투옥 경험을 통해서만 와일드는 와일드 본인이 될 수 있으며, 그가 가차 없이 자신의 개인주의라 일컫는 것을 심화시켜서 고통의 변용과 수난의 변형에 의해 규정된 주체성을 만들 수 있었다. 여기에서 와일드의 예술적 예시는 그리스도다. "그는 곧 예술 작품과도 같다. 그는 실제로는 우리에게 아무것도 가르치지 않지만 모습을 나타냄으로써 우리를 무언가가 되게 한다."[14]

와일드의 그리스도교는 그 정치적 표현을 **사회주의**에서 발견한다. 와일드가 투옥되기 전에 사회주의에 대해 펼친 논의는 조금도 과장하지 않고 그 유례가 없다. 와일드에게 사회주의의 주된 이점은 우리에게서 "타인을 위해 살아야만 하는 부정직한 필연성"[15]을 덜어 준다는 것이다. 말하자면 사회주의는 우리에게서 가난한 이들의 변함없는 존재와 압박, 자비라는 부르주아적 짐과 이른바 이타적 덕목을 덜어 준다. 가난을 사회의 정치 조직화라는 차원에서 제거하면서 사회주의는 "개인주의로 이어질 것이다."[16] 자기-예술성과 자기-형성을 허락하고 긍정적으로 북돋는 사회에서 개인들은 번창할 것이다.

그런데 그런 사회주의는 아픔, 고통과 투옥의 경험, 다시 말해 우리가 『심연으로부터』에서 뒤좇아 온, 그리스도에 대한 완전한 본받기 없이는 불가능하다. 「사회주의에서 인간의 영혼」에서 와일드는 아놀드식 헬레니즘*을 상상하는데, 여기서 삶의 단순한 기쁨은 고통을 받는 신에게서 느끼는 괴로운 애통을 대체한다. 1897년 투옥과 수모를 겪은 뒤에 와일드는 확실히 장담하지는 못한다. 그래서 그의 미적 개인주의가 거짓임이 탄로난다. 내가 보기에 『심연으로부터』에 표명되어 있는 것은 결코 개인주의가 아니라 내 표현대로 하자면 '분인分人주의dividualism'[17]라고 할 수 있다. 자아는 그를 그 자신에게서 분리하는 압도적이고 무한한 요구의 경험과 관련해 형성된다. 그리스도가 산상수훈에서 말할 때 행했던 그런 종류의 요구를 경험함으로써 말이다. "원수를 사랑하고, 너희를 박해하는 사람들을 위하여 기도하여라. 너희를 미워하는 이들에게 선을 행하고, 너희들을 악의에 차서 이용하고 핍박하는 사람들을 위하여 기도하여라."(마태복음 5장 44절)

그리스도가 이렇게 말할 때, 이 무한한 윤리적 요구를 할 때 그는 무언가가 단순히 충족되거나 실행되리라고 진술하는 것이 아니다. 그가 신의 육화였든, 아니면 점령지 팔레스타인에 살던 골칫거리 랍비였든, 짐작컨대 그리스도는 단순히 어리석은 것도 아니고 이 무한한 요구를 목적 삼아 표현하지도 않았다. 같은 설교에서 "하늘에 계신 아버지께서 완전하신 것같이 너희도 완전한 사람이 되어라"(마태복음 5장 48절)라고 말할 때, 그리스도는 적어도 이번 생에서 그런 완성을 이룰 수 있다고 한순간도 상상하고 있지 않다. 그런 완성에는 인간적인 것과 신성한 것이 동등해지는, 일종의 신비로운 찬양이 필요할 것이다. 그런 요구는 우리의 불

---

* 매튜 아놀드Matthew Arnold가 『문화와 아나키』Culture and Anarchy』(London: Smith, Elder & Co, 1869)의 4장 「헤브라이즘과 헬레니즘」에서 비교, 분석하고 있는 내용을 가리킨다. 헤브라이즘과 헬레니즘 모두 완성과 구원이라는 동일한 목표를 가지고 있지만 그 방법에서 차이가 난다. 헬레니즘은 원죄의식에 기반을 둔 헤브라이즘과 달리, 사물을 있는 그대로 바라보고 사유하는 데 방해가 되는 육체로부터 자유로워져서 실재와 아름다움 속에서 사물을 파악하는 것이 곧 명료한 사유라고 주장한다.

완전과 실패를 노출한다. 우리는 무한한 요구라는 사실과 유한한 상황이라는 제약에 처해서 고군분투하고 있다. 달리 말해 윤리란 실패의 경험에 관한 온갖 것이다. 하지만 실패 속에서 무언가를 배우게 되고 **깊은 구렁 속에서**, 심연으로부터 무언가를 경험한다. 여기서 **양심**conscience의 본성 혹은 내가 '인간이 된다는 것의 무력한 힘'이라 부르려는 것이 드러난다. (이 책에서 나는 이를 계속 염두에 둘 것이다.)

무한한 윤리적 요구란 우리가 너무나 인간적이라는 것을 아는데도 할 수 없이 비대칭적이고 충족시킬 수 없는 요구(말하자면 그리스도처럼 되라는 요구)를 따라 살게 하고 그러면서 우리 자신으로부터 분리됨으로써 가능해지는 주체가 되도록 만든다. 설령 우리가 관습적 도덕성과 확고한 법의 제한적 형식주의와 전통 종교의 형이상학으로부터 자유로울 수 있다 한들 저 "타인을 위해 살아야만 하는 부정직한 필연성"으로부터는 결코 자유로울 수 없는 것처럼 보인다. 이는 믿음의 체험을, 믿음 없는 이들의 믿음을 필요로 한다. 믿음 없는 이들의 믿음이란 사랑, 자신이 가지고 있지 않은 것을 주고 아무런 힘도 행사할 수 없는 것을 받는 일로서의 사랑에 열려 있음에 다름 아니다. 이것이 이 책의 지평을 구성하고 있는 믿음의 가능한 의미다.

사랑은
죽음보다 강하다

종교로의 복귀는 어쩌면 동시대 이론의 지배적인 클리셰가 되었다고도 할 수 있다. 물론 [이때] 이론이란 흔히 현실, 종교전쟁이라는 사실이 지배하는 정치적 현실에서 실제로 일어나고 있는 일에 대한 과장된 메아리와 다를 바 없다. 아무튼 우리는 끊임없이 포스트-형이상학적이라고 이야기되었던 세속 시대로부터 정치 행위가 직접 형이상학적 갈등에서 흘러나오는 것처럼 보이는 새로운 상황으로 넘어왔던 것 같다. 이 상황은 종종 치명적으로 얽히고설킨 정치와 종교를 둘러싸고 삼각형을 형성할 수 있는데, 이 삼각형의 세 번째 꼭짓점이 폭력이다. 정치, 종교, 폭력은 우리가 너무나 가파르게 통과해 가는 중인, 종교적으로 정당화된 폭력이 정치적 목적의 수단이 되는 현재를 규정하는 것으로 보인다. 그런 상황에 어떻게 대응할까? 세속주의라는 판본을 방어해야만 할까, 아니면 어떤 유신론theism의 형태로 미끄러지는 것을 조용히 받아들여야만 할까? 이 책은 그런 양자택일을 거부한다. 이 책은 정치와 종교의 위험한 의존관계에 대한 네 개의 역사적이고 철학적인 탐구들로 구성되어 있으며, 두 개의 짧은 우화로 그 틀이 짜여 있다.

나는 장-자크 루소Jean-Jacques Rousseau의 논의에서 시작할 것이다. 루소의 작업은 근대의 정치와 종교 사이의 관계를 숙고할 때 본보기가 될 지표를 제공한다. 내가 루소에 관심을 두게 된 동기는 그의 작업에 내재한 매력(이것은 내가 개인적으로 오랫동안 천착해 온 것이다)도 매력이거니와 앞에서 언급한 [정치와 종교, 폭력이 이루는] 삼각형에 대한 선견이 작용한 결과다. 나는 루소에게서 주권의 역설을 발견한다. 1762년에 출간된 『사회계약론The Social Contract』은 틀림없이 근대의 정치 개념의 결정적인 표현을 제공한다. 인민주권에 기반한 연합이라는 평등주의 개념 말이다. 즉, 정당한 정치체에서 유일한 주권자는 인민 자신이다. 루소가 전적으로 정치적 정당성의 **내재적인**immanent 개념을 제공한다고 달리 말할 수 있겠다. 정치적 정당성은 루소의 법 개념에서 가장 명료한 표현을 발견한다. 정당한 정치체에서 따를 수 있는 유일한 법이란 일반의지의 행위를 통해 주어진 법이다. 달리 말해 법은 스스로 권위를 부여해야 하고 자율에 부합해야 한다. 그런데 만약 법이 스스로 권위를 부여한다면 어떤 권위를 가질 수 있을까? 이 물음은 루소에게 입법자라는 유명한 문제를 낳는다. 법이 한 공동체에 대해 권위를 가지려면 그 공동체의 외부에 자리해 있는 입법자의 현존을 정립하는 것이 필요하다. 한 정치체의 헌법적 협약을 개시하는 외국인이나 이방인이 있어야 한다. 법의 자율에는 [로널드 드워킨을 위시한] 몇몇이 법의 제국이라 본 것을 보장하기 위한 이질적 원천이 필요하다.

어떤 초월적 심급에 대해서 내재적 정당성 개념에 의존하는 것은 루소가 정치와 종교 사이의 관계를 다룰 때 한층 더 절실해진다. 앞으로 자세히 살펴보겠지만 한편으로 루소는『사회계약론』의 초안에서 정당한 정치제도에 관한 물음이 신학적으로 해결해선 안 되는 철학적 사안이라고 주장한다. 하지만 다른 한편으로 출간된『사회계약론』은 시민종교에 대한 악명 높은 논의로 끝난다. 루소는 정치체를 효과적으로 결속하고 정치체에 속한 시민들이 정치적 자기-결정의 삶을 구성하는 집단적 입법 과정에 적극적으로 관심을 가지려면, 믿음의 정치 조항(자비를 베푸는 신과 내세에 대한 믿음도 포함한다)이 필요하다고 믿었다. 이 도덕적 직관들의 항목이 그러한 활동에 동기를 부여할 것이다. 이것이 곧 루소가 볼테르Voltaire에게 그리스도교 믿음 조항을 닮은 시민의 교리문답이 존재해야만 하고 그것이 어떠한 정당한 정치체의 기능도 뒷받침할 것이라고 호소했던 원천이다.

나는 루이 알튀세르Louis Althusser를 따라 루소의 대단히 창의적인 생각에 일련의 불일치déclages(전치, 혹은 긴장, 모호함이나 외견상 모순되는 순간들)가 나타난다고 본다. 이 불일치는 정치, 법, 종교의 세 가지 핵심 개념에 초점을 두고 있다. 정치적 자율이라는 명백히 내재적인 개념은 이를 약화시키는 초월성과 이질성에 호소할 필요가 있다. 나는 이 불일치가 루소 텍스트의 복잡함을 규정할 뿐 아니라, 동시대 정치와 종교의 얽히고설킨 복잡한 관계를 밝히는 데 활용될 수 있으리라 예감한다. 실제로도 정치는 종교 없이 상상할 수 없는데, 문제는 정치가 모종의 종교적 차원 없이 실천될 수 있느냐다. 이를 앞으로 역사적으로 세세하게 설명해 볼 것이다. 제임스 매디슨*의 연방주의를 찬성하는 주장, 유럽연합 헌법 그리고 버락 오바마Barack Obama의 정치적 자유주의에서 종교가 맡은 역할에서 얻은 사례들과 결합시킬 것이다. 여기서 분명히 하자면, 나는 종교와 정치의 관계를 전근대에서 근대로의 이동이라고 알려진 것이나 심지어 진보라는 측면에서 보고 있지 않다. 여기서 종교는 근대 정치의 삶에 환영받지 못하는 전근대의 잔여물이 된다. 나는 근대성을 세속화 과정의 측면에서 보기보다는 정치형태의 역사가 일련의 **신성화의 탈바꿈**으로 가장 잘 파악될 수 있다고 주장할 것이다.

　루소가 어떤 장르에서 작업하든 아니면 장르를 발명까지 했든 허구의 구성적 기능을 인정했다는 점에서 그는 모범이 된다. 1장에서는 결국 진단적이면서도 규범적인 정치적 믿음의 허구나 성스러운 것의 허구를 논하며 끝맺을 것이다. 나는 어떻게 허구 범주를 통해 정치형태사(특히 군주 주권에서 인민주권으로의 이동)에 접근할 수 있는지를 진단하며 보여 주고자 한다. 대다수 압도적인 경우에 다수가 소수의 통치를 따르는 이유는 데이비드 흄David Hume이 의견의 권력이라 보았던 것이나, 내가 '허구적 힘fictional force'이라 부르는 것까지 그 연원을 거슬러 올라갈 수 있다. 그런 뒤 나는 [시인] 윌리스 스티븐스Wallace Stevens로부터 빌려 온, 정치에서 최상 허구(우리가 허구라는 걸 알고 있지만 여전히 그 존재를 믿고

---

* James Madison, 1751~1836. 미국의 제4대 대통령. 헌법의 아버지.

　　　　　　　　　　　　　　　　　　　　　　　믿음 없는 믿음의 정치

있는 허구)라는 사변적 가설로 논의를 옮겨가 시적 범주를 통해 정치적 정당성의 문제에 접근할 것이다. 나는 이 장을 끝내면서 알랭 바디우Alain Badiou가 어떻게 정치를 이해하는지 살펴볼 텐데 루소주의를 통해 바디우의 논의를 가장 잘 파악할 수 있다고 본다.

2장 신비주의 아나키즘에서는 시민종교 논의를 이어받아 정치신학에 대한 당대의 관심을 쇄신하는 데 주요한 원천이 될 카를 슈미트Carl Schmitt를 논한다. 조제프 드 메스트르Joseph de Maistre와 후안 도노소 코르테스Juan Donoso Cortés와 같은 가톨릭 반혁명주의자들을 슈미트가 편애했다는 사실로 2장의 핵심 물음이 제기될 수 있을 것이다. 바로 '정치와 원죄는 무슨 관계가 있는가?'이다. 도노소 코르테스는 어떤 의지 행위로도 바로잡을 수 없는 인간 본성의 본질적 결함을 지칭하는 신학적 이름이다. 이것은 나약함, 폭력, 잔인성에 대한 인간의 성향을 설명해 준다. 만약 인간존재가 원죄로 규정된다면, 정치는 인간존재를 그들 자신으로부터 보호하는 수단으로 슈미트가 옹호한 독재와 국가 권위주의 형태를 정당화하는 셈이 될 것이다. 나는 최신 판본의 원죄 개념이 여전히 매우 가깝게 우리와 함께한다고 주장하면서 존 그레이John Gray의 작업에 관여함으로써 이 같은 사유를 탐구하고자 한다. 나는 그레이가 자유주의적 인본주의에 대한 설득력 있는 비판의 일부로 원죄의 강력한 자연화를 제공한다고 생각한다. 이 비판의 정치적 유사물은 그레이가 '정치적 현실주의political realism'라 부르는 것으로, 슈미트의 권위주의보다는 훨씬 점잖지만(사실상 버크식 권위주의다) 인간의 조건에 대한 슈미트의 깊은 비판주의를 유지하고 있다. 그레이의 수동적 니힐리즘이라고 부를 수 있는 것을 비판한 다음에는 슈미트와 그레이의 정치 격론이 무엇을 겨냥하고 있는지 탐구할 것이다. 그것은 바로 인간 본성에 대한 본질적인 낙관주의에 기초한 유토피아적 정치형태로서 역사적으로는 천년왕국설의 형태들과 연관되었다.

2장의 한복판에 제기된 물음은 다음과 같다. 만약 원죄라는 사실이 극복될 수 있다고 여겨진다면 정치와 공동체에 대한 사유는 어떻게 바뀔 것인가? 이 물음은 타인들과의 결백한 연합a sinless union이 취할 수 있는 정치형태에 대한 논의로까지 이어진다. 노먼 콘Norman Cohn은 이를 두고 '신비주의 아나키즘'이라 부른 바 있다. 이 아나키즘은 천년왕국 신앙에 기반을 둔 혁명적 종말론을 실험적으로 탐구해 볼 기회가 된다. 천년왕국 신앙이란 최후의 때가 왔다는 신념conviction과 다름 아니다. 적그리스도의 현현 앞에 선과 악 사이의 힘겨루기는 선의 승리로 끝맺고 지상에 신의 왕국이 건립되리라는 신념이다. 나는 그런 종말론적 신앙에 대해 다분히 회의적이지만 그럼에도 여기에 생기를 불어넣는 것이 어떻게 믿음에 기초한 공산주의의 한 형태가 되는지를 보여 줄 것이다. 그것은 가난한 이들, 주변인들, 추방당한 이들로부터 그 힘을 끌어왔다. 나는 그런 공산주의의 가장 급진적인 판본으로 13세기와 14세기에 걸쳐 대인기를 얻었지만 가톨릭교회에 의해 폭력적으로 진압당한 이른바 자유성령the free spirit이라는 이단을 검토할 것이다. 내 생각에 이 '이단'의 가장 강력한 판본은 프랑스 신비주의자 마르그리트 포레트 Marguerite Porete의 『순일하고 사멸된 영혼들의 거울Le Miroir des âmes simples et anéanties』인데, 흥미롭게도 마이스터 에크하르트Meister Eckhart의 신비주의 신학과 연관되어 있다. 포레트는 1310년 프랑스에서 이단으로 낙인 찍혀 화형당했다. 포레트의 저서에서 핵심은 영혼이 원죄로 규정된 인간 조건의 제약을 극복하고 신성함과 합일에 도달할 수 있는 일곱 단계를 설명하는 것이다. 영혼이 대담하고도 극적인 사랑의 과정으로 파괴되자마자 신이 된다는 것인데, 나는 이러한 믿음의 판본을 다른 여성 신비주의자들과 관련해서도 추적해 보려고 했다. 이렇게 죄를 극복하려

믿음 없는 믿음의 정치

는 정치형태가, 사회 불평등의 기반으로 파악되는 사적 소유제의 폐지를 도모하는 공산주의다. 콘이 미심쩍게도 신비주의 아나키즘의 성격을 도덕적으로 음란하고 정치적으로 해롭다고 격렬히 비판하는 자리에서 나는 구스타프 란다우어Gustav Landauer의 아나키즘, 조르주 바타유Georges Bataille의 공산주의 실험들, 라울 바네겜Raoul Vaneigem의 상황주의에서 발견할 수 있는 급진적 정치 사유의 혈통을 변별해 볼 것이다. 이 장의 결론에서는 동시대의 실험적 공산주의가 발로하고 있는 두 영역에 관심을 둘 것이다. 현대 예술의 협력적이고 집단적인 실천들, 〈보이지 않는 위원회The Invisible Committee〉와 같은 익명 집단의 봉기주의 insurrectionism를 다룰 것이다. 나는 두 경향 모두에 비판적이지만, 미학적이거나 정치적인 저항의 실천들에서 무엇이 전환되었고 어떻게 정치적 저항의 실천들이 비가시성, 불투명성, 익명성, 공명이라는 개념 주변에 집결되기 시작했는지 추적해 볼 것이다. 결론적으로 이 장에서 나는 신비주의 아나키즘에서 가장 가치 있다고 생각되는 것을 끄집어낼 작정인데, 그것은 바로 사랑의 정치이다. 여기서 '사랑'은 새로운 주체성의 형식이 나타나도록 현존하는 정체성 개념들을 무력화하고자 하는 절대 영성의 대담한 행위로 이해된다.

이 사랑 개념과 믿음과의 관련성이 3장에 연결 고리를 제공한다. 초점은 야콥 타우베스*, 조르조 아감벤Giorgio Agamben, 바디우 같은 사상가의 작업에서 보이듯이 근래 사도 바울에 대한 관심이 부활했다는 것이다. 바울의 정치신학은 부정적으로는 [로마] 제국 비판으로, 긍정적으로는 평등에 대한 보편적 요구 주변에 기초해 있는 새로운 형상의 행동주의와

---

* Jacob Taubes, 1923~1987. 서구 근대에서 바울주의의 계보를 탐구한 선구적 랍비이자 철학자. 국내에 『바울의 정치신학』(조효원 옮김, 그린비, 2012)이 출간된 바 있고, 『서구종말론』(문순표 옮김, 그린비)이 출간 예정이다.

투사성을 찾으려는 수단으로 활용돼 왔다. 3장을 여는 나의 주장은 이렇다. 바울로의 복귀란 새로울 것이 없으며 마르치온Marcion에서 마틴 루터Martin Luther를 거쳐 쇠렌 키르케고르Sören Kierkegaard에 이르는 그리스도교의 역사란 종교적 믿음의 중핵에 접근할 요량으로 현존 교회나 국교의 본질적인 세속 질서를 약화시키려는 종교개혁의 몸짓으로 이해될 수 있다는 것이다. 나는 바울이 언제나 강렬한 정치적 실망으로부터 일어난 종교개혁을 지지하는 형상이 되어 왔다고 본다. 바울에게 수신address이 갖는 이중적 본성은 대단히 흥미롭다. 여기에서 그는 부름의 수신을 통해 유대 그리스도교인들의 박해자에서 그리스도의 복음 전도사로 탈바꿈한다. 그리고 바울의 부름을 수신한 자들, 즉 그가 세운 다양한 교회나 공동체들은 세계의 폐기물 혹은 지상의 쓰레기로 판명 난다. 그렇지만 3장의 주된 관심사는 신에 대한 형이상학적 믿음belief이라는 추상이라기보다 차라리 무한한 요구에 대한 생생한 주체적 헌신으로 이해된 믿음faith 관념이다. 여기서 믿음이란 선언 행위이자 자기-실행enactment이며, 결정적인 정치적 개입이 요구되는 위기 상황 속에 존재하겠다고 선포하는 수행적 행위로 이해된다. 나는 3장에서 하이데거를 중심으로 본격적인 논의를 하기 전에 이 '선포proclamation'로서의 믿음 개념이 아감벤이 시도한 바울 독해에 어떻게 개괄되어 있는지 검토할 것이다.

그리고 하이데거의 1920~1921년 바울 강의를 사세히 읽으면서, 하이데거가 바울 서간에 몰두함으로써 이듬해 '기초 존재론fundamental ontology'이라 불리게 될 기획에 대한 결정적 통찰이 형성되었다는 점을 보여 주고자 한다. 하이데거에게 중심적인 물음은 '그리스도교적 삶이 어떻게 실행되는가?'이다. 그런 삶은 위기 상황에서 발생하고 비통의 감정이 새겨져 있는 어떤 선포나 복음에서 실행된다고 하이데거는 답한다. 퇴락falling이라는 주제에 대한 하이데거의 후기 사유의 원천이 되는 파루시아parousia 내지는 재림, 적그리스도의 형상에 대한 논의로 들어가기에 앞서 나는 부름의 증거로서 이 비통의 관념을 가지고 신비주의와 바울이 맺고 있는 미묘한 관계를 고찰할 것이다. 데살로니가후서와 같은 텍스트를 하이데거가 읽어 내는 데 존재하는 복잡함이 곧 시간성에 대한 사유를 형성한다. 나는 아감벤의 하이데거 비판에 반대하면서 하이데거의 바울 독해에 그럴듯한 메시아적 차원이 어떻게 존재하는지 보여 줄 것이다. 이 차원은 **비존재론**meontology이라 불릴 텐데, 그것은 '존재하는 것을 마치 그렇지 않은 것처럼 보라'와 '존재하는 것에서 존재하지 않는 것을 보라'라는 이중 명령에 달려 있다. 하이데거의 바울에 대한 강의에서 등장하는 것은 (놀랍게도) 가능성이라 이해되는 자족성autarchy과 결단성resoluteness의 형상으로 규정된 독해가 아니라, 역능과 힘의 한계를 초과하는 실행의 경험으로 규정된 인간존재의 개념이다. 여기서 본래성은 약함과 불능에 대한 긍정에 뿌리내리고 있다.

이러한 바탕(이것이 이 책 후반부의 이론적 중핵이다) 위에서 하이데거의 『존재와 시간Being and Time』의 재해석이 가능해진다. 나는 양심의 부름에 관한 하이데거의 논의를 면밀히 독해할 것이다. 바울과 아주 유사하게도, 이 부름은 하이데거에게서 이중 기능을 갖는다. 이는 퇴락한 일상성의 연루에서 벗어나라고도, 하이데거가 보기에 인간의 조건을 규정하는 섬뜩함uncanniness이나 낯섦으로 향하라고도 '나'를 부른다. '나'는 하이데거가 '세계의 무'라 이르는 것에서 벗어나 그 부름의 비성nullity[Nichtigkeit]으로 향하도록 불러내진 셈이다. 나는 인간의 존재 양식의 표현인 하이데거의 현존재Dasein가 어떻게 두 개의 무 사이에 뻗어 있는 존재자인지 그리고 이것이 어떻게 책임의 체험을 구성하는지 보여 줄 것이다. 이 체험은 장차 『존재와 시간』에서 '양심을 가지기를 원함wanting-to-have-a-conscience'으로 등장할 도덕적 과오가 아니라 본질적인 빚짐의 존재론적 구조로 이해되어야 한다. 하이데거가 반복하다시피 현존재의 존재가 늘 존재하는 것으로 그에게 있다면 그의 존재는 빚으로 구성되어 있다. 하이데거가 보기에 인간존재가 뜻하는 바의 낯섦은 내던져짐의 비성nullity과 기획투사projection의 비성이라는 이중의 비성을 긍정한다는 것이다. 이 이중의 비성은 자유의 경험과 다르지 않다. 책임을 모면하는 자유 말고 책임을 구성하는 자유를 경험하는 것이다.

3장의 마지막 두 번째 절에서 나는 다시 믿음의 문제에 천착할 것인데, 2세기에 있었던 마르치온이라는 한층 심화된 이단에 대해 다룰 것이다. 마르치온이 갖는 급진성은 믿음에 대한 극도의 바울적 긍정에 있으며 이는 특히 히브리 성경에 표현된 것처럼 율법 체험을 부인하는 대가를 치르고서 얻게 된다. 마르치온은 여기서 각기 창조와 구원의 질서를 보여 주는 구약과 신약을 연결하는 끈을 끊고 유일신에 대한 긍정을 두 신에 대한 긍정으로 대체한다. 유일신론은 이원론이 된다. 창조신은 바울이 선포했던 구원 신과 같은 존재가 아니라는 말이다. 아돌프 폰 하르나크Adolph von Harnack의 마르치온 독해를 면밀히 따라가면서 나는 어떻게 이 이단이 유혹적인 힘을 발휘하게 되는지 밝힐 것이다. 말하자면, 바울 서간에 공표된 것은 절대적으로 새로운 것이고, 그 유일한 증거는 믿음의 선포다. 이로써 우리는 동시대 바울로의 복귀와 그것의 중핵에 있는 율법 형상의 부인으로 되돌아간다. 나는 아감벤과 바디우의 바울주의가 실제로는 급진적 도덕 폐기론의 위험을 무릅쓰고서라도 율법과 믿음 사이의 연결을 부수려 시도하는 내밀한 마르치온주의crypto-Marcionism라고 주장한다. 이 경향에 맞서 나는 로마서 7장과 8장을 독해할 텐데, 믿음과 율법의 관계에 대한 다른 견해, 바라건대 좀 더 설득력 있는 이해를 제공할 수 있었으면 한다. 율법과 죄가 내 안에 있지 않다면 믿음은 아무런 의미가 없을 것이다. 우리의 비참함이 우리의 위대함이다.

앞서 개괄했던 정치, 종교, 폭력의 삼각형으로 되돌아가자. 지금껏 정치와 종교 사이의 상호 의존성을 지배적으로 다뤘다면 4장에서는 폭력 문제를 비롯해 폭력이 비폭력의 윤리 및 정치와 맺는 관계로 관심의 초점이 이동한다. 슬라보예 지젝Slavoj Žižek과 벌였던 갑론을박이 이 길의 안내자가 되어 논쟁적이나마 돋보이도록 활용될 것이다. 먼저 나는 지젝이 폭력을 보는 관점, 말하자면 발터 벤야민Walter Benjamin의 신적 폭력 개념을 이해하는 방식을 살펴볼 것이다. 지젝의 사유에서 일련의 (철학적이면서 정치적인) 교착상태를 확인한 뒤에 벤야민의 유명한 에세이 「폭력 비판을 위하여Critique of Violence」(1921)에 나타나 있는 일련의 구별들에 대해 다룰 예정이다. 말하자면 법정립적 폭력과 법보존적 폭력, 정치 파업과 총파업, 신화적 폭력과 신적 폭력의 구별이다. 지젝이 「폭력 비판을 위하여」를 해석하면서 놓친 것은 비폭력의 차원이며, 갈등의 비폭력적 해결이 가능한지, 그렇다면 어느 정도까지 가능한지에 대한 벤야민의 물음이었다.

벤야민에게 특히 흥미로운 것은 신적 폭력과 "살인하지 말라"는 성경 계명(비폭력에 대한 명령) 사이에 어떤 관계가 있느냐이다. 살인 금지가 폭력 행위를 배제하는가? 곧 살펴보겠지만 문제는 처음 나타나는 것보다 훨씬 복잡하고 지젝이 받아들이는 것보다 한결 더 미묘하다. 예를 들어 "살인은 고의로 인간을 불법 살해하는 것이다"(미연방법전, 18편)처럼 성경 계명은 제삼자가 수신하는 비인칭의 강제법이 아니다. 계명은 더 깨지기 쉽지만 고집스러운, 2인칭에게 보내는 행위에 대한 지침이나 다림줄이다. '너는 살인하지 않을 거야'라고 말이다. 말하자면 계명의 힘이 비강제적이고 우리의 동의가 필요하다는 것이 중요하다. 내 식대로 표현하자면 승인이 필요한 윤리적 요구인 셈이다. 비폭력의 계명이란 그 비강제력

덕에 우리가 고군분투해야만 하고, 어떤 예외적인 경우에는 이를 무시한 것에 책임을 져야 하는 행위 지침이다. 그렇다고 살인을 금하는 계명이 살인이 가능함을 배제하지도, 그런 살해를 묵과하지도 않는다.

벤야민에게서 계명이 갖는 의미를 해석함으로써 나는 에마뉘엘 레비나스Emmanuel Levinas와 관련된 폭력 문제를 성찰하는 데로 차례차례 옮겨 갈 것이다. 그렇게 해서 다른 식으로는 설명할 수 없는 사실을 해석할 수 있게 된다. 레비나스에게 '너는 살인하지 않을 거야tu ne tueras point'라는 제일의 윤리적 명령이 전쟁과 폭력 상황에서 필연적으로 발생하고 실제로는 저 명령이 그 자체로 폭력 행위라는 사실이다. 타인의 얼굴은 살해의 유혹이자 평화로의 부름이기도 하다. 벤야민처럼 레비나스는 타인과의 비폭력적 관계를 표현하려고 할 때 폭력을 인정할 수밖에 없다. 이는 지금껏 우리에게 익숙한 레비나스의 윤리학과는 전혀 다른, 타인의 얼굴이 살해의 유혹이자 평화로의 부름이 되는 윤리학의 그림으로 연결된다. 레비나스는 우리에게 더럽혀진 손의 취약한 윤리학을, 곤란한 평화주의를 제시한다.

주디스 버틀러Judith Butler를 따라 '비폭력적 폭력nonviolent violence'이라 일컬을 수 있는 것이 가진 정치적 함의는, 2장의 분석을 떠올려 권위주의와 아나키즘 사이에 존재하는 역사적으로 착근된 갈등이라는 측면에서 제시될 수 있다. 여기서 나는 시셱과 내가 정치직으로 의견이 충돌하는 내용을 자세하게 돌아본다. 이는 사소한 개인적 차이에서 오는 나르시시즘의 문제가 아니라 미하일 바쿠닌Mikhail Bakunin의 마르크스 비판과 아나키즘의 레닌주의 비판을 떠올리게 하는 분명한 정치적 분열의 문제다. 나는 정치에서 유일한 선택이 블라디미르 레닌Vladimir Lenin과 지젝에게서처럼 국가권력과 비권력 사이에 있는 것이 아니라고 주장한다. 차라리 정치는 국가 내에서 사이 거리를 창출하고 아나키즘의 연방주의 비전에 가장 강력하게 표현되어 있는 협동과 상호성이라는 형식을 함양하는 것이다. 여기서 관건이 되는 중심 문제는 나와 지젝이 정치적 저항과 이것이 국가와 맺는 관계에 대해 크게 다른 평가를 내리고 있다는 것이다. 저항은 투항이라는 지젝의 주장에 반대하여 나는 저항의 정치에서 무한한 윤리적 요구가 주효하다고 주장할 것이다. 지젝과 같은 사상가들에게서 엿보이는, 혁명적 폭력을 향한 타성 젖은 향수를 강하게 비판하는 입장이지만 결론적으로 나는 추상적이고 비역사적인 비폭력 개념을 비판할 것이다. 폭력이 역사, 대체로 착취와 몰수라는 역사가 있는 현상임은 두말할 필요가 없다. 역사란 폭력과 대항-폭력의 실로 무한해 보이는 순환이다. 그런데 어떤 **선험적인** 비폭력 개념의 이름으로 역사의 압도적인 증거들을 거부한다면 이데올로기적 추상과 교조주의의 위험을 무릅쓰고서 역사를 부인하는 것이다. 이 때문에 정치란 비폭력에 대한 헌신과 우리가 삽입되어 있는 폭력이라는 역사적 현실 사이의 갈등에서 발생하는, 늘 절충되어 왔던 무한한 윤리적 요구에 의해 인도되는 행위다. 정치 행위란 비폭력의 계명에 대한 책임과 저 계명이 위반될지도 모르는 상황 속으로 휘말리게 된 책임 사이를 협상하는, 엄격히 맥락 의존적인 이중 구속에 사로잡혀 있다. 우리가 사는 그와 같은 세계에서 단세포적으로나 전면적으로 폭력을 비난하는 것은 요점을 놓칠 뿐 아니라 우리가 가담한 구체적 투쟁에서 저항과 변혁의 바로 그 가능성을 저해해버린다. 나는 이 장을 끝맺으면서 정치에서 유한한 요구와 무한한 요구 사이의 관계에 대해 언급할 것이다.

이 책은 키르케고르의 『사랑의 역사*Works of Love*』에 나타난 믿음 문제에 대한 두 번째 우화로 끝난다. 키르케고르는 '네 이웃을 사랑하라'는 사랑의 계명을 고집하고자 하는 믿음의 **준엄함**rigor을 대단히 강조한다. 내가 바울과 하이데거를 논하며 제시했듯 믿음이란 삶을 실행하는 선포다. 그런 선포는 그리스도인에게서처럼 비그리스도인에게도 참이다. 실제로는 비그리스도인에게 **더 참된 것**이 틀림없는데, 그들의 믿음faith이란 어떤 신념적 교의, 교회 제도나 영혼과 내세의 불멸성 같은 문제에 대한 형이상학적 믿음belief으로 지탱되지 않기 때문이다. 역설적으로 믿음 없는 이들의 믿음은 믿음의 참된 본성을 밝혀낸다. 확약이나 보장 없이 매 순간 존재함을 선포하고 무한한 사랑의 요구에 거하려 하는 주체의 준엄한 행위성이 그것이다. (그리고 여기서 이 책을 시작했던 오스카 와일드의 물음으로 되돌아간다.) 믿음은 내 힘을 초과하면서도 여전히 내 전력을 필요로 하는 무한한 요구와 관련한 자기-실행이다.[18]

내 작업에 어느 정도 친숙한 독자들에게는 이러한 이야기로 내가 종교와 믿음의 문제를 다루는 책을 썼다는 일견 기이해 보이는 사실이 설명되기 시작할지도 모르겠다. 물론 나는 다른 책에서 철학이 실망에서, 특히 종교적 실망에서(투박하게 진술하자면, 곧 신의 죽음으로 인해) 시작된다고 단언했다. 이 책의 어느 것도 이 주장과 모순되지 않는다. 내가 믿음faith에 관해 말할 때 그것은 신과 같은 어떤 형이상학적 실재의 존재에 대한 믿음belief의 문제가 결코 아니다. 무한한 요구에 대한 충실성으로서 믿음이라는 개념은 교파적 신앙이 없는 이들이나 비신자들이 공유하고 있을 뿐 아니라 본보기식으로 그들이 겪을 수 있는 것이기도 하다. 그렇다면 믿음은 반드시 유신론적이지 않다. 하지만 (이는 내 작업의 일관된 관심사이기도 한데) 무신론적 믿음 개념이 승리주의적*인 것도 아니다. 나는 신과 종교를 과학적 진보를 통해 기꺼이 수정되거나 거부되어 온 모

---

* 승리주의triumphalism란 특정 종교 교리, 문화, 사회체제가 그 밖의 다른 것들에 비해 절대적으로 우세하다는 입장이다. 명시적인 교의라기보다는 특정 태도나 신념 체계를 가리킬 때 사용된다. 여기에서는 '과학적 이성 대 종교적 믿음'의 계몽주의적 무신론의 도식을 지칭하고 있다.

종의 역사적 오류로서 인식하는 리처드 도킨스Richard Dawkins나 크리스토
퍼 히친스Christopher Hitchens류의 복음주의적 무신론에 전혀 공감하지 않
는다. 반대로 내게 가장 익숙한 종교 전통은 대략 유대 그리스도교 전통
이라 부를 수 있는 것이다. 그것은 자연주의에 환원되지 않는 식으로 인
간 삶의 궁극적인 의미와 가치라는 문제를 표명하는 데 설득력 있는 방
법을 제공한다. 내가 오랫동안 소중히 생각해 온 아우구스티누스Aurelius
Augustinus와 블레즈 파스칼Blaise Pascal 같은 사상가 무리는 설사 그 답을
받아들일 수 없다 하더라도 정확히 올바른 문제를 제기한다. 게다가 주
체가 타인과 협력하여 행동하도록 동기를 부여하는 정치 문제와 관련해
합리성만으로는 불충분하다. (이 점은 루소가 가장 잘 이해했다.) 정당한
정치 연합이 가능해지려면(시민들 스스로 선에 서약하려면), 이성은 윌리
엄 코널리William Connolly가 '본능적 등록소visceral register'[19]라 부른 것, 인
간 주체성의 깊은 실존적 모체를 접촉할 수 있는 신앙faith과 믿음belief이
라는 문제와 동맹해야만 한다.

　　요컨대 전통적 유신론도 복음주의적 무신론도 충분치 않다. 필요한 것
은 제임스 우드James Wood가 제대로 표현했듯이 "실망한 믿음과 유사하
며 신학적으로 관여한 무신론이다. 그런 무신론만이, 반음 내린 믿음만
이 음악적 공명 같은 것, 그것에 가까이 가는 데 굉장히 절실한 것이 될
것이다."[20] 나로서는 만약 철학이 종교 없이 상상 불가능하다면 종교 있
는 철학도 똑같이 상상할 수 없다. 믿음 없는 이들의 믿음이라는 관념은
디트리히 본회퍼Dietrich Bonhoeffer의 유명한 관념, '종교 없는 그리스도교'
와 밀접해 보인다. 1944년 4월 에버하르트 베트게Eberhard Bethge에게 보
내는 한 편지에서 본회퍼는 쓴다. "우리는 완전히 종교 없는 시대를 향
해 가고 있습니다." 이 시대엔 스스로를 종교적이라고 정직하게 기술하
는 이들조차도 "적어도 종교에 따라 행하지 않습니다."[21] 명백한 사실이라

고, 어쩌면 1944년 그때보다 지금에 더 적실한 사실이라고 혹자는 말할지도 모르겠다. 본회퍼의 문제는 '어떻게 우리는 종교 없이 신을 말할 수 있는가, 즉 일시적으로나마 조건화된 형이상학과 자기-성찰 등등의 전제 없이 어떻게 신을 말할 수 있는가?'이다. 그런데 내 문제는 정반대다. 어떻게 종교 없이 신을 말할 것인지가 아니라 오히려 어떻게 신 없는 종교를 말할 것인지, 어떻게 신 없는 종교가 인간존재를 연합에 함께 결속시킬 수 있는 힘이라고 말할 것인지의 문제다.

이 책의 핵심적인 네 장은 서로 맞물리고 심화되면서 앞서 언급한 정치, 종교, 폭력의 삼각형과 관련된 대답을 들려주지만, 각 장의 내용은 비교적 독립적이다. 나는 그 장들을 '시금assay'이나 실험이라는 의미에서 일련의 에세이라 본다. 만약 이 책의 형식이 내가 전에 썼던 것과 닮아 있다면, 『아주 조금 … 거의 무에 가까운Very Little … Almost Nothing』과 아마 가장 가까울 것이다. 이 책 또한 실험적 구조를 가진다. 그리고 『무한히 요구하기Infinitely Demanding』와 같은 책처럼 단 하나의 지배적인 주장을 제공하기보다 술하게 다른 관점에서 필멸성mortality과 문학이라는 주제를 개괄적으로 알려 준다. 그런데 이 책이 내 예전 작업들과 완전히 모순되지 않았으면 좋겠지만, 바뀐 것이 없다는 인상을 주고 싶지는 않다. 독자들은 폭력과 비폭력에 관한 내 관점이 상당 부분 바뀌었다고 생각할 것이다. 루소나 하이데거와 같은 철학자들을 중심에 두고 앞으로 개괄힐 일단의 이론적 문제들을 발전시키는 데까지 나아갔기 때문이다. 그런데 여기서 어쩌면 가장 새로운 것은 사랑의 관념을 강조했다는 것이다. 나는 특히 신비주의적 사랑이란 새로운 것이 존재하도록 낡은 자기를 빼내려 시도하는 영적 감행을 뜻하는 관념이라고 역설했다. 2장에서 탐구된 사랑 개념은 3장에서 믿음의 체험과 관련해 개진되어 4장과 이 책을 여닫는 우화를 뒷받침한다. 지금까지 내가 했던 작업 대부분에 동기가 된 물음은 간단하다. '어떻게 살 것인가?' 이 물음의 답은 명백히 누구나 죽어야 할 운명이라는 필멸성과 관계하기 나름이다. 말하자면 철학한다는 것은 죽는 법을 배우는 것이다. 그런데 이 책에서 그 이유가 명확해지겠지만, 여전히 내게는 조금 모호한 이유로 '어떻게 살 것인가?'라는 물음은 '어떻게 사랑할 것인가?'가 되었다. 사랑은 죽음같이 강하지 않다.* 사랑은 죽음보다 강하다.

---

* 저자는 아가서 8장 6절에 나오는 '사랑은 죽음같이 강하다'는 구절을 염두에 두고 있는 것으로 보인다.

1장
시민의 교리문답

왜 정치는 종교 없이 실천될 수 없는가?
이것이 왜 문제인가?

그렇다면 저는 모든 국가에 도덕 규약, 혹은 일종의 **믿음에 대한 시민적 공언**이 존재하길 바랍니다. 이는 긍정적으로는 누구든지 인정할 의무가 있는 사회적 준칙과 부정적으로는 불경한 것이 아니라 불온한 것으로 거부할 의무가 있는 광신적 준칙을 포함하고 있습니다.[1]

1756년 8월 18일 볼테르에게 보낸 편지에서 루소의 논평은 두말할 나위 없이 그가 6년 뒤 『사회계약론』에서 상술할 시민종교civil religion에 대한 주장의 맹아다. 루소가 편지를 보내게 된 맥락에는 1755년 당시 특급 쓰나미였던 리스본 지진에 대해 볼테르가 보인 반응이 있었다. (그리고 두 사람 사이에 어떤 형태로든 존재해 왔을 동류의식이 이 시기 동안 반목으로 돌변했음을 우리는 알고 있다.) 볼테르는 지진이 일어난 이듬해 3월, 지진에 관한 시 한 편을 출간했다. 루소는 편지에서 이렇게 쓴다. "당신은 자연 종교에 관한 시*에서 인간의 교리문답을 우리에게 제공했습니다. 이제는 제가 당신에게 제안하고 있는 그것, **시민의 교리문답**을

---

* 볼테르가 1752년 프러시아의 프리드리히 대제에게 헌사한 시 「자연법에 대하여On Natural Law」를 가리킨다.

우리에게 주십시오."²

물론 볼테르는 시민의 교리문답을 쓰지 않고 1759년에 『캉디드Candide』를 써 나갔다. 루소는 편집증적 과대망상에 빠져 이것을 1756년에 보낸 편지의 진짜 답장으로 보았다. 그 전에는 달래는 듯한 아주 짤막한 답장을 받았을 뿐이다. 그런데 이 장에서 나는 **시민의 교리문답** 혹은 믿음에 대한 시민적 공언이라는 관념을 정치, 법, 종교라는 상호 연결된 세 용어의 관계를 사유하는 방법 가운데 하나로 탐구하고자 한다. 특별히 그리스도교 믿음의 장에서 교리교수나 가르침에서 비롯된 교리문답이라는 신학 개념은 루소에 의해 의도적으로 정치화되었다. 1866년 바쿠닌의 『혁명적 교리문답Revolutionary Catechism』과 4년 뒤 세르게이 네차예프 Sergey Nechayev의 굉장히 니힐리즘적인 『어느 혁명가의 교리문답Catechism of a Revolutionary』³과 같은 장래의 소책자들을 부지불식간에 선취하는 식으로 말이다.

내 주장은 연이어 동시에 두 방향으로 나뉠 것이다.

첫째, 한편으로 나는 정치와 법의 문제를 해결하는 데 필요한 것이 시민적 믿음의 공언인 시민의 교리문답이라는 루소의 주장을 텍스트적·개념적 차원에서 바싹 따라가고자 한다. 나는 루소에게서 정치 문제(인민을 인민으로 만드는 행위로 이해되는 정치적인 것이라는 바로 그 **존재**)가 어떻게 그것을 불가피하게 종교적 해결로 끌고 가는 이른바 주권의 역설이라는 것 주변에서 분절되는지 보여 주고자 한다.

루이 알튀세르의 표현을 빌리면 루소의 사고 작용은 일련의 전치와 탈구라는 불일치의 유희 때문에 가능할 따름이다. 알튀세르는 바로 이 불일치의 유희가 루소가 스스로 "애달프고도 위대한 체계"⁴라 부른 것을 가능하게도 또 동시에 불가능하게도 만든다고 주장한다. 루소의 체계가 가능하기 위한 조건은 동시에 그 불가능성의 조건이다. 물론 자크 데

믿음 없는 믿음의 정치

리다Jacques Derrida가 정의 내린 유사-초월적 의미에서 말이다.

말하자면 정치 문제에 대한 루소의 해결책은 사회계약이라는 명칭, 혹은 더 정확히는 곧 살펴볼 사회계약이라는 **오칭**으로 진행되고 그 문제의 분절을 가능하게 만드는 일련의 불일치를 뒤덮으려 시도된다. 루소의 사고는 의식적 탈구와 전치의 유희이자, 그 사고의 분절articulation과 비분절disarticulation 모두를 가능하게 만드는 모순들의 재귀적 연속이다. (이는 중요한 방법론적 주의 사항이다.) 루소의 텍스트는 따라서 모종의 불일치 기계machine à déclage다. 루소는 이를 완전히 의식하고 있었고 내가 보기에 이 점이 그를 프리드리히 니체Friedrich Nietzsche와 마찬가지로 최상 **허구**의 철학자로 만든다. 나는 '최상의supreme'라는 형용사를 활용하여 '허구fiction'라는 명사를 조심스럽게 수정한 뒤에 곧 이 지점으로 돌아올 것이다.

이 불일치의 유희는 루소에 관한 다양한 해석들, 말하자면 칸트적이거나 헤겔적인, 자유적이거나 공동체주의적인, 게다가 전체주의적인 것은 물론이거니와, 가능하고 그럴듯하며 대단히 모순적인 해석들이 존재하는 하나의 이유가 된다.[5] 여담이지만 나는 플라톤Platon부터 시작해 철학 고전 텍스트란 죄다 불일치 기계이고 이 탓에 그것들은 그럴듯하지만 모순된 해석을 수없이 견지할 수 있다고 생각한다. 어쩌면 이것이 우리가 그런 텍스트를 고전이라고 규정하는 이유 중 하나일지 모른다.

루소가 『사회계약론』에서 애써 해결하려는 것이 정치 문제라면 그 해결에는 종교가 필요하다. 물론 이 말은 우리가 『사회계약론』과 루소가 애달프다고 주장했던 체계를 전부 거꾸로 읽어야만 한다는 뜻이다.[6] 『사회계약론』의 정치적 주장에는 시민종교에 대한 설명이 필요하다. 이러한 설명이 없으면 시민종교는 책에 딸린 부록처럼 보인다. 순전히 내적이거나 **내재론적**이라 알려진 루소의 정치 존재 개념이 효력을 발휘하려면 외재성이나 **초월성**의 차원이 필요하다는 의미다. 또는 자율성이라는 절대 우위에 기초한 정치적인 것의 개념은 그것이 분절되고 권위를 획득하는 데 어떤 이질성의 계기를 요구하는 것처럼 보인다는 말이다.

둘째, 그러나 나는 한편으로 루소의 사유를 활용해서 어떻게 그의 정치적인 것이라는 개념이 현재 상황에, 말하자면 우리 시대의 어둠에 빛을 밝힐 수 있는지도 보여 주고 싶다. 내가 하고 싶은 말은 이렇다. 만약 루소의 애달픈 체계가 불일치 기계라면 유사한 이야기를 지금 세계에 대해서도 할 수 있지 않을까? 정치와 종교가 종교 정치와 정치 종교의 형태로 악몽처럼 계속 얽히고설켜 있다고 규정되는 곳, 다름 아닌 새로운 종교전쟁 시대에 진입한 이곳에 대해서 말이다. 그러므로 정치와 종교에 대한 루소의 사유를 따라간다면 어떻게든 우리의 현재를 충분히, 또 현재에 맞서 생각할 수 있을 것이라는 희망을 품게 된다.

사유는 일반적인(어쩌면 너무도 일반적인) 물음의 연쇄로 이어진다. 정치를 종교 없이 상상할 수 있을까? 그 답은 다양한 세속 정치 이론이 증명하듯 명백히 긍정적이다. 그런데 정치는 종교 없이 **실천될** 수 있을까? 이것이 문제다. 루소의 정치적 사유가 직면한 문제이기도 하다. 정치는 (종교적 토대까지는 아니라 하더라도) 모종의 종교적인 차원 없이, 초월성이나 외재성 혹은 우리가 찰스 테일러Charles Taylor와 함께 앞에서 '충만'이라고 부른 것에 대한 모종의 호소 없이(아무리 이 호소가 실체적이거나 그 반대일지언정), 인민이나 인민들을 형성하며 동기회하고 동원하는 방법으로 효력을 발휘할 수 있을까? 나는 그렇게 생각하지 않는다.

내 생각에 루소의 모범성은 우리에게 근대 정치 개념의 결정적 표현을 제시한다는 사실에 있다. 정치란 자연 및 자연법 개념과 단절하고 인민 주권, 자유 연합, 엄격한 평등 그리고 인민의 자기-결정으로 이해되는 집단적 자율 개념에 기반을 둬야 한다는 말이다. 그런데 이 근대 정치 개념이 효력을 발휘하려면 어떤 종교적 차원, 루소가 테올로지카 시빌리스theologica civilis, 곧 시민종교라 일컫는 것의 계기를 가져야만 한다. 근대 정치를 규정하는 것으로 보이는 **세속화**는 에밀리오 젠틸레Emilio Gentile가 **신성화**라고 부르는 계기를 인정해야만 한다. 국가, 국민, 계급 또는 정당 같은 정치체는 신성체로 변형되는 계기를 거쳐, 초월적이고 이의를 제기할 수 없으며 무형인 것이 된다.[7]

그렇다면 정치 집합은 신성한 것의 계기 없이, 종교와 제의 그리고 우리가 **믿음**belief이라고 부를 수밖에 없는 어떤 것 없이도 존속할 수 있을까? 말하자면 스스로의 통합과 동일성을 유지할 수 있을까? 다시 말하지만 나는 그렇게 생각하지 않는다. 2008년 버락 오바마의 대통령 선거 캠페인이 떠오른다. (이는 종종 "믿으십시오"라는 한 단어로 환원되곤 했다.) 나는 다른 면에 있어서는 오바마를 비판하는 입장이지만 그의 정치적 천재성(지나친 표현이 아니다)은 예외다. 오바마는 종교의 수사적인 힘을, 특히 역사상 흑인들의 그리스도교적 달변을 고전적인 미국 입헌 자유주의 수호와 결합했다.[8]

우리는 근대성에 결정적이라 여겼던 세속화를 신성화의 탈바꿈이라는 근대 정치 이념으로 다시 규정할 수 있는 가능성을 상상할 수도 있지 않을까? 근대 정치형태(자유민주주의, 파시즘, 소비에트 공산주의, 국가사회주의, 기타 등등)는 신성한 것의 새로운 분절과 변이인 **신성화의 탈바꿈**으로 파악되어야 한다.

이야기를 이어가기 전에 이런 결론에 다다른 것이 별달리 기뻐할 일도 아니라는 점에 주목해야 한다. 우리는 정치의 만성적인 재신학화를 겪고 있다. 이는 확실히 현재를 내 생애에서 가장 암울한 시기로 만들고 앞으로 더 오랫동안 그럴 것임이 틀림없다. 현재 공포의 핵심에는 정치와 종교의 얽히고설킴이, 폭력에 의해 규정되는 얽히고설킴이 존재한다. 이 지점을 바로 이 책에서 생각해 보고 싶다. 정치와 종교 사이의 연결 고리를 끊으려는 게 아니라 완전한 세속주의 정치, 특히 좌파 세속주의 정치의 한계를 확인해 보려는 것이다.

좌파는 우파에게 종교적 지반을 너무 손쉽게 양도한 것 같고 이 지반은 안토니오 그람시Antonio Gramsci가 말한 것처럼 일관되고 끈질긴 장기간의 정치적 진지전으로 재획득될 필요가 있다. 실제로도 그람시는 "사회주의는 그리스도교를 없애야만 하는 **종교다**"[9]라는 유명한 문장을 썼다. 정치와 종교가 맺는 관계는 정치 영역에서 **허구**의 필연성, 새로운 버전의 벤담식 '허구 이론'의 필요에 대해 문제를 제기한다. 정치를 기반으로 한 성스러운 허구의 외견상 필연성, 그리고 윌리스 스티븐스가 조지 산타야나*를 따라 정치에서 **최상** 허구라 부르게 될 것의 가능성 모두에 해당되는 문제다. 그런데 나는 지금 너무 앞서가고 있다.

알튀세르의 루소,
바디우의 루소

방법론에 대해 한마디 해 누자. 이 책을 쓰는 내내, 『사회계약론』에 대한 루이 알튀세르의 남달리 지적인 독해는 『존재와 사건Being and Event』에서 알랭 바디우가 보여 준 독해만큼이나 내 뇌리에서 사라지지 않을 것이다. 청년 철학자 바디우는 자크 라캉Jacuqes Lacan과 함께 알튀세르를 스승으로 삼았다. 앞으로 살펴보겠지만, 바디우의 정치사상을 이해하는 데

---

* George Santayana, 1863~1952. 스페인 태생의 미국 철학자, 시인, 평론가.

믿음 없는 믿음의 정치

어려움을 느끼는 이유는 일부 이 때문이다. 마르크스주의, 그리고 오해와 비방을 산 프랑스 마오주의 현상과 바디우와의 관련성을 지나치게 강조한 반면, 바디우가 루소에게 진 빚은 과소평가한 탓이다. 마르크스주의자가 아닌 루소주의자로 바디우에 접근한다면 문제는 한층 더 명확해진다.

알튀세르와 바디우의 루소 해석 사이에는 강력한 형식적 유사성이 있다. 이 때문에 존재론적 차원에서 두 해석 사이에 존재하는 중요한 차이들이 감춰진다. 바디우와 알튀세르 모두 루소의 텍스트를 규정하고 구분하는 모순이나 불일치를 끄집어내는 데 유사한 형식주의를 드러내지만 방향은 아주 다르다.

바디우에게 루소의 독창성은 **사건**event이라는 범주에서 정치 존재를 생각한다는 것이다. 사건은 주체적인(개인적이지는 않은데, 바디우에게 주체가 된다는 것은 초개인적 행위로 기술될 수 있기 때문이다) 창조의 순간으로 이해되고, 사회경제적인 것의 영역처럼 존재나 상황 내에 지탱되는 어떤 구조에서도 그 순간이 발생하지 않는다는 사실에서 그 급진성이 구성된다. 바디우의 용어로 표현하면 연합의 사회계약이란 존재의 순수 다수성을 초과하는 사건의 정원 외적인, 혹은 초과의 것이다.

알튀세르에게는 반대로 루소의 기획이 정치적인 것의 사회경제적 구성을 이해하는 데 실패한 것으로 규정된다. 루소는 알튀세르가 **실재**라 부르는, 생산력과 생산관계의 객관적 변증법으로 이해된 것을 사유할 수 없다는 말이다. 당파적 이해나 계급 이해의 특유성을 정치적으로 해방적인 것으로, 이를테면 프롤레타리아의 혁명적 잠재력으로 인정하지 못한 루소의 실패가 여기에 연결되어 있다. 알튀세르가 보기에 이 실패들은 루소를 전적으로 이데올로기 정치로 이끌었고, 루소의 기획은 불가피하게 사회경제적 장인 원시주의로 퇴행했으며 자본주의적 생산관계의 야만적 잠재성을 직시할 수 없었다.

아주 명백하게 이 모든 해석들 뒤에 자리한 핵심 인물은 카를 마르크스Karl Marx다. 알튀세르의 루소 비판은 정통 마르크스주의의 토대-상부구조 비판이다. 바디우의 '마르크스주의'는 정치적이거나 사건적이며 상황으로부터 어떤 지지물도 발견할 수 없다. 단순히 사회경제적 원인들로부터 연역될 수 없다는 말이다. 그렇게 바디우는 제2인터내셔널 마르크스주의 정본과 단절했다. 또한 국가로부터 거리를 두고 분절되어야만 하기에 레닌과 온갖 형태의 레닌주의와도 단절했다.

이를 고려해 보면 알튀세르의 마르크스관 그리고 '루소'관이 그가 아내를 살해한 뒤 정신과 치료를 받던 1980년대 초반에 쓴 말년 저술 「마주침의 유물론이라는 은밀한 흐름The Underground Current of the Materialism of the Encounter」에서 주요 재교정을 겪는다는 것을 언급할 가치가 있다.[10] 이 텍스트는 읽기가 때로 이상하게 고통스럽지만, 에피쿠로스의 원자와 허공의 유물론과 이 허공에서 세계들이 만들어진다는 하이데거의 이야기를, 혹은 알튀세르가 통합의 순간으로 이해하고 '우발적 마주침aleatory encounter'이라 일컬은 것을 결합하는 초월적 우연성의 철학을 발전시키고 있다. 또한 니콜로 마키아벨리Niccolò Machiavelli, 스피노자Baruch de Spinoza, 토마스 홉스Thomas Hobbes, 루소, 마르크스, 하이데거와 알튀세르의 제자였던 자크 네리다까지 그 마주침의 철학사를 제시한다. 이 말년의 텍스트에서는 초기 저작과는 아주 다른 마르크스에 대한 소묘가 부상한다. 사건의 마르크스, 사건의 기습에 몰두하는 마르크스, 더 나아가 마키아벨리적 마르크스라 부를 만한 것이 나타난다. 후기 알튀세르에게는 두 개의 철학 범주가 존재하는 것 같다. 하나는 존재의 이름인 허공이고 다른 하나는 한 세계의 구성과 관련된 마주침이다. 알튀세르가 나름의 역사적 사례들을 제출하면서 기술하는 과정은 한 세계가 공허의 초월적 우연성으로부터 구성되는 방식이다. 그것이 『인간 불평등 기원론*Discourse on Inequality*』의 분리된 개인들로 가득한 자연 상태의 허공으로부터 『사회계약론』의 정당한 통합의 순간에 일어나는 세계의 형성으로 나아간다는 측면으로 루소를 읽어 내는 방법이다. 달리 말해 말년의 알튀세르는 루소로부터 존재론적 이원론을 진척시킨다. 바디우를 닮아 가기 시작한 루소로부터 혹은 어쩌면 좀 더 정확하게 보자면, 바디우가 닮기 시작한 루소로부터 말이다.

왜 정치제도가 필요한가?
정치에서 '폭력적 추론가'와 동기부여 문제

『사회계약론』으로 알려진 책에는 두 개의 판본이 있다. 언급했듯 이 제목이 오칭임에도 말이다. 1762년 출판을 위해 루소는 정서를 끝내고 원고를 인쇄업자에게 보냈다. 『제네바 초고*Geneva Manuscript*』로 알려지게 된 그 원고다. 이 텍스트의 정확한 저술 날짜를 매기기는 어렵지만 아마 1755년으로 거슬러 올라갈 것이다. 그래서 그해 출판됐던 『인간 불평등 기원론』과 『정치경제론*Discourse on Political Economy*』의 뒤를 바싹 잇는다. (두 번째 논설 『인간 불평등 기원론』은 1754년에 이미 저술을 끝마치긴 했다.) 『사회계약론』 첫 번째 판본에서 대단히 흥미로운 점은 정치와 종교 문제 주변에서 열린 불일치다.

두 개의 문헌학적 수수께끼를 생각해 보자. 첫째, 루소는 『제네바 초고』의 흥미진진한 첫 장에서 출간본에는 그야말로 숨겨져 있던 정치제도의 필요성에 대해 쓰고 있다. 둘째, 루소가 『제네바 초고』를 정성 들여 썼음에도 「시민종교에 대하여On Civil Religion」는 거의 해독이 불가능할 정도로 텍스트의 왼쪽 면에 휘갈겨 써져 있다. 아마도 루소가 『사회계약론』 최종본을 작성하던 1761년에 이 텍스트가 쓰였던 것 같다. 따라서 정치라는 주제가 종교를 참조하지 않고 제기될 수 있는지에 대해 루소가 품었던 의문과 불확실함이 『사회계약론』의 고뇌에 찬 저술과 개념적 구성의 틀을 형성한다.

게다가 루소의 의문은 정치에 대한 책 제목에까지 확대된다. 애초에 루소는 이 책을 정치제도의 필요와 그 본성에 대한 저작으로 생각했다. 루소는 『제네바 초고』를 다음과 같이 시작한다. "왜 정치제도의 필요성이 발생하는지 탐구하는 것으로 시작해 보자."[11] 『제네바 초고』 정본에는 '공화국의 형태에 관한 에세이'라는 플라톤식 부제가 달려 있는데, 여기서 "형태"란 형상eidos 개념을 상기시킨다고 볼 수 있다. 루소가 출간본 『사회계약론』의 부제를 '정치 권리의 원리들'로 바꾸었음에도 플라톤이 암시되기는 마찬가지다. 새 부제는 [플라톤의] 『국가Republic』의 부제인 '정의에 관한 정치 담론peri dikaion, politikos', 곧 국가나 공화국 내 올바르거나 공정한 인사 배치에 관한 것이다. 그런데 루소가 정치에 대한 책 제목을 두고 얼마나 망설였는지는 빅토르 구레비치*가 완벽히 밝혀내고 있다. 구레비치는 『제네바 초고』의 제목 면에 대해 이렇게 쓴다.

[이 면은] '사회계약론'이 삭제되어 '시민사회론'으로 대체된 뒤, 다시 삭제를 거쳐 원래 제목 '사회계약론'으로 변경됐음을 보여 준다. 두 번째 줄에 "또는"

---

* Victor Gourevitch, 1925~. 루소의 『사회계약론과 후기 정치 에세이들The Social Contract & Other Later Political Writings』 편역자.

이 있고, 다음에 세 번째 줄에 와서 '국가 구성에 대한 에세이'가 부제로 적혀 있다. 그런 뒤 "국가 구성"이 "국가"로 바뀌고 이는 다시 삭제되어 '공화국의 형태에 대한 에세이'라는 부제로 남는다. 최종본에 이르러 부제는 '정치 권리의 원리들'이 되었다.[12]

정치와 종교 사이의 관계에 대해 루소가 가지고 있었던 불확실성이 어느 정도였는지 밝혀내기 위해서 여기서는 『제네바 초고』의 첫 장 「인류의 일반 사회에 대하여On the General Society of Mankind」의 논증을 16단계로 나눠 살펴보자. 루소의 물음은 이렇다. 왜 정치제도의 필요가 발생하는가?

① 최초의 대답은 "자연의 온화한 목소리가 우리에게 더 이상 완전한 안내자가 될 수 없으므로"[13]이다. 인간존재가 탈자연화[변질]되고 소외되었다는 말이다. 물론 『인간 불평등 기원론』의 주장이다. 게다가 순수 자연의 삶에는 아무런 소통이 없으므로 인간존재는 그 어떤 사회도 없이 남겨져 있을 것이다. 우리는 아무것도 느끼지 못하며 살아갈 것이다. "우리는 살아 보지도 못한 채 죽게 된다. 우리의 온 행복은 우리의 비참을 알지 못하는 데 있을 것이다."[14]

② 우리는 사회적이 되었으므로 (『인간 불평등 기원론』에서 루소의 논리에 따르면) 비참하고 사악해졌다. 우리는 루소가 자연 상태와 같다고 본 홉스의 전쟁 상태에 진입했다.

③ 자연은 어떻게 사회를 운영해야 하는지에 대한 지침이 될 수 없다. 이는 "진짜 가상"이거나 "진정 불가능한 희망"이다.[15] 루소는 『인간 불평등 기원론』에서 그랬듯 어떤 자연법 개념도 결연히 반대한다.

④ 이로써 우리는 독립이라는 사회적 상태, 혹은 사익의 지배만을 받는 폭력적 개인주의의 상황에 처하게 된다. 『꿀벌의 우화The Fable of the

Bees』의 버나드 맨더빌*이나 『인간론*An Essay on Man*』의 알렉산더 포프**와는 대조적으로 사익과 공공선 사이에 동맹이란 없다. 오히려 루소에게 사익과 공공선은 지향하는 바가 정반대다.

⑤ 따라서 문제는 다음이 된다. 어떻게 우리는 루소가 '독립인the independent man'[16]이라 일컫는 인물을 설득할 것인가? 말하자면 어떻게 사익을 추구하는 이(홉스의 합리적 에고이스트, 루소가 드니 디드로Denis Diderot의 '폭력적 추론가'와 동일시한 사람)를 사익보다는 공공선에 따라 행동하도록 설득할 것인가?[17]

⑥ 강력한 선택지 중 하나는 신적 의지다. 루소는 이것이 광신주의로 이어질 것이라고 단언했고, 그렇게 거부됐다. 일반 대중은 신이 우리에게 부과한 숭고한 도덕을 결코 파악하려 하지 않고 "그 자체만큼이나 무의미한 신들"[18]을 만들어 낼 것이다.

⑦ 그리하여 루소는 제안한다. "다양한 종교의 신성한 가르침들은 제쳐 두자. 그러한 가르침들을 통해 예방된 범죄만큼이나 그 오용으로 숱한 범죄가 일어났다."[19] 이어서 루소는 우리가 선을 결정할 때 신학에 호소하지 말고 신학자들이 불완전하게 파악했던 것을 철학자에게 돌려줘야 한다고 주장한다. "신학자가 인류에 대한 편견을 제외하고선 결코 다루지 못했던 문제를 철학자에게 되돌려 주자."[20]

⑧ 그런데 철학자는 우리를 인종이나 인류(인간 종le genre humain)라는 개념으로 되돌려 보낼 것이다. 다름 아닌 이 개념이 루소를 의심하게 만

---

* Bernard Mandeville, 1670~1733. 네덜란드 출신으로 영국에 정착했던 신경과 의사. 『꿀벌의 우화』는 애덤 스미스의 '보이지 않는 손'의 원형이 되는 책으로 개인의 욕망 추구와 그로 인한 악덕이 사회 전체로는 복리의 증진을 가져온다고 주장하는 책이다.
** Alexander Pope, 1688~1744. 18세기 영국 고전주의의 대표적 시인. 국내에는 『포프 시선』(김옥수 옮김, 지만지, 2010)이 소개되어 있다.

든다. 철학자는 인간존재가 최고선이나 일반의지에 관해 고심해야 한다고 주장할 것이다. 그리고 여기서 루소 정치론의 핵심 용어(일반의지)가 표면상 디드로를 가리키면서 어쩌다가 『제네바 초고』에 잠시 나오게 됐는지가 설명된다.

⑨ '폭력적 추론가'나 '독립인'은 철학자에게 어떻게 응수할까? 그는 이것이 무엇이 정의인지를 가르치는 문제가 아니라 "내가 정의로울 때 어떤 **이득**이 있는지를 내게 보여 주는"[21] 문제라 단정할 것이다. 정의와 정의의 이득 사이엔 어떤 관계가 있는가? 홉스가 키케로를 떠올리며 쓰듯 누가 이득을 보는가Cui bono?[22] 달리 말해 관건은 선의 철학적 정당화가 아니라 차라리 선에 따라 행하기 위한 주체적 동기부여의 문제이다. 홉스가 이 문제에 대해 『리바이어던Leviathan』에서 정의로울 때에는 "비참한 전쟁 상태"[23]를 잊게 되는 이득이 있다고 답한 것을 떠올려 보자.

⑩ 정치를 지나치게 철학적으로 접근하는 것에서 오는 명백한 문제들이 또 있다. 일반의지는 시민 개개인에게 모종의 철학자가 될 것을 요구하는 "순수한 이해 행위"다. 평등주의적 이유에서 루소는 이 문제를 플라톤의 '철인왕' 관념으로 우아하게 해결하길 원치 않는다. 루소는 묻는다. "평균적인 사람이 자신의 품행 규칙을 이 추론 방식에서 이끌어 낼 수 있을까?" 더욱이 우리는 일반의지로 향하려는 성향을 오해하지는 않겠는가? "그가 내면의 목소리를 들으려 할까?"[24] 그런데 그런 "내면의 목소리"나 양심이 기존 사회를 지배하는 법과 관련된 판단 습관을 통해서만 형성될 뿐이라면 그런 양심은 법을 정하는 데 복무할 수 없다. 그렇다면 어떻게 우리는 도덕 추론에서 오류를 피할 것인가?

⑪ 오류를 피하는 확실한 방법은 없다. 양심은 인간존재가 사회를 이루고 살 때만, 즉 그들이 이미 나르시시즘적이고 비참하게 되었을 때만 만들어지므로 우리가 호소할 수 있는 소크라테스의 다이몬daimon이나

아우구스티누스의 신적 목소리란 없다. 같은 이유로 우리가 살고 있는 사회를 지배하는 옳음의 원칙에 호소할 수도 없다. 우리가 그 밖의 것을 알지 못하는 동안은 그 사회에서 속을 수밖에 없는 탓이다. 햇빛의 특질을 판단하는 데 어둠 속에 자라난 버섯들을 신뢰할 수는 없다.

⑫ 그렇다면 무엇을 할까? 루소는 그 장을 끝맺는 단락에 이례적으로 유려하게 쓰고 있다. 길지만 여기에 인용해 본다.

하지만 인간 사이에 자연적이고 일반적인 사회가 전혀 없다 하더라도, 인간이 사회를 이루고 살면서 불행하고 사악해진다 하더라도, 정의법과 평등법이 자연 상태의 자유나 사회국가의 요구에 종속되어 살아가는 이들에게 아무런 의미가 없다 하더라도, 우리에게는 덕도 행복도 존재하지 않고 우리 종이 타락하는 데 필요한 자원도 없이 천상이 우리를 내버렸다고 생각하지 말자. 악(병) 그 자체에서 이를 치유할 치료약을 얻으려 애써 보자. 가능하다면 **새로운 연합**을 수단으로 일반 연합의 결핍을 교정해 보자. 우리의 폭력적인 대화 상대자 스스로가 우리의 성공을 판단하도록 만들자. 시초 기예가 자연에 일으킨 악의 교정을 그에게 **완성된 기예**perfected art로 보여 주자. 그가 행복하다고 믿던 국가의 비참을 모조리, 그가 견고하다고 믿던 추론의 오류를 전부 보여 주자. 그가 더 나은 형편과 체질에서 선한 행동의 가치, 나쁜 행동의 처벌, 서로 사모하는 정의와 행복의 조화를 바라보게 하자. 그의 이성을 새로운 앎으로 일깨우고 그의 심장을 새로운 감정으로 불붙이며 그의 동료들과 나눔으로써 그의 존재와 희락을 늘리는 것을 배우게 하자. 내가 열의 탓에 이 일에 맹목적이지 않다면 그에게 영혼과 꼿꼿한 양식의 강건함이 있어 이 인류의 적이 결국 자신의 오류와 함께 자신의 증오를 내버릴 것임을 의심하지 말자. 그를 미혹으로 이끈 이성은 그에게 인간성을 회복시킬 것이고 그가 뻔히 보이는 이득보다는 올바르게 파악한 자신의 이득을 선호하는 법을 배울 것임을 의심

믿음 없는 믿음의 정치

하지 말자. 그가 선하고 고결하며 감성적이고 요컨대 마침내 그가 되려던 흉악한 산적 대신에 질서 잡힌 사회의 가장 견고한 방벽이 될 것임을 의심하지 말자.[25]

여기서 상상되고 있는 것은 어떤 정치의 기예다. 그런 기예는 "완성된 기예로" "시초 기예가 자연에 일으킨" 병폐에 대한 보상을 보여 주려는 시도다. 여기서 루소의 논리는 독과 치유 모두를 뜻하는 파르마콘 pharmakon 개념을 활용한 데리다의 분석을 떠오르게 한다. 루소는 우리에게 "악(병)으로부터 이를 치유할 치료약을 얻고자" 애쓰라고 역설한다. 정치의 기예는 무로부터의 창조creatio ex nihilo나 천재의 작업이 아니라 루소가 '새로운 연합'이라 부른 것인 일반 연합의 결핍을 바로잡음을 상상하는 것이다. "시초 기예가 자연에 일으킨" 재난의 여파 속(말하자면 자연 상태에서 벗어나 전쟁과 폭력적 불평등 상태로 사회가 발전하는 와중)에 우리가 살고 있다면, 치유란 자연으로의 복귀가 아니라 기예로의 전환이다. 새로운 연합을 형성할 수 있는 정치 기예로의 전환이다. 그렇다면 기예에 반하는 기예인 셈이다. 물론 새로운 이야기는 아니다.『리바이어던』서문에서 홉스는 공화국commonwealth을 "인공인an Artificiall man"[26]에 견준다. 창조 중에 신이 "인간을 만들라" 하고 말했다면, 정치 기예란 "정치체Body Politique"[27]에 생기를 불어넣을 "인공혼Artificiall soul"을 갖춘 인공인의 허구다.

⑬『제네바 초고』서장이 흥미진진한 것은,『사회계약론』의 주장이 애초부터 어떻게『인간 불평등 기원론』의 끝에 기술된 전쟁 상태 속에서 살아가는 회의론자, 폭력적 추론가, 사회적 나르시시스트를 설득하려 의도되었는지 알 수 있다는 점이다. 폭력적 추론가가 일반의지에 비춰 행동하도록 동기를 부여하고 단순 사익보다는 공익과 관련해 "그에게 인간성

을 회복할"²⁸ 무언가를 제공하는 것이 문제다.

⑭ 종교에 대한 주장이 여기서 다시 원점으로 돌아온다. 폭력적 추론가가 일반의지에 입각해 행동하도록 강제하려면 종교나 광신주의로 이어질 신의 의지의 강제력에 의존할 수는 없다. 필요해 보이는 것은 실천적 딜레마에 대한 철학적 답이다. 그런데 『사회계약론』의 말미이자 『제네바 초고』의 왼쪽 면에 휘갈겨 쓴 시민종교 장에서 루소는 정치에 대한 순전히 철학적인 설명만으로는 동기부여가 불충분하다는 것을 인정하고 어떤 정치 종교를 소묘한다. 그러면서 암암리에 플라톤주의가 정치에 갖는 온갖 한계들을 받아들이고 일반적으로 생각하는 것보다 훨씬 더 홉스에 가까워진다.

⑮ 어쩌면 이것이 루소가 『제네바 초고』에서 기존 서문을 빼고 『사회계약론』에 종교에 관한 장을 더한 이유다. 종교의 불가피함은 플라톤주의자의 절망스런 외침일까? 밤에 아래층 방에서 들리는 저 희미한 소음은 소크라테스가 흐느끼는 소리인 걸까? 아니면 철학자가 왕이라는 바로 그 관념을 비웃고 있는 [레오] 스트라우스[Leo] Strauss의 고요한 역설일까? 수천 년간의 해석과 오해의 마룻장으로 이를 분간하기는 어렵다.

⑯ 대답이 불가능하며 정말 무력하게 만드는 문제들이 존재한다. 그럼에도 이것만은 분명하다. 일반의지를 이 의지에 따라 행동하려는 관심과 결합시키고 "인류의 석에게 (⋯) 인간성을 돌려"주려면 철학적인 섯보나도 허구가 필요하다. "새로운 연합"의 형성을 가능케 하는 정치의 "완성된 기예"란 내가 **허구적 힘**이라 부르고자 하는 새로운 형식을 필요로 한다. 이것이 정치에서 동기부여라는 문제를 담당할 것이다. 곧 보겠지만 이 허구 형식은 『정치경제론』에서 무장해제된 정직함으로 기술되어 있다. 구르비치가 멋지게 칭한 바, '혀짤배기 칸트ₐ lisping Kant'²⁹로서 루소를 보고 싶어 하는 이들이 주의해야 하는 것은 그것이 임마누엘 칸트Immanuel Kant가 그

의 윤리학에서 절대 풀지 못했던 문제라는 것이다. 어떻게 실천이성(도덕법의 보편성)을 이 법을 따라 행동하게 만드는 동기부여에 결합시킬 것인지 하는 문제 말이다. 칸트의 비판 체계가 실천이성의 우위라는 표지 아래 쓰였다면 동기를 유발하는 힘에 대한 문제는 칸트의 체계와 칸트 윤리학의 합리주의 그리고 위르겐 하버마스Jürgen Habermas의 담화 윤리 같은 신칸트주의적 도덕 합리주의를 틀림없이 무효화할 것이다. 루소가 흄을 떠올리게 하는 정치 단편에서 썼다시피 "대개 도덕주의자들의 실수는 늘 인간을 필연적으로 합리적인 존재로 생각해 왔다는 것이다. 인간은 감성적 존재다. 행하는 데 자신의 정념만을 좇고 그 정념 탓에 저지른 어리석음을 완화하는 데 이성이 복무할 따름인 그런 존재다."[30]

정치라는 존재
혹은 사회계약이라는 오칭

인간은 자유로이 태어났다. 그런데 그는 도처에서 쇠사슬에 묶여 있다. 스스로가 타인의 주인이라고 믿지만 그들이 믿는 것과 달리 노예에 가깝다. 이 변화는 어떻게 일어났던 것일까? 모르겠다. 무엇이 이를 정당화할 수 있을까? 내가 이 문제를 풀 수 있을 것이라 믿는다.[31]

『사회계약론』 첫머리를 읽는 아마도 가장 확실한 방법이 있다. 루소가 우리에게 쇠사슬을 벗어 던지고 본원적 자유 상태로 혹은 그가 다른 곳에서 자연적 자유라 부른 것으로 복귀하라고 권하고 있다고 상상하는 것이다. 이는 낭만적이거나 실로 고전적인 바쿠닌식의 루소 독해다. 여기서 혁명적 정치 활동은 법과 정부의 족쇄 없이 우리를 자유롭고도 본원적인 인류의 전래 조건으로 복귀시킬 때 정당화된다.

그렇지만 이렇게 루소를 읽는 것은 오독이다. 좀 더 자세히 검토해 보자. 인간은 도처에서 쇠사슬에 묶여 있다. 피억압자, 피착취자, 빈자들만이 아니라 만인이 도처에서 쇠사슬에 묶여 있다. 루소는 확신한다. "스스로가 타인의 주인이라고 믿지만 그들이 믿는 것과 달리 노예에 가깝다." (이는 게오르크 빌헬름 프리드리히 헤겔Georg Wilhelm Friedrich Hegel이 『정신현상학Phenomenology of Spirit』에서 그 유효함을 완벽히 개진하려 했던 변증법 논리다.) 주인은 빈자와 불구자를 억압하는 자신의 능력 탓에 스스로가 자유롭다고 믿고서 그들을 자신의 의지에 굴복시키지만 그 믿음에서 오류를 범했다. 정반대로, 주인이라는 바로 그 존재는 스스로를 독립적이고 우월하다고 믿게 만드는 노예의 인정에 전적으로 의존해 있다. 주인은 역설적으로 노예보다 덜 자유롭다. 주인의 존재가 온통 노예에 비해 우월하다고 알려진 것을 통해 구성되어 있기 때문이다. 루소의 요점은 만인이 노예라는 것이고 특히 자유롭다 믿는 주인이 노예라는 것이다.

루소는 계속한다. "이 변화는 어떻게 일어났던 것일까?" 말하자면 인간 존재 모두가 어떻게 쇠사슬에 묶이는 것으로 귀결된 것일까? 우리는 어떻게 자연적 자유와 평등을 상실한 것일까? 다른 말로 간단히 표현하자면, 인간존재 사이의 불평등의 기원과 토내는 무엇인가? 모르셌나Je l'ignore. 루소는 퉁명스럽게 "알지 못한다" 혹은 "이 전환의 이유에 대해 무지하거나 아는 바가 없다"고 답한다. 루소는 『제네바 초고』에서 이 문장을 좀 더 비인칭의 형태로 사용한다. 거기서 그는 "아무도 모른다On n'en sait rien"[32]고 쓴다. 그런데 루소가 그보다 몇 년 전인 1755년 『인간 불평등 기원론』에서 이 물음에 대해 꽤 놀랄 만하게 독창적인 답을 제시했던 것을 생각해 볼 때 이는 특기할 만한 말이다. 루소가 비일관적이기 때문일 수도 있지만(『고백록Les Confessions』의 독자들이 알다시피 일관성은 그가 가진 덕목이라고 결코 말할 수 없다), 『사회계약론』에서 지식이나 인식론적 확실성의 질서에 속하지 않는 다른 어떤 것이 전개되기 때문일 수도 있다.

　앞에서 인용한 『사회계약론』의 문장으로 되돌아가 우리는 흥미진진하고 중요한 지식 영역과 정당성 영역의 구별에 주목해 볼 수 있다. 자유에서 속박으로의 전환이라는 정치적 문제는 자연 상태나 자연법을 참조해 해결할 수 있는 인식론적이거나 경험적인 문제가 아니다. 오히려 자연 질서와 정치 질서 사이에 어떤 단절을 전제하는 이 전환의 **정당성**legitimacy과 관련된 문제다. 루소의 표현대로 하자면 "사실을 모두 제쳐 둠"[33]으로써, 존재의 영역을 무시하고 새로운 정치 주체가 존재하게 될 영역을 설립함으로써, 말하자면 강한 의미에서 기예나 허구의 영역, 바디우가 **사건**이라고 말하는 어떤 것의 영역을 설립함으로써 정치 질서가 시작된다는 뜻이다. 바디우는 루소가 정당성의 언어에 소구하는 것을 비판하고 이를 진리의 이야기로 대체한다. 바디우에게 진리는 경험적이거나 명제적인 진리가 아니라 새로운 것의 질서, 창조의 질서를 뜻한다.[34] 진리와 지식 사이의 구별은 물론 라캉으로부터 온 것이다. 라캉에게 진리란 지식 안에 구멍을 내는 어떤 것이다.

　사실과 지식의 영역과 단절하는 사건적 정치 주체의 현존 안에서 출현했다고 파악된 정당성 문제로, 우리는 루소가 품었던 정치 문제에 당도했다. 여러모로 이는 문제라기보다는 수수께끼처럼 느껴질 것이다. 내가 추적하고자 하는 일련의 불일치에 종속된 수수께끼 말이다. 얼마 지나지 않아 『사회계약론』에서 따옴표로 묶여 분리된 문장을 통해 루소는 다음과 같이 서술하고 있다. 문제는 "각 동료의 인격과 재산을 온 힘을 다해 함께 방어하고 보호하려 하고, 또 이 힘으로 각인이 만인과 하나가 되면서도 스스로에게만 복종할 따름이고 예전처럼 자유롭게 남아 있으려는 어떤 연합 형식을 발견하는 것이다."[35]

어떻게 인간존재는 그들이 똑같이 시민 모두에 결속되어 있고 전체 집단에 정당하다고 인정하는 동시에 그들 나름의 자유의 표현으로 보기에 자유롭게 복종하기도 하는 법에 따라 살 수 있을까? 자연으로의 복귀나 마침내 우리가 쇠사슬로부터 해방되는 본원적 자유로의 복귀(아나키스트의 국가 없는 사회의 꿈)라는 문제가 존재하지 않는다면 정치 문제란 '어떻게 저 쇠사슬이 정당화될 수 있을까?'이다. 아니 더 적절히 표현해 '어떻게 시민들은 정당한 쇠사슬에 묶일 수 있을까?'이다. 거칠게 말해 정치 문제란 비합의 형태의 속박과 합의 형태의 속박 사이의 관계이자 전자에서 후자로의 이행이다. 우리는 어떻게 사회를 조직해서 자유와 평등이 모종의 균형 상태에 존재하도록 만들 수 있을까? 루소는 "이것이 사회계약이 해결책을 제시하는 근본 문제이다"[36]라고 쓴다.

그런데 '사회계약'이라는 어휘가 루소에게는 어떤 의미일까? 앞서 이야기했듯, 정치 존재로서 그가 상상했던 어떤 것의 오칭인 것일까? 첫째, 정치 문제는 우리가 앞에서 강조한 어떤 연합 형태와 '새로운 연합'의 설립에 관한 것이다. 루소가 생각하기에 이는 협약이나 계약을 필요로 하지만, 가족이나 필머식 가부장제 형태에도 기반을 두지 않는 것이다. 또는 정복자 윌리엄식으로 정복자가 단순히 피정복자를 노예로 삼는, 가장 상한 자의 권리에 기반을 두고 있지도 않다. (루소는 이 선택 사항들을 1부의 3장과 4장에서 논하고 기각한다.) 이것이 휘호 흐로티위스*나 더 미묘한 식으로 홉스가 상상한 종류의, 인민과 왕 사이에 이루어진 최초 계약의 가능성을 배제한다는 것이 중요하다. 루소가 볼 때 결정적으로 "인민이

---

* Hugo Grotius, 1583~1645. 네덜란드의 법학자로 '국제법의 아버지'이자 '자연법의 아버지'로 불린다.

왕을 선출하게 하는 행위를 조사하기에 앞서 인민을 인민으로 만드는 행위를 조사하는 편이 좋을 것이다. 여타 행위에 필연적으로 앞서 있는 이 행위가 진정한 사회의 토대인 탓이다."[37] 따라서 정치의 본질이나 정치적인 것의 존재란 인민을 인민으로 만드는 행위에, 한 번은 만장일치가 있었다고 상정하는 본원적 계약에 존재한다.

알튀세르는 유용하게도 이 쟁점을 장애물과 힘 사이의 대립으로 밝혀낸다. 그런 연합 형태를 훼방하는 장애물과 연합 형태를 가능하게 하는 힘의 구별은 마르크스의 생산관계와 생산력의 구별을 분명 반향하고 있다. 또한 우리가 『사회계약론』과 『인간 불평등 기원론』 사이의 관계를 고려해야 하는 지점이기도 하다. 『인간 불평등 기원론』 2부는 정당한 정치를 훼방하는 장애물에 대해 이례적으로 강력한 설명을 제공한다. 이 장애물이란 곧 그 책의 끝부분에 기술된 '사악한 전쟁 상태'로, 나는 그것을 '현재의 세계 상태'로 번역하고픈 유혹이 든다. 한편으로 이것은 아감벤이 특유의 절제된 방식으로 "전지구적 내전"[38]이라 기술한 것이다. 이 전쟁 상태에서 인간존재는 전면적 소외 상태에 존재하고 마르크스처럼 루소에게 인류의 전사란 이 소외 증가의 역사다. 이 장애물을 극복할 힘은 특수 이익이 아니라 공익을 위해 일하는 소외된 개인들의 신체적 결합력이다. 또한 『사회계약론』에 묘사된 힘으로 인간존재의 현존 방식을 탈바꿈하는 것으로 효력이 발생할 수 있을 따름인 힘이다. 많은 경우 루소가 "본성의 변화"[39]라 언급한 그것이다.

여기서 『인간 불평등 기원론』과 『사회계약론』은 서로를 보완하면서도 분리되는 경향을 갖는다. 『인간 불평등 기원론』에는 근본적으로 불평등한 세계 상태가 존재하고 『사회계약론』에는 정당한 정치의 가능성이 있다. 『인간 불평등 기원론』에 존재(혹은 상황 상태)가 있다면 『사회계약론』에는 사건론이 있다. 그렇다면 정치란 장애를 극복할 수 있는 힘의 창출에 관한 것이다. 이 장애에는 집합 행위나 드니 게눈Denis Guénoun이 인민이 하나 되어 행동을 결정하는 '순수 평의회pure assembly'[40]라 이름 붙인 것이 필요하다. 이 힘의 출처가 어디인지에 대한 거대 물음(어디로부터 오는가? 오기는 할까? 늘?)은 한쪽으로 제쳐 두자. 이것이 상황에 주어지지 않고 그 상황을 초과하는, 활력적이지만 순식간에 일어나는 [대리] 보충이자 허구적 힘이고 기교적 힘이라는 것은 확실하게 말할 수 있다. 그러나 루소는 아주 분명하게, 이 힘은 희귀할 뿐더러 아주 드문 장소에서만 존재할 수 있다고 말한다. (이것이 루소의 비관주의이자 장-폴 사르트르Jean-Paul Sartre, 바디우, 자크 랑시에르Jacques Ranciere 등등에게서 그 메아리를 발견하게 되는 논조이기도 하다.) 그러니까 잠시 동안은 제네바에서, 또 코르시카에서, 하나의 이론적 가능성으로서는 폴란드에서 등장하는 식이다. 나는 분명 루소가 민주주의라는 오칭을 따르는 동시대 체제들에서 이 힘을 발견할 수 없었을 것이라 생각한다. 참된 정치란 드물고 장애는 거대하기에 그것을 야기하는 힘은 예외적이다.

자, 이 연합 행위가 계약일까? 그렇다면 아주 기이한 계약이다. 보통 계약은 결혼처럼 기왕 존재하는 갑과 을에 의해 체결된 관계로 이해된다. 그런데 이것으로 루소의 '사회계약'에 대한 기술을 시작할 수는 없다. 기왕 존재하는 을이란 없다. 실제로는 갑조차 없다. 왜 이 '계약' 논리를 파악하기 어려운지 명확하게 짚고 가자. 계약의 갑은 『인간 불평등 기원론』에 기술돼 있는 전면적 소외 상태에 존재한다. 결코 자유롭지 않고 사회 불평등 체계에 전면적으로 휘말려 있다는 말이다. 그런데 이 근간에서부터 자유롭지 못하고 소외된 개인이 타인, 말하자면 역시나 그 근간에서부터 소외된 상태로 존재하는 타인과의 연합 행위에 그 자신을 내주는 힘(방금 언급했듯 특유하고 희귀하지만 늘 잠재적인 힘)을 여전히 보유하고 있다. 하지만 타인에게 그 자신을 내주면서 주체는 그런 자기-내줌에

믿음 없는 믿음의 정치

서 예상된 산물인 일반성, 상상의 연합을 제하고는 아무와도 계약을 맺지 않는다. 루소는 이 점을 아주 명백히 한다. "각자 자기 자신을 만인에게 내줌으로써 아무에게도 내주지 않는다."[41] 따라서 계약이란 없다. 나는 내 자신을 아무에게도 내주지 않는다. 실제로 내주는 자기란 없다. 자기는 전면적 소외 상태에 존재하고 오로지 타인과 연합하는 힘의 행위를 통해서만 주체가 될 뿐이기 때문이다. 정치 주체란 연합 행위의 결과다. 이를 나는 **소외로부터의 양도라는 허구**라고 부르고자 한다. 다른 말로 정치의 본질이란 주체를 현존케 하는 창출 행위인 허구다. 거듭 말하지만 루소에게 다음과 같은 사실은 자명하다. "(사회계약의) 이러한 구절들을 올바르게 이해하자면, 한마디로 요약된다. 각 연합원이 자신의 전권을 공동체 전체에 전면적으로 양도하는 것이라고 말이다."[42]

이른바 사회계약은 전면적 소외라는 **사실**에서 시작된다. 이것은 내가 나 자신을 공동체의 상상된 일반성에, 실제로는 존재하지 않는 인민에게 내주도록 하는 전면적 양도 **행위**로 극복된다. 사회 불평등이라는 전면적 소외를 극복하게 해 주는 연합이라는 허구의 이름으로 나 자신을 전면적으로 양도한다는 말이다. 알튀세르가 올바르게 강조했다시피 전면적 양도가 전면적 소외 상태의 해결책이다.[43] 따라서 루소의 '사회계약'은 그 개념에 일치하지 않는다. (여기에 첫 불일치가 있다.) 즉, 갑과 을 사이의 교환에 기초한 계약이 아니라 제헌 행위, 곧 어떤 인민이 기꺼이 존재하려 하는 허구적인 제헌 행위이다. 여기서 그런 인민이 존재한다는 것, 존재할지 모른다는 것, 허구적 행위가 사실이 될지 모른다는 것, 이것이 알튀세르가 루소의 '꿈'[44]이라 부른 것이다. 이 탐구가 길을 애써 더듬어 가닿으려는 주요 목적지 중 하나는 정치 영역에서 그런 꿈들과 그런 최상 허구들이 불가피함을 밝히고 그것을 해석하는 열쇠를 제공하는 것이다. 이제 법으로 넘어가자.

일반의지, 법
그리고 애국주의의 필요성

아주 일반적인 질문을 던지자면, 법이 해결책이 되는 문제란 어떤 것일까? 우리가 살펴본 대로 루소가 『사회계약론』에서 해결하려 애쓰는 것은 정당성 문제다. 어떻게 우리는 자유의 주장과 평등의 주장 사이에서, 한편의 개인적 자유와 다른 한편의 집단적 이해 사이에서 균형을 잡는 연합의 형태, '새로운 연합'을 상상할 수 있는가? 이것이 이제껏 주장해 왔던, 루소와 우리의 정치 문제다.

어떻게 내 자유는 수많은 자유 가운데 단지 하나에 불과할 수 있을까? 내가 자유롭다면 내가 복종해야 하는 어떤 법도 나의 법일 수밖에 없다. 내가 나 자신을 내주는 법일 수밖에 없다. 그것은 나의 자율에 틀림없이 일관되어 있다. 내가 나 자신을 자유로이 묶어 두는 법의 문제라는 이야기다. 그렇다면 어떻게 나의 자율은 평등과 내가 자유로이 선택한 법이 나를 포함해 여타 자유 행위자들에게 구속력이 있어야 한다는 요구와 양립할 수 있는가? 루소는 단순히 자유와 평등의 대립을 거부하고 일반의지와 전체의지를 구별함으로써 우아하게 이 문제를 해결한다.

전체의지는 사익, 특수 사유들의, 이를테면 자유민주주의 선기 메커니즘에서 합계될 수 있는 이해의 총화다. 루소의 관점에서 자유민주주의의 온갖 문제는 다음 사실에 존재한다. 우리는 부, 계급, 신분, 재산 등에 따라 그저 사익과 갈등을 일으킬 것이 당연한 공익보다는 한 개인으로서 사익에 기초해 투표하거나 자유를 실행하도록 요구받는다. 아울러 이른바 '현존 자유민주주의'와 루소는 완전히 부정적인 관계를 맺고 있고, 『사회계약론』은 때로 영어권에서 받아들여지듯 사회계약에 기반을 둔다고 추정되는 어떤 자유주의에 대한 옹호로 읽혀선 안 된다. 오히려 나는 『사회계약론』을 『인간 불평등 기원론』에서 '거짓 계약le faux contrat'[45]이라 일컬었던 자유주의적 개인주의에 대한 근본적인 비판으로 본다. 말하자면, 자유주의적 개인주의는 근본적으로 불평등한 사익과 재산 소유에 기초한 거짓 계약이거나 사기 계약으로 전쟁 상태에서 정점에 이른다. 선거 민주주의의 전체의지란 일반성에 기초한 연합 구성이라기보다 특수성들의 집합에 불과하다.

일반의지는 반대로 사익이 아니라 공공선을 지향하는 경향이 있는 공동의 이해다. 시민으로서 갖는 의지다. 일반의지에 일치하도록 선택한다는 것은 나의 특수한 사익과 관련해 선택하는 것이 아니라 정치 연합 형태 전체에 이롭다고 보는 것에 일치하도록 선택하는 것이다. 그렇게 행하는 것은, 루소가 자연적 자유와 구별되는 우리의 시민적 자유라 부른 것과 맞아떨어진다. 자연 상태로부터 사회로 이동하면서 나는 나의 물리력을 제외하고 아무런 제약도 없는 자연적 자유를 포기하고 시민적 자유를 얻는다. 이 자유는 타인과 교제하면서 획득될 따름이고 내가 나 자신을 내주는 법, 즉 내 자율에 일관되는 법에 복종하는 것에서 오는 도덕적 자유의 개념이다. 루소가 서술한 것처럼 "단순 욕구만 채우려 드는 것은 노예 상태다. 그리고 자기 자신에게 처방한 법에 대한 복종이 자유다."[46]

평등에 관해서도 같은 주장을 할 수 있다. 우리는 자연 상태의 고르지 않은 자연적 자유와 전쟁 상태의 사악한 사회적 불평등을 만인의 만인과의 평등을 위해 포기한다. 자유로이 선택한다는 것은 만인을 위한 선택을 뜻하는 일반의지에 일치하도록 선택한다는 것이다. 따라서 자유와 평등 사이에 갈등이란 없고, 평등은 그것이 올바로 이해될 때 자유의 표현이다. 집단적 자율은 유일하게 정당한 개인적 자율의 정치적 표현이다.

이런 식으로 문제에 접근함으로써 주권의 문제도 풀 수 있다. 어떤 정당한 정치체에서 유일한 주권 존재는 인민 자체인 까닭에서다. 『사회계약론』의 핵심은 인민주권의 변호다. 이 주제는 이 장의 후반부에서 다시 다루기로 하자. 인민주권은 일반의지의 입법 행위에 존재한다. 여기서 인민은 어떤 군주, 왕, 귀족정이나 비非대의체의 매개를 통하지 않고 자기 자신에 의해 스스로 결정한다. 마키아벨리에게 진정한 시민이란 그 자신의 고유한 영혼보다 도시를 더 사랑한다. 이 지혜에 대해 루소는 극도의 마키아벨리적 비틀기를 통해 도시가 자신만의 영혼을 표현한 것에 다름 아니라고 덧붙였다. (이것이 루소가 제네바에 품고 있던 희망이자 『사회계약론』과 『인간 불평등 기원론』의 제목 면에서 스스로를 "제네바 시민"으로 자랑스럽게 기술한 이유였다.) 도시는 살아 있는 것의 시민적 육화인 셈이다. 플라톤의 『국가』에서처럼 도시의 질서는 영혼의 질서를 반영하고 영혼의 질서의 투명성이 도시의 질서에 반영되어 있다. 연합의 일부를 이루는 자는 그 연합의 힘으로만 정치적 주체가 된다. 루소가 볼 때 정당한 정치체에는 내 자유와 내 동료 시민들의 자유 사이에 순전한 투명성이 존재한다.[47] 이것은 장 스타로뱅스키Jean Starobinski의 유명한 해석의 핵심이기도 하다. (루소는 돈을 혐오했고 돈을 늘 단순한 모조품이자 대리물로 봤지만) 자유와 평등은 같은 동전의 양면이다. 그런데 동전의 양면을 합금하는 금속은 도시애이자 조국애다. 그리고 루소는 시민 애국주의가 필요하다고 맹렬하게 변호한다.

애국주의 문제는 중요하지만 많은 독자들에게는 곤란한 쟁점이 되리라는 생각이 든다. 이 점에 대해 루소가 1755년에 디드로와 장 르 롱 달랑베르Jean Le Rond D'Alembert의 『백과전서Encyclopédie』에 등재한 '정치 경제' 항목에 얽힌 짧막한 여담을 해 볼까 한다. 이를 통해 정치에 대한 주장을 고쳐 말해 보고 법과의 관계를 정립하고자 한다. 루소에게 정치 연합은 정치체로 파악되고 이 몸체에 생기를 불어넣는 영혼이 일반의지다. 정당한 정부의 가장 중요한 준칙이란 일반의지를 따르는 것인데, 사적이고 특수한 이해 모두가 정치체로부터 배제되어야 한다는 의미다. 그렇다면 어떻게 시민은 자유롭게, 일반의지에 자신의 자유를 예속시키는가? 루소는 묻는다. "그들이 복종하지만 아무도 명령하지 않고 그 어떤 주인에게도 봉사하지 않는 것이 어떻게 가능할까? 저 명백한 종속에서 실제로는 더욱더 자유로워지고 누군가의 자유를 훼손하지 않듯이 자신의 자유도 잃지 않는 것이 어떻게 가능할까?" 답은 명쾌하다. "이 경이가 법의 작품이다. 정의와 자유는 법 덕택일 뿐이다."[48]

루소는 계속 법을 "천상의 목소리"로 묘사하면서 법에 대해 열정적이 되어 간다. 그러나 여기서 제기되는 문제는 단순하면서도 광대하다. 실제로 이는 앞에서 논한 '폭력적 추론가'의 문제다. 어떻게 시민은 법에서 **이득**을 취할까? 칸트나 하버마스와 달리 루소에게 합리성은 충분하지도 심지어 신뢰할 만한 지침도 아니다. 시민은 만들어져야 한다. "따라서 네가 인민에게 명령하고 싶다면 인민을 만들라. 법이 복종받게 하고 싶다면 반드시 법이 사랑받도록 하라."[49]

시민은 만들어져야 하고 법, 즉 덕이 필요한 어떤 것을 **사랑**하는 것을 배워야 한다. 루소는 '덕virtue'이라는 어휘로 특수의지가 일반의지에 따르게 만드는 것을 간단히 설명한다. 덕이란 '일반적으로-되기', 바디우와 더불어 특수의지의 '유적으로-되기'라 말할 수 있겠다. 어떻게 이것이 성취될 수 있을까? 답은 명쾌하다. 조국에 대한 사랑, "이기심amour propre의 힘을 덕의 온갖 아름다움에 결합하고, 여기에 훼손 없이 모든 정념 가운데 가장 영웅적인 것으로 가공하는 에너지를 부여하는, 온화하고 생기 있는 감정"[50]을 통해서다.

그러므로 덕을 갖춘 인민을 만드는 열쇠는 애국주의이고, 조국애, 즉 루소가 기묘하게도 '부모국la mère patrie'이라 부른 것에 대한 사랑이다. 이는 시민을 만들고 그들에게 법을 사랑하도록 가르치는 정념이다. 루소에게 공공 교육에 대한 쟁점이 정치적으로 매우 중요한 까닭도 여기에 있다. 공공 교육 없이는 정당한 정치체를 구성하고 존속시킬 도리가 없기 때문이다.

애국주의 없이 정당하거나 참다운 정치가 존재할 수 있을까? 하버마스는 '헌법 애국주의constitutional patriotism'[51]를 언급하면서 이 문제의 힘을 인지했다. 그렇지만 루소는 우리가 애국주의에 헌법보다 더 광범위한 정서적 기반이 필요하다고 본다. 즉 실천, 습성과 전통망에 근거를 둔 것, 루소가 풍속les moeurs이라 부르는 것 말이다. 그런데 특히 미국의 맥락에서는 헌법 애국주의가 이와 무관하지 않다. 정말 우습게도, 완전히 상반되는 두 가지 사례가 있다. 다음 장에서 보겠지만 시카고 대학에서 헌법학을 가르쳤던 오바마는 미 헌법에 대한 사랑에 기초한 연방주의적 정치신학을 제안하며 『버락 오바마의 담대한 희망The Audacity of Hope』 전반에 걸쳐 흥미진진한 분석을 들려준다.[52] 정치 스펙트럼의 반대쪽 끝에는 세라 페일린Sarah Palin의 '상식적 보수주의commonsense conservatism'라는 상표가 다음의 애국적 찬가로 끝맺는다. "당신의 젠더, 인종, 종교가 무엇이든 이 나라를 사랑하고 우리의 헌법을 수호하고자 한다면 당신은 미국인이다."[53]

법과 시민 애국주의 사이의 연결은 루소 사후에 출간된 「폴란드 정부에 대한 고찰Considerations on the Government of Poland」(1770~1771)에서 한층 더 명쾌해진다. 루소가 볼 때 헌법을 입안하려는 어떤 기획도 다음과 같은 질문을 염두에 두어야 한다. "어떤 헌법도 법이 시민의 마음을 다스리지 않는다면 결코 훌륭하지도 견고하지도 않을 것이다. 입법력이 저 대양에 가닿지 않는다면 법은 변함없이 회피될 것이다. 하지만 어떻게 저들의 마음에 가닿을 수 있을까?"[54]

　그 답은 놀라워 보인다. 시민이 법과 조국을 사랑하게 만드는 유일한
길을 "내가 감히 말할 수 있을까? 아이들의 놀이마냥, 얄팍한 이들의 눈
에는 사소해 보이지만 오래 간직한 버릇과 아무도 꺾을 수 없는 애착을
만드는 제도를 통해서라고."[55] 이 놀이는 우리가 **민족성의 의례**ceremonies
of nationhood라 부르게 될 그것이다. 스펙터클, 경기, 축제는 늘 "공공연
희"[56] 벌어진다. 마치 루소가 1758년 『달랑베르에게 보내는 연극에 관한
편지Letter to D'Alembert』에서 연극을 비난할 때 묘사한 공공 축제처럼 말
이다. 이 생각은 프랑스 혁명 뒤 수년이 지나 로베스피에르Robespierre의
애국 시민 축제fêtes nationales civiques에 직접 영향을 끼쳤다.[57] 앞으로 살
펴보겠지만, 그런 스펙터클에서는 아무것도 우리가 오이디푸스나 그 누
군가의 고통을 지켜보는 전통 연극에서처럼 재현되지 않는다. 루소는 "폴
란드인에게 아주 적합할 훈련"으로 승마술을 추천한다. 승마술은 스페인
의 투우와 비슷한 역할을 맡을 것이다. "스페인 국민의 어떤 정력을 무시
할 수 없다"[58]고 주장하게 만드는 그런 역할 말이다. 흥미롭게도 오바마
와 페일린에게 농구는 덕을 갖추고 정력적인 미국인의 심성을 형성하는
데 정확히 이런 역할을 맡는다.

　농구나 투우를 하지 않을 뿐더러 포스트-칸트주의자인 데다 메트로폴
리탄이자 코스모폴리탄이면서 메트로섹슈얼하기까지 한 우리가 그런 생
각을 조소하기란 어렵지 않다. 하지만 여기서 제기하는 이슈는 좀 더 진
지하다. 인간의 합리성이 실수를 범할 수 있다면, 또 시민이 언제나 선
을 행하려 한다고 전제될 수 없다면, 시민이 법을 사랑하게끔 만드는, 말
하자면 연합 행위를 통해 소외와 불평등의 장애물을 극복하게 만드는 형
성적 정념을 정치적으로 설명하는 것이 필요하다. 자, 그런 것이 꽤 원기
왕성한 시민 애국주의와 공공 교육이라는 개념 없이도 실행될 수 있을

까? 나는 그렇게 생각하지 않는다. 문제는 '어떻게'이다. 이 지점에서 루소의 연극 비판을 좀 더 자세히 들여다보는 편이 도움이 될 것이다.

연극은
나르시시즘이다

나르시시즘과 불평등 사이에 어떤 관계가 있을까? 루소에게 불평등의 역사에서 상전벽해는 사적 소유제다. 누군가가 "이건 내 소유다"라고 말했고 사람들은 그런 그를 믿을 만큼 단순하다는 것이 드러났다.[59] 그런데 사적 소유가 설립되기 훨씬 전 인간존재가 처음 모여들고 사회화되어 서로를 바라볼 때(루소는 이것이 이른바 자연 상태에서 한 그루 나무를 에워싸고 일어나는 일로 상상한다) 구별짓기의 욕망이, 곧 타인과 구별되고 달라지고픈 욕망이 발생했다. 이 구별짓기의 욕망으로 자연 상태의 인간존재를 정의 내리는 자애심amour de soi이나 자기애self-love가 나르시스적인 이기심amour propre이나 자존심pride으로 변형되기 시작한다. 루소에게 나르시시즘의 기원은 자기 자신만이 중요하다는 마음에서 출발한 이 사회적 구별짓기의 욕망에 존재한다. 따라서 불평등과 나르시시즘은 같은 원천에서 파생한 것이다.

나르시시즘은 루소의 희곡 『나르시스, 혹은 자기-흠모자Narcisse, ou l'amant de lui-même』[60]에서 펼쳐지는 드라마의 핵이다. 루소는 미완성에서 완성까지 갖가지 단계별로 일곱 편의 희곡을 썼다. 『나르시스, 혹은 자기-흠모자』는 유일하게 공개적으로 상연된 작품이었다. 게다가 1752년 12월 18일에 왕립극단에 의해 무대에 한 번 상연된 것이 전부였다. 『나르시스, 혹은 자기-흠모자』는 루소의 목가적인 단막 오페라인 〈마을의 점쟁이Le Devin du village〉의 괄목할 만한 성공으로 무대에 오를 수 있었다. 이 오페라는 프랑스 국왕과 여왕이 보는 앞에서 상연되었고 앞서 시월에는 퐁테네블로의 궁궐에서 상연되었다. 강한 인상을 받은 루이 15세가 루소의 알현을 요청했지만 약한 방광 탓에 신경과민에 시달리던 루소는 국왕을 알현하는 동안 오줌을 지릴까 두려워 자신의 '장애'를 불평하며 사양했다.

한때 루소의 친구였던 프리드리히 멜히오르 그림Friedrich Melchior Grimm은 『나르시스, 혹은 자기-흠모자』를 가리켜 "형편없는 희곡"이라고 평했다. 벗으로부터 좀 더 괜찮은 대우를 기대하는 것이 당연하겠지만 그림의 판단이 틀린 것은 아니었다. 『나르시스, 혹은 자기-흠모자』는 피에르 드 마리보Pierre de Marivaux의 스타일을 따랐는데, 마리보는 루소의 이 희곡을 읽고 논평하고 심지어 약간 변형시키기까지 했다. 슬프게도 이 희곡은 마리보 희곡의 수준에 미치지 못한다. 루소가 『고백록』에서 이 희곡을 고작 열여덟 살 때 썼다고 주장한 사실로 아마 설명 가능할 것이다. 그럼에도 이는 진실이 아니다. 루소가 젊었을 때부터 그의 나이 마흔, 그 연극이 유일하게 상연되던 그때에 이르기까지 희곡을 주기적으로, 눈에 띄게 고쳐 썼던 것이 분명하기 때문이다. 실제로 루소는 『고백록』에서 그같이 인정한다. "이 작품의 서문에 내가 그것을 열여덟 살에 썼다고 말한 것은 나이를 몇 살 정도 속인 셈이었다."[61] 그렇지만 『나르시스, 혹은 자기-흠모자』는 루소가 전력을 다해 쓴 첫 번째 문학 작품일 것이다.

『나르시스, 혹은 자기-흠모자』의 사건은 매우 단순하다. 여자처럼 옷을 입은 자신의 그림과 사랑에 빠진 발레르라는 사람에 관한 것이다. 드라마는 발레르의 여동생 루신다가 구제 불능의 자만심 강한 주인공 발레르를 속이려는 계획을 짜는 이야기로 시작한다. 이 계획은 약혼녀 안젤리카에 대한 발레르의 사랑을 시험하기 위한 속임수였다. 그런데 발레르가 자기 자신을 여성화한 초상화이자 대상화한 자기-이미지와 완전히 사랑에 빠지면서 끔찍한 역효과를 낳는다. 여기에는 예측 가능하다시피 상당한 농담조의 드라마적 아이러니가 있다. 발레르가 하인 프롱텡을 보내 그의 새로운 애인(사실상 자기 자신)을 찾아 파리 전역을 뒤질 때 말이다.

> 루신다: 프롱텡, 네 주인은 어디 있지?
> 프롱텡: 자기 자신을 찾으러 떠났습니다.
> 루신다: 자기 자신을 찾아서?
> 프롱텡: 네, 자기 자신과 결혼하기 위해서요.

결국 자신이 저지른 실수와 자신이 노정한 길의 오류를 깨달은 발레르는 아버지에게 꾸지람을 듣고 어쨌든 안젤리카와 결혼하기로 결심한다. 『나르시스, 혹은 자기-흠모자』에는 또 다른 사랑 이야기가 있다. 극적인 주요 관계를 반영하는 루신다와 레안데르 사이의 사랑 이야기는 기묘하게도 풀리지 않고 만족스럽지 않게 제시되어 있다.

그렇게 이 희곡은 나르시시즘의 실패에 대한 자그마한 교훈을 주며 다음과 같이 도덕적으로 끝난다. "우리가 참으로 다른 누군가를 사랑하면 우리 자신을 좋아하길 멈출 것이다." 이토록 새로울 것 하나 없이 가벼우며 멋들어지게 소소한 이 작품은 1742년 서른 살 되던 해 파리로 이사한 루소가 자신에게 모종의 문학적 명성을 안겨 줄 것이라 기대한, 딱 그만한 종류의 것이었다.

그런데 『나르시스, 혹은 자기-흠모자』를 루소가 1752년 출간에 첨부해 쓴 긴 서문과 나란히 읽는다면 문제는 더 흥미진진해진다. 『고백록』

에서 루소는 이 서문이 "내가 쓴 명문들 중의 하나"[62]가 될 것이라 단언한다. 이런 식으로 이 희곡은 루소의 첫 번째 논설[『학문예술론』]과 두 번째 논설[『인간 불평등 기원론』]의 주장들, 곧 1750년과 1755년 사이에 자리매김해 있다. 서른일곱 살 되던 해인 1749년에 루소는 자신의 친구이자 동료인 백과전서파 드니 디드로를 만나러 갔다. 당시 디드로는 종교와 국가에 반대하는 의견을 표명했다는 이유로 파리 외곽 뱅센에 수감되어 있었다. 돈이 없던 루소는 감옥까지 5마일이 되는 거리를 걸으며 소일 삼아 잡지나 신문을 읽곤 했다. 한번은 문학 관보 『메르쿠르 드 프랑스 Mercure de France』를 읽다가 우연히 〈디종 아카데미 Academy of Dijon〉가 에세이 경연용으로 제시한 주제를 접했다. "예술과 과학의 진보가 도덕을 타락시키거나 정화하는 데 많은 일을 해 왔는가?" 사도 바울식의 갑작스런 섬광과 함께 루소는 예술과 과학의 진보가 실제로는 도덕을 타락시켰음을 깨달았다. 1762년에 말제르브 Malesherbes에게 보내는 어느 편지에서 루소는 이 경험을 그 특유의 정서적인 과장을 섞어 쓰고 있다.

불현듯 떠오르는 영감이 있다면 그것은 그 공고가 제 안에서 자극했던 것이었습니다. 갑자기 수천 개의 빛으로 정신이 혼미해졌고 온갖 빛나는 생각들이 아주 강력하고도 혼란스럽게 밀려와 저는 뭐라 형언할 수 없는 당혹감에 빠졌습니다. 술에 취한 것처럼 머리가 어지러웠습니다. 심장이 격렬하게 고동쳐서 저를 압박했고 가슴을 울렁거리게 했습니다. 걷다가 도저히 숨을 쉴 수가 없어서 길가에 있는 한 그루 나무 아래 맥없이 주저앉았습니다. 그렇게 불안한 상태로 반 시간이 흘렀고 일어났을 때에는 상의 앞자락이 눈물로 젖어 있더군요. 눈물을 흘렸던 기억도 없는데요. 아, 선생님. 제가 그 나무 아래 앉아서 보고 느꼈던 것을 써 내려갈 수 있었더라면 우리가 사는 사회 체제의 모순들을 아주 분명하게 폭로할 수 있었을 텐데요. 사회제도의 온갖 오용을 아주 설득력 있게 보여 주고 인간은 천성적으로 선한데도 저 제도들 때문에 악해졌을 뿐이라는 것을 아주 간단하게 증명할 수 있었을 텐데요.[63]

계몽이라고 말만 번드르르하게 불리는 것(프랜시스 베이컨Francis Bacon 에서 파생되었고 볼테르와 디드로 같은 인물들에게 절대적으로 결정적 인)에서 핵심적인 믿음은 진보에 대한 믿음이다. 말하자면 과학, 기술, 예술과 문화의 발전이 인류를 개선시켰다는 것이다. 혹은 칸트의 정식화로 말하자면 계몽은 인간이 자초한 보호로부터의 자유다. 루소에게는 반대 로 합리적이고 과학적인 진보는 도덕적이고 정치적인 퇴보다. 문명은 쇠 퇴다. 이른바 예술과 과학에서 일어난 진보는 인류를 더 엉망으로 만들 었다. 덜 인간적이고 더 타락하고 이기적이고 탐욕스럽게 만들었다. 우리 는 루소에게서 19세기 역사 이론의 초기 판본을 목격한다. 특히 『독일 이데올로기The German Ideology』와 『공산주의 선언The Communist Manifesto』 권 두에 나타난 마르크스와 프리드리히 엥겔스Friedrich Engels의 역사 이론으 로, 인류의 외견상 진보는 청년 마르크스가 '유적 존재'라고 불렀던 것인 우리의 참된 조건으로부터 인류를 점진적 소외로 이끌었다. 그러나 우 리가 루소에게서 볼 수 있는 것은 이뿐만이 아니다. 루소는 도덕의 역사 란 유대 그리스도교적 도덕의 비굴한 원한감정ressentiment이 생명 긍정의 능동적 힘을 분쇄하는 것이라는 니체의 계보학을 선취한다. 루소에게는 인간의 역사, 사회 그리고 이른바 문명 모두가 인간 조건을 악화시키기 위해 공모하고 있다.

그런데 루소의 입장이 이렇다면 오페라, 발레, 음악과 시 등 자신의 적 잖이 성공적이었던 실험들은 물론이고 『나르시스, 혹은 자기-흠모자』와 같은 희곡을 출간하고 상연까지 한 것은 위선적이지 않은가? 앞으로의 생에서 그를 고통스럽게 옥죄게 될 피해망상의 초기 신호를 무심코 드러내고 굽이마다 첩자들을 발견하면서 루소는 이 반론에 논쟁적으로 대응하기 위해 서문의 대부분을 할애한다. 처음에는『나르시스, 혹은 자기-흠모자』는 젊은 시절의 작품이고 심각하게 받아들여선 안 된다는 그럴듯한 주장이 등장한다. 두 번째 반박은 더 흥미진진하다. 루소는 파리 사회가 도덕(풍속le moeurs)과 관련해 전혀 구제할 길 없이 타락해 있다면 연극 같은 그런 좀스러운 일로 파리 시민들의 기분을 전환시키는 편이 더 낫다고 주장한다. 폭력과 전쟁 같은 더 해롭고 사악한 행위에 관여하게 되는 것을 막을 것이기 때문이다. 루소는 신랄한 아이러니로 '충고'를 이어 간다.

> 따라서 이미 여러 차례 말했지만, 나는 아카데미와 단과대학, 종합대학과 도서관, 극장 등에 간섭하지 말고 심지어 그것들을 지원하라고 충고한다. 인간의 사악함에서 약간의 오락을 산출할 수 있고, 더 위험한 일들로 자신의 게으름을 채우는 것을 막아 줄 그러한 여타의 모든 유흥 역시 마찬가지다. 품위 있는 인간과 선한 도덕이 없는 나라에서는 폭력적인 악당보다는 단순한 악동과 함께 사는 것이 더 나은 탓이다."[64]

이 관점에서 초연 이후 다시 상연되지 못한『나르시스, 혹은 자기-흠모자』는 루소에게 자기 견해에 대한 삐딱한 변호를 제공한다. "내 희곡에는 그에 합당한 운명이 있고 나는 그것을 예견했다. 내가 연극을 보면서 지루함을 느낀 탓에, 만약 연극이 성공했다고 하더라도 이보다 더 흡족할 수는 없었을 것이다."[65] 이렇게『나르시스, 혹은 자기-흠모자』의 명백한 실패는 성공으로 뒤바뀌고 연극의 그저 그런 지루함은 문화에 대한 루소의 맹비난에 전도된 승리를 안겨 주었다.

만약 우리가『나르시스, 혹은 자기-흠모자』를 그 서문과 두 논설[『학문예술론』과『인간 불평등 기원론』]에서 루소가 주장한 맥락에 자리매김한다면 나르시시즘의 문제는 다소 상이하고 보다 심오한 측면을 얻게 된다. 나르시시즘이 불평등을 겪은 결과라면(좀 더 정확히 말해 체험된 불평등의 정서라면) 연극이라는 바로 그 관념은 그런 까닭으로 비난받게 된다. 이는 『나르시스, 혹은 자기-흠모자』가 『달랑베르에게 보내는 연극에 관한 편지』와 연결될 때 분명해진다. 여기서 루소는 제네바의 어느 연극에 대한 달랑베르의 제안을 맹렬히 비난한다.

연극에 대한 루소의 주된 비난은 두 가지다. 첫째, 루소는 연극이 도덕적으로나 사회적으로 위험하다고 말한다. 성에 대한 자연적이라 알려진 관계를 뒤바꾸고 극적 재현의 유희를 통해 여성이 남성에 대한 권력을 쥐도록 허가하기 때문이다. 연극은 성의 위계를 전복하고 본질적으로 여성화하고 있다. (여기서 루소는 몰리에르의 쾌활한 희극적 아이러니를 염두에 두고 있다.) 이에 비춰 볼 때 남자 주인공이 복장 도착을 하고 여성화된 그 자신의 이미지와 사랑에 빠지는 『나르시스, 혹은 자기-흠모자』의 희화화는 연극의 성적 위협 전체를 상연하는 셈이다.

비난의 두 번째 가닥은 재현에 관한 것이다. 루소는 『국가』에서 플라톤의 비극 시인 비판을 재진술한다. 『국가』에서 연극은 질서가 잘 잡힌 **폴리스**로부터 배제된다. 연극은 철학자의 고유한 관심사에 해당할 참다운 사물 형태에 주목하기보다 단순 외관의 **미메시스**나 모방이기 때문이다.

여성화와 재현으로서 연극을 비판하는 것은 연극을 시민 **스펙터클**로 대체하자는 제안과 결합된다. 그런 스펙터클에 본질적인 것은 그것들이 정확히 재현이 아니라는 것, 루소가 보기에 건축 자체가 플라톤의 동굴을 연상시키는 극장의 어둠 속에서 미적대지 않고 대낮에 야외에서 함께 모이는 인민 그 자신의 현시라는 것이다.

광장 한가운데 화관으로 된 말뚝을 심고 거기에 사람들을 모이게 하라. 그러면 축제를 열게 될 것이다. 더 잘해라. 구경꾼들 스스로 즐거워하도록 만들고 그들 자신이 배우가 되게 하고, 그렇게 해서 각자 타인에게서 그 자신을 보고 사랑하도록, 그래서 모두가 더 하나가 되게 하라.[66]

시민 스펙터클에서 인민은 연극의 재현 대상을 수동적으로 지켜보지 않고 오히려 그들 자신이 주권의 배우이자 제정자가 된다. 『사회계약론』에서 인민주권 변호는 루소가 모든 형태의 온갖 대의 정부를 두고 행한 비판과 같은 종류다. 정치적 정당성을 획득하는 유일한 길은 주권을 어떤 외적, 대의적 권위가 아니라 인민의 의지에 뿌리박게 하는 것이다. 인민은 그들 국가의 극장에서 배우가 되어야만 한다. 이 맥락에서 축제는 생생한 인민주권을 현시하고 인민의 개인적·집단적 자율을 강화하게 된다. 그렇게 법과 애국주의의 동일시가 가능해지는데, 여기서 애국주의는 인민을 법에 이어 주는 아교이다.

시민 축제는 재현/대의라는 매개 없는 일반의지의 상연이다. 이와 같이 루소의 시민 축제라는 관념은 프리드리히 폰 실러Friedrich von Schiller의 미적 혁명 개념에서 그 강력한 메아리를 발견한다. 이 개념은 온갖 정치 혁명을 동반하는 것으로 그 비전의 가장 극적이고 아포리즘적인 표현은 『독일 관념론의 구 체계-프로그램Oldest System-Programme of German Idealism』에서 나타난 감각적 정치 기관설과 '새로운 신화학'에 대한 요청이다.[67] 대조적으로 극장은 진정한 나르시스의 신전이다. 구별짓기의 욕망과 이기심의 위선을 반영하는 동굴 같은 거울방에 다름 아니다. 배우들은 극장에서 주체가 아니다. 그들은 보고 또 보이려는 욕망에 스스로를 객체화한다. 극장은 나르시시즘의 바로 그 도가니이고 불평등의 신전이다. 나르시시즘, 자존심, 그리고 구별짓기의 욕망이 18세기적 삶을 강력하게 특징짓는다고 하면, 오늘날 거대하고 스펙터클한 시뮬라크르의 표면이

되어 가는 세계에서는 더더욱 그럴 수밖에 없다.

이 모든 것은 루소의 연극이 갖는 위상이 특유하다는 뜻이다. 베르톨트 브레히트Bertolt Brecht와 사무엘 베케트Samuel Beckett까지 내려오는 수많은 후대의 모방자들의 존재 외에 그 어떤 선례도 없을 것이다. 루소의 연극은 연극에 반하는 연극이자, 연극성이라는 바로 그 관념에 반하는 연극이다. 여기서 문제는 세 개의 물음과 그 답으로 정제될 수 있다.

첫째, 연극이란 무엇인가? 나르시시즘이다.

둘째, 연극의 용도는 무엇인가? 인간존재가 재현과 객체화의 질서에서 동굴 같은 감금을 경험하게 하고 개인적이면서도 공동체적인 그들의 참다운 주체성으로부터 소외되게 한다.

셋째, 그렇다면 루소의 연극의 목적은 무엇이 될까? 모더니티의 본질적 나르시시즘을 진단·비판하고 그 불평등의 드라마를 전복시키는 수단에 다름 아니다.

연극은 나르시시즘이다. 한술 더 떠 연극은 무에서ex nihilo, 어떤 진공에서 발생하지 않는다. 사회 자체가 나르시시즘이다. 그러나 또한 사회가 지적인 이기심을 먹여 살리고 또 그것을 먹고 자란다는 점에서 철학은 나르시시즘이다. 루소는 1752년의 서문에서 이 경우를 아주 명료하게 밝힌다.

철학에 대한 취향은 인간을 사회에 소속시키는 박애와 상호 존중이라는 모든 유대를 약화한다. 실제로 이는 철학이 낳은 거대악이다. 탐구의 기쁨은 여타 온갖 애착을 다소 맥없게 만든다. 더구나 인류를 관찰하고 성찰한 덕택에 철학자는 인간존재를 그들의 참된 가치에 따라 평가한다. 그런데 경멸하는 것에 대해 애정을 느끼기는 어렵다. 이내 소위 고결한 이들이 그들의 동료들과 나눈 관심은 죄다 철학자라는 개인에 재결합된다. 타인에 대한 그의 멸시는 오만으로 탈바꿈한다. 그의 자존심은 나머지 우주에 대한 그의 무관심에 곧장 비례해 증가한다. 가족과 국가 같은 어휘는 그에게 완전히 무의미해진다. 그는 부모도 시민도 그렇다고 사람도 아니다. 그는 철학자다.[68]

법의
권위

이제 법에 관한 논증으로 돌아가자. 일반의지에서 자유와 평등의 일치로 이해된 사회계약이 정당한 정치체에 생명의 숨결을 불어넣는 것이라면, 법은 이 정치체가 일어나 걷도록 동기를 부여하고 두 다리를 제공한다. "사회계약으로 우리는 정치체에 현존과 생명을 부여했다. 지금의 과제는 움직이도록 하는 것이고 이는 입법으로 이뤄질 것이다."[69] 루소는 법을 다음 식으로 정의한다.

> 그러나 인민 전체가 인민 전체에 대해 법을 제정할 때 그들은 그들 자신밖에 고려하지 않는다. 그리하여 그때 어떤 관계가 형성되더라도 그것은 대상 전체를 서로 다른 관점에서 바라볼 때 생기는 관계이기에 전체로부터의 분리란 전혀 없다. 그렇다면 법 제정과 관련된 문제는 제정의 의지만큼이나 일반적이다. 이 행위를 나는 법이라고 부른다.[70]

여기서 법 제정의 역할을 맡고 있는 동사는 프랑스어 '스타튀에statuer'로 '결정하다', '정하다', '판결하다' 또는 '제정하다'의 의미, 즉 법을 만든다는 뜻이다. 루소의 마지막 문장은 영어보다 프랑스어로 읽을 때 훨썬 더 정확하고 흥미롭다. "그렇다면 우리가 제정하는 문제는 제정하는 의지만큼이나 일반적이다. 이 행위를 나는 하나의 법이라 부른다."* 루소에게 법이란 일반의지의 행위다. 루소의 분석을 받아들인다면 누가 법을 만드는가를 더 이상 물을 수 없다는 것이 즉각 분명해진다. 왜냐하면 법은 일반의지의 표현이기 때문이다. 법이란 인민이 그 스스로를 인정하는 법을 제정하게 만드는 행위이고 여기서 주권은 완전히 인민의 것이 된다.

이 법 개념이 홉스의 주권적 군주 개념과 대립해 있음은 분명하다. 이때의 군주란 한 사회를 인정하는 법을 제정하지만 모종의 자연 상태에 놓여 있는 사회 질서 바깥에 자리해 있다. 홉스에게 전면적 소외의 전쟁 상태에 군주라는 외재성인 '필멸하는 신'이 필요하다면, 루소에게는 순전히 내재주의적인 법과 주권 개념이 있다. 이 개념에서 인민은 연합 행위나 집회 행위로 그 자신과 계약을 맺는다. 홉스와 루소는 확연한 차이를 보이지만 그들의 주권 논리 안에는 더 심오한 유사성이 숨겨져 있다. 알튀세르가 다음처럼 쓸 때 그는 옳다.

> 루소의 이론적 위대함은 홉스의 가장 섬뜩한 측면들, 곧 보편적이고 영구적인 전쟁 상태, 온갖 초월적 해결책의 거부, 전면적 양도의 '계약'을 채택했다는 점이다. 그러나 홉스에 대한 루소의 방어책은 외재적인 전면적 양도를 내재적인 전면적 양도로 변형하는 것이나.[71]

루소의 주권 논리가 전적으로 내재적이고 신민과 주권자의 동일성에 기초해 있다면, 홉스의 군주는 주권자의 실제적인 초월성으로, 주권자는

---

* 프랑스어로는 다음과 같은 문장이다. "Alors la matière sur laquelle on statue est générale comme la volonté qui statue. C'est cet acte que j'appelle une loi."

믿음 없는 믿음의 정치

자기가 권력을 행사하는 신민으로부터 구별되는 자리에 있다.

그러나 여기서 중요한 점은 군주 주권과 인민주권의 정치적 대립이 홉스적 논리 양상의 변형이라는 것이다. 군주-신이 인민-신으로 바뀐 셈이다. 루소에게 주권의 역설이란 공공연한 내재주의적 정치 개념이 첫째, 입법자 개인, 둘째, 시민종교의 교의라는 두 심급의 초월성으로 이동한다는 것이다. 보통 상상하는 것 이상으로 루소는 훨씬 더 홉스적이다.

루소에게 법이란 정치 영역 내에서 만인이 의지해야만 하므로 이 영역의 그 누구도 법의 바깥에 자리해 있지 않다. 이 사고 구조에는 일반의지의 주체들이 더 이상 의문시할 수 없는 특유한 귀결이 있다. "어떤 이도 그 자신에 대해 부당할 수 없으므로 법이 부당할 수 있는가 하는 문제도, 법이 우리 의지의 기록에 불과하므로 어떻게 법으로부터 자유로우면서도 종속되는가 하는 문제도 제기될 수 없다."[72]

이 법 개념에는 일반의지 안에 내 의지의 완벽한 투명성 내지는 거울상 반영이 존재한다. 홉스에게 군주 주권자들의 권위가 그들이 입법한 사회 안팎 모두에 그들이 존재한다는 사실에 있다면, 루소에게 주권은 순전히 내적이고 내재적이다. 이것이 주권이 군주나 국가, 심지어 의회 같은 외부체에 대의될 수 없는 이유다. 주권은 일반의지가 생기를 불어넣는 정치체의 자기 자신에 대한 순수 현전이다. 『사회계약론』 3권에서 다음과 같은 구절은 쇼펜하우어의 의지를 선취하는 것으로 보인다. "주권은 양도될 수 없는 것과 같은 이유로 대의될 수 없다. 그것은 본질적으로 일반의지에 있다. 그런데 이 의지는 절대로 대의될 수 없다. 그것은 그것일 뿐이거나, 아니면 다른 것이다. 그 중간은 없다."[73]

연극과 관련해 방금 살펴본 것처럼 루소는 재현에 대한 근대적 비판의 원천이다. 이것의 표준 글귀locus classicus는 플라톤의 미메시스 비판이고 (비록 형편없이 루소를 폄하하고 있지만) 하이데거와 기 드보르Guy Debord

같은 사상가까지 확장된다. 이들은 참된 '주체'란 재현의 주체 따위가 될 수 없고 모든 형태의 재현은 주체가 스펙터클에, 전쟁과 불평등의 스펙터클과 그 극장에 종속되어 있다고 본다.[74] 루소가 『달랑베르에게 보내는 연극에 관한 편지』에서 추천하는 시민 축제에는 어떤 것도 재현되어 있지 않고 스펙터클도 없다. "그렇다면 대체 이 즐거움의 대상은 무엇이 될 것인가? 거기서 무엇이 보이게 될까? 미안하지만 아무것도 보이지 않는다고 말하겠다."[75]

이처럼 정치란 재현에 관한 것이 아니라 차라리 바디우가 쓰듯이 "시민 투사라는 '집합 존재'"[76]의 현현이다. '이 존재는 어떻게 나타나는가?'라고 묻는다면, 답은 '미안하지만 무無로 나타난다'이다. 축제에서 일어나는 것은 곧 상연 도중에 나타나는 인민 그 자체의 현전이다.

루소가 영국에 반대하는 장광설(나는 이 때문에 그를 더욱더 자기혐오적으로 사랑하는데, 루소는 이렇게 말한다. "나는 영국도 영국인도 결코 좋아한 적이 없다"[77])에서 지치지도 않고 지적해 내듯이 이것이 의회주의의 오류이다.

영국인은 스스로가 자유롭다고 생각한다. 대단히 오해하고 있는 것이다. 그들은 의회의 의원을 선출할 때만 자유로울 뿐이다. 선출이 끝나자마자 그들은 노예가 되고 아무것도 아닌 존재가 된다. 짧은 기간 동안 그들이 자유를 행사하는 것을 보면 자유를 잃도록 완전히 보장되어 있는 것 같다.[78]

에드먼드 모건Edmund Morgan의 지적처럼 정치적 대의라는 관념은 마술적 불가사의다. 이야기는 이렇게 진행된다. 어떤 대의 정부에서 인민은 통치될 뿐 아니라 정부가 되기도 하는데, 대의의 기적을 통해 어떻게든 발생하는 것이다.[79] 그런데 정확히 어떻게 소수가 다수를 대의한다고 말할 수 있는가? 그럴 수 없다. 차라리 이 상황의 진리란 겉보기에 그럴싸한 대의 정부의 정당성이 자신들이 다수를 대의한다고 **믿는** 소수의 단순한 허구에 기초해 있다는 것이다. 그리고 이 허구가 믿어진다면 그 역도 성립한다.

인민만이 유일하게 입법의 권위를 가지고 법을 만들기에 주권은 대의될 수 없다. 루소는 "인민이 그 자신에게 대표자들을 제공하는 그 순간 자유롭길 멈추고 존재하길 멈춘다"[80]라고 쓴다. 정당한 정치체에서 유일하게 가능한 대의란 집행권의 차원, 즉 인민의 의지를 실행하라고 인민이 선출한 행정관들에게 있다. 그러나 집행자는 대의 정부에서처럼 법을 만들지 않고 이를 실행할 따름이다. 그런데 루소의 논의에서 이러한 조치는 주권과 정부를 구별하게 하고 이로써 일반성과 특수성 사이의 구별이라는 또 다른 불일치를 열게 된다.

어떻게 정부는 조직되는가? 인민의 주권으로부터 흘러나온 일반의지의 행위를 통해서만 조직될 수 있을 뿐이다. 이 일은 어떻게 일어나는가? 어떻게 정의상의 일반 주권자는 특수한 정부가 되는가? 특히나 필요에 의해 통치하도록 선택된 사람들이 주권적 인민의 일부를 형성할 때 이 일은 어떻게 가능한가? 루소는 이 모순에 강경하게 대응한다. "난관은 정부가 존재하기 전에 통치 행위가 존재할 수 있는가를 이해하는 것이다."[81] 루소가 이 난제에 직면해 제시한 해답은 정말 놀랍다. 갑작스레 주권이 민주주의로 전환됨으로써 가능하다는 것이다. 루소가 『사회계약론』 3권에서 민주주의를 "정부 없는 통치"로 기술하고 인간존재가 아니라 신이 선택한 민족에게나 걸맞다고 거부했던 것을 떠올릴 필요가 있다.

여기서 다시 정치체의 놀라운 특질 하나가 드러난다. 이를 통해 확연히 모순되어 보이는 작용들을 조정할 것이다. 이 조정은 주권에서 민주주의로의 갑작스런 전환으로 달성된다. 그래서 어떤 지각할 수 있는 변화 없이 만인의 만인에 대한 새로운 관계에 의해서만 행정관이 된 시민은 일반 행위에서 특수 행위로 법에서 법의 집행으로 이동해 간다.[82]

따라서 어떤 가시적 변화 없이도 주권적 인민은 하나의 정부로 탈바꿈된다. 즉 인민체를 구성하는 각 개인이 일시적이기는 하지만 행정관이 된다. 지나치게 신과 같다며 민주주의를 거부하던 루소는 정당한 정부의 설립이 불가피하게 민주주의를 통과해 **지나갈** 수밖에 없으며, 그렇게 (그가 아주 절묘한 형태의 정부로 추천한) 선출 귀족정으로 이행할 수밖에 없다는 사실을 인정한다. 그래서 일반적인 것에서 특수한 것으로의 이동에는 갑작스런 신적인 변용의 순간이 필요하다.

이는 『사회계약론』 3권의 나머지를 지나 4권으로 진행되는 루소 논의의 단층선을 열어젖힌다. 그리고 어쩌면 로마 정치사를 지나는 아주 긴 곡류를 설명할지도 모른다. 말하자면 루소는 『사회계약론』을 정밀하고 (비율 표현까지 사용해서) 기하학적인 형식성에 근접한 일련의 주장들로 시작은 했지만, 어떻게 끝내야 할지는 모르게 된 것처럼 보인다. 그런 의구심은 마지막 장에서 악화되는데 이 장은 시민종교와 더불어 『사회계약론』, 나아가 당신이 지금 읽고 있는 이 책의 틀을 형성하고 있는 정치와 종교 사이의 관계 문제를 다룬다. 루소는 어떤 정치체에서 유일하게 가능한 정당성이란 일반성의 행위를 통해서라고 일관되게 주장했으므로 주권에서 정부로(일반적인 것에서 특수한 것으로)의 이동이 의미하는 바는 우리가 자격이 있는 일반성이나 분리되고 특수화된 보편성을 말해야만 한다는 것이다. 이는 『사회계약론』 4권에 개괄된 선거 절차의 수수께끼에서 가장 뚜렷하게 나타난다. 루소는 일반의지가 다수에서 현현될 것이라는 모순된 결론(일반성은 그 표현을 특수성에서만 찾을 뿐이다)을 내릴 수밖에 없다. 이로써 루소는 존 스튜어트 밀John Stuart Mill이 인민의 주권체를 이루기도 하는 소수에게는 아무런 정치적 자리가 없다고 반박할 여지를 남겨 두게 된다. 우리는 앞으로 전개될 독재에 대한 루소의 설명과 관련해 이 모순으로 되돌아올 것인데, 독재란 인민주권의 권위라는 이름으로 말한다고 표명하는 바로 그 대행자가 저 권위를 중단시키는 것과 다를 바 없다.

주권의
역설

　루소는 자유와 평등의 관계 문제를 법이 해결한다고 여긴다. 그가 옳다면 루소는 정치 문제, 곧 「폴란드 정부에 대한 고찰」에서 "기하학에서 원을 사각형으로 만들기"[83]와 흡사하다고 표현한 문제를 해결한 셈이다. 그런데 내가 보기에 루소는 원을 사각형으로 만드는 데 성공한 것이 아니라 차라리 그의 텍스트가 일련의 개념적 불일치 주변에 분절되어 있다. 예를 들어 주권과 정부, 내재성과 외재성, 일반성과 특수성의 관계라는 불일치로, 우리는 이 불일치의 상속자다. 루소의 사유는 어떤 진지한 정치 존재 개념이 직면해야만 하는 일련의 모순을 가동한다. 이는 법의 권위라는 문제에서 가장 명료하게 나타난다.
　문제는 다음 식으로 제기될 수 있다. 만약 내가 따르는 법이 유일하게 내가 나 자신을 내주는 법(일반의지의 표현인 법이자 사회 집단의 모든 구성원에 결속되어 있는 내 자율에 일관되어 있는 법)이라면, 이 법은 어떤 힘을 통해 권위를 지니는가? 명백한 답은 이렇다. 만약 법이 다름 아닌 일반의지의 행위라면 권위는 자기 저작self-authorship이 된다. 자율 외에는 상급법원의 법적 권위란 존재하지 않는다는 얘기다. 그런데 권위가 자기 저작이 된다면, 정당한 정치체는 집단적 나르시스로 끝나는 것이 아닌가?[84] 루소의 주장에서 그 내재적 논리에도 불구하고 주체들을 법에 결속하려면 법 안에 초월적 권위의 계기가, 또 홉스에게서처럼 군주의 기능과 같은 근본적 외재성이나 타율의 계기가 필요하지 않은가? 이것이 그 경우라면, 루소 역시 정치에 활력을 부여하는 필멸의 신을 필요로 하는 것 같다면, 그런 권위란 종교 없이 상상할 수 있을까? 나는 이 문제들이 주권의 역설에 존재하는 바로 그 핵심으로 우리를 데려다 놓는다고 생각한다. 루소가 입법자를 논하고 거기서 종교에 대한 정치와 법의 의존을 논할 수밖에 없게 만든 역설 말이다. 나는 이를 통해 우리가 현재의 정치적·법적 상황의 핵심에 좀 더 가까이 접근할 수 있었으면 한다.

물론 철학자들 가운데 단연 으뜸으로 허구적이고 의식적이던 루소는 내가 제기한 문제를 정확히 인지하고 있었다. 루소는 2권에서 쓴다. "법에 복종하는 인민이 그 법의 저작자여야 한다." 그런데 그는 일견 자기모순으로 넘어가는 것 같다. "자신에게 무엇이 좋은지를 알지 못하기에 종종 자신이 의지력을 행사하는 바가 무엇인지 알지 못하는 눈먼 대중이 어떻게 입법 체계만큼이나 거대하고 어려운 일을 수행하게 될 것인가?"[85]

지식이 없고 무지한 일반 대중이 어떻게 선을 의도할 수 있을까? 어떻게 그들은 사익만이 아니라 공익에, 전체의지만이 아니라 일반의지에 기초하여 행하는 것을 배울 수 있을까? 루소는 결론 짓는다. "인민은 늘 저절로 선을 의도하지만 늘 그것을 저절로 보지는 못한다."[86] 따라서 인민은 안내자가 필요한데, 인민이 자유롭도록 강제하는 어떤 것이나 그 누군가가 필요하다(이는 『사회계약론』 1권에서 치명적으로 오해된 표현이다)는

말이다.[87]

이를 두고 루소는 '입법자'나 '법 제정자', '비범한 사람'이나 '천재'[88]라 부르며 아름다운 허구로 이끌린다. 입법자는 루소에 의해 국가 기계의 엔지니어로 묘사되어 있다. 입법자는 사회를 인정하는 법을 제정하지만 사회와는 거리를 두고 있는 사람이다. 그는 (국가 조직을 세움으로써 정치에 개입하므로) 자연 질서에도, (자신이 선포하는 법에 종속되어 있지 않으므로) 정치 질서에도 속해 있지 않다. 입법자의 직무는 엄격하게 역설적이다. 공화국을 조직하는 것이 그의 직무지만 그 조직 안에는 그가 있을 자리가 없다.[89] 일반의지가 만들어 낸 내재주의적 법률이 권위를 가지려면 정치 영역에도 자연 영역에도 속하지 않고 (『고백록Confessiones』 10권의 아우구스티누스의 신처럼[90]) '자리가 아닌 곳'에 존재하는 유사-외적 법 제정자를 통해 명명되고 '제정되어야' 한다는 얘기다. 이 유사-외적이고 유사-신성의 '자리가 아닌 곳'을 차지함으로써 법 제정자는 법에 허구적 위엄을 부여한다.

리쿠르고스가 자신의 조국에 법을 제정해 주었을 때, 그는 왕위를 포기하는 것에서 시작했다. 법 제정을 외국인에게 맡기는 것이 그리스 도시국가 대부분의 관습이었다. 근대 이탈리아의 공화국들도 자주 이 관례를 따랐다. 제네바 공화국도 그랬는데 그 결과가 대단히 좋았다. 로마는 전성기에 지도자 한 사람의 손 안에 입법권과 주권을 모두 통합시켰기에 전제정치에서나 볼 수 있는 온갖 범죄가 로마 한가운데 되살아나는 것을 보았으며 멸망하기 직전이었다.[91]

물론 우리가 인간존재의 사회가 아니라 신의 사회(민주주의)에 산다면 이 문제는 발생하지 않을 것이다. 방금 살펴본 것처럼 주권에서 정부로 이동할 때 신과 같은 기적의 순간이 존재한다 하더라도 우리는 신이 아니다. 적어도 어느 순간을 지나면 그렇지 않다. 따라서 인민에 거하는 주권 권력이 법 제정자에게 속해 있는 입법의 권위로부터 분리되는 것이 필요하다.

여기서 우리는 주권의 역설에 접근한다. 외국인의 이방성異邦性을 통해서만 법에 권위가 있는 것처럼 보이게 되고 토착민에 결속되어 있는 것으로 보이게 될 뿐이다. 한편으로 법은 일반의지의 자유로운 표현이자 인민 그 스스로의 완벽한 내재성이고 반드시 그래야 하지만, 다른 한편으로 사회 바깥에 자리하며 그로써 스스로 권위를 부여하는 일반의지의 행위 너머에서 법이 권위를 갖게 만드는 누군가, 법 제정자가 존재해야만 한다. 유일하게 정당한 법은 우리가 스스로에게 주는 것이지만, 그 법은 우리에게 주어져야만 한다. 알다시피 문제투성이 제네바 시민이자 프랑스 내부의 망명자이며 외국인인 루소는 폴란드와 코르시카 헌법에 대해 흥미로운 기획들을 냈다. (루소의 편집증을 고려할 때 이 모든 것이 실패했음은 당연하다.) 오직 사회가 그 자신에게 부여하는 법일 때만 그 법이 정당하다 하더라도, 법에 권위를 더하려면 외부로부터의 입법자라는 허구를 발명해야 한다. 그것이 정치적 정당성의 핵심에 있는 주권의 역설이다. 루소는 이 점을 고백하는데, 여기서 지반이 발밑에서 꺼지기 시작함을 발견한다. "그리하여 우리는 입법 작업에서 서로 양립할 수 없어 보이는 두 가지 사실, 인간의 힘을 넘어서는 과업이라는 것과 아무 권한도 없는 권위자가 이를 수행한다는 것을 동시에 발견한다."[92]

그루초 막스*라면 아마 보이는 것에 기만당하지 말라고 말했을 것이다. 이 '두 가지 사실'은 그저 모순되어 보이는 것이 아니라 모순**이다**. 이것이

---

* Groucho Marx, 1890~1977. 미국의 희극배우이자 영화배우. 치코, 하포와 함께 미국의 가족 코미디 예능 단체인 〈막스 형제Marx brothers〉로 활동했다.

루소 텍스트의 불일치 기계다. 일반의지를 자신의 본질로 가지는 법의 권위에는 인민의 의지를 우선시하는 법 제정자라는 허구가 필요하다. 인민은 외부 대리자가 그들에게 부여하는 법이라는 허구 없이는 스스로에게 법을 부여할 수 없다. 정치적 자기 저작은 유령 작가인 유사-신성의 입법자에 의해 써 내려가야 한다.

이것이 제기하는 거대 문제는 정치와 법 그리고 법적 권위가 종교 및 종교적 권위와 맺는 관계다. 루소는 시민종교를 다룬 『사회계약론』 마지막 부분에서 이 문제와 씨름한다. 상당한 축약의 위험을 무릅쓰고 말하자면, 이것은 동시대의 정치 문제다. 만약 이 문제가 인민이 일반의지를 통해 스스로 권위를 부여하는 데 필요한 권위를 제공하는 입법자의 허구라면, 우리는 종교 없이 그런 권위를 가질 수 있을까? 우리가 종교 없는 법, 모종의 신성화라는 계기 없는 법을 가질 수 있을까? 루소는 이 문제를 훨씬 더 예리하게 표현한다. 정당한 정치 질서를 세우려면 "만인의 정념을 보지만 그것들을 겪어 본 적은 없고, 우리의 본성과 전혀 상관없는데도 그것을 철저하게 아는 상위의 지성"이 존재할 필요가 있다고 말이다. 요컨대 "인간에게 법을 제정해 주는 데 신들이 필요하게 된다."[93]

아주 흥미로운 주석에서 루소는 마키아벨리(셰익스피어의 사악한 "모사꾼Marchiavel" 말고 "정직한 사람이자 선량한 시민"[94])에게 관심을 돌린다. "어느 나라에도 신을 들먹이지 않은 법 제정자는 결코 없었다는 것이 진실이다. 그렇지 않으면 그의 법은 받아들여지지 않았을 것이기 때문이다. 현명한 이는 다른 사람에게 확신을 주는 식으로는 증명될 수 없는 유용한 진실을 숱하게 알고 있다."[95] 모든 입법자는 신성함이라는 아름다운 허구를 참조하여 법에 권위를 부여해야만 한다.

이 지점에서 루소의 추론은 미묘하고 계시적이다. 계속 불일치에 연루해 있지만 이번에는 인과 질서를 뒤바꿔 놓고 있다. "각 개인은 자신의 특수한 이익에 직접 관계가 있는 정책 외에는 인정하지 않으므로 좋은 법이 부과하는 지속적인 불편으로 얻게 될 이득에 대해서는 잘 납득하지 못한다."[96]

개인이 일반의지를 따르면서 얻는 유용한 결과를 이해하려면 그/그녀는 이 결과가 야기하는 정당한 정치체에 이미 살고 있어야 한다. "결과는 원인이 될 수 있어야 할 것이다. (…) 법의 출현 이전에 법을 수단으로 마땅히 그렇게 되어야 할 인간이 되어 있어야 한다."[97]

오직 법의 결과를 통해서만 사적 이해관계가 있는 개인은 원인을 의도하고 일반적으로 의지를 행사할 수 있게 될 것이다. 이 난제를 풀려면 법제정자는 "상이한 질서의 권위, 폭력 없이 강제할 수 있고 확신시키지 않고서도 설득할 수 있는 그런 질서의 권위"에 호소해야만 한다. 루소는 이어서 말한다. "이는 예로부터 건국자들이 늘 이런 식으로 하늘의 도움에 의지하여 자신의 지혜를 신의 지혜인 것처럼 찬양해 온 것"[98]이다.

사적 이해관계에 있는 시민이, 정치적 삶을 지배하는 법에는 (예를 들면 자연법의 허구에서처럼) 우주를 지배하는 것과 똑같은 신적 원천이 있음을 믿지 않을 수 없다면, 그/그녀는 합리적으로 일반의지에 의해 확신을 갖는 위치에 있지 않고서도 이 의지의 멍에를 떠맡게 될 것이다. 합리성이 정당한 정치 연합에 진입함으로써 뒤따를 뿐인 탓이다. 법을 따르는 주체에게 이로운 결과란 신적 원인에 호소할 때 주체가 그 원인을 의도하도록 이끌 수 있을 뿐이다.

물론 이런 식의 추론은 루소가 정치적 권위에 대한 칼리굴라Caligula의 해결책으로 봤던 것의 맹아를 포함하고 있기도 하다. 말하자면 인민이 동물이라 선언하는 동시에 스스로를 신이라 선언하는 것이다. 『사회계약론』의 절묘한 역사적 아이러니는 루소의 물음, '그렇다면 어떤 인민이 입법에 적합할 것인가?'를 동반한다. 루소적이라 특징지을 수 있는 규준 목록을 모으면, "각 구성원이 서로를 모두 잘 알 수 있고 (…) 다른 모든 인민들과 도움을 주고받지 않고서도 서로 잘 살아갈 수 있는"[99] 인민이 될 것이다.

법을 받기에 적합한 인민은 견고할 뿐더러 탄성적인 관습을 보유한 채, 역사의 중심이 아니라 그 언저리에 살아야만 한다. 이는 아주 멋있게 들리지만 어디서 그런 장소를 찾을 수 있을 것인가? 루소는 두루 찾아보고 코르시카가 유럽에서 법을 받는 데 적합한 나라라 선언한다. "나는 그 작은 섬이 언젠가 유럽을 놀라게 할 것 같다는 느낌이 든다."[100] 물론 오래 지나지 않아 코르시카에서 유럽을 경악시킨 무언가가 튀어나왔다. 나폴레옹, 그는 프랑스공화국의 입법 권력에 극적으로 제한을 둠으로써 제국적 집행 권력을 막대하게 확장했다. 그 정점은 1804년 숨이 멎을 만큼 나르시스적인 황제 대관식이었다. 입법자가 폭군이 되는 것, 자신이 일반의지를 육화한 필멸의 신이라 믿는 것을 거의 막을 수 없을 것처럼 보였다. 곧 정치가 어떤 신성함의 경제 주변에서 조직될 때 항상 뒤따르게 되는 위험이다. 여기서 보다 심오하고 엄중한 문제는 정치가 신성화의 계기 없이도 실천될 수 있는지 여부다.

4권에서 루소의 독재 논증은 이 점에서 지극히 계시적이다. 루소는 입법자가 너무 엄격하게, "정치제도의 효력을 중단시키는 권력을 스스로 박탈하는 지점까지"[101] 헌법의 틀을 짜고 정치제도를 세워서는 안 된다고 주장한다. 인민의 주권적 권위에서 나온 법이 중단될 수 있어야만 한다는 소리다. 이를 두고 로마 법학자들은 유스티티움iustitium이라 불렀고 아감벤은 유스티티움에 대해 흥미로운 분석을 내놓은 바 있다.[102] 루소는 그런 유스티티움('중단' 혹은 문자 그대로 '정지')이 비상시에 조국의 안전이 관건이 될 때 발생하는 위험한 경우에만 허가될 뿐이라고 쓴다. 국민의 안전이 외부 공격 혹은 (루소가 이를 명시적으로 언급하지 않았지만) 내부 반대에 의해 위협받을 때 일반의지의 주권적 권위가 중단될 수 있다는 것이다. "이 위협을 경계하는 데 방편으로서의 법이 장애가 될 정도로 그렇게 심각하다면, 모든 법을 침묵케 하고 잠정적으로 주권적 권위를 중단하는 이를 최고위자(영도자)라 이름 붙인다."[103]

최고위자는 법을 만드는 권력을 갖지 않지만 그 작용을 중단할 수 있는 독재자다. 루소는 여기서 조국 정치 질서의 안위를 위해 유스티티움이 요구되는 예외상태를 염두에 두고 있다. 이것이 제기하는 명백한 문제는 다음과 같다. 누가 예외상태를 결정하는가? 얼마나 오랫동안 그리고 그런 상태에서 무엇이 허가되는가? (더 정확하게는 금지되는가?) 루소는 길잡이 삼아 다시 한 번 로마사로 관심을 돌린다. 원로원은 독재자의 선택을 결정할 뿐더러 독재 기간이 6개월을 초과할 수 없음을 명시해야 한다고 언급하는데 이 입장의 당연한 귀결은, 특히 이른바 동시대 시민 공화주의의 추종자들에게 공화주의와 독재의 필연적 상호 함축이다. 루소에게 독재 없이 공화주의란 없다. (고전적 견해 역시 그렇다.) 법의 주권적 권위는 그 중단의 가능성을 배제할 수 없다. 곧 유스티티움 없이 정의란 없다.

물론 (아감벤이 벤야민을 따라 사유하듯) 동시대의 딜레마는 근대 생명정치에서 "예외상태가 (…) 상례가 됐"[104]는지 여부에 관한 것이다. 만약이 경우라면(아감벤은 그의 주장을 정당화하는 데 불완진하긴 하지만 주목하지 않을 수 없는 법적 증거를 제시한다) 독재란 당대 통치의 일반화된 형태다. 여기에는 '고국homeland'을 향해 선포된 위험이나 유해의 상태에서 (말하자면 '테러리스트'의 공격 후에), 대통령의 집행 권력이 유엔 같은 국제 법 조직과 제네바 협약 같은 세부 사항은 물론이거니와 여타 정부 기관의 입법 권위를 무효화할 수 있음이 수반된다. 전쟁 시 특히 '테러와의 전쟁'처럼 모호하고 불분명한 것에서 정의는 유스티티움이 되고 공화국

믿음 없는 믿음의 정치

은 독재에 빠져든다. 관타나모 수용소에 구금된 사람들의 경우보다 '불법 전투원unlawful combatant'이라는 새로운 범주에 대해 그럴듯한 해석을 보여 주는 사례를 찾기란 힘들 것이다. 전쟁 포로의 권리를 보호하는 제네바 협약의 법적 틀은 부시 행정부가 집행력의 확장을 허가하는 새로운 법적 범주를 발명함으로써 중단되었다.

아감벤이 동시대의 정치-지리적 상황을 '전지구적 내전'으로 기술한 것은 전쟁 상태에서 정점에 이르는 루소의 두 번째 논설[『인간 불평등 기원론』]의 불평등 분석을 반향하는 것처럼 들린다. 지금으로선 그런 진단에 동의하지 않기란 어렵다. 루소에게 인민주권에서 독재 주권으로의 불가피한 이동은 국민의 안전이 위협받는다고 여겨질 때 발생한다. 그런 순간에 독재자는 유스티티움을 선포할 수 있고 국민을 위협하는 안팎의 적을 정당하게 내쫓거나 죽일 수 있다. 이 지점에서 주권 권력을 전적으로 신성하게 뒷받침할 수 있는지 여부는, 희생될 수는 없지만 정당하게 살해될 수는 있는 자, 즉 호모 사케르homo sacer의 형상에 대한 규정에 달려 있다. 『사회계약론』 마지막 부분에서 전개되는 신정 비판의 일부는 호기심을 자극한다. "자기 나라를 위해 죽는다는 것은 순교자가 되는 것이고 법을 위반하는 것은 불경한 것이며 죄 지은 자를 공분의 대상으로 만드는 것은 그를 신의 노여움에 데리고 가는 것이다. 사케르 에스토드 sacer estod, 곧 거주받은 것이다."[105]

우리는 이 책에서 앞으로도 끈질기게 독재 문제로 되돌아올 것이다. 슈미트에게 주권 개념은 그 정의를 유스티티움이나 예외상태Ausnahmezustand 개념에서 발견한다. 여기서 주권자는 예외상태를 결정할 수 있는 주체다. 정치적인 것이 결정 권력과 동일시되는 한에서 독재가 정치적인 것의 본질을 드러낸다. 나는 이 장 말미에서 바디우에 대한 논의와 함께, 벤야민의 '신적 폭력'이라는 관념의 가능한 의미를 검토할 4장에서 지젝과 나눈 논쟁과 더불어 이 정치적인 것의 개념에 함축된 의미를 평가해 보려한다. 이 문제들은 신비주의 아나키즘과 바울의 에클레시아ecclesia에 대한 논의를 통해 반향될 것이다.『인간 불평등 기원론』에서『사회계약론』으로의 이동, 독재 주권과 전쟁 상태에서 인민주권과 '새로운 연합'이라는 가능성으로 이동이 가능한지가 관건이다.

시민종교의
문제

루소의 입법자 논증의 결론은 명쾌하다. 법적 권위란 없다. 따라서 종교적 권위에 대한 호소 없이 유효한 정치적 정당성이란 없다. 초월성, 궁극적으로 신성함의 형태로 된 초월성에 대한 호소 없이 정당한(정당성은 내재성과 내재주의적 주권 개념을 암시한다) 정치체란 존재할 수 없다. 이 문제가 루소를 시민종교라는 쟁점으로 이끌고『사회계약론』이 마무리된다.

논의했다시피 시민종교를 다룬 예외적인 페이지들은 루소가 1761년 줄간을 위해『제네바 초고』를 고쳐 쓰고 있을 때 추가된 것이다. 하지만 이 페이지들을 결코 주요 정치 논증에 딸린 부록으로 취급해서는 안 된다. 반대로 논증이 가능하기 위한 초월적 조건으로 봐야 한다. 이것이『사회계약론』을 거꾸로 독해해야만 하는 이유다. 그런데 나는 루소의 시민종교 논증이 그의 정치 개념의 불가능성의 조건이라는 데 동의한다. 루소의 텍스트는 바로 그것의 분절을 가능하게 만드는 정치, 법 그리고 종교의 불일치 사이에서 흔들리고 있다.

다시 말하지만 나는 루소가 이 불일치들을 인식하지 못하고 있었다고 주장하는 것이 아니다. 반대로 인식하지 못하는 것처럼 더할 나위 없이 의식적으로 자신을 빚어낸 루소는 자신이 하고 있는 것을 통절히 인식했다. 사유 체계, 특히 루소의 '위대하고도 애달픈 체계'조차 불일치 연쇄의 분절과 비분절의 결과다. 명실상부하게도 그 어떤 사유 체계에 대해서도 이는 참이다. 이것이 내 선험적인 해석학적 주장이다.

이 개념에 대해서는 보통 많은 오해들이 존재한다. 다음 물음으로 시작해 보자. 시민종교란 무엇인가? 시민종교는 인민주권의 내재주의에 초월해 있으면서도 종속되어 있는 믿음faith의 공언으로 생각될 수 있다. 1975년 『약속을 어기다The Broken Covenant』에서 로버트 벨라*가 쓴 고전적 정식화에 따르면 시민종교란 전 인민의 생활에서 틀림없이 발견되는 종교적 차원으로, 이를 통해 인민은 어떤 초월적 실재, 대개는 신에 비춰 내면적·역사적·사회적 경험을 해석한다.[106] 벨라의 책은 두 가지 강력한 주장을 펼치는데, 하나는 역사-개념적인 것이고 다른 하나는 논쟁적인 것이다.

역사-개념적 관점에서 벨라는 미국이 교리나 약속에 기초해 있는 최초의 나라라고 주장한다. 미국의 시민종교는 두 전통을 조합했다. 첫째는 존 윈스럽**의 '언덕 위의 빛나는 도시', '뉴잉글랜드' 건립이라는 청교도적 성서 전통이다. (세라 페일린은 2008년 대통령 선거 캠페인 동안, 이 전통이 로널드 레이건Ronald Reagan에 속한다는 망언을 대놓고 했다.) 이를 매사추세츠의 기원 신화라고 부를 만하다. 두 번째는 그 모델이 로마인 공화주의

---

* Robert Bellah, 1927~2013. 미국의 종교사회학자로 1960년대 민권 저항운동과 극우의 궐기라는 정치사회적 지반 위에서 '시민종교론'을 본격적으로 체계화했다.
** John Winthrop, 1588~1649. 영국의 아메리카 대륙 식민지 개척자로 매사추세츠만 식민지의 초대 총독.

모델이다. 이것 역시 버지니아의 제퍼슨 기원 신화로 생각할 수 있겠다. 그렇다면 미국의 시민종교는 성서와 공화주의 그리고 그리스도교와 이교도의 조합이다. 미국이 선민을 위해 선택된 땅이라는 예언적이고 섭리적인 이념, 그리고 시민 덕목의 고전적 이념을 혼합한 것이다. 이러한 조합(워싱턴 D. C.의 정부청사에도 건축적으로 표현되어 있다)이 믿어지지 않을지라도, 이것이 미국의 정체성을 형성하는 데 성공하고 있음을 부정할 수는 없다.

벨라가 미국의 베트남 참전 기간 동안 이 책을 썼다는 것을 간과해서는 안 된다. 벨라는 이 시기를 18세기 독립전쟁과 19세기 남북전쟁만큼이나 심각한 '심판의 때'로 봤다. 미국이 앞에서 기술한 약속에 기초해 있었다면, 벨라의 말처럼 약속은 파기되었으므로 갱신될 필요가 있다. 흥미로운 것은 전쟁 상태와 시민종교의 부활 기도 사이의 반복적 연관성이다. 2008년 버락 오바마의 대선 캠페인에서 그와 아주 유사한 상황을 찾아볼 수 있다. 여기서 소위 테러와의 전쟁이라는 맥락은 정부와 인민 사이의 계약이 부시 행정부 때 파기되었다는 주장을 유발시켰고 정치적인 차원에서 믿음에 대한 압도적인 요청을 낳았다. 즉, 희망, 변화, '분열된 집안'의 화해라는 오바마의 유사-종교적 수사를 통해 강력하게 전달된 요청인 것이다. 물론 여기서 일어나고 있는 것은 위대한 미국의 시민 신학사임이 틀림없을 에이브러햄 링컨Abraham Lincoln이 사용한 기본 비유의 명료한 재연이다. 남북전쟁에서 최고조에 달한 노예제도에 대한 맹렬한 논쟁을 배경으로 링컨이 1858년 6월 미국 상원의원 후보 공천을 수락했던 연설에서 "분열된 집안은 지탱할 수 없다"[마태복음 12장 25절에 나오는 구절이기도 하다]라고 말했던 그것 말이다. 1865년 3월, 남북전쟁이 끝날 무렵이자 암살되기 바로 전 달에 있었던 재임 연설에서 링컨은 신의 섭리 신학이라는 측면에서 1863년의 노예 해방령과 남북전쟁의 종전을 정당화하려 한다. 링컨은 다음과 같은 수사적인 문제를 제기한다.

> 만약 미국의 노예제가 저 만행들 가운데 하나라면, 하느님의 섭리로서 도입되어야만 했고 그분이 약속한 때까지 계속되어야만 하며 그분이 이를 제거하실 때가 지금이라고 하면, 또 이런 만행을 가져온 이들 때문에 남과 북 모두에게 이런 끔찍한 전쟁의 비통을 주신다고 하면, 우리는 이 안에서 살아 있는 하느님을 믿는 자들이 늘 그분에게 귀속시키곤 했던 저 신성한 속성들에서 출발한 어떤 것을 식별하게 될까요? 허황되게도 우리는 희망합니다. 열렬히 우리는 기도합니다. 이 가공할 전쟁의 재앙이 빨리 지나가기를 말입니다.[107]

다음 장에서 보겠지만 오바마의 대권 추진은 전부 링컨의 섭리적 정치신학을 **모방**한 것이었다. 2007년 2월 오바마의 대선 출마가 공식화됐던 장소조차 그랬다. 그곳은 링컨의 마지막 안식처가 됐던 일리노이 주 스프링필드에 위치한 주 의회 바깥이었다.

루소가 시민종교에 관한 장에서 과감한 단순 명쾌함으로, 그의 다른 종교 저술보다 훨씬 더 급진적인 데다 니체보다 한 세기 이상 앞서 씨름하고 있는 것은 그리스도교와 정치에 관한 문제다. 신학적 권위와 정치적 권위의 그리스도교적 분리에 관한 문제란 말이다. 이 문제와 씨름한 대가로 제네바에서 책들은 공개적으로 분서되었고 프랑스에서는 투옥될 뻔했다. 고대 종교에는 신학적 권위와 정치적 권위의 동일성이 존재했다. 『오레스테이아*Oresteia*』나 소포클레스*Sophocles*의 비극들을 읽어보기만 해도 아테네인의 신이 도시의 신, 즉 보편적 재판권이 없는 시민의 신이라는 걸 깨닫게 된다. 도시와 도시민은 자신의 현지 신을 극성스럽게 자랑스러워했지만 이 긍지는 종교적 믿음의 상대성에 대한 인정과 더불어 진행되어 온 것 같다. 스파르타의 신은 아테네, 고린도나 테베의 신이 아니었고 더구나 다른 도시 신의 수용은 아테네인, 고린도인, 테베인이나 그 외 다른 도시민에게 좋은 일이 아니었다는 말이다. 기이하게도 이 믿음의 상대성은 결코 종교전쟁으로 이어지지 않았던 것으로 보인다.

대조적으로, 믿음의 보편성을 요구한 그리스도교는 거의 지난 천년 동안 종교전쟁을 초래했다. 그리스도교는 하나님의 나라가 현세가 아니라 내세의 것이라 선언하면서 정치적 권위와 신학적 권위를 분할한다. 루소에게 그리스도교는 본질적으로 반정치적 종교다. "시민의 마음을 국가에 매어 놓는 것과는 거리가 멀고 지상의 만물에게서처럼 국가로부터도 떼어 놓는다. 나는 이보다 더 사회적 영성에 대립되는 어떤 것도 알지 못한다. (…) 결국 이 눈물의 계곡에서 인간이 자유롭든 노예이든 무슨 상관인가?"[108] 니체가 『도덕의 계보*Genealogy of Morals*』에서 내세운 주장을 기이하게 선취하는 듯 보이는 곳에서 루소는 그리스도교가 노예 도덕이라고 쓴다. "참된 그리스도인은 노예가 되도록 만들어져 있다. 그들은 이를 알지 못하며 별로 개의치 않는다. 이 짧은 인생은 그들이 보기에 너무나 가치가 없는 것이다."[109] 시민종교의 과제란 "머리 둘 달린 독수리를 재결합하는"[110] 것, 말하자면 정치적 권위와 신학적 권위를 화합하는 것이다.

루소의 주장을 더 가까이 살펴보자. 시민종교에 관한 장의 서른다섯 번째 단락은 별개의 세 부분으로 나뉜다. 첫 부분은 루소가 『사회계약론』에 포함할 요량으로 고쳐 쓸 때 덧붙인 것으로 정치와 종교가 맺는 관계의 역사를 간략히 스케치하고 있다.[111] 두 번째 부분은 종교의 세 가지 형태를 변별하고 무엇보다 그리스도교 비판을 밀고 나간다.[112] 세 번째 부분은 돌연 논의를 전환시켜 시민종교의 원리를 제시하려 한다.[113]

루소는 최초의 사회가 신정 사회였고 신은 민족 신이었다고 주장한다.

유대교에서 시작된 변화는 그리스도교에 이르러 급진적이 되었다. "예수가 지상 위에 영성의 왕국을 세우기 위해 오셨다. 이 왕국은 정치적인 것에서 신학적인 것을 분리시켜 국가의 단일함을 중단했고fit que l'État cessa d'être un 결코 멈추지 않고 그리스도 백성을 뒤흔들어 놓을 내부 분열을 초래했다."[114]

국가를 그 자체로부터 분리함으로써 그리스도교는 두 명의 주인을 섬긴다. 하나는 인간 왕국의 통치자요, 다른 하나는 신의 왕국의 통치자다. 영국 국왕과 왕비가 러시아의 차르처럼 국가와 교회의 수장으로서 가상한 노력을 기울였음에도 그리스도교의 정치 주체는 두 권력을 여전히 섬긴다. 이는 루소가 강조하듯 홉스가 인지한 문제다. "그리스도교 저자 가운데 철학자 홉스가 유일하게 악과 그 해결책을 명료하게 봤다."[115] 『리바이어던』 3부에 정성을 다해 기술된 홉스의 해결책이란 그리스도교의 교회 권력이 본질적으로 주권자의 권력에 종속되어 있으며 어느 공화국에서도 "최고 목사는 시민 주권자"[116]라는 것이다. 물론 '그리스도교의'라는 형용사 어구를 홉스와 관련해 사용하는 것은 위험하며 루소는 홉스가 "지배적인 그리스도교 정신이 자신의 체계에 부합하지 않다고 봤던 것이 틀림없다"고 주장하기도 한다. 마키아벨리가 '선한 인간이자 정직한 시민'으로 평가받는 것과 마찬가지로 "사람들이 (홉스의) 정치학을 혐오하게 된 것은 그것이 혐오스럽고 틀려서라기보다 오히려 정당하고 참된 것이었기 때문이다."[117] 그리스도교와 루소와 맺고 있는 관계도 이와 유사한 결론을 요청하고 있는 것은 아닌지 추측해 볼 수 있다.

루소는 피에르 베일Pierre Bayle과 윌리엄 워버튼William Warburton의 상반된 견해를 반박한다. 베일은 종교와 정치를 분리하기 위해 자유주의적 관용 개념을 예시했고, 워버튼은 그리스도교가 정치체의 가장 강력한 버팀목이라 주장했다. "그리스도교는 모든 종교 사회 가운데 국가의 위정자를 돕는 데 가장 적합하다"[118]고 말이다. 루소가 개진하는 입장이자 시민종교에 관한 장의 핵심은, 두 가지 종교 형태인 인간의 종교와 시민 종교 사이의 구별에 기초하고 있다. 인간의 종교는 "사원도 제단도 의례 도 없이" 루소가 "최고신에 대한 순수하게 **내적인 숭배**"라 부르는 것에 제한되어 있다. 루소는 이 내적 숭배를 "순수하고 단순한 복음 종교"나 "참된 유신론"과 같다고 본다. 대조적으로 시민의 종교는 국가적이며 "단 일 국가에 기입되어 있다." 시민의 종교는 교의, 의례, "법이 규정한 외적 숭배"를 보유한다. 도시, 국민이나 공화국 바깥에 놓이는 모든 것은 "이 단이고 이질적이고 야만적인"[119] 것으로 간주된다. 그것이 첫 인민의 종교 였다는 데 루소는 동의한다.

내적 숭배cultus interior와 외적 숭배cultus exterior라는 고전적 구별이 떠 올리게 하는 이는 누마 폼필리우스Numa Pompilius로, 전승에 따르면 로마 의 왕 로물루스를 계승한 사빈의 현자다. 루소 사후에 출간된 「폴란드 정부에 대한 고찰」에는 이렇게 쓰여 있다.

누마는 로마의 진정한 건립자였다. 로물루스가 행한 모든 일이 패배로 흩어지 게 될 몇몇 도적들을 모으는 것이었다면 그의 불완전한 과업은 시간의 시험을 견딜 수 없었을 것이다. 이 도적들을 떼어 놓을 수 없도록 통일되게 결합하여 로물루스의 과업이 견고하고 지속되게 만드는 이가 곧 누마였다.[120]

게다가 누마는 법의 선포가 아니라 "경박하고 피상적으로 보이는 제 례"를 통해서 로마의 통일을 낳았다. 이 외적 숭배라는 갑옷이 로마를 "신성시했고" 제례를 통한 그런 신성화가 곧 루소가 폴란드의 사례에서, 정당한 통치 체제에 뿌리내린 국민 정체성의 구성에서 정교화하려 한 것 이다.

믿음 없는 믿음의 정치

5세기 초 『신국*city of God*』에서 로마의 시민 신학에 대한 아우구스티누스의 격렬한 비판부터 솔즈베리의 존의 『폴리크라티쿠스*Policraticus*』(1159)까지 줄곧, 정확히 외적 숭배의 종교라는 개념은 그리스도교 신학자들의 공격을 받아 왔고, 그리스도를 통해 현시된 신의 직접적인 사랑이라는 내적 숭배와 대조되어 왔다.[121] 『사회계약론』의 시민종교 장에서 루소의 문제는 이 두 종교 형태가 결합될 수 있는가이다. 이 둘은 각기 미덕과 악덕을 갖는다. 시민의 종교의 외적 숭배는 법에 대한 사랑에 신성한 경배를 결합하는 한에서 선하다. 법을 위반하는 것은 따라서 불경해져 신의 진노에 종속된 것, 곧 저주받은 것sacer estod이다. 시민의 종교는 루소에게 누마 모델에 기초한 원기 왕성한 시민 애국주의를 제공한다.[122]

그러나 외적 숭배는 그것이 "오류 위에 세워졌고" "참된 신성함의 숭배를 허영 가득한 의식 절차에 익사시키기"[123] 때문에 악하다. 시민의 종교는 또한 배제주의라는 속성 탓에 해롭기도 하다. 민족 신을 수용하지 않는 자는 누구든 살해함으로써 신성 행위를 집행한다고 믿는 까닭에 시민의 종교는 인민을 피에 목마르게 하고 불관용하게 만든다. 그런 식으로 "전쟁이라는 자연 상태"를 낳는다. 이는 (아렌트적이라 할 수 있는) 어떤 억견doxa에 대한 루소의 설익은 응답이라고 볼 수 있기에 결정적이다. 루소의 정치론은 로베스피에르가 공포정치와 일치한다고 판정된 공화주의적 덕성을 신-이교도적neo-pagan으로 숭배하는 데 영감을 주었다는 점에서 사실상 반박받은 셈이라며 기각되었다.

이제 우리에게 남겨진 것은 인간의 종교나 그리스도교의 정치 문제다. 처음부터 루소는 그리스도교가 참된 혹은 진정한 종교라고 명확하게 밝힌다.

그렇다면 남은 것은 그리스도교라는 인간의 종교다. 오늘날의 종교와는 완전히 다른 복음의 종교 말이다. 이 성스럽고 숭고하고 진실한 종교를 통해 인간은 동일 신의 자녀로 죄다 서로를 형제처럼 인지하며, 이들을 결속하는 사회는 죽을 때조차 흩어지지 않는다.[124]

이 단락에서 가톨릭교에 대한 반론이 넌지시 드러난 것에 주목해야한다. 이는 시민종교 장에서 뒤로 갈수록 점점 더 명백해지는데, 『제네바 초고』에서 특히 두드러진다. 루소는 복음주의적 프로테스탄트 그리스도교를 옹호한다. 이 종교는 프랑스나 그 밖의 곳에서 나타나는 데카당한 가톨릭교보다 훨씬 더 초기 그리스도교에 신실하다. 그런 신실한 그리스도교는 "죄다 서로를 형제처럼 인지하"는 보편적 동포애를 가능하게 함에도, 인간의 종교는 정치체와 특별히 어떤 관계도 맺지 않는다는 점에서 결함이 있다. 그리스도교 공화국은 루소의 주장처럼 형용모순이다. 그리스도의 군인은 정적인 로마나 스파르타와의 전투에서 짓밟힐 것이다. 앞에서 살펴본 대로 그리스도교는 사회적 영성에 완전히 반하는 노예 도덕이다.

그래서 시민종교에 관한 장과 그야말로 『사회계약론』 전반에 걸쳐 루소의 뇌리를 떠나지 않는 압도적인 문제는 이렇다. 어떻게 내적 숭배와 외적 숭배의 악덕을 피하면서도 동시에 둘의 미덕을 조합할 수 있을 것인가? 말하자면 최상이고 참되고 보편적인 그리스도교 신의 사랑이 이 사랑으로 사람들을 끌어들이는 데 필요한 법과 외적 의례에 대한 사랑과 양립할 수 있을까? 피해야만 하는 것은 한편으로는 그리스도교의 반反정치적 본성이고 다른 한편으로는 이교도적 배제주의와 배외주의다. 더 일반적으로, 쟁점은 어떻게 원기 왕성하고 동기부여적인 특수주의(시민 애국주의)의 덕목을 평등에 호소하는 일반성과 결합시킬 것이

냐다.

　루소가 이 문제의 해결에 가장 근접하고 있는 지점은 『제네바 초고』에서 시민종교를 논하는 부분 중 끝에서 두 번째 단락이다. 이 구절은 이상하게도 『사회계약론』에서는 삭제돼 있다. 만약 루소의 정치적 꿈이 대의 없는 연합이라면(이 행위에서 인민은 평등이라는 일반 공리에 기초하여 인민이 된다) 그의 신학-정치적 꿈은 다음과 같다.

　　이로써 인간의 종교와 시민의 종교의 이점이 결합될 것이다. 국가는 국가 숭배를 갖게 될 것이고 그 어떤 이의 적도 되지 않을 것이다. 늘 같은 대상에 대해 통합된 신성법과 인간의 법으로 가장 독실한 유신론자가 또한 가장 열심인 시민이 될 것이고 신성한 법의 수호는 인간신의 영광이 될 것이다.[125]

　이는 고귀한 꿈임에 틀림없다. 적어도 왜 시간이 지나서 루소가 이 구절을 삭제해야겠다고 느꼈는지 하는 것은 풀어야 할 문제다.

　그러나 시민종교에 관한 장의 세 번째 부분에서 루소가 시민종교의 "원칙들을 확정"하려고 할 때,[126] 그 결과는 좋게 보면 혼합적syncretic이고 나쁘게 보면 냉소적이다. 그리고 홉스의 정치신학에서 그리스도교의 교회 권력이 본질적으로 주권자의 권력에 종속되어 있다는 『리바이어던』의 논의보다 설득력이 떨어지는 것도 사실이다.

　루소는 이 마지막 장에서 논의를 어떻게 끝내야 할지, 무엇을 어떻게 해야 할지 잘 모르고 있는 것만 같다. 루소는 신민들이 자신들의 의견을 설명해야 하는 경우는 오직 공동체에 그 의견들이 문제가 될 때뿐이라고 역설한다. 개인의 의견은 각자의 일이고 주권자는 그것을 제한할 권력을 갖고 있지 않다. 공공영역의 원활한 작동에 방해가 되지 않는다면 개인들은 자신이 좋아하는 것을 믿을 수 있다는 소리다. 미국에서 당신은 당신이 좋아하는 어떤 것이든 믿을 수 있다는 오래된 농담과 같다. 당신은 이슬람 신자도 불교 신자도 사이언톨로지 신봉자도 될 수 있다. 당신이 바로 프로테스탄트 이슬람 신자이거나 프로테스탄트 불교 신자, 아니면 프로테스탄트 사이언톨로지 신봉자일 경우에만 말이다. 어느 순간 루소는 고전적 자유주의 입장으로 복귀하는 것 같다. 종교적 자유는 사적 권리이고 믿음은 아무런 공적 역할을 맡아선 안 된다는 것을 받아들일 때에만 종교적 자유에 대한 권리를 가질 수 있다는 입장 말이다. 루소는 "그러므로 여기에는 믿음에 대한 순수하게 시민적인 공언이 있다"고 주장한다. 이 순수하게 시민적인 공언을 정착시키는 것은 어디까지나 주권자(말하자면 인민)의 몫이다. 그런 교리문답의 규약은 루소가 역설하다시피 "종교의 교의"가 아니라 "사회성이라는 정서"다. 이것이 없으면 좋은 시민이나 충실한 주체가 되는 것이 불가능하다.

그런데 제아무리 명백한 자유주의라 할지라도 루소가 시민종교의 교의를 진술하는 순간 타파되고야 만다. 루소는 시민종교는 "단순하고 그 수가 거의 없어야 하고 정확하면서도 설명이나 해설 없이 진술되어야만 한다"[127]고 선언한다.

아무런 설명이나 해설도 없어야 하다니! 시민의 교리문답의 규약은 그저 논증이나 해석 없이 **교리교수**catechesis로 받아들여져야 한다. 긍정적 교의는 전능한 섭리의 신, 의로움의 행복과 사악함의 저빌, 사회계약과 법의 존엄에 대한 믿음을 포함한다. 내세에 대한 믿음의 필연도 잊지 않는다. 나는 이런 갖가지 교의를 어느 정도는 기회주의적이라고 기술하는 것이 과장은 아닐 것이라고 생각한다. (예를 들어 사회성의 정서에 예지력 있고 섭리적인 신성은 둘째 치고 왜 내세에 대한 믿음이 필요한가?) 게다가 법을 위배한다면 어느 누구도 추방될 수 있다. "불경한 것이 아니라 사회성이 없는 자로, 법이나 정의를 진심으로 사랑할 수 없는 이로서 말이다.

그리고 필요하면 의무를 다하기 위해 자신의 생명을 희생할 수 없는 이로서 말이다."[128] 더욱이 누군가가 공개적으로 법의 권위를 인정하지 않고 그것들을 믿지 않는 것마냥 행동함으로써 사회적 위선자로 판명된다면 "죄 가운데 가장 중죄를 범했고 법 앞에서 거짓을 고했으므로 그는 죽음으로 벌해진다."[129]

사케르 에스토드, 즉 시민종교의 신성불가침은 호모 사케르의 처형을 요구한다. 시민종교의 목적이 일반의지의 내재성을 초월적이고 신성하게 뒷받침하기 위한 것이라면, 어떻게 이런 신성불가침이 가장 추악한 형태의 국가 압제와 테러 들을 정당화하는 데 폭력적으로 차용될 수 있는지 상상하는 것은 어렵지 않다. 독재에 찬성하는 루소의 주장과 연결될 때 특히나 그렇다.

시민종교에서 부정적 교의는 단 하나, 불관용으로 환원된다. 다시 시민종교에 관한 장의 두 가지 다른 판본을 비교해 보는 게 유용할 것이다. 『제네바 초고』에서 시민종교에 관한 논의는 '프로테스탄트의 결혼'이라는 제목이 붙은 짧막한 단락에 뒤이어 등장하는데, 『사회계약론』에는 마지막 각주로 축소되고 의미심장하게 다시 쓰인다.[130] 루소는 1724년에 발효된 프랑스 칙령을 두고 아주 격분하는데, 이 칙령은 프로테스탄트가 가톨릭 신부로부터 결혼식 때 축성을 받거나 아이들이 가톨릭 세례를 받는 것을 금하고 있었다. 또한 프로테스탄트가 자신의 나라를 떠나 결혼하거나 아이들을 외국으로 보내는 일체의 행위도 금지되었다. 루소는 프로테스탄티즘을 "모든 그리스도 종파 가운데 (…) 가장 지혜롭고 온화하고 (…) 가장 평화롭고 사교적인"[131] 것으로 묘사한다. 불관용의 금지가 시민종교에 존재하는 유일한 부정적 교의라면, 『사회계약론』을 통틀어 루소의 공격 대상은 가톨릭교, "너무 명백히 나쁘기에 그것이 그렇다는 것을 입증하며 즐기는 것도 시간 낭비인"[132] 교의다. 더 이상 이교도적 고

대의 모델에 기초한, 순수하게 민족적이거나 도시-국가적인 종교를 갖는 것이 가능하지 않다는 것을 고려한다면 타인들을 관용하는 저 모든 이들을 관용해야만 한다. 그들의 교의가 시민권의 의무에 반하지 않는 한에서 말이다.

이렇듯 심히 불만족스런 식으로 프랑스 가톨릭교의 불관용이라는 가상의 적을 루소가 논쟁적으로 공격하려 에너지를 낭비하는 것으로 『사회계약론』은 마무리된다. 용두사미로 끝나는 것이다. 논의는 흐지부지되고 말았다. 루소는 이 책을 어떻게 마무리할지에 대해 아무런 단서도 가지고 있지 않았던 것 같다.

우리가 남겨진 자리는 어디인가? 나는 루소의 작업에서 얽히고설킨 세 가지 개념인 정치, 법, 종교를 추적함으로써 그의 '현행성'을 보이려 애썼다. 루소의 체계가 전개된 일련의 개념적 불일치를 따라가 봤고, 여기서 어떤 정당한 정치적 연합의 형태가 가능하기 위한 조건으로 연합에 권위를 부여하기 위한 입법자의 외재성과 연합의 신성화를 위한 시민종교라는 초월성이 요구되었다. 애석하게도 가능성의 조건은 또한 그 체계의 불가능성의 조건이기도 하다. 루소의 정치 논변은, 있을 법하지 않은 시민종교라는 개념 안에서 흐트러진다. 하지만 이것이 우리를 다른 곳으로 이끌 것이다.

달러 지폐, 국기
그리고 우주 전쟁

시민종교의 본성과 역사 그리고 그 힘을 분명히 이해하지 않고서는 동시대 정치 현실을 파악할 도리가 없다. 잡다하고 모순된 형태로 나타나는 정치의 신성화를 이야기하자는 것이다. 정치의 신성화는 어떤 정치단위가 자신의 정당성을 주장하기 위해 지지대를 댈 요량으로 스스로를 신성체로 탈바꿈시킬 때 일어난다.

가장 명백한 예는 미국의 시민종교다. 비근하면서도 강력한 경험적 증거는 1달러짜리 지폐로, 여기에 나타난 기이한 상징성은 "우리는 신을 믿습니다"라는 1956년 아이젠하워 대통령이 덧붙인 말로 완성된다.[133] 미합중국 국새의 로마 독수리표 군기에 더해 베르길리우스*에 대한 암시도 두 가지가 발견된다. "새로운 시대 질서Novus ordo seclorum"와 "그는 우리의 과업을 승인했다Annuit coeptis"는 문구다. 이런 암시는 정치체의 신성한 원천을 매니페스트 데스트니**라는 신의 섭리를 표현하는 로마식 예시에 묶는다. 이는 신적 원천으로, 태양같이 빛나는 눈이 미완성의 프리메이슨 피라미드의 꼭대기에서 우리를 응시하고 있는데 그 열세 발자국은 본래 식민지의 수와 로마 숫자 MDCCLXXVI를 상징화하고 있다. 미국 시민의 정치 종교의 신은 공화국의 연합 행위와 "이질적 복수의 통일E pluribus unum"에 동의한다. 지폐의 물질성 너머 미국 시민종교의 규약은 국기에 대한 맹세나 경배, 전몰 장병 숭배와 같이 실로 전쟁 문화 전반에 걸쳐 표현되어 왔다.

잡다한 유럽의 민족주의로 단호히 옮겨 가면 시민종교의 현전을 명백히 볼 수 있는데, 푸른 바탕에 열두 개의 노란 별로 이뤄진 왕관이 있는

---

* Virgil, 기원전 70~19. 로마의 시인으로 본문에 인용된 라틴어구는 로마 건국 서사시 『아이네이스 Aeneis』에 나오는 구절이다.
** Manifest Destiny, '명백한 운명'을 뜻하는 말. 1845년 미국의 텍사스 병합 당시 『데모크라틱 리뷰 The Democratic Review』에 실린 논설 중 "아메리카 대륙에 확대해야 할 우리의 명백한 운명은 해마다 증가하는 수백만 인구의 자유로운 발전을 위하여 신이 베풀어 준 것이다"에서 유래하였고, 이후 미국의 영토 팽창의 근거로 사용된다.

유럽연합기의 이례적인 상징에서 가장 두드러지게 엿보이는 듯 싶다. 유럽연합기는 아르센 헤이츠Arsène Heitz의 디자인에 바탕을 두었고, 1955년 12월 8일 유럽의회에 의해 채택됐다. 유럽 통합을 단도직입적으로 상징하는 푸른 서구의 하늘을 배경으로 별들이 다양한 유럽 인민들(적어도 1986~1995년에 존재했던 '유럽 12개국')을 대표하고 있는 깃발은 그 자체로 충분히 순전해 보인다.

헤이츠는 독실하고 헌신적인 가톨릭 신자였고 그의 디자인은 파리의 뤼 뒤 바크에 발현한 성모 마리아에 얽힌 이야기에 직접적으로 영감을 받았다. 1830년 여름, 뤼 뒤 바크의 〈애덕 수녀회Sisters of Charity〉에 속해 있던 수련 수녀 카트린 라부레Catherine Labouré 앞에 성모 마리아가 나타났다. 라부레에 따르면 마리아가 "시대가 아주 사악하다. 슬픔이 프랑스에 닥칠 것이다. 왕위가 전복될 것이다. 전 세계가 온갖 종류의 비참에 빠질 것이다"[134]라고 말했다고 한다. 묵시론적 어조에도 불구하고 성모 마리아가 19세기 프랑스의 국내 문제에 그런 흥미를 가졌다는 것은 참 인상적이다. 마리아는 카트린에게 메달을 주조하라고 계속 요구했고, 이렇게 만들어진 '기적의 메달'을 1876년 카트린이 사망할 때까지 수백만 가톨릭 신자가 목에 걸었다. 이 메달에는 성모 마리아의 머리 주변에 성 요한의 계시를 암시하며 열두 금성의 후광이 그려져 있다. "그러고는 위대한 표지가 하늘에서 보였다. 한 어싱 곁에 태양이 있고 발밑에는 달이 있으며 그녀의 머리 위에는 열두 별의 왕관이 배열되어 있었다."(요한계시록 12장 1절) 자, 이 모든 것이 과도한 우연의 일치라면 유럽의회가 유럽연합기를 채택한 날인 12월 8일이 정확히 101년 전인 1854년 교황 피우스 9세가 채택한 성모 수태 축일이기도 하다는 것에 간단히 주목해 볼 수 있다. 나는 (편집증자 루소처럼) 유럽연합이 비밀스런 가톨릭교의 음모라고 주장하고 있는 것이 아니다. 여기에는 적어도 이야기되어야 할 것과 규명이 필요한 역사가 있다.

정치와 종교의 얽힘을 이해하지 않고서는 너무나도 빠르게 지나치는 현재를 파악할 수 있다는 희망을 가질 수 없다. 우리 시대는 새로운 종교 전쟁의 시대로 〈랜드 연구소Rand Corporation〉의 미출간 보고서에서는 '우주 전쟁'의 때라 불린다. 여기서 정치 행위자는 선과 악의 마니교적 대립을 갖춘 종교 신앙인이나 '우주 전사'가 된다. 나는 현재의 정치를 이해하려는 시도는 어떠한 것이든 신성 폭력이라는 전제 위에서, 즉 신적인 것의 이름으로 행해지는 정치 폭력이라는 전제 위에서 시작돼야 한다고 본다.[135] 랜드 보고서가 지적하듯, "내셔널리즘과 마르크스주의 시대 이전에 유럽에서 있었던 종교 쟁론은 냉전의 세속적 갈등보다 한층 나아간 더 나은 지침이다."[136]

정치와 종교가 맺는 관계라는 곤혹스러운 문제에 어떤 측면으로 접근하든 일련의 음울한 유사물들을 발견하게 된다.

첫째, **시오니즘**. 여기서 이스라엘 국가는 정치와 종교의 동일성에 기초해 있다. 따라서 정치 체제에 대한 어떤 비판도 반유대적인 종교적 비방이라고 규탄받을 수 있다.

둘째, 잡다한 형태의 **이슬람주의** 혹은 **지하디즘**Jihadism. 정치적 행동은 종교적 측면에서 완전히 정당화된다. 오사마 빈 라덴Osama bin Laden은 〈알 카에다al Qaeda〉를 '시오니즘-운동가'에 대립해 있다는 측면에서 정당화했고 그 자신의 입장을 순교의 논리라는 측면에서 옹호했다.

셋째, **군사적 신보수주의**. 자유 시장의 신학은 자유, 민주주의, 인권에 대한 신의 섭리적 이해와 결합되어 있고, 문명의 충돌이라는 측면에서 정당화되는 테러와의 전쟁을 수행하는 데 과도하고 불균등한 군사력을 이용한다.

넷째, **사회민주주의적 보수주의**. 네덜란드, 덴마크, 프랑스, 스위스 같은 나라들을 포함해 서유럽 전반은 잘 알려져 있듯 속이 빤한 인종주의 안에서 관용이나 통합, 복지국가의 이점 같은 자신들의 전통을 수호하는데, 바로 이민 2, 3세대 국민임에도 이민자 취급을 받는 이들에 맞서 자신들의 전통을 지킨다. 그리고 이들 이민자들은 이슬람인으로 약호화되고 주류 사회에 통합되지 않으려 한다는 비난을 받는다.

이러한 목록은 계속될 것이다.

허구적 힘,
어떻게 다수는 소수에게 지배받는가?

루소는 인민주권, 또는 평등에 뿌리박은 자유 연합이라는 근대 정치 개념을 확립한다. 더욱이 루소 텍스트의 불일치 기계를 따라가다 보면 정치에 본질적인 허구적 힘을 결정적으로 인지할 수 있게 될 것이다. 홉스의 표현을 따르자면 정치체에 생명을 주고 움직이게 하는 것은 '인공혼'이다. 정치란 그 문자적 의미로 허구의 구성과 관련된 시적 과제다. 이 장을 마무리하면서 제기하고 싶은 문제는 바로, 우리가 정치에서 최상 허구의 가능성을 이야기할 수 있을 것인가의 여부다.

정치에는 이중의 기적이 작동하고 있다. 한편으로 정치는 불신disbelief을 기꺼이 중단하라고 요구한다. 다수는 그들을 통치하는 소수가 말하는 허구를 믿으라고 요구받는다. 통치란 왕의 신적 권리에 대한 믿음이든, 대의 정부라는 마술을 통해 어쨌거나 표현될 수 있는 것으로 여겨지는 인민의 유사-신적임에 대한 믿음이든, 혹은 정당 기관이나 광휘에 찬 지도자의 태양처럼 빛나는 의지에 대한 믿음이든, 그 어떤 것이든 '믿는

척'을 요구한다. 통치는 허구에 달려 있다.

　그러나 한편으로 정치에서 이례적인 것은 정치가 기꺼운 불신의 중단 만을 요구하는 것은 아니라는 사실이다. 정치는 또한 그 불신을 받아들 이기도 한다. 어떤 정치체의 힘이란 늘 다수와 다중과 함께 있는데 어쨌 든 대부분의 역사에서 다수는 그들의 이해에 종사하고 있을 뿐 아니라 집단 의지를 구현하고 있다고 주장하는 소수의 의지에 복종한다. (드물고 찰나적인 데다 일순간 번쩍이는 예외가 존재하기는 한다.) 물론 정치권력이 란 늘 '총과 지팡이'를 가진 이들, 대개는 경찰과 군대의 소유물임을 지 적해야 할 것이다. '총과 지팡이'를 소유하지 못한 다수라면 무력할 수밖 에 없다. 물론 국가가 경찰관이고 국가에 대한 저항은 대개 무력을 필요 로 한다는 것에는 이론의 여지가 없다. 그러나 이래서는 지속적인 물리 적 폭력의 위협 없이도 다수를 소수에 복종하게 만드는 허구적 힘에 대 한 설명을 시작조차 할 수 없다. 자세히, 그러나 거리를 두고 살펴봤을 때 정치란 매우 신기한 문제다. 그 작용을 이해하는 데 우리가 가진 것이 라곤 역사밖에 없다. 정치에 대한 역사가의 작업이 아주 중요해지는 까 닭이 여기에 있다.

　이를 염두에 두고 에드먼드 모건의 『인민의 발명: 영국과 미국에서 인민주권의 발흥*Inventing the People: The Rise of Popular Sovereignty in England and America*』을 짚고 넘어가고 싶다. 이 책은 17~18세기 영국과 미국에서 일 어난 군주제에서 인민주권으로의 이동을 역사적으로 풍부하게 설명해 놓았는데, 핵심적인 이론 범주가 바로 허구다. 어떻게 왕의 신적 권리라 는 허구가 인민주권의 허구에 굴복했는가를 설명하는 것이 이 책의 주 된 관심사다. 이 허구들의 접속 지점에서 흥미로운 것은, 이 역사의 종착 지에서 왕의 신적 권리라는 관념이 눈에 보이는 신으로서의 왕이라는 생 각에 기초한 불합리로밖에 생각되지 않는 반면, 압도적인 다수의 정치가

들이 인민주권 관념을 표현하는 몇몇 판본에 (적어도 복화술로 말하고 있거나) 애착을 보인다는 것이다. 즉, 모든 인간존재는 평등하거나 실로 평등하게 창조되었고 통치government는 인민에 의한 인민을 위한 것이 되어야만 하고 정부government는 인민의 의지를 구현하고 실현한다는 관념들 말이다.

모건의 요점은 역사적으로 하나의 허구가 다른 허구를 계승한다는 것이다. 1630년대와 1640년대의 영국이라는 예외적 시대는 1760년대와 1770년대의 미국 식민지들과 다르면서도 강력하게 연관되어 있다. 두 역사적 운동을 결합하는 것은 1647년 수평파*의 '인민의 동의Agreement of People'라는 급진적 이념과 제임스 해링턴**의 1656년 『오세아나 공화국The Commonwealth of Oceana』의 영향이다. 그런데 더 중요한 것은 어쩌면 개념적으로 하나의 허구가 우리가 상상하는 것보다 훨씬 더 가깝게 다른 허구를 닮는다는 것이다. 국왕-신이 인민-신으로 바뀌는 것 말이다. 루소가 '정치 경제'에 관한 논설에서 쓴 것처럼 "인민의 목소리는 실로 신의 목소리다."[137] 복스 포풀리, 복스 데이Vox populi, vox dei. 모건은 그 방법에 주목한다.

인민주권은 신의 주권을 부인한 것이 아니었다. 신은 온갖 통치 권위의 궁극적 원전으로 남아 있었시만 지금은 내재적 원천인 인민에게 그 관심이 집중되어 있다. 신은 통치에 권위를 부여했지만 인민을 통해 이를 행사했다. 그러면

---

* 잉글랜드 내전(청교도혁명, 1642~1651) 당시 공화주의적·민주적 운동을 추진한 집단. '수평파'라는 명칭은 이 운동이 '사람들의 재산을 균등하게 나누려 한다'는 점을 부각시키고자 적대자들이 비난조로 붙인 것이다.
** James Harrington, 1611~1677. 영국의 정치사상가. 『오세아나 공화국』은 오늘날의 권력분립의 원형이자 미 정치제도에 커다란 영향을 끼쳤다.

믿음 없는 믿음의 정치

서 인민의 통치자들 위에 인민을 놓아 뒀다.[138]

이런 까닭에 루소의 일반의지 개념의 기원은 대단히 흥미롭다. 패트릭 라일리Patrick Riley가 텍스트상으로나 역사적으로 아주 자세히 보여 준 것처럼 17세기의 일반의지란 정치 관념이 아니라 신학 관념으로 확고히 자리를 잡고 있었다.[139] 특히 일반의지 개념은 누가 구제받기에 충분한 은총을 받을 만한지, 누가 지옥으로 보내질 것인지를 결정하는 신적 의지의 활동과 관련이 있을 것이다. 쟁점은 다음과 같았다. 만약 신이 만인이 구원되길 바란다면 그 귀결이 보편적 구원인 일반의지가 그에게 있는가? 그렇지 않다면 신은 특별히 몇몇은 구원되지 않길 바라는가? 1706년에 고트프리트 라이프니츠Gottfried Leibniz는 이렇게 썼다. "그리스도교의 신은 만인의 구원을 바란다. 모두를 구원하는 데 필요한 힘이 있다. 힘도 선한 의지도 결여되어 있지 않지만 그럼에도 거의 모든 인간이 지옥에 떨어진다."[140]

루소는 신학적 개념의 일반의지를 정치화한다. 신적인 것the divine은 시민다움the civic으로 번역된다. 일반의지는 이른바 만인을 구하려 하는 신의 의지에서 시민으로서 의지를 행사하고 정치적 정당성에 열쇠를 제공할 수 있는 인간의 의지로 탈바꿈된다. 무엇이 17세기와 18세기에 신성함에서 시민다움으로의 이동, 신학적인 것에서 정치적인 것으로의 전환을 낳았는가? 라일리는 한때 신에게 귀속됐던 [정의, 선, 지혜, 일반성, 불변성과 같은] 관념들이 인간의 도덕적 이상으로 바뀌었다는 데 동의한다. "천상으로 옮겨짐"[141]으로써 이 이상들은 더 매력적이게 되었다.

루소가 주장한 신성한 초월에서 시민적 내재로의 변형에 함축된 의미는 칸트의 『순수이성비판Critique of Pure Reason』의 마무리 부분에서 가장 명료하게 볼 수 있다. 「초월적 방법론The Transcendental Doctrine of Method」에서 칸트는 우리가 "도덕법칙을 **신성하다**고 여기는 한에서만 신의 의지에 따라 행동"[142]할 수 있을 것이라고 쓴다. 이는 물론 칸트에게서는 도덕 신학의 문제다. "실천이성이 우리의 길잡이가 될 권리를 갖는 한에서, 우리는 행위들이 신의 명령이기 때문에 의무를 다해야 한다고 여기는 것이 아니라, 오히려 우리가 그에 대해 내적으로 의무가 있기 때문에 그 행위들을 신적 명령으로 보는 것이다."[143]

도덕성 안에서 이성이라는 목적에 봉사하고 칸트가 '광신주의'와 '불경'이라 부른 것의 유혹에 저항하려면 도덕 신학의 어떤 초월적 차용도 피해야 한다는 소리다. 칸트는 "그러므로 도덕 신학은 오로지 내재적으로만 사용된다"고 결론 내린다. 이런 식으로 루소와 칸트에게 일어나는 일은 세속적인 것에 대한 모종의 단언이 아니다. 차라리 세속적인 것의 의미를 탈바꿈하는 것이다. 도덕 신학이나 일반의지 안에 초월적인 것을 내재화함으로써 신학적 계기를 보유하려는 시도다. 근대 정치형태의 역사란 종교적인 것에서 세속적인 것으로의 이동(이 이동은 전근대에서 근대로의 이동에 병행한다고 이야기되고 여기서 '포스트-근대'는 '포스트-세속'으로 알려지게 된다)에 집중해 있지 않다. 오히려 근대 정치형태의 역사(공화주의, 자유민주주의, 파시즘과 기타 등등)는 일련의 신성화의 탈바꿈으로 가장 잘 이해된다. 근대 정치란 신성함의 경제 내에서, 특히 초월과 내재 사이의 이동이나 그 이동의 양가성 내에서 발생한다. 앞에서 루소와 관련해 자세히 봤다시피 그런 초월의 내재화는 역설투성이인 데다, 신성함의 경제로서 근대 정치는 잡다한 주권의 역설을 무대화하는 그 주변에 분절되어 있다. 이는 홉스, 루소, 마르크스, 레닌, 카를 슈미트, 심지어 버락 오바마에게서도 엿보인다.

신적 권리라는 허구로부터 인민주권이라는 허구로 이동하는 것에 관해 모건이 들려주는, 평행하게 직조된 서사로 되돌아가자. 인민주권이라는 허구는 신성한 권리라는 허구에 비해 훨씬 더 허구적이다.[144] 국왕이나 여왕은 왕관과 홀을 갖춘 가시적인 현전이고 대개는 값비싼 취향을 소유한 대가족이다. 그런데 어디서 인민을 볼 수 있을까? 인민을 볼 수 있다고 해도 정확히 어디서 **그** 인민이 발견되는가? 몇몇 사람들이 인민주권이라는 허구나 정당한 정부는 인민 의지의 표현이라고 하는 이념 및 이상을 언뜻 믿게 된다고 해서 그 허구적 위상이 약화되는 것은 결코 아니다.

잠깐 생각해 보면 인민주권은 일련의 논리적 불일치에 기반을 둔다는 것이 밝혀진다. 인민은 피통치자일 뿐더러 통치자이기도 하고 이 통치자와 피통치자의 동일성은 참으로 자유민주주의의 핵심이 되는 케케묵은 어구인 대의라는 기적을 통해 어떻게든 일어난다는 소리다. 그런데 정확히 어떻게 소수가 다수를 대의한다고 말할 수 있는가? 어떻게 특수성은 일반성이 실제로도 현전하지 않는데도 일반성을 대변할 수 있는가? 물론 그럴 수 없다. 그러나 실상은 소수의 정당성이란 그들이 다수를 대의한다고 믿는 그 허구에 기초해 있다. 정치와 정치가가 완전히 냉소적이든(가장 위안이 되는 가설이므로 결코 제외할 수 없는 경우다) 그들이 대의라는 마술을 통해 투표자와 인민의 의지를 하나의 전체마냥 구현하고 있다고 실제로 믿고 있든 상관없이 딜레마는 발생한다. 비슷하게 유권자는 정치가가 사리에 따라 돈을 움켜쥐려는 사기꾼이라고 믿거나 자신들의 의지가 기적적으로 투표라는 메커니즘을 통해 대표된다고 실제로 믿는다. 인민주권은 지나치게 면밀한 검토나 문자 그대로의 적용을 견딜 수 없는 허구처럼 보인다. 대의 정부에 정당성이라는 고색창연함을 제공하는 데 극도로 유용한 허구다. 여기서 본질적인 관건은 지배 귀족, 과두제, 정치 계급, 혹은 미국의 경우에는 금권정치에 대한 인민의 동의다. 인민주권은 거짓인 셈이다. 몇몇은 인간 본성의 사악함을 고려할 때 인민주권은 숭고한 거짓이라 주장할지 모른다. 그런데 이 숭고한 거짓의 불가피함에는 언제나 회의적일 수밖에 없다.

이 지점에서 솔깃한 선택 하나는 루소의 대의 비판으로 돌아가서 규모를 문제 삼는 것이다. 이미 살펴봤다시피 대의의 마술을 최소화하자면 인민의 주권적 권위는 아주 작은 정치체에서만 실행될 수 있을 것이다. 루소가 자신의 정치적 대의 비판을 마무리하며 멋지게 지적했다시피 "모든 것을 고려해 볼 때 나는 도시가 아주 작지 않다면 우리 가운데 주권자가 향후 자기 권리를 행사할 수 없으리라 본다."[145]

몽테스키외나 볼테르와 마찬가지로 루소로서도 정치 영역에서는 작은 것이 아름답다. 인민의 주권적 입법권과 정부의 행정권 사이의 간극이 최소화되기 때문이다. 볼테르가 간결하게 표현한 것처럼 "조국이 클수록 우리는 조국을 덜 사랑한다. 나눈 사랑은 더 약하기 때문이다."[146] 이 주장을 근거로 세 가지의 고전적 정부 형태가 정치체의 규모에 따라 정리될 수 있다. 민주주의는 작고, 귀족제는 중간이며, 군주정은 크다.

규모에서 파생된 논쟁을 매디슨이 1787년 대규모 헌법 제정 회의 및 미국 헌법에서 드러난 연방주의를 둘러싼 논쟁으로 뒤바꿔 놓은 것에 주목할 가치가 있다. 매디슨이 씨름한 문제는 대영제국으로부터 독립한 후 그해 버지니아나 로드 아일랜드처럼 다양한 주의 이해관계를 무효화할 어떤 국민 정부를 창출하는 방법이었다. 매디슨의 견해에 따르면 시민들은 특정 주에 대해 격렬하면서도 오랜 기간 확고해진 애착(버지니아인이라거나 로드 아일랜드인이라는 생각)을 간직했고, 이는 모건이 '미국 인민의 발명'이라 부른 새로운 국민 정체성을 구축하는 것과 맞서 작동하고 있었다. 매디슨의 혁신적인 해결책은 흄의 「완벽한 공화국의 관념Idea of a Perfect Commonwealth」에서 표현된 통치 관념에 명시적으로 기초해 있는데, 상대적으로 소수의 대표자들을 선출하는 극대선거구를 제안하는 것이었다.[147] 대선거구가 제대로 된 사람의 선출, 말하자면 토호(실제로는 매디슨과 그의 친구들 같은 이들)의 '자연적인 귀족정'을 보장할 것이라는 추정이었다.

흄에게 민주주의란 파벌주의와 "인민의 조석과 유동의 힘"[148]에 취약하다. 민주주의는 도시와 소공화국에서의 삶의 격동에 가장 적합하다. 반면에 귀족정은 흔히 "질투를 일으키고 억압적으로" 변하지만 "평화와 질서에 더 적합"하다. 흄에게 가장 완벽한 해결책은 민주주의와 귀족정의 어떤 조합이고 미국에서 매디슨이 채택한 것이 이것이었다. 흄은 이 통치 형태를 '정제된refined' 민주주의라 부른다. 정제된 설탕과 비슷하게, 원치 않는 거친 성분들은 말끔히 제거되고 표백된 상태라는 것이다. 흄은 이렇게 썼다.

> 노련한 솜씨로 제작된 거대 정부에는 민주주의를 **정제하는** 데 충분한 범위와 여지가 존재한다. 공화국에서 치러진 최초의 선거나 최초의 뒤섞임 속으로 들어가게 될 하층민에서부터 모든 운동을 지도하는 상층 위정자들에 이르기까지 말이다.[149]

매디슨의 '자연적인 귀족정'이 결국 지금껏 만족스럽게 미국을 지배해 온 자본주의적 금권정치에 굴복했다 하더라도, 이 통치 체계가 흥미롭게도 매디슨이 진솔하게 표현했다시피 "민주적 통치 형태에 일관된 민주주의의 애로inconvenience에 대한 유일한 방어책"[150]임을 떠올려 볼 가치는 있다. 대의 정부는 인민주권의 외관을 유지하면서도 동시에 민주주의의 애로인 인민의 진성 주권자적 권위를 금한다. 정제된 민주주의는 위로부터는 진성 입법 권력과 집행 권력이 행사되도록 만드는 동시에 아래로부터는 고색창연한 인민의 권력을 현시한다. 루소가 반복하는 후렴구를 빌려 오자면 "이 발명이 정치의 걸작이다."[151]

흄이 연방주의자 논증의 '노련한 솜씨'라 부른 것을 의심할 여지는 없다. 미국 헌법의 서문에 "우리는 주들이다" 대신에 "우리는 인민이다"라는 말을 다는 것으로 매디슨 같은 연방주의자는 '인민'이라는 허구에서 다양한 주의 이해와 반연방주의자의 격렬한 대립을 무효로 만든 위엄의 아우라가 비추도록 했다. 헌법은 일필휘지로 특정 주에 대한 시민들의 강력한 지역적 동일시나 매디슨이 파벌주의의 위험과 지역 포퓰리즘의 형태로 봤던 흄의 "인민의 조석과 유동의 힘"도 모면했다. 그 뒤 인민을 넘어 특정 주에 대한 동일시(이는 물론 미국 독립 전쟁의 원인 가운데 하나이기도 했다)는 반애국적인 것으로 선포될 수 있었다. 마찬가지로 선거구의 규모를 이전의 어떤 모델에 견줘서도 훨씬 더 거대하게 만듦으로써 연방주의자들은 민주주의를 '정제'하고 그 불가능한 희망을 유지하는 동시에 그 '애로'를 그럭저럭 피할 수 있었다. 시종일관 정부를 반드시 '상위의 위정자들'에 의해 운영되게 만들면서 말이다. 그들이 매디슨 같은 귀족적 버지니아 주의 토호이든 알렉산더 해밀턴Alexander Hamilton과 같이 초기에 축재를 일삼던 뉴요커이든 상관없었다.

항상 그렇게 미국 대의 민주주의에는 특별히 비대의적인 면이 존재한다. 인구 3억 7만 명당 100명의 상원의원과 435명의 하원의원이 존재하는 미국은 내략 인구 6,150만 명당 617명의 상원의원과 646명의 하원의원이 있는 영국의 상황과 견줄 수 있다. (게다가 앞서 살펴봤듯이 루소의 규준에 따르면 영국은 정당한 통치 형태라고 할 수도 없다.) 영국에는 10만 명당 한 명의 대표자가 있다. 미국에는 70만 명당 한 명의 대표자가 있다. 실로 경이롭다! 그렇게 많은 인구가 어떻게 그렇게 소수의 조직 내로 비집고 들어갈 수 있는가?

그렇다면 정치란 일종의 마술쇼다. 우리는 텅 빈 모자 안에 토끼가 기적적으로 나타난 것이 아님을, 또 마술사의 매력적인 조수가 절반으로 토막 나지 않았음을 알고 있지만 기꺼이 불신을 보류하고 '믿으라!'는 가상에 편승한다. 여기서 루소가 아주 유익하다. 어떤 장르로 작업하든 철학자들 가운데 가장 허구적으로 의식적인 탓이다. 공연용 풍속 희극(『나르시스, 혹은 자기-흠모자』), 감상에 흠뻑 젖은 서간체 소설(『에밀*Emile*』), 인류에 대한 유사-과학 가설사(『인간 불평등 기원론』), 은밀함으로 정의·분할된 성애화된 주체의 창조(『고백록』), 혹은 명상적 수련askesis(『고독한 산책자의 몽상*Reveries of the Solitary Walker*』) 어디에서든 말이다.

『사회계약론』의 압축적이고 준기하학적인 추상 개념은 정치적 허구다. 대의 없는 연합으로 이해된 인민주권이라는 허구에 대한 형식적 표현인 셈이다. 루소가 생각하기에(그리고 나 역시 이에 동의한다), 대의 없는 연합은 총체적인 불평등이라는 사실과 전쟁 상태에 직면해 그것을 제압할 수 있는 정당한 정치체의 유일한 형태다. 정치 존재란 대의 없는 연합의 행위다. 이 허구에는 차례차례 다른 허구들이 필요하다. 이 장에서 추적했던 법과 종교라는 허구들 말이다. 정치의 허구는 유사-신적 입법자와 시민종교라는 교의의 권위에 의해 뒷받침되어야 한다. 루소에게 정치적 집단의 결속이란 일반의지의 자기-결속이 되어야 하고 여기에는 종교라는 동여매는 끈이 필요하다. 그런 종교는 풍습, 공유된 믿음, 시민적 가치 그리고 정치적 제의로 묘사될 수 있을 뿐인 충성 서약, 국가國歌, 전몰 장병 추모, 국기의 신성함 혹은 그 비슷한 무엇을 필요로 한다. 앞에서 탐구한 종류의 시민 신학도 어떠한 것이 됐든 이러한 갑옷이 필요하다. 루소에게 정치라는 허구는 시민 신학이라는 허구 없이는 지탱될 수 없다.

그래서 결론은, 단순히 정치적 삶을 구성하고 정당화할 때 허구라는 차원, 특히 법적이고 종교적인 허구의 차원을 인정하지 않고서는 정치 논의에 들어갈 수 없고 그래서도 안 된다는 것일까? 그것은 모건이 수용한 회의적인 (실로 흄적인) 역사적 접근의 이면에 숨어 있는 결론 같다. 모건의 접근은 전부 흄의 「통치의 첫째 원리에 관하여Of the First Principles of Government」의 첫머리에서 이끌어 낸 것이다. "철학적인 눈으로 인간사를 파악하려는 이들에게는 다수가 소수의 지배를 받는다는 것에 태연히 의견을 같이하는 이들만큼이나 놀라운 것도 없어 보인다"[152]라고 흄은 썼다.

'힘'(흄은 이 단어를 대문자로 표시한다)이 늘 피지배층의 편임을 고려할 때 '어떤 수단이 이 기적을 가져오는가?' 하고 물을지도 모르겠다. 진정 통치라는 '경이'는 어떻게 야기되는가? 흄은 명쾌하다. "그러므로 오직 **의견**opinion에만 통치는 기초해 있을 뿐이다. 그리고 이 준칙은 가장 자유롭고 가장 인민적인 정부뿐 아니라 가장 전제적이고 가장 군국적인 정부에까지 확장된다."

사실, 기원 신화, 섭리적 진보 서사, 승리나 패배의 역사적 서사 혹은 그 비슷한 어떤 것과도 자주 불화하는 '의견'을 통해 소수는 지배하고 다수는 복종한다. 통치 작용은 전적으로 허구에 의존해 있다.

이 흄식 접근에는 매력적인 점이 많다. 이를테면 에밀리오 젠틸레의 정치 종교, 특히 파시즘 관련 작업에서 발견되는 종류의 기술이나 진단, 비판의 차원에서 눈여겨 볼 만하다.[153] 정치는 신성함의 허구와 그것을 정당화하기 위한 신성화의 제의를 필요로 한다. 그리고 이 허구들의 정체를 드러낼 필요가 있다. 낡고 썩은 국가의 맨살을 대낮에 보려면 어떤 제국의 새 옷이라도 벗겨 낼 필요가 있는 것이다. 이 차원에서 정치학도는 통치를 지탱하는 허구들의 노출에 연루돼 있고 정치의 철학적 분석은 탈신화화라는 역사적이고 분석적인 노동이 된다.

믿음 없는 믿음의 정치

최상 허구의
정치

여기서 멈추는 것이 현명해 보인다. 그러나 내가 내 무덤을 파는 데 흥미가 있는지, 논증을 더 밀고 나가 추정해 보고 싶다. 내가 여기서 허구를 사실에 대립시키고 있다고 생각해선 안 된다. 허구는 사실의 진실성에 직면해 거짓으로 판명 난다. 나는 정치적 허구에 대한 일반적 비판이 단순히 정치적 현실주의라는 신에게 바치는 경험주의 제단 위의 희생물이라 생각하지 않는다. 정치와 법 그리고 종교의 영역에는 **오직** 허구들만이 있을 뿐이다. 그러나 나는 이것을 약함의 표지가 아니라 **가능한** 힘의 신호로 본다.

마무리하기 전에 내가 개진하고 싶은 것은 허구와 사실 사이의 구별이 아니라 허구와 **최상 허구** 사이의 구별이다. 이와 관련해 내가 월리스 스티븐스를 언급하는 것은, 시와 정치 사이의 유익한 충돌의 희미한 가능성을 엿보기 위함이다.[154] 스티븐스에게 시는 우리가 허구를 허구로 보도록, 즉 세계의 허구성이나 우연성을 보도록 만든다. 스티븐스의 표현대로 시는 우리가 상상적으로 현실에 부과한 '질서라는 관념'을 폭로한다. 이것이야말로 시가 가진 비판적 과제라고 생각할 수도 있다. 여기서 나는 '비판'을 주어진 것에 대한 경험주의적 신화를 탈신화화하고, 창조적이고 궁극적으로는 상상적이라 할 수 있는 주체의 활동에 입각해 있는 신화들의 근본적 의존성을 보여 준다는 의미에서 칸트적으로 이해한다. 더 평이하게 진술하자면 시의 비판적 과제란 세계가 곧 당신이 만든 것임을 보여 주는 것이다. 그러나 그것으로 허구의 범주가 소진되지는 않는다.

역설적으로 최상 허구란 우리가 허구임을 알지만(그 외의 것은 없다) 그럼에도 우리가 믿는 허구다. 최상 허구는 자신의 근본적 우연성을 의식하고 있는 것이다. 스티븐스에게는 최종 믿음belief의 문제다. 스티븐스는 역설한다. "최종 믿음이란 당신이 허구임을 아는 허구를 믿는 것이며 그 밖의 다른 것이라곤 없다. 절묘한 진리란 그것이 허구임과 당신이 그것을 기꺼이 믿고 있음을 아는 것이다."[155]

스티븐스가 다른 곳에서 쓴 것처럼 "최종 믿음/ 그것은 허구일 수밖에 없고", 최상 허구의 희망이란 그런 최종 믿음을 제공하는 것이다.[156] 가장 중요하고 난해한 시 「최상 허구에 대한 메모Notes toward a Supreme Fiction」에서 스티븐스는 그런 허구의 조건들을 분명히 표현해 내길 바라지만, 메모만을 제공할 따름이다. 스티븐스는 최상 허구가 우리에게 완전하게 이미 만들어진 것으로 주어지지는 않지만 "그것은 가능하다, 가능하다, 가능하다. 가능할/ 수밖에 없다"[157]고 쓴다.

나는 우리가 이 가능성을 시 영역이 아니라 정치 영역으로 옮겨 놓을 수 있으리라 기대한다. 또는 시와 정치 모두 허구의 영역이라는 것을, 시와 정치의 충돌로부터 상상할 수 있는 것은 바로 최상 허구의 가능성임을 보여 줄 수 있으리라 기대한다. 이 자리에서 우리는 정치를 발본적 창조로, '완성된 기예'라 루소가 일컫는 "시초 기예가 자연에 일으킨 병폐"를 바로잡는 것의 가능성으로서 사유하기 시작해야 한다고 요구받는다. 불평등의 치유란 자연으로의 복귀(이는 루소를 일반적으로 오독한 것이다)가 아니라 기예로의 전환이다. '새로운 연합들'을 상상하고 형성할 수 있는 정치의 기예로 전환하는 것이다.

멋들어지게 극단적인 사례는 마르크스의 『헤겔 법철학 비판Critique of Hegel's Philosophy of Right』(1843)의 서문에서 나왔다. 거기서 마르크스는 최상 허구라는 관념에 가까이 다다른 것처럼 보인다. 마르크스에게 정치적 주체의 논리란 "나는 아무것도 아니지만, 모든 것이 되어야만 한다Ich bin nichts, und ich müßte alles sein"[158]는 말에 표현되어 있다.

특정 집단은 아무것도 아님의 위치, 혹은 알튀세르와 더불어 '전면적 소외'라 불렀던 것에서 시작해 일반성으로 정립되는데, 여기서 정치적 연합이라는 행위를 통해 "이러한 전면적 소외의 전면적 양도"가 요구된다. 최상 허구에 마르크스가 붙인 이름은 '프롤레타리아'이다. 마르크스는 이것을 공산주의적인 것으로, 말하자면 엄격히 평등주의적인 것으로 특징화한다. 만약 정치가 대의 없는 연합의 계기라면 그것은 소외로부터의 양도를, 아니면 자본주의적 조건하의 구조적 불평등으로부터 마르크스가 『자본Capital』 1권에서 '자유인의 결사체'라 부른 것, 에리코 말라테스타*가 '자유로운 조직'이라 일컫는 것[159]으로의 이동을 요구한다. 이것이 최상 허구다.

바디우의 사유 한 가닥을 빌려 오자면, 지금 시대에 결여되어 있는 것은 그런 이름의 가능성, 정치가 그 주변에서 조직될 최종 믿음이라는 최상 허구의 가능성이다.[160] 인민을 인민으로 만들거나 자유로운 연합의 형성을 가능케 하는 행위에서 발생할 최종 믿음이라는 최상 허구로 이해되는 일반의지의 이론과 실천이다. 정치적 연합이라는 허구가 어떻게 그것에 권위를 부여하고 신성화하는 데 법과 종교라는 허구들을 필요로 하는가에 대한 이해다.

새로운 정치적 이름이 없는 곳에서 정치적 과제란 스티븐스가 '절대적인 것의 허구'라 부른 것인 최상 허구의 시적 구축이다. 그런 허구는 우리가 그것이 허구임을 **알지만** 그럼에도 우리가 여전히 믿는 허구가 될 것이다. 지금 시대에 우리가 가진 것이라곤 이 허구에 대한 스티븐스식의 몇몇 메모이고 우리가 시작했던 열린 물음, 루소가 250년 전에 볼테

---

* Errico Malatesta, 1853~1932. 이탈리아의 아나키스트로 바쿠닌의 동지.

르에게 던진 물음뿐이다. 시민의 교리문답에는 최상 허구, 최종 믿음이라는 허구가 필요하다. 루소가 1756년의 편지에서 볼테르에게 요청한 것이 한 편의 **시**였음을 기억해야만 할 것이다. "조심스럽게 쓰인 이 시는 지금껏 작성된 것 중에 가장 유용한 책이 될 것입니다. 어쩌면 사람들에게 필요한 유일한 책인지도 모릅니다. 저는 그렇게 느낍니다. 선생님, 여기 당신을 위한 주제가 있습니다. 저는 당신이 기꺼이 이 작업을 수행하길, 당신의 시로 꾸미길 열렬히 바랍니다."[161] 우리가 아직도 이 시를 요청하고 있다는 사실이 희망의 표지나 절망의 증상일까? 그것은 가능하고 가능하며 가능하다. 그러기에 절망이다. 그러나 그것은 또한 가능하고 가능하며 가능하기에 희망이다.

왜 바디우는
루소주의자인가?

『국가』에서 소크라테스는 플라톤의 형제들과 아테네를 거닐다가 그들과 도시를 뒤로 하고 피레우스 항구로 걸어 내려간다. 소크라테스는 아테네 사회에 널리 퍼진 정의관을 재빨리 허문 뒤 대화 속에서 또 다른 도시를 꿈꾸기 시작한다. 그곳은 선을 지향하는 영혼을 가진 철학자들이 지배하는 정의로운 도시다. 플라톤에 대한 표준적인 반론(철학 도시라는 이상은 비현실적이고 유토피아적이거나 실현불가능하다)이 그토록 공허한 이유가 여기에 있다. 물론 철학자의 도시는 유토피아적이다. 그것이 요점이다. 실제로 어떤 이는 더 나아가, 또 다른 도시와 또 다른 세계를 현실에서 실현시키는 일이 어렵다고 해도 그것이 가능하다고 상상하게 만드는 개념들을 구축하는 것이 철학이 맡은 의무의 일종이라고 주장할 수도 있다. 오스카 와일드가 「사회주의에서 인간의 영혼」에서 쓴 유명한 문장처럼, "유토피아를 포함하지 않는 세계 지도는 인류가 늘 다다르고 있는 나라를 빠뜨린 것이므로 들여다볼 가치도 없다."[162]

알랭 바디우는 이른바 언어적 전회 이래, 특히 하이데거적 판본의 철학에서 공공연한 반플라톤주의와 대면하여 플라톤적이라 부르는 제스처를 제안한다. 이는 바디우가 근대의 구성적 삼자 개념이라 본 존재, 진리, 주체로 철학이 복귀하도록 만드는 제스처다.[163] 바디우의 정치 사유를 고려할 때 이 플라톤주의를 잊지 않는 것이 필수다.

바디우가 가진 상당한 매력은 그가 변호하는 철학에 대한 이해에서 온다. 바디우는 "철학이 현존의 변화를 돕는 어떤 것이다"라고 쓴다.[164] 바디우에게 철학이란 기술적이거나 무의미하고 억지스러운 궤변들의 나열도 아니고 그렇다고 바디우가 '여백의 기쁨'[165]이라 부르는, 해체적이고 멜랑콜리적인 시학화도 아니다. 반대로 철학은 긍정적이고 구성적인 사유 분과다. 사도 바울이 고린도전서에서 서술하듯(3장에서 이 구절을 자세히 들여다볼 것이다) 바디우는 "있는 것들을 폐하기"(고린도전서 1장 27~28절) 위해 있지 않은 것들에 관심을 둔다. 철학은 동시대 세계의 '열띤 불임'으로부터 단절하려는 어떤 것의 형식적 가능성의 구축이다.[166] 이것이 바디우가 **사건**이라 부르는 것이며 그에게 유일한 정치 문제란 **사건**이라는 이름이 가당한 어떤 것이 존재하는가의 여부다. 만약 철학이 플라톤과 더불어 "사유의 잠을 깨우는 것을 사유함으로써 오는 발작"으로 이해된다면, 정치란 부당하고 극심하게 불평등한 세계의 깊은 잠과 단절하는 힘의 혁명적인 발작이다.[167] 그처럼 바디우는 그가 적잖이 가볍게 '민주적 페티시'라 일축하는 현존 정치의 상투적 현실이 아니라 드물면서 쉬이 사라지는 정치적 발명과 창조성의 계기들에 관심이 있다. 소크라테스처럼 바디우는 또 다른 도시가 이야기되기를 꿈꾸기에 그를 비현실적이라 비난하는 것은 바디우의 철학이 대변하는 사유 실험을 떠맡기 거부하는 셈이다.

바디우의 정치 저술은 서늘한 합리주의와 신랄한 풍자로 점철되어 있다. 이른바 테러와의 전쟁, 이라크 침공, 세르비아 폭격과 의회 민주주의라는 팬터마임에 대한 통렬한 비판과 재치 있는 타파에 더해 이슬람 터번이나 풀라르foulard 사건에 대한 스위프트식의 유쾌한 풍자("오늘날의 공화국: 모자를 타도하라!"[168])와 2005년과 2007년 말 파리 방리유의 폭동으로 이어진 인종주의에 대한 맹렬하고 통절한 비난("우리에게는 마땅한 폭동이 있다"[169])이 있다. 바디우는 프랑스를 정치적으로 "병들고" "어울리지 않게 절망적인 나라"라고 본다. 그곳의 정치적 현실은 끝없이 들먹여 온 혁명이라는 공화주의적 이상이 아니라 그에 대한 반동에 위치해 있다.[170] 바디우에게 프랑스는 아돌프 티에르Adolphe Thier의 파리 코뮌주의자 대학살, 필리프 페탱Phillippe Petain의 나치 협력, 드 골de Gaulle의 식민 전쟁의 나라다. 그렇게 2007년 니콜라 사르코지Nicolas Sarkozy의 대선 승리는 페탱주의와 르펜주의의 긍정이자 내부의 적에 대한 장기전의 지속을 의미했다. 바디우가 프랑스 정치의 초월적 가상으로 보는 혁명과 공화주의의 공인된 전통 이면에는 진정으로 반동적인 핵심이 있다.[171]

바디우가 세계의 열띤 불임과 그 안에서 갈수록 난잡해지는 사회석 불평등의 축제에 맞서 대안으로 상상하는 것은 "우리가 그 요소들을 천천히 모으고 있는 중인 계몽"[172]이라 기술된다. 그런 계몽은 바디우가 '국가 민주주의'라 부른 것, 즉 의회주의로 이해될 수 없을 뿐더러 '국가 관료주의'나 사회주의 정당 국가로도 이해될 수 없다. 정치투쟁이란 "하나 된 인민의 힘을 조직하기 위한 필사적인 사투"다.[173] 여기에는 바디우의 저작에서 자주 되풀이되는 단어인 '규율discipline'이 필요하다. 이것이

믿음 없는 믿음의 정치

구 레닌주의에서 의미하는 당 규율이 아님을 강조하는 것이 중요하다. 차라리 여기서 관건은 국가로부터 거리를 둔 정당 없는 정치, 일반성에 대한 호소에 기초하여 집합이나 집단을 구축하는 것에 관련된 장소 정치local politics의 발명이다.

그런데 이는 무슨 뜻인가? 바디우의 정치 관념을 이해하려면 또 다른 플라톤주의자였던 루소와 가까워지는 지점을 고려할 필요가 있다. 내가 보기에 바디우의 정치 이해는 마르크스적이라기보다 훨씬 더 루소적이다. 이 주장을 지지할 일곱 가지 이유가 있다.

첫째, 형식주의Formalism. 『사회계약론』에서 루소는 바디우처럼 정당한 정치의 **형식적** 조건들을 세우려 애쓴다. 그런 정치의 물적 조건에 대해 훨씬 더 마르크스적이거나 사회적인 문제는 줄곧 생략되어 있다. 매 사건에는 바디우가 '사건의 자리'(상황에 속하는 어떤 것이지만 여기에 속한 사건은 상황에 속해 있지 **않다**[174])라 부른 것이 필요함에도 이는 사건의 필요조건이지 충분조건은 결코 아니다.

둘째, 주의주의Voluntarism. 바디우가 보기에 루소는 "인민을 인민이 되게 하는 행위"[175]에 기초한 근대 정치의 개념을 세운다. 바디우에게 루소의 인민주권이라는 관념의 열쇠는 인민 스스로가 현존할 의지를 갖게 만드는 만장일치의 집합적인 선포 행위에 있다. 이 행위는 집합적·주체적 창조 행위로 이해되는 사건으로, 마르크스의 사회-경제 영역이나 생산관계 혹은 생산력의 변증법 같은 '존재'나 '상황' 내에 지탱되는 어떤 구조도 발생시키지 않는다는 사실에 그 급진성이 있다. 정치 사건이란 주체 행위를 통해 무로부터 어떤 것을 만드는 것이다. 바디우는 정치적 주의주의자인 셈이다.

셋째, 평등Equality. 루소는 바디우 체계의 핵심 개념인 '유적인generic' 것을 사유한 위대한 사상가다.[176] 유적인 것이란 어떤 상황에서도 분간할 수는 없지만 그 상황으로부터 파열을 야기하는 것이다. 정치적으로 생각해 보면 유적인 것은 집합 행위나 바디우의 표현처럼 '강제forcing'인데, 어떤 집단이 이것을 통해 상황 안에 구멍을 냄으로써 상황으로부터 단절한다.[177] 정치 행동이란 상대적이거나 특수한 행동의 준칙이 아니라 보편적 규범인 평등을 참조하여 수행되는 유적 절차다. 바디우에게 참된 정치란 만인의 준엄한 평등에 기초해야 하고 만인에게 호소되어야 한다. 유적이고 평등주의적인 정치를 창출하는 수단은 일반의지, 곧 어떤 집합을 결속하는 만장일치를 행하는 정치 주체라 상상된 것이다. 바디우가 서술하듯 정치란 "일반의지의 새로운 자리들을 찾는 일에 관한"[178] 것이다.

넷째, 장소성Locality. 여기서 루소와 만나는 네 번째 중요한 지점이 생긴다. 루소가 인민이 스스로를 평등한 인민이라 선포하고 만인에게 호소하게 만드는 행위로 이해되는 유적 정치를 변호함(더 정확히, **발명함**)에도 이는 장소적인 방식으로만 실현될 수 있을 뿐이다. 바디우는 참된 정치가 강렬하게 장소적이 되어야만 한다고 역설하고, 이른바 반지구화 운동에서 탈장소화된 자본주의적 지구화와 그 역 모두를 반대한다. 그러나 모든 정치가 장소적이라는 사실이 정치가 특수하다는 것을 뜻하지는 않는다. 반대로 바디우는 루소처럼 장소적 혹은 상황 속 보편주의라 부를 만한 것을 옹호한다.

다섯째, 드묾Rarity. 그렇다면 쟁점은 정치의 장소를 분간해 내는 것이 된다. 우리가 살펴본 대로 루소는 정당한 정치의 사례들을 찾으려 분투했다. 1762년 『사회계약론』 출간 후 제네바 시민들이 자신의 책들을 불태우기 시작할 때까지 그는 제네바에 희망을 걸었다. 코르시카와 폴란드에도 기대를 걸었지만 모두 허사였다. 만약 인민 스스로가 이전에 존재하던 것과 근본적이고 장소적으로 단절하며 현존하게 만드는 행위가 참된 정치라면 그런 정치란 드물다. 이것이 바디우가 루소의 주장의 초기 판본에 화답할 때 비판한 지점이었다. 루소의 정치 개념이 너무 추상적이고 사건의 자리가 결여되어 있다는 것이다.[179] 그런데 추상이라는 문제는 바디우에게 반송될 수 있다. 이제 살펴보겠지만 바디우가 정치의 실제 유일한 사례라고 제시한 것이 파리 코뮌인 탓이다. 참된 정치란 늘 코뮌에 대한 모종의 미메시스다.

여섯째, 대의Representation. 2002년 프랑스 선거와 2007년 사르코지의 승리에 대한 바디우의 성찰은 『사회계약론』에서 선거를 통한 대의 정부와 다수결 원칙에 반하는 루소의 주장을 재연할 때 그 정점에 달한다. 루소와 바디우에게 일반의지나 유적 의지는 확실히 어떤 형태의 정부로도 대의될 수 없다. 그렇다면 정치란 투표 메커니즘을 통한 정부의 대의가 아니라 인민을 그 자체로 현시하는 문제다. 바디우는 "루소에 따르면 정치의 정수는 대의 너머 또 대의에 반하는 현시를 긍정한다"[180]고 서술한다. 물론 일반의지는 대의될 수 없다. 여기서 루소는 플라톤을 따라 극적 재현이나 미메시스를 비판하고, 대신 인민이 그들만의 정치 드라마에서 배우가 되는 곳인 공공 축제를 주장하기에 이른다. 앞에서 살펴본 대로 공공 축제가 실행되는 과정에서 발생하는 것은 인민 그 자체의 현전이다.

일곱째, 독재Dictatorship. 그러나 바디우는 루소와 함께 한걸음 더 나아간다. 이것은 루소가 내딛었던 한걸음이자 앞으로 보게 될, 카를 슈미트가 훨씬 극적인 방식으로 내딛은 한걸음이다. 그리고 내가 내딛기를 거부하는 걸음이기도 하다. 바디우는 근대에 들어 뜨거운 감자처럼 논란이 많은(아무도 그것을 실행에 옮기지 않는다는 말이다) 인민주권을 방어할 뿐 아니라 더 나아가 독재에 찬성하는 루소의 주장을 변호한다. 돌이켜 보면 이러한 주장은 로마사에 기초한다. 독재는 정치체의 생명에 위협이 존재할 때 정당하다. 그리고 그런 위기의 순간에 인민의 주권적 권위로부터 발행된 법은 유스티티움의 행위로 중단될 수 있다. 바디우의 주장은 이와 미묘하게 다른데, 그는 "독재가 정치 의지의 자연스런 조직 형태다"[181]라고 쓴다. 바디우가 염두에 두고 있는 독재 형태는 압제tyranny가 아니라 '시민적 규율citizenry discipline'[182]이라 부르는 것이다. 달리 말해 바디우는 마르크스와 레닌과 마오쩌둥이 '프롤레타리아독재'라 일컬었던 것을 변호하고 있는 셈이다.

정치에 접근할 때 바디우는 몹시 루소주의적인 특징을 보인다. 이는 2002~2003년에 파리코뮌과 중국 문화대혁명을 주제로 한 기나긴 강연에서 분명해진다. 바디우의 논증을 파악하려면 각각의 정확한 시대구분을 이해하는 것이 필수적이다. 파리코뮌에서 바디우에게 흥미로운 것은 "그 갑작스런 출현의 예외적인 강도"[183]다. 1871년 3월 18일 국민방위군에 속했던 한 무리의 파리 노동자들이 베르사유 정부에 자신들의 무기를 넘기기를 거부했던 그 순간, 모든 것이 바뀐다. 무장 저항과 뒤이은 3월 26일 코뮌 정부 선출이라는 이 모멘트가 바디우에게 정치적 사건을 구축한다. 정치란 집합 주체의 행위를 통해 무로부터 어떤 것을 만들어 내는 것이다. 바디우는 최근 여러 곳에서 이것을 '비현존의 현존existence of an inexistent'[184]이라 부른다.

이 모멘트는 1967년 2월 상하이 코뮌에서 (매우 의식적으로) 반복되었다. 중국공산당 내 강력한 권력투쟁이 뒤따랐고, 마오쩌둥은 체제의 관료주의와 '수정주의'에 맞서기 위해 홍위병을 동원했다. 바디우는 마오쩌둥이 상하이 코뮌의 해체를 지시했고 공산당의 통제를 받는 혁명위원회로 코뮌을 대체했다는 것을 아주 잘 알고 있었지만 스스로 권위를 부여하는 프롤레타리아독재의 이 짧은 모멘트에 사로잡혔다.[185]

1871년 파리 코뮌에서 일어난 것은 집합 정치적인 자기-결정의 모멘트다. 그런데 결정적으로 코뮌에 대한 바디우의 이해는 『국가와 혁명State and Revolution』에서 레닌이 가한, 대단히 영향력 있는 비판으로부터 자유롭다. 레닌은 실패라고 알려진 코뮌을 1917년 볼셰비키의 국가권력 장악을 정당화하는 데 활용한다.[186] 같은 정치 논리가 상하이 코뮌에서 작동한다. 마오쩌둥은 대중을 정치적으로 동원하려 시도한 뒤 '극단적 아나키즘'과 '극도의 반동'을 이유로 들어 코뮌을 비판한다.[187] 바디우는 문화대혁명이 야만주의, 핍박, 재난을 퍼뜨리는 데까지 이어졌음을 매우 잘 알고 있다.

그래서 정치란 대체 무엇이란 말인가? 정치란 바디우가 '쉬이 사라지는 사건'이라 부른 것, 곧 인민이 스스로의 현존을 선언하게 하고 그 선언을 완수하는 행위다.[188] 정치란 코뮌이고 **오직** 코뮌일 뿐이라고 말할 수도 있겠다. 바디우는 플라톤식으로 "이 다른 세계가 우리를 위해 코뮌에 존재한다고 믿는다"[189]라고 쓴다. 이렇듯 세계의 열띤 불임이 갑작스럽게 무에서 다산의 것으로 바뀌는 것, 이 근본적 파열의 모멘트가 바디우를 사로잡고 있으며 사건 속에서 사유함으로써 일어나는 발작이란 바로 힘의 발작이다. 게다가 이 사건은 지속되지 않는다. 72일 뒤 파리 코뮌은 장차 제3공화국의 초대 대통령이 될 아돌프 티에르의 군사력에 진압되었다. 추정컨대 2만 명의 파리 시민이 학살당했다.

정당과 국가 없는 정치의 이 짧은 모멘트가 1968년 5월의 파리, 미묘하게 다른 등록부에서 반복되었다.[190] 바디우 개인의 삶에서 보면 사건이라는 범주는 그가 68혁명이라는 '사건들'에 뒤이은 새로움과 파열의 경험을 이해하려는 시도다. 바디우의 기획을 밀어붙인 일반적인 물음은 단순하다. 새로움이란 무엇인가? 창조란 무엇인가? 어떻게 새로움은 세계로 들어오는가? 정치적으로 보면 사건이란 평등을 상연함으로써 사회 부정의와 불평등의 일반적 상황과 단절하는 새롭고도 짧은, 장소적인 공동

파열의 모멘트다. 그런데 만약 사건이 쉬이 사라진다면, **충실성**fidelity이란 사건의 관점에서 상황을 지켜보면서 지속되는 주체적 인내이고 **진리**truth란 충실성이 상황에 구축해 놓은 것이다. 바디우의 사유는 결코 사건으로 파악되는 것에 대한 적잖이 맹목적인 복종이 아니다. 주체적 충실성의 과정이란 차라리 바디우가 '개입'[191]이라 부르는 것을 통해 사후적으로 사건이라 이름 붙일 수 있는 것에 불과하다. 그런 개입은 우리가 처해 있는 상황에 새로운 것을 야기한다. 바디우의 진리 개념이 포착하는 것이 바로 이러한 유적 새로움의 질서다. 진리란 경험적 진술의 진실성이나 논리 명제의 정합성이 아니다. 근본적으로 새로운 어떤 것이 상황에 파열을 내게 되는 개입의 질서다.

정치에 대한 바디우의 이해는 강렬하다. 하지만 독재에 대한 그의 기호는 껄끄럽다. 『혁명론On Revolution』에서 한나 아렌트Hannah Arendt의 강변에도 불구하고 나는 정치 문제가 일반의지나 유적 의지 그리고 인민전선이나 사르트르가 '융화 집단the fused group'[192]이라 부른 것의 정식화라는 데 동의한다. 그러나 그런 입장이 독재에 대한 변명으로 이어질 필요는 없다. 『존재와 사건』에서 바디우는 마르크스주의 정치의 오류가 국가라는 지형을 장악하려는 시도에 있었다면 참된 정치는 국가로부터 거리를 두고 작동해야 한다고 강력히 주장한다.[193] 그런데 그렇다면 왜 바디우는 아나키즘의 정치, 정당이 없고 국가로부터 거리를 두는 그 정치를 껴안는 것을 최소한 고려조차 하지 않을까? 바디우는 이를 확고하게 거부한다. 한편으로 "'정당 없는' 정치를 확충하려면 (…) 모든 해방적 정치는 정당 모델을 끝장내야 한다"는 선언, 다른 한편으로 "공산주의 정당의 헛된 비판이나 분신 혹은 그림자에 지나지 않았던 아나키즘의 형상"에 빠져서는 안 된다는 단언 사이에 고의적인 비일관성이 있는 것은 아닐까?[194] 왜 검은 깃발은 붉은 깃발의 그림자에 불과한 것인가? 문제는 정

믿음 없는 믿음의 정치

확히 그 반대가 아니지 않은가? 우리는 앞으로 이 문제들을 다시 다룰 것이다.

바디우의 철학 개념에 낙관주의와 강력한 긍정성이 분명히 보이는데도, 그 중심에는 바디우를 거듭 루소에 연결시킬 수밖에 없게 만드는 아주 비관적인 어떤 것이 있다는 의심이 든다. 참된 정치를 규정하는 형식적 조건들은 아주 엄중하지만, 그 주어진 사례들은 너무나 제한되어 있기에 파리와 상하이 코뮌 그리고 1968년을 뒤잇는 어떤 사건의 정치도 불가능하게 되었거나 적어도 극단적으로 있음 직하지 않다는 결론이 유도된다. 정치는 하이데거에게서 역사와 같은 것으로, 좀체 일어나지 않는다. 그러나 그런 결론은 바디우에 대한 이 논의의 출발점, 즉 소크라테스와 함께 또 다른 도시를 상상하며 정의롭지 않은 도시를 빠져나와 배회했던 것을 망각한다. 루소는 사회 불평등의 발전이 개인들, 부족들, 민족들, 문명들 사이의 전쟁 상태에서 정점에 도달함을 보여 줌으로써 두 번째 논설[『인간 불평등 기원론』]을 끝맺는다. 요즈음엔 그런 진단에 동의하지 않기가 어렵다. 그런 전쟁 상태를 마주할 때 또 다른 도시에 대한 철학자의 꿈은 늘 비현실적이고 절망적이게도 유토피아적으로 보일 것이다. 어쩌면 그만큼 바디우의 정치의 불가능성이란 그 위대한 강력함일지도 모르겠다.

2장

신비주의 아나키즘

카를 슈미트
: 정치적인 것, 독재 그리고 원죄의 중요성

  최근 몇 년 동안 카를 슈미트보다 더한 명성을 누리고 시의적절하다 평가받는 철학자는 없을 것이다.[1] 『정치신학Political Theology』에서 슈미트는 "근대 국가론의 중요 개념은 모두 세속화된 신학 개념이다"[2]라는 유명한 말을 한다. 이것이 단지 역사적으로 참일 뿐 아니라 체계적으로나 개념적으로도 참이라는 것이 슈미트의 주장이다. 중세 그리스도교의 전능신은 전능 군주, 가령 홉스의 『리바이어던』에 나오는 '필멸의 신'이 된다. 앞서 봤듯이, 17세기 후반까지 일반의지는 신의 의지를 나타내던 기예의 신학적 용어였다. 1762년 무렵 『사회계약론』에서 일반의지는 인민의 의지로 변형되었고 주권 문제는 신적인 것에서 시민다움으로 이동했다. 이는 루소가 왜 일반의지가 신적 의지처럼 실수를 범할 수 없다고 믿었는지에 대한 이유가 된다. 물론 여기에는 인민의 의지가 늘 도덕적이고 이에 반대하는 이들은 정당하게 악으로 근절될 수 있다는 사실이 수반된다. 신학적 개념들의 정치화는 부득이하게 폭력을 통해 덕을 정화하려는 시도로 이어진다. 이를테면 1792년의 프랑스 자코뱅주의에서부터 시작된 정치적 연속물이 있다. 우리가 레닌, 이오시프 스탈린Iosif Stalin, 히틀러 같은 고유명사로 요약할 수 있는 20세기 정치의 끔직한 폭력적 과잉을 지나, 일부는 '이슬람-자코뱅주의'라고 도발적으로 부르는 〈알 카에다〉와 관련 집단들까지 연결된다.

그렇다고 자유민주주의는 신학으로부터 자유로운 정치형태이기에 저 사태에 책임이 없다는 것은 아니다. 역으로 슈미트는 자유주의 헌법 국가의 승리를 이신론理神論의 승리로, 즉 자연을 신성과 동일시하여 자연을 이성과 통일시키는 신학적 비전으로 파악한다.[3] 미합중국 헌법 제정자들의 이신론에서 가장 명백히 드러나는 동시에 미국 민주주의(로마 공화주의와 청교도적 섭리주의 특유의 기성품)의 중핵에 있는 것이 시민종교이다. 이것은 강력하게 유지되는 신화로서 기능하며 '매니페스트 데스티니'의 이념을 지탱한다. 오바마의 정치적으로 절묘한 업적은, 변화·진보에 대한 믿음belief과 신념faith이라는 관념 주변에 집중된 동기부여의 시민종교에 고전적 자유 헌법주의를 재결합한 것이었다. 오바마는 2009년 1월 20일 대통령 취임 연설에서 다음과 같이 말한다. "이러한 가치들[정직, 근면, 용기 등]은 오래되었습니다. 이러한 가치들은 진실합니다. 그것들이 우리 역사를 통해 진보를 이끌어 낸 힘이었습니다."[4]

슈미트가 자유주의에 제기한 문제는 그것이 반정치적이라는 것이다. 자유주의자들에게 모든 정치적 결정이란 그 결정의 궁극적 정당화가 헌법에서 흘러나오는 규범에 뿌리박을 수밖에 없다는 의미다. 자유주의 내에서 정치적 결정은 헌법적 규범에서 도출되고 법과 법해석이 국가보다 상위에 존재한다. 이런 이유로, 자유주의 국가에서 최상의 정치적 권위란 대법원이나 그에 상응하는 것에 달려 있다. 정치적 행동은 법적 해석에 종속되어 있다. 철학자가 아니라 법률가가 자유민주주의에서는 왕이다.

슈미트에게 참다운 정치적 결정이란 어떤 규범도 깨뜨리고 어떤 규범적 속박에서도 해방되어 절대적이 되는 것이다. 이 때문에 예외상태의 문제가 슈미트에게 그토록 중요하다. 예외상태는 법의 작용이 중단되는 철저한 결정의 순간이다. 이 순간을 로마인들은 유스티티움이라 불렀고 이미 우리는 루소와 관련해 이를 논한 바 있다. 예외상태에 대한 결정이 드러내는 것은 참된 정치적 주권의 주체다. 슈미트는 잘 알다시피 "주권자는 예외상태를 결정하는 자이다Souverän ist, wer über den Ausnahmezustand entscheidet"[5]라고 쓰고 있다. 주권자는 예외상태에 대한 결정으로 드러나는 자이다. '누가?'라는 물음은 결정 자체로 대답된다. 예외상태에 대한 결정이, 법 작용이 중단되는 순간이 '누가?'의 주체를 낳는다. 슬로건으로 표현하자면 **주체는 어떤 결정의 결과다.** 예외상태에 대한 결정으로 드러나는 주체는 국가라는 인격이다. 그리고 정치적인 것에 대한 슈미트 이론의 핵심은 참된 정치적인 것의 주체란 국가이고 이 국가는 항상 법보다 상위에 존재해야 함을 보여 주는 것이다.

　슈미트는 예외상태 개념을 신학의 기적 개념에 해당하는 법학적 유비물로 보고 있다.[6] 이신론의 승리로서 자유주의의 승리란 법률적-헌법적 상황과 단절하게 되는, 그 같은 기적을 제거하려 애쓰는 종교적 세계관의 헤게모니다. 이때의 단절이란 바디우가 사건이라 부른 것의 질서이자 그가 종종 기적에 견주던 것이다. 존 로크John Locke와 칸트 같은 자유 헌법주의자들 그리고 가령 한스 켈젠Hans Kelsen과 존 롤스John Rawls 같은 신칸트주의자들은 예외상태를 없애고 대신 모든 것을 규칙 자체의 규칙, 즉 이성인 법 규칙에 종속하려 한다. 슈미트는 구체적 삶의 철학이라 부른 것이 이름으로(여기서 우리는 슈미트에게서 빌헬름 딜타이Wilhelm Dilthey의 메아리를 발견할 수 있는데 청년 하이데거에게서도 반복돼 울려 퍼진다) 자유주의적 합리주의를 비판한다. 그런 실존적 접근은 예외를 수용하고 규칙 및 규칙의 규칙과 단절한다. 슈미트는 분명 1843년 키르케고르의 『반복Repetition』을 떠올리면서 쓰고 있다. "예외 속에서 실제 삶의 힘은 반복으로 무력해진 메커니즘의 껍질을 뚫고 나간다."[7]

　정념과 구체적 삶에 대한 슈미트의 실존 정치학과 자유민주주의 비판을 생각할 때, 샹탈 무페Chantal Mouffe, 에르네스토 라클라우Ernesto Laclau와 조르조 아감벤 등 많은 좌파 친구들이 그의 곁에 있었던 이유를 어렵지 않게 짐작할 수 있다. 아마 그들은 애석하게도 슈미트가 원했던 친구들은 아닐 것이다. 슈미트는 조제프 드 메스트르와 도노소 코르테스(슈미트는 이 둘 모두를 『정치신학』에서 논하고 있다[8])와 같은 가톨릭 반혁명주의자들 틈에서 훨씬 기뻐했다. 정치적인 것의 작용에 대한 예증으로서 슈미트의 예외상태론은 독재론이기도 하다는 사실을 깨달아야 한다. 만약 주권의 주체가 예외상태에 대한 결정에서 드러난다면, 이 결정은 헌법을 중단시키고 독재를 도입하는 행위다. 국가의 실존에 대한 실제적이거나 상상된 위험이 존재할 때 독재는 정당화된다. 루소와 관련해 살펴본 대로 로마 공화주의는 명백하게 이 가능성을 인준했고 독재에 의존할 가능성이 없는 정치형태로서 시민 공화주의의 논리적 가능성에 대해 숙고하도록 이끌었다. 슈미트의 용어로 말하자면 합법성과 정당성에 대한 가능성의 조건이 이 가능성을 중단하는 정치적 행위인 셈이다.

『버락 오바마의 담대한 희망』에서 오바마는 이렇게 쓰고 있다. "민주주의는 지어질 집이 아니라 나눠야 할 대화와 같은 것이다."[9] 오바마의 자유주의적 시민종교의 중핵에는 헌법의 우위에 대한 단호한 옹호와 함께, 모든 성치적 결정들은 규범들로부터 도출되어야 하고 의사 결정 과정은 숙의의 과정이라는 절대적 확신이 존재한다. 이는 하버마스가 브레이크 댄스를 출 만한 일이지만, 슈미트는 무덤에서 통곡할 것이다. 슈미트에게 영원한 대화라는 관념은 소름끼치게 희극적인 공상이다. 만약 자유주의자들에게 '그리스도인가, 아니면 바라바인가?'라는 물음이 제기된다면 그들은 의사 진행을 중단하고 다음 해에나 답을 낼 조사 위원회나 특수 심사 위원회를 꾸리는 식으로 움직일 것이다. 자유주의 내에

믿음 없는 믿음의 정치

서 모든 것은 끊임없는 토론, 인류의 영광스러운 대화, 슈미트가 조롱하며 '문화'라 부른 것의 영역이 된다.[10] 그런 문화는 자유주의 국가의 사회경제적 현실 위를 거품처럼 떠돈다. 슈미트는 스승 막스 베버Max Weber를 따라 자본주의와 과학주의가 지배하고 정치 행위는 불능인 거대 중공업 공장에 자유주의 국가를 비유한 바 있다. 도노소 코르테스 같은 가톨릭 반혁명주의자들이 자본주의 경제에서 무력하고 탈정치화된 자유주의의 헤게모니를 직면할 때 유일한 해결책은 독재였다. 1920년대 바이마르 독일의 이빨 빠진 자유 헌법주의와 경제 붕괴라는 현실에 직면했을 때 독재론에 대한 슈미트의 호소가 국가사회주의자들의 발흥과 관련됨을 어렵지 않게 이해할 수 있다. 정치적인 것의 참된 주체(다시 말해 국가)를 복원하는 유일한 방법은 헌법의 중단이고 예외상태를 선언하는 결정이었던 것이다.

자유주의의 정치신학은 약한 이신적 신의 편재성pervasiveness이다. 오바마 같은 자유주의자는 신을 원하기는 하지만 세계에서는 활동하지 않는 신을 원한다. 어떤 열광도 용납하지 않고 결코 이성과 법의 규칙에 모순되거나 이것을 무시하는 일이 없는 신을 원한다. 그런 방식이 오바마의 과거 목자였던 제러마이어 라이트Jeremiah Wright의 예언적 급진주의와 연결된다고 추정할 수 있다. 요컨대 자유주의자는 기적을 행할 수 없는 신, 세계에 개입하지 않는 신을 원한다. 이에 반해 슈미트는 예외상태를 부과하고 기적의 가능성을 복원함으로써 정치적인 것을 부활하고자 한다. 슈미트가 명확히 밝힌 것처럼 여기에는 원죄에 대한 믿음이 필요하다.

슈미트에게 정치적인 것을 둘러싼 모든 구상은 인간 본성에 대해 입장을 취한다.[11] 거기에는 '인간존재는 선천적으로 선하거나 악하다'고 하는 일종의 인간학적 확약이 필요하다. 슈미트는 바로 이런 측면에서 자유주의에 대한 가장 설득력 있는 두 정치적 대안으로서 권위주의와 아나키즘을 고려해 볼 수 있다고 생각한다. (나 역시 여기에 동의한다.) 아나키스트는 인간존재의 본질적 선함을 믿는다. 그들의 시조인 루소는 사악함이 사회가 더 높은 수준의 불평등을 향해 가면서 나온 역사적 산물이라고 주장한다. 그런데 정치적 정당성은 루소가 『사회계약론』에서 상상한 바 있는, 사악함에서 선함으로 가는 '본성상의 변화'라고 빈번히 언급한 것에 의해 성취될 수 있다. 이러한 관점은 루소의 캐리커처이지만(루소는 결코 아나키스트라 기술될 수 없다), 바쿠닌에 의해 더 정교하게 발전된다. 인간존재가 본질적으로 선하다면 국가, 종교, 법, 경찰의 메커니즘이 그들을 악하게 만든 것이다. 이 메커니즘들이 제거되고 연방 구조로 된 자율적인 자기-통치의 코뮌들로 대체된다면 우리는 진정 지상 위에 천국을 갖게 될 것이다. 바쿠닌식 연방주의에 대한 논의는 뒤에서 다시 살펴보겠지만, 아나키즘에 대한 주장들은 매번 다음과 같은 생각들이 중심이 된다는 것을 염두에 두어야 한다. 인간존재가 선천적으로 타고난 대로 표현하도록 용인되고, 법의 힘을 통해 작용하는 국가의 치명적 억압 행위에 의해 생명력 자체가 억눌리지 않는다면, 상호부조와 협동을 기반으로 사회를 조직하는 것이 가능하다. 물론 이는 피터 크로포트킨Peter Kropotkin의 관점이었다.

반면, 권위주의자들은 인간 본성이 본질적으로 악하다고 믿는다. 원죄 개념이 정치적으로 중요한 까닭이 여기에 있다. 도노소 코르테스와 메스트르에게 인간존재는 선천적으로 타락해 있고 본질적으로 악하다.[12] 인간 본성에는 정치적이고 신학적인 수준에서 교정이 필요한 것, 말하자면 국가와 교회라는 권위가 요구되는 본질적으로 결여된 무언가가 존재한다. 인간존재는 원죄에 의해 정의되므로 (독재 형태로서) 권위주의는 인간존재를 그들 자신으로부터 구제할 수 있는 유일한 수단으로 긴요해진다. 인간존재는 본질적으로 결여되어 있기 때문에 권위라는 혹독한 규

믿음 없는 믿음의 정치

칙이 필요하다. 이에 반해 아나키즘은 원죄로부터의 자유에 대한 정치적 표현이다. 공동체의 형태로서 타인들과의 결백한 결합sinless union은 인간이 가진 최고의 가능성을 실현하고 있다는 관념이다. 자유 속의 결백한 결합이라는 관념이야말로 신비주의 아나키즘의 중핵이다.

원죄라는 관념은 종교적 과거에서 유래한 케케묵은 유물이 아니다. 원죄는 실수, 적의, 사악함, 폭력 및 극단적 잔혹함에 대한 인간적 성향을 설명해 주는 존재론적 결함이나 결여의 근본적 체험을 개념적으로 표현한다. 게다가 이 결함은 우리가 바로잡을 수 있는 어떤 것이 아니다. 그렇기에 권위주의자들은 인간존재에게 국가, 신, 법, 경찰의 속박이 필요하다고 생각한다. 정치는 인간존재를 그들 자신으로부터 보호하려는 수단들, 말하자면 욕정이나 잔혹함, 폭력에 대한 인간존재가 가진 최악의 성벽으로부터 스스로를 보호하려는 수단들이 된다. 홉스가 입증한 것처럼 자연 상태로의 복귀는 곧 만인의 만인에 대한 투쟁을 옹호하는 논거가 된다.

우리는 원죄 개념을 재사유하려는 수많은 그리스도교 이후의 시도들을 발견할 수 있다. 이를테면 지그문트 프로이트Sigmund Freud는 단순히 에로스와 문명 사이, 리비도적 욕망의 공격적이고 파괴적인 작동과 문화적 성취 사이의 괴리가 존재할지 모른다는 쇼펜하우어식 테제를 진전시킨다.[13] 이 괴리는 초자아의 내면화된 권위를 통해 억제될 따름이다. 하이데거의 내던져짐과 현사실성 그리고 퇴락[빠져 있음, Verfallen/ falling]의 관념들은 명백하게 루터의 원죄에 대한 구상 및 사도 바울의 초기 그리스도교 인간학과 연관되어 정교해졌다.[14] 원죄라는 관념을 현상학적으로 정제함으로써 하이데거는 자기 자신에 대한 책임으로부터 회피하고 도피하려는 인간의 끝없는 경향을 설명할 수 있었다. 하지만 이런 책임은 본래적으로 결단을 내릴 때에는 일시적으로 성취될 수 있을지는 몰라도 결코 비본래성으로 도로 미끄러지는 것을 막을 수 없다. 원죄 개념은 여전히 우리와 함께 아주 깊숙이 존재한다.

존 그레이
: 원죄의 자연화, 정치적 현실주의 그리고 수동적 니힐리즘

원죄라는 관념에 대한 가장 중요한 동시대의 변호는 존 그레이의 작업에서 발견할 수 있다. 그레이는 자연화된 다원주의적 원죄를 재서술한다. 거칠게 표현해서 인간존재란 살인자 원숭이들이다. 우리는 동물에 불과하고 적잖이 끔찍한 공격적 영장류, 그것도 그레이가 호모 라피엔스Homo rapiens, 곧 약탈적인 인류라 칭한 것이다. 애석하게도 우리는 형이상학적 갈망이 있는 살인자 원숭이들이기도 하다. 이 갈망으로 신성함이나 신령함의 경험을 통해 보장받을 수 있는 삶의 의미를 발견하려는 끝없는 탐색이 설명된다. 오늘날의 지배적 형이상학적 교의(그레이의 진정하고 마땅한 표적)는 진보와 발전, 인류의 완전성에 대한 믿음을 견지하는 자유주의 휴머니즘이다. 유럽의 그리스도교가 18세기 말까지 붙들고 있던, 그도록 의심의 여지 없이 확고한 믿음 말이다. 그레이가 밝히는 것처럼 과학 영역에서 진보란 하나의 사실이다. 게다가 축복이기까지 하다. 토마스 드 퀸시Thomas De Quincey의 유명한 주장대로 인류가 겪는 비참함의 4분의 1은 치통에서 기인하기 때문이다.[15] 마취 치과학의 발견은 순수한 축복이다. 그러나 진보가 사실인데도 진보에 대한 믿음은 미신이고, 인류 진보의 현실성을 호언장담하는 자유주의적 휴머니스트들의 입장은 거의 섭리에 대한 그리스도교적 믿음의 세속화된 판본에 지나지 않는다. 오바마가 대통령 취임 연설에서 말한 것처럼 "역사의 나쁜 쪽에" 설 수 있는 이들에게 오바마는 섭리적인 정치신학자다.

그레이가 볼 때 인류의 오만이 가장 극단적으로 드러난 것은 인간존재가 환경 파괴로부터 지구를 구할 수 있으리라는 관념이다. 인간존재는 살인자 원숭이들이기 때문에(말하자면 그들을 사악함과 폭력에 기울게 하는 자연화된 판본의 원죄 탓에) 환경을 되살릴 수 없다. 게다가 지구는 구제를 필요로 하지 않는다. 여기서 그레이는 제임스 러브록*의 가이아 가설에서 논의를 빌려 온다. 지구는 **파종성 영장류 질환**인 사람 떼로 고통받고 있다. **호모 라피엔스**가 한때 아름다웠으나 퇴락한 저택에 들끓는 아주 더러운 해충처럼 지구를 황폐하게 만들고 있다. 1600년경 인류는 약 5억 명이었다. 1990년대에는 그만큼이 더 증가했다. 이 전염병은 문제의 원인인 인간 종이 해결할 수는 없고 다만 인류 숫자가 (대략 5억 정도) 대폭 감소함으로써만 관리할 수 있는 수준이 될 뿐이다. 이것이 그레이의 작업의 핵심에 있는 짜릿한 디스토피아적 판본이다. 지구가 인간으로 끝장날 때 지구는 회복하고 인류 문명은 잊힐 것이다. 생명은 계속될 것이지만 거기에 우리는 없다. 지구온난화는 지구가 그 역사 동안 겪어 온 숱한 열병 가운데 하나에 불과하다. 지구는 회복할 것이지만 우리는 그럴 수 없으므로 회복하지 못할 것이다.

그레이는 슈미트를 대놓고 염두에 두고 적는다. "근대 정치란 종교사의 한 장이다."[16] 정치는 종교적 구원의 흉물스런 대리물이 되었다. 종교적 진리를 부인하는 세속주의는 종교적 신화다. 특히 역사는 섭리에 따른 설계도를 가지고 있으며 그것은 이미 실행 중이라는 관념에 기초한

---

* James Lovelock, 1919~. 『가이아: 지구 생명에 대한 새로운 시각*Gaia: A New Look at Life on Earth*』에서 지구가 생명에 의해 조절되는 살아 있는 유기체라고 주장했다.

진보의 신화다. 이제 그런 신화들이 중요하다. 그러한 신화들 덕분에 버락 오바마와 같은 대통령들이 선출될 수 있었다. 그렇다고 해서 그러한 신화들이 참이거나 심지어 유익하다는 뜻은 아니다. 그레이의 심기를 매우 건드리는 것은 유토피아적 정치 기획들이다. 세계 안에서 일치단결된 인간 행동이 불가능해 보이던 목적을 실현시키고 인류를 완성시킬 것이라는 모종의 묵시록적 믿음에 기초해 있는 기획들 말이다. 행동은 세계를 바꿀 수 없다. 우리는 살인자 원숭이와 다르지 않은 존재이기 때문이다. 폭력, 힘, 테러를 사용해 그렇게 염원하는 몇몇 형이상학적 기획에 복무하는 살인자 원숭이들이기 때문이다. 그레이에게 유토피아주의를 추동하는 핵심 믿음은 좌파든 우파든 세계가 인간의 행동으로 바뀔 수 있고 그런 변형을 향한 진보가 곧 역사 자체라는 그릇된 가정이다. 그레이가 명시하는 것처럼 그의 유토피아주의 비판은 1957년에 원본이 출간되어 지대한 영향력을 미친 노먼 콘의 『천년왕국운동사*The Pursuit of the Millennium*』에서 대부분 파생한 것이다.

천년왕국설에 대한 콘의 분석이 그레이에게 무척 중요하다. 천년왕국설에 따르면 구원은 단지 가능성이 아니라 다섯 가지 규준에 부합하여 일어날 확실성이 된다. 구원은 집단적이며 지상의 것이고 목전의 것이자 총체적이며 기적적이다.[17] 후기 저작 『코스모스, 카오스 그리고 도래할 세계*Cosmos, Chaos and the World to Come*』에서 콘은 이 천년왕국에 대한 믿음의 뿌리를 찾기 위해, 갈등의 순환으로 규정되는 정적인 우주 질서의 반영이 곧 세계라는 견해와 단절한 조로아스터교까지 거슬러 올라갔다. 조로아스터교의 관점에서 볼 때, 세계는 기원전 1500년과 1200년 사이 어느 시점에 멈추지 않는 갈등을 통해 갈등 없는 상태를 향해 이동하고 있었다.[18] 최후의 혈투 동안 신과 선한 힘이 최종적으로 악의 군대를 물리칠 어느 때가 도래할 것이다. 이로써 경이로운 성취의 순간이 가까이 온다. 선이 악에게 승리하고 악의 대리자들이 제거될 순간이 임박해 있다. 콘은 쓴다. 그때가 지난 뒤 "신의 선택을 받은 이들은 (…) 하나의 공동체가 되어 만장일치로 갈등 없이 탈바꿈되고 정화된 지구 위에 살아갈 것이다."[19]

이러한 사고는 종말이나 최후 심판의 날, 천년왕국과 같이 그리스도교적 관념에서 강력하게 나타나지만, 그전에 유대 메시아 종파에서 먼저 등장했다. 요한계시록의 권위에 기초해 그리스도의 재림 뒤 그가 지상 위에 신의 왕국을 세우고 자신의 신민과 한 무리의 성인과 함께 최후의 심판과 망자의 전면적 부활이 일어나기 전까지 천년 세월을 다스릴 것이라는 믿음이 유대 메시아 종파에 있었다. 다음 장에서 보겠지만 사도 바울 같은 초기 그리스도 추종자들은 재림 혹은 파루시아parousia가 임박했고 종말의 시기를 살고 있다고 믿었다. 재림의 표지를 찾는 것이 확실히 엄청나게 중요했다. 종말의 시작을 가리키는 핵심 단서(이것이 결정적이다)는 적그리스도의 출현이다. 거대하고 사악한 신의 대적 말이다.

에르네스토 라클라우는 적그리스도를 천년왕국의 정치신학에서 '부유하는 기표'라 부를지도 모르겠다.[20] 끝없이 대체될 수 있는 적그리스도는 대사탄으로, 교황으로, 무슬림으로, 혹은 유대인으로도 인격화될 수 있다. 결정적인 것은 적그리스도를 그리스도나 그와 비슷한 메시아적 형상이 다시 나타날 것을 암시하는 전조이자 지상 위에 천국을 건설하기 위한 폭력적인 혈투를 초래할 악의 육화로 보는 것이다. 이는 물론 십자군의 심부에 놓인 논리로서 1095년에 교황 우르바노 2세Pope Urban Ⅱ가 예루살렘으로 가서 "하나님의 교회를 해방"[21]시킬 것을 교회 평의회에 간청하는 것에서부터 시작되었다. 이는 곧장 1096년과 1097년의 '인민 십자군' 혹은 '농민 십자군'으로 이어졌고, 소아시아에서는 그리스도 전투 부대가 형성돼 그 수가 5만 명에서 7만 명에 이를 정도로 강력해졌다. 프랑스와 독일 및 저지대 국가에서 일어난 '인민 십자군' 모병이 서구적 삶의 새롭고 일견 중독성 있는 습관, 즉 반-유대인 대학살을 다졌다는 것은 주목하지 않을 수 없는 충격적인 역사적 사실이다. 인민이라는 관념은 신의 이름으로 정당하게 제거할 수 있는 사악한 적을 대외적으로 식별할 것을 요구하는 것처럼 보인다. 그것이 늘 서구가 군사적 개입을 정당화해 온 논리였음이 틀림없다. 적은 악의 육화이므로 몰살하는 것이 옳다. 이런 견해는 11세기부터 최근의 아류에 이르기까지 늘 십자군 전쟁을 정당화했다. 지난 12세기 살라딘Saladin이 3차 십자군을 파괴한 이후로 그 답은 언제나 매한가지로 지하드*내지 이단과의 전쟁이었다. 그래서 사담 후세인Saddam Hussein이 선전전에서 스스로를 살라딘 옆에 나란히 그리려 했던 것도 전혀 놀랍지 않다. 결국 두 사람 모두 티크리트에서 태어났다. 살라딘이 쿠르드인**이었다는 지독한 아이러니에도 불구하고 말이다.[22]

콘이 신중하게 암시하고 그레이가 큰소리로 자랑스레 알리는 것은, 천년왕국 사상의 핵심 역할이라는 측면에서 서구 문명이 규정될 수 있다는 것이다. 초기 그리스도교 믿음에 뿌리박고 있던 것이 중세 유럽에 이르러 광대하게 가속화되었고 그 근대적 표현을 유토피아적 정치라는 유혈 기획의 행렬에서 발견하게 된다. 자코뱅주의에서 볼셰비즘, 스탈린주의, 나치즘 그리고 각종 마르크스-레닌주의와 아나키즘이나 상황주의 이데올로기에 이르기까지 말이다. 존 그레이의 『추악한 동맹Black Mass』은

---

* 아랍어로는 본래 '신을 위해 분투, 노력한다'는 뜻. 내면적 극기와 정신 수양을 가리키는 대지하드와 이교도와의 전투를 지칭하는 소지하드로 구분된다. 9·11 테러 이후 후자만을 떼어내 성전聖戰으로 번역하고 특히 이슬람주의자의 과격 테러라는 의미로 널리 통용되고 있다.
** 중동의 집시라고 불리는 소수민족으로 이라크나 터키로부터 독립을 주장해 박해를 받았다. 후세인은 쿠르드인을 핍박했다.

대부분 그런 유토피아적 정치 기획의 에너지가 좌파에서 우파로 이동했던 추이를 보여 주고자 한다. 선한 힘이 악의 축과 겪는 묵시록적인 충돌은 조지 부시George W. Bush와 토니 블레어Tony Blair 등이 민주적 밀레니엄, 곧 구속받지 않는 사적 자유와 자유 시장을 위한 미국의 새로운 세기를 벼리기 위한 수단으로 차용했다. 새로운 밀레니엄 초반에는 종교적 열정이 '군사적 신보수주의'라 부를 만한 기획에 활기를 주었다. 폭력이란 지상 위에 자유민주주의 천국을 실현할 수단이다. 그런 신자유주의적 천년왕국 사유에서 본질적인 것은 악의 식별을 통해 선이라는 관념을 통합하는 것이다. 적그리스도는 계속 다른 가면을 쓰고 있다. 사담 후세인, 오사마 빈 라덴, 김정일, 마흐무드 아흐마디네자드* 등등으로 말이다.

우리는 슈미트의 자유주의 비판이 어떻게 원죄에 대한 믿음으로 뒷받침되며 독재를 옹호하는 주장으로 이어지게 되었는지 살펴보았다. 그레이의 원죄 개념의 자연화는 우리를 어디에 남겨 두는가? 그레이는 강력하게 자유주의 휴머니즘에 서려 있는 독을 분간하지만 그 해독제는 '정치적 현실주의'[23]라 부르는 것이다. 우리는 세계가 중단 없는 갈등 상태에 있음을 받아들여야 한다. 그런 갈등에 직면해 그레이는 유토피아에 대한 믿음을 포기하고 현실성에 대처하려 애써야 한다고 조언한다. 삶의 비극적 우연성을 받아들이라는 뜻이고, 아무런 해결책이 없는 도덕적·정치적 딜레마가 있다는 의미다. 보편적 인권의 지배를 받는 코스모폴리탄적 세계 질서 같은 몽상이나 역사에 인간의 행동을 보증해 주는 목적론적인, 또 섭리에 따른 의도가 있다는 그런 백일몽을 포기하는 것을 배워야 한다. 심지어 우리 삶을 진보라는 어떤 보편적 이야기 속 하나의 에

---

* Mahmoud Ahmadinejad, 1956~. 이란의 제9, 10대 대통령(임기 2005~ 2013). 미국 부시 행정부와 핵 개발 등을 둘러싸고 대립각을 유지한 결과 이란은 '악의 축'으로 지목됐다.

피소드로 보는 오바마식 환상도 일축해야 한다. 그레이는 보수주의가 신보수주의자들의 천년왕국적 군사 신자유주의로 괴상하게 왜곡되는 것에 반대하며 전통적인 버크식 토리즘의 핵심 믿음을 변호하고자 한다. 그것은 원죄의 판본인 인간의 불완전함과 허약함을 현실적으로 인정하며 시작한다. 그렇게 흠 있고 잠재적으로 사악한 인간 피조물이 희망할 수 있는 것이라곤 고작 바로 그 최악이 일어나지 않도록 문명적 제약에 몸을 맡기는 것이다. 정치적 현실주의란 최소악의 정치다.

그레이의 저작이 가진 가장 독창적인 특성은, 인간 본성에 대한 깊은 비관주의에 뒷받침되던 전통 보수주의가 도가 사상의 특정 가닥과 융합되는 방식에 있다. 루소의 후렴구를 다시 한 번 빌려 오자면 "이 발명이 정치의 걸작이다." 그레이가 지적하듯이 "삶의 의미를 보존하기 위해 상대방을 죽이거나 자신이 죽을 각오를 하는 것만큼 인간적인 것은 없다."[24] 그레이는 위대한 인간의 환상이란 행동이 (의지라는 수단을 통해) 지상 위의 구원을 달성할 수 있다고 보는 것이라 여긴다. 그런 정치적 주의주의는 다름 아닌 유혈 사태, 곧 천년왕국사의 대학살극으로 이어져 왔다. 우리 같은 살인자 원숭이들은 의미 추구를 포기하는 대신, 미학적이거나 영적인 삶의 목적이 의미로부터 해방이라고 보는 것을 배워야만 한다. 누군가의 삶을 어떤 의미 있는 보편적 해방 서사의 한 에피소드로 보는 것이 환상이라면, 치유란 그런 서사들로부터 스스로를 자유롭게 하는 데 있다. 어쩌면 우리는 가상을 받아들이기만 하면 된다.

위대한 도가 사상가 장자의 미묘한 역설들이 그레이의 관심을 끄는 대목이 있다. 삶이, 깰 수 있는 가능성이나 심지어 깨어나고자 하는 욕망조차 없는 꿈이라는 사실을 받아들인다는 점이다. 우리가 가상으로부터 자유로울 수 없다면, 가상이 우리가 가진 자연적 소질의 주요 부분이라면, 왜 가상들을 그냥 받아들이지 않는가? 『추악한 동맹』 말미에 그레이

믿음 없는 믿음의 정치

는 "도교는 개인적 서사를 죽음과 부활이라는 우주적 과정과 동일시했고 개인적 서사에서 자신을 해방시키는 것이 자유라고 가르쳤다"고 쓴다. 따라서 유토피아 사상가 무리를 찾을 것이 아니라 "신비주의자와 시인 그리고 에피쿠로스주의자"[25]라는 말에서 위안을 찾아야만 한다. 후기 하이데거처럼 그레이에게 인간 문제의 진짜 원천은 행동이 세계를 바꿀 수 있다는 믿음임이 분명하다. 하이데거가 전후 메모들을 모아 엮은 「형이상학의 극복Overcoming Metaphysics」에서 말했듯이, "행동만으로는 세계가 바뀌지 않을 것이다."[26] 이 진술의 답변은 하이데거 사후 출간된 1966년 『슈피겔Der Spiegel』과의 인터뷰 「신만이 우리를 구할 수 있다Only a God can Save Us」[27]는 제목에서 찾을 수 있다. 우리는 스스로를 구할 수 없다는 소리다. 행동은 의미 없음의 위협을 순간적으로 모면함으로써 우리 삶의 발본적 무의미에 대한 위안을 제공할 뿐이다. 그레이의 저작의 중핵에는 행동에 대한 관조라는 이상에 대한 변호가 있다. 아리스토텔레스의 비오스 테오레티코스bios theoretikos나 에피쿠로스학파의 아타락시아ataraxia, 곧 우리가 그저 신비 그 자체를 보는 것을 배우고 그 안에 있는 더 심오한 어떤 의도를 찾으려고 덮개를 벗기려 하지 않는 영혼의 고요하고 평온한 상태라는 이상 말이다.

쇼펜하우어는 보통 축약된 아포리즘 형태로 읽히지만 19세기 가장 대중적인 철학자였다. 비관주의를 띤 경구보다 더 잘 팔리는 것은 없다. 독자들에게 그들이 비참한 이유와 희망 없음, 불임의 감각을 지지하는 말을 선사하기 때문이다. 견고하게 방어된 개념적인 막다른 골목 안으로 스스로 물러서게 하는 것보다 정제된 지적 쾌락을 주는 것은 없다. 곧 니체가 '유럽적 불교'[28]라 부른 것이다. 존 그레이는 우리 시대의 쇼펜하우어식 유럽 불교도다. 그레이는 바로 자유주의 휴머니즘이라는 동굴의 그릇된 우상들을 돌무더기로 만들며 장렬하게도 비관적인 문화 분석을 들려준다. 리처드 도킨스나 크리스토퍼 히친스(테리 이글턴Terry Eagleton은 '디치킨스Ditchkns' 라는 말로 이 둘을 합쳐 놓았다)의 낙관적인 진보적 복음주의 무신론에 반대해 그레이는 다원적 자연주의에 일관된 인간의 사악함을 지지하는 강력한 주장을 제공한다.[29] 이는 내가 '수동적 니힐리즘'이라고 부르는 것과 연결된다. 거부되어야 마땅하지만 수동적 니힐리즘은 지극히 유혹적인 세계관이다.

　수동적 니힐리스트는 세계를 고도로 세련된 초탈의 눈으로 바라보고 세계가 무의미하다고 생각한다. 행동은 무의미하므로 세계에서 행동하려 애쓰기보다 안전한 관조적 거리를 두고 물러나서 서정시, 요가식 공중부양, 새의 생태 관찰, 원예 혹은 늙은 루소의 경우처럼 식물학("식물학은 게으르고 한가하고 고독한 이에게 이상적인 연구다"[30])에서 쾌락을 추구함으로써 자신의 미학적 감수성을 일군다. 자본주의적 착취나 군사적 십자군 전쟁(같은 살인자 원숭이가 보통 이 두 가지 무기를 다 가지고 있다)을 통해 자기-파괴로 치닫고 있는 세계에서 수동적 니힐리스트는 어느 섬으로 물러난다. 현존의 신비를 의미 안으로 증류하지 않고 있는 그대로 볼 수 있는 곳으로 말이다. 십중팔구 믿음faith의 폭력과 환경 파괴의 확실성으로 규정될 앞으로의 수십 년을 마주하여 그레이는 서늘하지만 안전한 일시적 피난처를 제공한다. 행복하게도 우리는 그가 묘사하는 미래의 대부분을 목격할 때까지 살아 있지 않을 것이다.

　나는 근대 정치 개념이 세속화된 신학 개념이라는 생각에 대해 서로 연관된 두 화답을 보았다. 헌법 자유주의를 반정치적인 것이라고 비판한 슈미트는 정치적인 것의 개념에 대한 표현을 국가 주권성, 권위주의, 독재에서 발견하고 있다. 자유주의 휴머니즘과 거기에 구현된 진보와 섭리 관념을 비판하는 그레이의 작업은 전통적 토리즘류의 정치적 현실주의로 이어진다. 그레이는 이러한 비판에 가이아 가설과 도가 사상의 요소가 가미된 비관적인 반휴머니즘을 녹여 내, 내가 수동적 니힐리즘이라 부르는 강력한 견해를 탄생시켰다. 전통 가톨릭교의 가르침이든 그 개념에 대한 그레이의 다원주의적 자연화이든, 정치적인 것의 개념은 모두 원죄라는 관념들에 의해 뒷받침된다. 온갖 형태의 유토피아주의에 대한 반박은 이 원죄 개념에서 뒤따라 나온다. (그리고 여기서 우리의 물음이 형성되기 시작한다.) 우리가 살인자 원숭이들인 까닭에, 인류가 갈등 없는 완전성에 다다르는 것에 대한 형이상학적 희구는 오직 폭력과 테러라는 천년왕국적 수단으로만 추구될 수 있을 뿐이다.

천년왕국설

정치적 사유에서 유토피아적 충동이란 그런 충동이 없다면 우리가 훨씬 더 잘 지낼 위험한 정치신학의 잔여에 불과한 것일까? 정치적 사유에서 유일하게 남아 있는 선택지는 슈미트의 권위주의나 그레이의 정치적 현실주의, 그것도 아니라면 의연한 자유주의(국가 주권 정치이자 점증하는 전통적 보수주의, 혹은 적잖이 열정적인 오바마주의의 변종)뿐일까? 이 문제에 접근하는 데 나는 슈미트와 그레이기 데놓고 기부한 징치형태인 아나키즘을 제시해 보고 싶다. 나는 몇몇 저작을 통해 아나키즘의 판본을 개괄하고 변호하려 했다.[31] 이는 내가 윤리적 신아나키즘이라 부르는 것으로, 아나키즘적 정치 조직의 실천이란 무한히 요구하는 주체적인 책임의 윤리와 결합되어 있다. 이 입장은 4장에서 특히 지젝과 벌인 논쟁을 통해 확장시켜 명료화해 볼 생각이다. 그런데 여기서 나는 아주 상이한 판본의 아나키즘을, 어쩌면 가장 급진적이라 상상될 수 있는 신비주의 아나키즘을 제시하고 싶다. 핵심 쟁점은 원죄라는 사실이 극복되자마자 정치와 공동체에 대한 우리의 사유에 무슨 일이 일어나느냐이다. 분명히 해 두자면 신비주의 아나키즘은 주목하지 않을 수 없는 정치적 가능성이지만 무시할 수 없는 몇 가지 의구심이 있는 것도 사실이다.

콘의 『천년왕국운동사』로 되돌아가자. 콘이 보여 주고자 했던 것은 그리스도교적 천년왕국 신앙이 11세기와 16세기 동안 유럽에서 정처 없이 떠도는 빈민들의 주요 종파들 사이에 뿌리내린 방식이었다. 최후 심판의 날에 대한 믿음은 일련의 메시아 형상들, 예언자들, 혹은 실제로 '그리스도들'이 자발적으로 나타나는 혁명적 종말론으로 이어졌다. 콘은 이 메시아들의 일람표를 제공한다. 탄헬른Tanchelm, 프레데릭 2세the Emperor Frederick, 가짜 볼드윈the Pseudo-Baldwin에서 존 볼John Ball, 한스 뵘Hans Böhm, 토마스 뮌처Thomas Müntzer를 비롯해 공포스럽고 피에 굶주린 얀 보켈젠Jan Bockelsen(라이덴의 얀으로 더 알려져 있다)에 이르는 이들 말이다. 이 형상들을 결합하는 것은 그들의 이단적 격분과 전적인 자기-신앙만이 아니다. 콘이 경멸조는 아니지만 정신분석학적으로 판타지phantasy나 사회적 신화라 부른 것(이 주변에서 집단 하나가 만들어질 수 있다)을 구축하는 그들의 능력이기도 하다. 이 판타지의 정치적 구조는 하나의 적을 식별하는 것으로 완결된다. 항상 종말론적 판타지가 자체의 견인력을 발견하는 적과 관계되는 것이다. 이 적은 언제나 적그리스도인데 그 정체성은 각기 다른 천년왕국주의의 역사적 현현에서 부유하고 있다. 무슬림이나 십자군 원정의 경우에는 실제로 유대인이 될 수 있지만 대개는 가톨릭교회와 국가의 물리력이 적그리스도가 된다. 그렇다면 성전이란 적그리스도와 싸우는 것이고 폭력은 악한 폭력을 제거할 수 있는 정화나 속죄의 힘이 된다. 새로운 예루살렘에서 테러란 삶의 공통 특질인 셈이다.

혁명적 천년왕국주의는 일종의 원시 공산주의라는 황금기의 평등한 자연 상태를 회복하려 시도하는 한없는 사회 변혁을 욕망한다. 이는 사적 소유의 폐지와 소유권의 공통성 설립을 요구한다. 1381년 영국 농민 봉기 때 어느 유명한 잠언이 표현하는 것처럼 말이다. (아마도 무지렁이 성직자 존 볼이 인용한 것으로 보인다.) "아담이 밭을 갈고 이브가 실을 자았을 때, 누가 고귀한 신분이었나?"[32]

정치의 과제란 새로운 예루살렘의 건설이었고 그 모델은 늘 천국, 원죄가 발생하기 전의 에덴동산이었다. 그런 형태의 혁명적 천년왕국주의의 믿음이 빈민 사이에서 일어난 데에는 아주 명백한 이유가 있었다. 그들은 아무것도 소유하지 않았고 따라서 잃을 것이 없었다. 반대로 사적 소유를 파괴함으로써 그들은 모든 것을 얻을 수 있었다. 프랑스의 연대기 작가 장 프루아사르Jean Froissart가 보존하고 아마도 윤색했을 존 볼의 잔존하는 단편이 이 점에 설득력을 부여한다.

상황은 영국에서 순조롭게 진행될 수 없고 앞으로도 그럴 것이다. 모든 재산이 공동 소유가 될 때까지, 농노도 고귀한 신분도 없을 때까지, 그래서 우리가 평등해질 때까지 말이다. 무슨 이유로 우리가 주인이라 부르는 그들은 우리에게서 득을 보는 것일까? 어떻게 그들이 그것을 받아 마땅한가? 왜 그들은 우리를 속박하고 있는가? 우리 모두가 한 아버지와 한 어머니인 아담과 이브의 후손이라면 어떻게 그들이 우리보다 주인이 되어야 마땅하다는 것을 장담하거나 입증할 수 있는가? 그들이 우리를 일하게끔 하고 그들이 쓸 것을 생산하게끔 한다는 점을 제외하고 말이다![33]

상황은 애석하게도 영국에서 순조롭게 진행되지 않았다.

격언이 말하다시피 빈민은 늘 우리 곁에 있었다. 콘이 그려 낸 대역사 파노라마의 초반부에서 새롭다고 여겨지는 것이 있다. 11세기부터 플랑드르와 브라반트에서 직물 생산 도시들이 급속도로 산업화되기 시작해 도시 빈민들이 생겨났다는 지적이다. 천년왕국주의 믿음은 그냥 빈민이 아니라 특히 그 전통적 삶의 방식이 무너져 내린 도시 빈민 집단 가운데서 일어났다. 천년왕국주의 믿음은 경제적 이유로 농촌에서 도시로 이주하여 사회적으로 탈구되고 근래에 도시화된 빈민 사이에 일어난 셈이다. 콘이 이 주제에 관해 그다지 말하지 않고 있음에도 혁명적 종말론의 사회경제적 가능성의 조건이 탈구라는 점을 흥미롭게 주목해 볼 만하다. 마르크스와 엥겔스의 『공산주의 선언』[34] 첫머리에서 산업혁명 동안 산업 프롤레타리아의 형성을 훌륭히 기술해 주는 것도 바로 이 '탈구'라는 범주다.

아마 비슷한 가설을 정착기 이후 미국 천년왕국주의 종파의 형성을 설명하는 데 적용시켜 볼 수 있을 것이다. 특히 18세기 말에서 19세기 초입까지 몇십 년간 뉴욕 북부의 '타고 남은 구역burned-over district'과 같은 지역에서 천년왕국주의 믿음이 폭발적으로 퍼지게 되었다는 점을 염두에 두고 있다.[35] 그런 종교적 천년왕국 신앙의 살아 있는 계승자들을 현재 미국 곳곳에서 어렵지 않게 발견할 수 있다. 복음주의와 사회적 탈구 그리고 가난 사이에는 강력한 상관관계가 있는 것 같다. 그런데 동시대 미국의 천년왕국주의에 심히 상실되어 있는 것은 셰이커 교도 같은 급진적 아나코-공산주의anarcho-communism 집단들이다. 이들에게 소유는 죄다 내 것 네 것 할 것 없이 공동의 것이었다. 육체노동의 에토스는 순결 서약을 함으로써 성취된 정신적 정화와 결합돼 있었다. 손으로는 노동하고 마음은 신에게 자리해 두면서 셰이커 교도는 육체의 죄를 저지르지 않는 에덴의 공산주의적 평등을 회복하기를 기도했다. 셰이커교의 창시자

앤 리Ann Lee 혹은 마더 앤Mother Ann(1736~1784)은 1774년 박해받은 셰이커 교도 선발대(더 적절한 표현으로는 '그리스도 믿음의 교회the Church of Believers in Christ')를 데리고 맨체스터에서 뉴욕으로 이주해서 북부 뉴욕과 서부 매사추세츠에 공동체를 세웠다. 여러 차례 신의 방문을 받고 마더 앤은 자신의 순결과 임박한 그리스도의 재림을 선포하는 데 이른다. 일부는 그녀를 신의 여성적 등가이자 신적 남성 원리에 대한 여성적 보완으로 보았다. 셰이커 교도에게 그리스도 신자가 된다는 것은 남성적일 뿐더러 여성적이기도 한 신성함의 두 본성에 참여하는 것이었다.[36]

중세의 혁명적 천년왕국주의는 주변인들과 피강탈자들 사이에서 그 힘을 얻었고 에너지를 발견했다. 종종 배경으로 깔리는 것은 재난과 전염병, 기근이었다. 콘이 주목하듯 "사회 전체를 휩쓸던 천년왕국적 광분의 거대 물결은 가장 보편적 자연 재난인 중세의 흑사병으로 촉발되었다."[37]

사회 최하층에서 천년왕국에 대한 열광이 오랫동안 지속됐고 가장 폭력적으로 표출됐다. 고행 운동은 1250년의 기근과 1259년의 전염병의 명백한 결과로 1260년 이탈리아의 도시 페루자에서 처음 나타났다. 14세기까지 이 운동은 이탈리아에서 라인 계곡까지 휩쓸고 지나갔다. 여기서 큰 무리의 떠돌이 고행자들이 그리스도 본받기imitatio Christi라는 집단 행위를 통해 신과 닮아 가는, 흡사 채찍질의 반란처럼 마을에서 마을로 이동해 갔다. 그런 극단적 자기-처벌은 이단으로 간주되었다. 처벌, 회개와 위안의 경제에 대한 교회의 권위를 위협했기 때문이다. 빈민은 스스로를 채찍질하는 것이 용납되지 않았다. 그런데 콘의 저서에서 가장 주목할 만한 핵심은 혁명적 천년왕국주의의 지배적 형태인 이른바 자유성령이라는 이단에 대한 서술과 분석이다. 이제 이 주제로 넘어가자.

자유성령 운동

우리는 자유성령 운동에 관해 거의 알지 못한다. 로버트 러너Robert Lerner 같은 몇몇 중세사가들은 콘이 『천년왕국운동사』에서 내린 결론들을 우스갯소리와 같다고 보면서 그 범위를 두고 주된 의심을 표한 적이 있다.[38] 고린도인들에게 보내는 둘째 편지에서 바울의 말을 어떻게 해석하느냐에 따라 모든 것이 좌우되는 것처럼 보인다. "주님은 곧 성령입니다. 주님의 성령이 계신 곳에는 자유가 있습니다."(고린도후서 3장 17절) 여기에는 두 가지 해석 가능성이 존재한다. 주의 성령이 자아 바깥에 있는가 아니면 그 안에 있는가.

주의 성령이 자아 밖에 있다면 영혼이 죄와 천벌을 겪으므로 자유는 신적 의지에 복종하고 은총의 구원 활동을 기다림으로써만 회복될 수 있다. 그것이 표준적 그리스도교의 가르침이고 교회의 권위는 주의 성령이 지상 위에 자리한 것으로 혹은 더 적절한 표현으로는 주의 성령에 대한 관문으로 불가피하다고 설명한다.

그러나 주의 성령이 자아 안에 있다면(이곳에 이단의 열쇠가 있다) 영혼은 자유롭고 교회를 통한 신의 매개란 전혀 불필요하다. 진정 주의 성령이 자아 안에 있다면 본질적으로 영혼과 신 사이에 이 무런 차이도 없다. 이단 아담파는 5세기 초 피카르디에서 추방된 뒤 보헤미아로 이동했는데, 기록에 따르면 그들은 "우리 안에 계신 하나님 아버지"[39]라는 말로 주기도문을 시작했다고 한다. 신의 성령에 참여한 공동체는 자유롭기에 가톨릭교회, 국가, 법이나 경찰이라는 대행자를 필요로 하지 않는다. 이러한 대행자들은 자유성령에 기초한 공동체가 거부하는 부자유한 세계의 제도이다. 그런 믿음의 아나키적 귀결을 어렵지 않게 파악할 수 있다.

믿음 없는 믿음의 정치

그 양이 풍부하고 널리 퍼졌으리라 예상되는 자유성령 운동의 교의 문헌은 종교재판에 의해 반복해서 압류되고 파괴되었다. 극소수의 텍스트만이 남아 있는데 그중 하나가 불분명한 출처로 마이스터 에크하르트가 작자로 되어 있고 "카트라이 자매Sister Katrei는 스트라스부르크에서 온 마이스터 에크하르트의 딸이다"라는 제사를 달고 있다. 이 텍스트는 카테린 자매와 그녀의 고해신부 에크하르트의 관계를 말해 준다.[40] 여기서 꺼내고 싶지 않은 거대한 주제이지만, 1327년 아비뇽의 교황에 의해 사후 이단으로 간주된 에크하르트의 사상과 자유성령 운동의 관계는 지극히 도발적이다. 자유성령에 관련된 한 줌의 현존 문서들 가운데 다른 것으로 초점을 옮겨 보자. 문법적으로 모호한 제목이 붙어 있는 마르그리트 포레트의 『순일하고 사멸된 영혼들의 거울과 원하고 바라는 것은 오직 사랑밖에 없는 자The Mirror of Simple and Annihilated Souls and Who Remain Only in Wanting and Desire of Love』(이후 『거울』로 표기)로 말이다. 제목의 속격 관사[of]는 목적격인지 소유격인지 불분명하다. 에이미 할리우드Amy Hollywood의 논평처럼 "이 텍스트는 제목에 명명된 두 종류의 영혼들을 반영하거나 재현하는 것인가(목적 속격), 아니면 이 영혼들에 주어졌던 몇몇 다른 존재자의 거울이나 재현(소유 속격)인가?"[41]

1946년 이탈리아 학자 로마나 과르니에리Romana Guarnieri가 『거울』을 쓴 사람이 북부 프랑스 에노 주의 토박이 포레트라는 사실을 밝혔지만, 텍스트는 거의 이십 년이 지난 후에야 한 저널의 논문으로 출간되었다.[42] 중세의 다른 숱한 텍스트들처럼 『거울』은 다수의 필사본과 번역본으로 유통되었던 것으로 보이며 저 멀리 영국과 이탈리아에도 포레트의 추종자가 많이 있었던 것 같다. 에크하르트는 포레트의 『거울』을 알았던 것 같다. 암시적으로 자신의 텍스트와 잠언을 통해 화답한 적이 있기 때문이다. 포레트가 화형당한 이듬해 1311년, 에크하르트는 파리로 돌아와서 포레트의 심문관이었던 윌리엄 훔베르트William Humbert와 같은 도미니크 수도회에 머물렀다.[43] 그들이 나눈 대화의 내용이 궁금할 수밖에 없다. 실제로 에드먼드 컬리지Edmund Colledge와 J. C. 말러J. C. Marler의 주장에 따르면 에크하르트의 가장 급진적인 잠언, "심령이 가난한 자는 복이 있나니Beati pauperes spiritu"[마태복음 5장 3절]에서 참된 '영의 가난'에 대한 제시가 다른 곳이 아니라 바로 포레트의 『거울』에서 발견되었다.[44] 이로써 에크하르트가 유사-에크하르트 문헌에 나오는 것처럼 젊은 여성을 인도한 박식한 대신학자라기보다는 그 영향 관계가 정확히 정반대라는 것을 알 수 있다. 이단이라 알려진 에크하르트의 신학에서 영혼을 신과 동일시하는 원천 가운데 하나가 포레트인 셈이다. 에크하르트는 "같은 식으로 우리는 신으로 탈바꿈되었고 그를 있는 그대로 알게 될 것이다"[45]라고 쓴다.

포레트에 관해 확실히 알려진 바는 거의 없다. 그녀의 이단 판결과 처형에 관해서는 놀랄 만한 양의 문서가 있는데도 말이다.[46] 포레트는 베긴회의 박식한 수녀로서, 독신이거나 베긴 수도회에 머무르던 준-종교적 여성이었다. 이 수도회는 12세기 후반과 13세기 초 남부 저지대에서 나타나기 시작했는데 실질적으로는 자유성령 자매들과 그들의 형제인 남성 베긴회 수도사들Beghards(여기서 영어 단어 '거지beggar'가 파생됐다)의 코뮌 혹은 실험적인 연합체였다. 포레트는 남성 수도사들이 보호하며 동행하는 가운데 떠돌이 빈민의 삶을 영위한 것으로 보이며, '탁발 피조물mendicant creature'을 자처했다. 정제된 사랑fin amor에 대한 포레트의 책은 규탄받았고 압류되었으며 캉브레 교주에 의해 고향 마을 발렝시엔에서 그녀가 바로 옆에 있는데도 공공연히 불태워졌다. 그러나 포레트는 자신의 견해를 철회하기를 거부했다. 파리의 종교재판에 회부되어 18개월 동안 감금되어 있었지만 면죄를 구하거나 변론을 내놓지도 않았다. 그리고 1310년 5월 마지막 날 그레브 광장의 화형대에서 불탔다.

곧바로 처형되지 않고 장기간에 걸쳐 계속해서 견해 철회를 요구받았다는 사실은 포레트가 부유한 도시였던 발렝시엔 사회의 상류층 출신이었고, 그녀에게 몇몇 권세 있는 벗이 있었다는 것을 어렴풋이 암시한다. 여기서 다룰 만한 것은 아니지만 얼마나 많은 여성들이 자유성령 운동에 관여해 왔는지, 또 그들이 상대적으로 얼마나 높은 사회적 지위에 있었는지에 대한 이야기들은 아주 흥미롭다. 에이미 할리우드 같은 신비주의 학자와 앤 카슨Anne Carson 같은 시인은 포레트와 베긴회 운동이 근대 페미니즘에 없어서는 안 될 선구자였다는 것을 바로 알아보았다.[47] 재판이 진행될 때 포레트의 저작이 "오류와 이단으로 가득"하기만 한 게 아니라 "가짜 혹은 부정직한 여성pseudo-mulier"의 저작으로 언급됐다는 사실은 흥미롭다.[48]

『거울』은 비범한 텍스트다. 한편으로 보에티우스Boethius의 『철학의 위안Consolation of Philosophy』을 모델 삼아 사랑의 외피를 쓴 영혼과 신적인 것 사이의 대화이면서 다른 한편으로는 기사도 사랑과 정제된 사랑이라는 중세적 전통에 있는 서사 단편시romance다. 명청이 이성Reason이 2인극에서처럼 영혼Soul과 사랑Love의 주연 역할을 돋보이게 감초 역할을 맡는다. 인격화된 다양한 덕목들 또한 등장한다. 가령 신중함, 성스러운 정의, 순수한 자애로움과 고귀한 평화의 처녀가 등장한다. 하느님 아버지 역시 카메오로 잠깐 등장한다. 포레트는 소신성교회Holy Church the Less와 대신성교회Holy Church the Greater 사이의 대립을 강조한다. 소신성교회는 끈질기게 이성의 지배를 받고, 대신성교회는 포레트가 모순어법으로 '멀리-가까이the Far-Near'[49]라 부른 것과 관련해 자기-말소self-annihilation의 실천을 따른다. 이러한 신의 관념은 앤트워프의 하데비치Hadewijch of Antwerp의 '저 멀리, 손에 닿을 듯 가까이Far-Off, Close at Hand(중세 네덜란드어로는

Verre-Bi)'에서 가져온 것으로 보인다. 포레트는 반복해서 이 '멀리-가까이'를 영혼이 무에 이끌려 갈 때 발생하는 '번갯불'이나 '섬광처럼 빠른 열림'으로 묘사한다.[50] 이 신성한 황홀의 열림은 '급속한 닫힘'에 뒤따르는 것으로, 이 닫힘은 다수의 중세 신비적 실천에 공통적인, 신으로부터 거리 두기의 고통과 포기를 경험하는 데로 이어진다.

신 되기

『거울』은 설교용이다. 모종의 지도 교본으로 음독하게 되어 있었다. (포레트는 수차례 자신의 '청자들'을 거론한다.) 이 책은 영혼이 원죄를 극복하고 에덴동산에서 추방되어 타락하기 전에 인간존재에게 속했던 완전함을 회복하기 위해 통과해야 하는 일곱 단계를 열거하고 있다. 포레트가 『거울』 118장(이 책은 총 139장으로 되어 있다)에 개괄한 '독실한 영혼'의 일곱 단계를 이야기함으로써 자유성령 운동의 형이상학적 알맹이를 알아보자. 기술된 내용은 자기-신격화나 자기-유신론의 과정, 곧 신 되기에 다름 아니다.[51]

첫 번째 상태는 영혼이 신의 은총에 접촉하여 신의 계명을 모조리 따르고 신의 율법에 복종하리라 작정할 때 일어난다.

두 번째 상태는 영혼이 훨씬 더 높이 고양되고 명령과 율법을 뛰어넘어 신의 애인이 된다. 어떤 명령이든 상관없이 영혼은 자신의 애인을 기쁘게 하기 위해 할 수 있는 것은 다 해 보려 한다. 이 두 번째 상태에서 외적인 것은 내적인 것이 되고 율법은 사랑으로 극복된다. 여기서 사도 바울이 로마인들에게 보낸 편지와 갈라디아인들에게 보낸 편지에서 주

믿음 없는 믿음의 정치

장한 내용을 떠올려 봄 직하다.

세 번째 상태에서 신적 완전함에 대한 사랑으로 소모된 영혼은 '선함의 사역'을 행하는 곳에 들러붙는다. 신을 찬미할 때 우리에게 기쁨을 선사하는 이미지나 재현, 기획이나 대상들이 그러한 것이 될 수 있다. 그러나 포레트가 역설하기를, 영혼은 "이 기쁨을 갖게 되는 저 사역을 단념하고 이로부터 생명이 있던 의지를 죽음에 이르게 한다."[52] (이는 에크하르트가 그의 독일 설교에서 수리할 바울의 또 다른 주제이기도 하다.) 영혼은 더 이상 의지를 행하지 않고 또 다르게 말하자면 신의 의지에 복종함으로써 의지로부터 분리를 겪는다. 영혼은 '순교자'가 되어야 한다. 사역을 삼가고 의지를 파괴함으로써 신의 증인이자 희생자가 된다는 말이다. 포레트의 언어는 여기서 지극히 폭력적이다. "사랑이 있고자 하는 그 자리를 넓히는 데 스스로를 내려치고 깎아 내며 으스러뜨려야 한다."[53] 그런 형이상학적 마조히즘이 영혼의 말소라는 고통스런 과정의 시작이고, 고통은 사랑이 들어오는 데 충분히 넓은 공간을 활짝 뚫어 놓기 위해 필요하다. 앤 카슨은 이 말소 과정을 시몬 베유Simone Weil의 탈창조decreation 관념인 "우리 안의 피조물을 무효화하는 것"[54]에 견준다.

네 번째 상태는 내가 나의 의지를 포기하고 스스로를 깎아 낼 때이자 스스로를 탈창조하고 말소하기 시작할 때로, 이때 나는 신의 사랑으로 충만하고 '기쁨 안으로' 격상된다.[55] 포레트의 다음 글귀는 탁월하다. 영혼은 "신이 어떤 영혼에게도, 사랑을 위한 사랑이 영혼 안에 쏟아부었던 그 사랑보다 더 위대한 선물을 선사할 수 있다고 믿지 않는다."[56] 네 번째 상태에서 영혼은 사랑 그 자체와 사랑에 빠지고 도취된다. "우아한 사랑이 영혼을 완전히 **취하도록** 만든다."[57]

여담이지만, 『종교적 경험의 다양성The Varieties of Religious Experience』에서

놀랄 만큼 넉넉하고 열린 마음으로 신비주의를 탐구하는 윌리엄 제임스 William James는 신비 상태와 취중 상태 사이의 관계를 논한다.[58] 이 관계는 그가 19세기 전반에 걸쳐 과학자와 시인, 지식인들이 선호했던 약물인 아산화질소나 산화질소를 흡입했던 경험을 연결시켜, '마취 상태의 계시'라는 관념으로 부르는 것에 요약되어 있다. 제임스의 개인적 경험에 따르면 아산화질소는 평상시에 주체와 객체가 분리되어 있는 자각의 상태에서 느끼는 것보다 훨씬 더 깊은 차원에서 화해나 하나 됨의 감각을 유발한다. 실제로 제임스는 더 나아가 이 화해의 신비 경험 혹은 우주적 의식을 그가 헤겔의 범신론이라 파악하는 것에 견준다. 이는 제임스에게 "타자가 그 다양한 형태로 일자 안으로 흡수된 채 나타나는 일원론적 통찰"이다.[59] 이렇게 헤겔을 독해하면 변증법적 사고의 열쇠는 동일자와 일자의 통일이고 여기서 헤겔이 개념이라 부른 것은 그 자신과 그것의 대립물 양자 모두를 포착하는 사유 운동이 될 것이다. (그러나 물론 다른 독해가 가능하며, 그것이 아마 훨씬 더 그럴듯할 것이다.) 제임스는 "이것이 이해하기 어려운 진술"이라고 덧붙이지만 헤겔 철학에서 "실재에 대한 생생한 느낌은 단지 정신이 인위적으로 신비 상태에 있을 때"라는 것을 역설한다.[60] 달리 말해 산화질소에 취해 있을 때만 헤겔이 이해될 수 있다는 소리다.

취중에는 늘 숙취가 뒤따른다. 그것이 쏘레트가 '낭패감dismay'이라 부른 것, 즉 위에서 언급한 신으로부터의 고통과 거리의 조건이다. 네 번째 상태의 오류(제임스의 신비주의 분석의 암묵적 오류이기도 하다)는 영혼의 진전이 신과 지복의 합일로 완결된다고 믿는 것이다. 그런 신비로운 합일 unio mystica 개념은 다수의 신비주의자들에게 공통적으로 나타나며 그러한 개념이 통제될 수 있는 시간과 장소에 놓이는 한 교회는 그것을 관용하고 심지어 독려해 주기까지 했다. (아래서 보겠지만 이는 다시 바울을 돌이키게 한다.) 그러나 포레트는 훨씬 더 급진적인 영혼의 말소라는 기획에 관여했다. 이는 우리를 다섯 번째 상태에 데려다 놓는다.

다섯 번째 상태의 낭패감과 포기는 맨정신의 숙고를 따르는 데에서 발생한다. 한편으로 영혼은 신을 존재하는 것들의 원천으로, 말하자면 모든 선함의 원천으로 여긴다. 그러나 다른 한편으로 영혼은 이제 만물이 유래하지 않은 곳인 자기 자신을 숙고하는 데로 관심을 돌린다. 신이 영혼에게 더했던 자유의지는 에덴동산으로부터 추방됨으로써 타락했다. 영혼이 어떤 것에 의지를 행사하는 한 그것은 사악하다. 원죄의 표현이자 선함의 신적 원천으로부터의 분리와 다를 바 없는 까닭에서다. 포레트가 표현하듯 "영혼의 의지는 (…) 영혼만의 기꺼움으로부터 분리되지 않는다면 스스로 진전될 수 없음을 안다. 영혼의 본성이란 자연의 경향인 무의 성향 탓에 사악하기 때문이다."[61] 그렇다면 어떻게 나는 의지를 꾀하지 않을 수 있을까? 그럴 수 없다. 모든 의지 행위는(의지를 꾀하지 않으려는 의지조차도) 신적 선함으로부터 분리를 표현하므로 악한 탓이다. 세 번째 상태에서 본 것처럼 영혼은 스스로를 잘라내어 자신 안에 사랑이 들어오도록 허용할 구멍 하나를 뚫으려 애써 왔다. 그런데 신성함에 취해 있는 네 번째 상태에서 지극한 행복감의 찰나는 가상이고 일시적이었다. 포레트는 다섯 번째 상태가 "그녀(곧 영혼)를 진정시켜 영혼 그 자신의 자기로 안내했다"라고 쓴다.[62] 여기서 우리는 포레트가 반복해서 '심연'으로, '어떤 깊이도 넘어서는 깊이'로, '측정이나 끝이 없는 것'이라 부르는 것과 마주한다.[63] 이 심연이란 제멋대로 편력하는 영혼의 본성과 신적 선함 사이의 간극이다. 이 간극은 어떤 행위로도 메워질 수 없다. 다섯 번째 상태에서 두 본성은 내 안에서 전쟁 중이다. 내가 사랑하는 신적 선함과 원죄에서 기인한 나의 악함 사이의 전쟁 말이다. 바울이 표현하듯 "나는 내가 해야 하겠다고 생각하는 선은

행하지 않고 해서는 안 되겠다고 생각하는 악을 행하고 있는 것이다."(로마서 7장 19절) 이 심연과 마주하여 다섯 번째 상태에서 나는 하나의 역설이 된다. 영혼은 스스로를 말소하고 신과 합일하기를 원한다. 그러나 어떻게? 우리는 어떻게 심연을 우회할 것인가? 어떻게 심연이 우회로가 되는가?[64]

여섯 번째 상태의 작용으로 지상에서 사는 동안 얻을 수 있는 가장 최고의 상태에 다다른다. 다섯 번째 상태에서 영혼은 취하지 않고서 신적 선함과 의지의 편력 활동이라는 두 가지를 안다. 포레트는 덧붙인다. "다시 그녀 자신을 들여다보는" 그런 고통스런 자기-주시에서 "그녀가 본 이 두 가지가 그녀의 선함에 대한 의지와 열망과 사역으로부터 벗어나 있어서, 그녀는 완전히 움직이지 않은 채로 그녀만의 자유로운 존재의 상태를, 또 만물로부터의 휴식을 선사하는 지고의 탁월함을 보유하고 있다."[65] 다섯 번째 상태의 시련을 통과한 뒤 영혼은 휴식과 평온을 발견한다. 에크하르트는 그것을 내맡김gelâzenheit의 경험이라 부를 것이다.[66]

여기서의 추론은 미묘하다. 영혼을 신으로부터 분리시키는 심연은 의지 행위를 통해 우회되거나 메워질 수 없다. 반대로 의지의 소멸과 영혼의 말소를 통해서만 여섯 번째 상태를 얻을 수 있다. 영혼 그 자체가 심연이 된다. 비워지고 발가벗겨져 절대적 가난의 상태로 진입한다. 그런 가난에서만 신이라는 부유함이 영혼 안에 흘러 들어갈 수 있다. 다섯 번째 상태에서 영혼은 그 자신을 보고 포기를 경험한다. 그러나 여섯 번째 상태에서 "영혼은 자기 자신을 결코 보지 못한다."[67] 그러지 못할 뿐더러 영혼은 신도 보지 못한다. 다음 말은 적잖이 예사롭지 않다. "그 신성한 위엄을 갖춘 신은 영혼에서 자기 자신을 보고 신에 의해 이 영혼은 환히 밝혀져 만물을 낳은 신 그 자체만을 제외하고 존재하는 그 누구도 볼 수 없다."[68]

영혼이 말소되고 '만물로부터 자유로워질' 때 신의 현전에 의해 이 영혼은 환히 밝혀질 수 있다. 내 자신을 무로 축소시킴으로써만 나는 신적인 어떤 것과 함께할 수 있을 뿐이다. 포레트가 역설하다시피 여섯 번째 상태에서 영혼은 아직 찬양받지 않는다. 신의 찬양에 직접적으로 참여하는 것은 아니다. 그러한 참여는 우리가 죽은 뒤에 일곱 번째 상태에서 일어날 뿐이다. 그러나 여섯 번째 상태에서 일어나는 것은 어쩌면 찬양보다 훨씬 더 대단할지도 모른다.

이 영혼은 그렇게 순수하고 빛나는 채 신도 그 자신도 보지 않지만, 신은 영혼 안에서 영혼을 위해 영혼 없이 자기 자신을 그 자체로 본다. 그것(곧 신)은 신 이외에 아무것도 없음을 영혼에게 보여 준다. 그래서 이 영혼은 신 이외에 아무것도 알지 못하고 그 외에는 아무것도 사랑하지 않으며 그 외에는 아무것도 찬송하지 않는다. 그 외에는 아무것도 없는 탓이다.[69]

이 말이 뜻하는 바는 말소된 영혼이 신의 무한한 자기-반영의 자리가 된다는 것이다. 이 논리는 흠잡을 데가 없다. 만약 영혼이 아무것도 되지 않았다면 그것은 명백히 자기 자신도, 신도 볼 수 없다. 반대로 신은 내가 내 자신을 내려치고 깎아 내림으로써 만들어 낸 자리 안으로 들어선다. 그런데 그 자리는 더 이상 내 자신이 아니다. 영혼이 만들어 낸 것은 스스로를 말소nihilation하기 위한 공간이다. 이 무nihil란 신이 그 자신을 비추는 '자리place'(혹은 더 적절한 표현으로는 아우구스티누스가 '자리가 아닌 곳no place'으로 부르는 것)이다. 여기서 "신은 영혼 안에서 자기 자신을 그 자체로 본다." 신의 사랑은 "영혼을 위한" 동시에 "영혼이 없는" 반영의 운동에서 말소된 영혼을 채운다. 영혼이 신을 위한 존재가 될 수 있는 유일한 길은 자기 자신 없이 됨으로써 존재한다. 그 말소에서 영혼의 자리 없음은 신이 자기 자신을 자기 자신 안에서 자기 자신을 위해 비추는 자리가 된다.

앤 카슨이 사포Sappho, 시몬 베유와 마르그리트 포레트 같은 여성들은 신에게 어떻게 말을 걸 수 있는지 탐구할 때 물었다시피 "사랑이 감히 자아에게 하려는 것은 무엇일까?" 그녀는 답한다. "사랑은 감히 자아를 뒷전에 남겨 두고선 가난 안으로 들어간다."[70] 사랑은 그래서 대담한 피폐, 대담하고 완벽한 굴복이자 마조히즘 경제다. 사랑은 자아를 말소하고 어떤 수동성을 유발하는, 절대적인 정신적 대담함의 행위다. 주체가 그 안에서 자기 자신을 없애는 주체적 행위다. 이 대담함의 행위를 통해 겉껍질이나 텅 빈 그릇이 되고 사랑의 충만함이 그 안에 들어간다. 말소 행위를 통해 영혼은 신을 알 따름이다. "그리고 이외에는 아무것도 사랑하지 않는다." 영혼이 존재하지 않게 되자 존재하는 유일한 것은 신이다.

일곱 번째 상태는 이미 지적했다시피 우리가 죽은 뒤에야 얻을 수 있을 뿐이다. "영원한 찬양"의 상태에 대해 우리는 영혼이 우리의 육체를 떠날 때까지는 알지 못할 것이다.

공산주의적
귀결들

왜 『거울』은 이단으로 간주되었을까? 영혼이 말소되자마자 신과 동일시되는 것을 막아 낼 도리가 없다는 단순한 이유에서다. 『거울』에 묘사된 일곱 단계의 여정을 따라가며 영혼은 말소되고 '나'는 무가 된다. 무가 될 때 신은 내 영혼이 있던 자리로 들어온다. 이 지점에서 '나'(여기서 일 인칭 대명사가 여전히 어떤 의미를 가지고 있다 한들)는 신이 된다. 내가 무가 될 때 나는 신이 된다. 그것이 자기-유신론의 논리다.

이 주장의 변종을 신비주의 전통에서 찾을 수 있는데(이 말의 가능한 의미는 다음 장에서 곰곰이 생각해 보자) 죄다 갈라디아서에 나온 바울의 다음 말에 소급된다. "이제는 내가 사는 것이 아니라 그리스도가 내 안에서 사시는 것입니다."(갈라디아서 2장 20절) 내가 나 자신을 말소할 때, 내가 그리스도를 모방해 나 자신을 십자가에 못 박을 때, 그리스도는 내 안에 산다. 달리 말해 살아 있는 이 '나'란 내가 아니라 신이다. 에크하르트의 제자 헨리 주조Henry Suso의 발언처럼 "영혼은 죽지만 하느님의 경이로운 업적에 여전히 살아 있다."[71] 아니면 실제로 에크하르트의 신비주의 신학의 핵심에 있는 하느님의 무차별적인 면모와 연결해 볼 수도 있을 것이다. 이 신학은 신이 더 이상 신이 아니고 피조물이 더 이상 피조물이 아닌 강렬한 내맡김을 지향한다. 에크하르트가 '돌파구durchbruch'라 부르는 곳, "여기서 나는 나만의 의지와 신의 의지와 신의 사역과 신 그 자신 없이 서 있다. 거기서 나는 무엇보다도 창조된 종이지만 신도 피조물도 아니다."[72]

그런데 포레트는 여전히 훨씬 급진적이다. 자유성령이라는 이단의 핵심은 유출의 원천으로서 일자와 지성의 관조적 합일 곧 신/신적인 것과 접촉하는 황홀이라는 플로티누스적 관념 같은 것이 아니다. 오히려 콘이 썼다시피 이단은 "인류의 상태를 뛰어넘어 신이 되려는 어떤 인간존재의 열렬한 욕망이었다."[73] 포레트가 묘사하고 있는 것은 고통스럽고 열렬한 탈창조의 과정인 사랑이 들어오도록 그 자신 안에 구멍 하나를 뚫는 것이다. 그것은 아빌라의 테레사Teresa of Avila가 신의 사랑으로 불탈 때 마음을 뚫어 내는 것에 가깝다. "고통이 아주 컸으므로 나는 신음했다."[74]

말소의 욕망이 자아를 향해 아주 극단적인 폭력을 불러일으킨다. 예를 들어 13세기 신비주의자 폴리뇨의 안젤라Angela of Foligno는 이렇게 쓴다. "그런 격노 탓에 내 자신을 완전히 찢어 놓는 것을 멈추기 힘들 때가 있다. 끔찍한 식으로 내 자신을 때리는 것을 저지할 수 없어 때로는 머리와 수족이 부어오르는 때도 있다."[75]

캐롤라인 워커 바이넘Caroline Walker Bynum이 확신에 차서 보여 준 것처럼 신성에 대한 신체적 접근은 남성보다 여성에게 훨씬 더 특징적이다. "아시시의 성흔이라는 프란시스의 명성에도, 그와 그의 근대적 형상인 파드레 피오*가 다섯 가지 가시적 상처를 전부 얻었던 역사적으로 유일한 남성들이다."[76] 중세 여성들은 그런 상처를 엄청나게 입었다. 성흔, 황홀경, 공중부양, 신체 발작부터 "기적 같은 신체 일부의 늘어남이나 확대, 목구멍에 나타나는 단맛의 점액 팽창(때때로 '히스테리 구globus hystericus'로 알려진 것)과 황홀한 코피."[77]

남성 신비주의자가 신적인 것과 관조적인 평화의 합일을 갈망한다면 여성 신비주의자는 뭔가 다르게 그리스도와 일종의 결혼을 원한다. 이는 단순히 육체적인 것만은 아니지만 결코 육체로부터 분리되지 않는다. 위대한 영국의 신비주의자 노리치의 줄리안Julian of Norwich은 그리스도에 대해서 "나는 그에게 육체로 보이고자 갈망했다"[78]라고 이야기한다. 엘리자베스 스피어링Elizabeth Spearing이 역설하듯, 수난을 겪는 그리스도의 손상된 신체가 여성 신비주의자 사이에 신체의 차원에서 어떤 울림을 부여하고 있는 것 같다.[79]

이 마조히즘 경제는 노리치의 줄리안이 경험한 '환시shewings'나 환영에

---

* Padre Pio, 1887~1968. 피에트렐치나의 성 피오라고도 불린다. 이탈리아의 카푸친 작은 형제회 사제였으며, 로마 카톨릭 교회에서 성인으로 추앙된다.

서 미묘한 고차원의 영적 표현으로 나타난다. 하지만 마저리 켐프Margery Kempe, 외그니의 마리아Mary of Oignies, 스팔비크의 엘리자베스Elizabeth of Spaalbeek, (이 모두 가운데 가장 놀라운) 놀라운 사람 크리스티나Christina the Astonishing의 기이하고 어처구니없는 행동들에서 훨씬 격렬해진다. 마 저리 켐프는 울음을 멈추지 못하는 것으로 묘사된다. 외그니의 마리아 는 "척추가 위장에까지 들러붙고 등뼈가 아마포로 된 천을 통해 비치듯 거의 남아 있지 않은 뱃가죽을 통해 비칠" 때까지 굶어서 죽었다.[80] 스팔 비크의 엘리자베스는 신체가 경직되는 다양한 해리성 둔주fugue* 상태로 묘사되는데 이 상태가 끝나면 자주 성을 냈다.

그녀는 갑자기 자신의 뺨을 아주 세게 가격하고 그녀의 온몸은 그 타격의 충 격으로 땅을 향해 흔들린다. 그러면 그녀는 뒷머리를, 목을, 두 어깨 사이를 가격하고 놀라운 식으로 몸을 구부리며 머리를 땅에 내동댕이치면서 고꾸라 진다.[81]

그런데 놀라운 사람 크리스티나는 이를 능가하는 더 기이한 행동들을 보인다. 그녀의 장례식에서 명복을 비는 미사가 열릴 때였다. 갑자기 그녀 의 몸이 되살아나 공중으로 솟아오르더니 교회 건물의 서까래까지 이르 러 미사가 끝날 때까지 거기 남아 있었다. 크리스티나는 사람들에 대한 혐오를 느껴 야생으로 달아났고 자신의 젖을 먹으며 9주 동안 생존했다. 데일 듯이 뜨거운 베이킹 오븐에 몸을 던졌고 악취 나는 쓰레기와 남은 음식물을 먹었으며 엿새 동안 얼어붙을 정도로 차가운 뫼즈 강물 속에

---

* 과거 기억 등의 정체성 상실과 육체 활동의 부분적 통합 상실을 말하는 '해리 장애'에 속하는 증상. 일순간 기억 상실로 인해 여기저기를 배회하며 새로운 정체성을 형성하기도 한다.

몸을 푹 담그고 있었다. 심지어 이틀간 교수대에 매달려 있기까지 했다.[82]

이처럼 강렬하게 신성the sacred과 맺는 신체적 관계는, 사랑의 힘을 통해 신적인 것에 형이상학적으로 접근하는 것이 목표다. 포레트의 경우, 일곱 단계의 자기-신격화란 원죄의 극복과 인간존재가 타락하기 전에 누렸던 자유로의 복귀다. 퀘이커교의 창시자 조지 폭스George Fox가 자신의 비전으로 간직했던 것처럼 말이다. "나는 아담이 타락하기 이전에 존재하던 상태까지 다다를 것이다."[83] 왜 자유성령 운동이 가톨릭교회의 권위나 다양한 국가의 정부 및 입법 권위에 그렇게 심대한 위협이 됐는지 어렵지 않게 이해할 수 있다. 만약 개인이 신비적 여정을 통해 원죄를 극복하고 신적인 것과 내밀한 에덴의 상태를 되찾는 것이 가능하다면, 또 인간적인 것과 신적인 것 사이의 매개자로서 가톨릭교회의 권위가 인간존재가 원죄의 결과로 살고 노동하는 한에서만 정당화될 따름이라면, 이 교회는 어떤 기능을 제공할 수 있을 것인가? 슈미트와 관련해 봤다시피 모든 형태의 교회적이고 [행]정부적 권위주의에는 원죄에 대한 믿음이 필요하다. 인간존재에 결함이 있고 불완전하다는 이유에서만 교회와 국가가 필요해진다. 만약 인간존재가 자유롭다면(타락 후의 인간 상태를 규정하는 죄와 죽음을 극복함으로써 완벽해졌다면) 여기에는 극적으로 정치적인 귀결이 있다.

우선, (1381년에 존 볼이 말했듯) 만약 성령이 자유롭다면 내 것, 네 것이라는 관념은 모조리 사라질 것이다. 영혼이 말소되면 내 것은 네 것이 되고 나는 네가 되며 영혼의 자리 없음은 신적인 자기-성찰 활동의 장소가 된다. 물론 그런 신적임의 경험이란 개인의 사적 소유가 아니라 성령이 자유로운 이들의 공통체commonwealth에 속한다. 사적 소유란 우리가 타락한 상태의 귀결인 것이다. 영혼의 자연적 자유의 회복에는 소유권의 공통성이 수반된다. 유일하게 참된 소유주는 신이므로 그의 재산

믿음 없는 믿음의 정치

은 계급과 세습 특권의 위계나 구별 없이 모든 피조물이 공동으로 간직한다. 자유성령 운동의 정치형태는 공산주의다.

더욱이 그 사회의 결속이 사랑인 그런 공산주의다. 우리는 포레트가 사랑의 사역을 대담한 영혼의 말소로 기술하는 방식을 보았다. 확실히 신적 사랑보다 더 높은 권위란 있을 수 없다. 그리고 공산주의가 법보다 더 높은 정치형태가 될 것이다. (마르크스는 공산주의를 법 없는 사회로 상상하면서 이러한 사유를 숱하게 되풀이한다.[84]) 법은 사회 질서를 구조화하는 법률 형태라고 말할 수 있다. 그러므로 법은 공동체라는 계기에 대한 억압에 기초해 있다. 법이란 독재에 의해 중단되기 전까지 쭉 그 권위의 실행을 인준하는 사회에 대한 외적 제약이다. 자유성령의 공산주의라는 관점에서 법은, 자율적으로 선택된 사랑의 사역에 대립해 있는 타율적 권위의 형태이므로 그 정당성을 상실한다.

더군다나 인간존재가 원죄로부터 자유롭다면, 여기서 신이 공통성의 정신으로 현현한다면, 우리의 자유로부터 곧장 흘러나오지 않는 인간 행동을 도덕적으로 제약하는 데에는 더 이상 아무런 정당성도 없게 된다. (자유성령 운동의 가장 위험한 지점이다.) 국가와 교회의 요구는 자유의 경험에 일관되지 않는다면 그저 무시될 수 있다. 분명히 해 두지만 자유성령 운동이 비도덕주의를 함축한다는 소리가 결코 아니다. 반대로 도덕성이 개인이 아니라 그 신적 원천에 자리해 있는 어떤 원칙에 일관됨으로써 자유로부터 흘러나와야 한다고 주장하는 것이다. 자유성령은 공통으로 견지된다.

자유성령 운동은 으레 도덕적인 방종과 성적인 해방을 독려하는 것으로 비춰졌다. 자유성령 운동의 문헌들을 파괴하고 그 관련자들을 구금하고 처형하면서 운동을 심문하고 규탄했던 종교재판이 자유성령의 숙련자들의 이른바 성적 과잉에 얼마나 집착했는지는 과장이 아니다. 우리가 이 운동에 대해 알고 있는 것 대부분은 운동을 금했던 교회라는 대리인을 통해 매개된 것이다. 그런 증거를 신뢰하기란 분명 어렵다. 특히 여러 심문관들은 나체의 사례들을 가장 패륜적인 도덕의 증거인 것마냥 목록화하는 데 전적으로 몰두했던 것 같다. 그러나 몸을 따뜻하게 유지하는 것 외에 옷에 어떤 용도가 있는가? 에덴동산에서 추방된 결과 우리는 처음으로 부끄러움에 몸을 가리는 것을 배우게 되었다. 원죄를 극복해서 이 부끄러움으로부터 홀가분해진다면 대체 왜 옷을 입어야 하나? 게다가 이 색욕적 성향은 자유성령 운동의 근대 심문관들에게도 이어졌다. 콘은 자유성령의 숙련자들의 '아나키 에로티시즘'이라 칭하며 이를 대단히 즐기며 기술한다. 예를 들어 1330년대 실레지아의 슈바이트니츠 여신도들의 과도함을 묘사하면서 눈에 띄게 즐거워한다. 이 여신도들은 자신들이 성삼위체에 대한 전권을 가지고 있기에 "마치 [말]안장처럼 그것에 올라탈"[85] 수 있다고 주장했다. 이러한 관점에서는 자유성령 운동이 교회의 도덕적 고상함을 떨쳐 버리고 일종의 대난장에서 미쳐 날뛰는 성적 음탕함을 허락하고 독려하기조차 한 것이었다.

물론 색정적 방탕에 대한 이러한 주장들을 평가하기란 불가능하다. 결국 고발자들이 비난한 내용이기에 그런 주장들을 전적으로 신뢰한다는 것은 적잖이 이상하다. 자유성령 숙련자들의 성적 기행에 대한 콘의 호기심은 어쩌면 『천년왕국운동사』를 쓰던 시절의 시대정신으로 일부 설명될지도 모르겠다. 1970년 확장판의 결론에서 콘은 중세의 자기-신격화라는 실천과 "환각성 약물의 도움으로 (…) 사회로부터, 심지어 외적 현실 자체로부터 개인의 총체적 해방이라는 이상"[86] 사이의 연속성을 주장한다.

자유성령의 숙련자들 사이에서 그런 마약이나 색정적 방종이 있었다는 의견을 뒷받침하는 증거는 거의 없다. 반대로 포레트와 그 이후까지 다른 숱한 신비주의 텍스트에서 발견되는 것이란 억압된 성적 에너지를 적잖이 제멋대로 풀어놓는 것이라기보다 오히려 그 미묘한 변형이다. 로버트 러너는 "자유성령이 참된 사도적 삶과 신성함과의 교감에 대한 독실한 욕망을 통해 동기화되었다"[87]고 주장한다. 나는 이에 동의한다. 『거울』과 같은 텍스트는 신체적인 것에서 형이상학적인 것으로, 욕망의 어떤 영성화spiritualization로 변형된 정념을 입증한다. 어떤 이들은 이를 승화라 부를 것이다. 신비주의자들(특히 여성 신비주의자들)의 저술에서는 욕망 담론을 그 욕망의 대상 원인과 관련되도록 승격시킨다는 점이 가장 두드러진다. 그 원인은 사랑하는 신으로, 대개 그리스도라는 인격으로 나타난다. 여성 신비주의자는 한자리에서 사랑하고 욕망하는 것을 원하고 여기에는 욕망을 표현하고 그것을 사랑으로 변성시키는 것 모두가 필요하다. 신비주의 정념을 적잖이 억눌린 성적 에너지로 환원하는 것은 요점을 완전히 놓친다. 승화를 억압으로 잘못 보는 것이다. 『거울』과 같은 텍스트에는 차라리 수동성의 체험과 복종의 수련에 대한 함양이 새겨져 있는 것처럼 보인다. 이는 물론 교회의 정적주의*를 비난하고 성체성사를 무시하는 데로 이어졌다. 그러나 요점은, 자유성령 운동이 당신이 원하는 것을 하는 문제가 아니라는 점이다. 반대로 자유의지를 극복하는 공통성의 조건, 말하자면 사랑을 회복하기 위해 이 자유의지를 훈련하고 복종시키는 것과 관계된다.

실제로 포레트와 다른 이들에게서 복종과 승화에 대한 강조가 발견되지만 방탕보다는 순결로 더 이어지는 것 같다. 구속받지 않는 색정적 충일은 그 의지의 그릇된 실행에 불과하다. 포레트의 일곱 단계 여정의 요

---

* 그리스도교 영성에 대한 교리 중 하나. 완전함에 이르려면 명상과 같은 영혼의 소극적인 자기-억제 상태에 있어야 신의 활동이 온전하게 펼쳐질 수 있다고 주장한다.

점은 사랑의 경험을 통해 자아가 사라질 때까지 쭉 자아를 **규율하는** 것이다. 자유성령 운동은 사드 후작Marquis de Sade의 『소돔 120일120 Days of Sodom』이나 피에르 파졸리니Pier Pasolini의 〈살로, 소돔의 120일Salò〉에서 실링 성의 성적 과잉을 철저하고도 진이 빠지게 목록화하는 것보다 셰이커교와 같은 집단의 순결에서 더 큰 반향을 발견한다.[88]

신비주의는
성교에 관한 문제가 아니다

자유성령 운동이 심히 도덕 폐기론적이고 국가와 교회의 모든 형이상학적·도덕적·입법적·정치적 권위를 거부하고 있다는 것은 의심할 여지가 없다. 그렇게 해서 비밀리에 전복적 저항 운동이 구축됐다. 자유성령에 연결되어 이단으로 알려진 것들 다수에 대한 최초의 언급은 1260년대 독일에서 열린 심문에서 나왔다. 문죄 가운데 첫 번째가 흥미롭다. "소규모 집회를 만들어 비밀리에 가르치는 것은 믿음faith에는 모순되지 않지만 복음을 따르는 생활 방식에는 모순된다."[89] 여기서 그 규모와 은밀성을 강조한 것에 주목하자. 자유성령 운동은 언대와 사랑의 강력한 결속에 의해 엮인 소규모 활동가 그룹의 비밀스런 네트워크라는 점에서 위험성을 내포하고 있었다. 그것은 또한 대단히 유동적인 네트워크였고 교회는 베긴회 수녀들과 남성 수도사들의 떠돌이 본성과 그들이 마을에서 마을로, 국가에서 국가로 이동했던 방식에 대해 지속적으로 우려했던 것으로 보인다. 게다가 이 탁발 수도승들의 구호는 "신 덕택에 빵을Brot durch Gott"이었고 이탈리아에서 영성파 프란치스코회가 그랬던 것처럼 그리스도의 근본 가난이라는 교의를 설교했다. 윌리엄 코르넬리우스*가 13세기 중반에 말했다고 전해지는 대로 "부유한 사람은 아무도 구원받을 수 없고 부유할수록 더욱더 인색하다."[90] 콘은 요점을 놓치지 않았다. 콘은 자유성령 운동이 그 정점에서 강력한 정서적 결속으로 결합된 "보이지 않는 제국이 되었다"[91]고 서술한다. 교회와 국가의 권력을 허물고 사적 소유를 폐지하고 신적인 것의 경험에서 자아의 말소에 기초한 아나코-공산주의적 미시 정치로서 기술될 어떤 것을 세우는 데 헌신했다는 점에서 이 운동이 반복해서 무자비하게 탄압받았던 것은 전혀 놀랄 일이 아니다.

바로 여기가 미셸 푸코Michel Foucault가 1978년 콜레주 드 프랑스 강의(『안전, 영토, 인구Security, Territory, Population』)에서 포레트를 논했던 맥락이다. 푸코는 그가 '품행상의 반란'이라 부른 것(계급 같은 사회경제적 요인으로 환원될 수 없는 저항 형태들)을 논하는 동안 포레트를 언급한다. 그런 반란에서 관건이 되는 문제들은 다음과 같다. "우리는 누구의 말에 따라 선도되거나 지도되는가? 우리는 어떻게 지도받기를 원하는가? 우리는 어디를 향해 인도되기를 바라는 것인가?"[92] 푸코는 12세기에서 시작해 중세 후기를 지나 영국혁명과 그 너머까지 확장되는 흥미진진한 역사적 여정을 구축하지만, 이러한 반란 가운데 가장 강력했던 것은 확실히 루터의 이름과 결부되어 있다. 푸코는 품행상의 반란이 보통 "사회에서 여성이 차지하는 위상에 대한 비판적 문제들"에 연결되어 있고 여성 수도회나 포레트 같은 '여성 예언가'와 관련해 일어난 것이라고 덧붙인다.

우리는 자유성령 운동에 대해 어떤 종류의 평가를 내릴 수 있을까?

---

* William Cornelius. 13세기 중반 앤트워프의 성직자로 부자들의 재산을 빼앗아 빈민들에게 나눠 줘야 한다고 설교했으며 이 가르침이 이른바 자유성령 운동의 초기 판본에 해당한다고 평가된다.

콘은 천년왕국주의가 여전히 우리와 함께하며 지속적으로 재발하는 위험한 위협이라는 입장이다. 콘은 자유성령이라는 이단에서 "모든 종류의 제약과 제한을 완전히 거부하는 데까지 다다른 아주 무모하고 부적격한 자유의 긍정"[93]이 나타난다고 쓴다. 그렇게 해서 자유성령은 콘이 '보헤미안 인텔리겐치아'라고 부르는 이들의 선구자였다. 이들은 20세기에 유행했고, 니체와 바쿠닌이 '제멋대로 굴던 시기에' 표현한 생각들에 기대어 연명해 왔다. "총체적 사회 혁명을 향한 가장 야심 찬 시도"였던 자유성령의 유산은 극좌우파 모두로 이어진다.[94] 콘은 덧붙인다. "국가사회주의 혁명을 일으킨 '무장한 보헤미안'의 상상력은 확실히 니체의 위버멘슈(초인)에 사로잡혀 있다. 그리고 현재 세계 혁명의 주창자 다수는 마르크스보다는 바쿠닌에게 더 빚지고 있다."[95]

여기서 콘이 니체와 바쿠닌을 독해하는 방식의 오류, 또는 니체를 통해 자유성령을 나치즘에 암시적으로 연관시키는 주장의 위험성과 만성적 한계를 보여 줄 생각은 없다. 다만 포레트와 함께 살펴본 것처럼 자유성령이 모든 '제약과 제한'을 부정하는 자유에 대한 '무모하고 부적격한' 확언이 아님을 강조해 두자. 반대로 포레트는 엄격하고 과중한 자기-수련을 주장한다. 여기서 개인의 자발적 행위들은 공동성의 기반이 되는 그 자신들 바깥의 신적 원천을 향함으로써 극복된다. 다시 한 번 말하지만 자유성령은 당신이 원하는 것을 하는 것에 관한 문제가 아니다. 그것은 비도덕적이지도 않다. 그보다 자아가 말소될 때까지 계속해서 자아를 엄중하고 과중하게 윤리적으로 규율하는 것이다.

콘은 신비주의 아나키즘의 욕망을 추동한 병폐라고 알려진 것을 진단하면서 1950년대와 1960년대의 표준 '심층 심리학' 논의를 활용한다. 콘은 신비주의를 병인론적으로 '거대 부성 이미지'의 '심오한 내향'으로 설명한다. 이는 현실에 대한 방어이자 '유아기 왜곡된 이미지의 재활성화'이기도 하다. 그 후 두 가지 가능성이 등장한다. 신비주의자는 내향 과정으로 부터 성공적으로, "훨씬 통합된 인격으로" 등장하거나 이 이미지들을 불운하게도 '투사'한 나머지 "니힐리즘적인 과대망상증자로 등장"한다.[96] 콘은 그런 과대망상증자들의 반복 출현을 대단히 설득력 있게, 역사적으로도 자세하게 분류한다. 여기서 자유성령 운동과 관련되는 궤변, 몽매주의, 허풍의 형태가 현존함을 부인할 여지는 없다.

그렇지만 나는 그런 병인론적 설명의 타당성을 의심할 뿐 아니라 그런 설명이 신비주의 같은 현상들의 출현을 불러온다는 규범적 전제들도 따져 묻고 싶다. '통합된 인격'이 의문의 여지 없이 선이라는 것은 콘의 추정에 불과하다. 통합된 인격이 에고를 강화하여 에고가 현실에 적응하도록 독려해 준다는 생각을 따르는 것이다. 포레트는 그런 에고 심리학적 접근에 반대하여 우리가 에고의 창조적 탈통합이라 부르는 것, 즉 권위의 약화를 기술한다. 낡은 자아가 거주하던 장소에 자리할 새로운 형태의 주체성을 허용하는 것이다. 우리는 포레트에게서 어떤 환상적 유아 상태로의 퇴행을 목격하기보다 자아의 성숙과 변성으로서 영혼이 말소되는 과정을 볼 수도 있다. 이때 자아는 더 이상 개별 정체성과 자존적 의지 행위 주변에 조직되지 않고 차라리 욕망의 삶에서 무의식적인 것을 향해 자리를 잡는다. 내가 보기에 포레트가 기술하고 있는 것은 사랑 행위를 통한 자아의 변형이다.

나는 자크 라캉을 여기서 염두에 두고 있다. 라캉은 『세미나 20*Seminar XX*』에서 사랑이 여성적 향락, 또는 주이상스의 경험 안에서 발생하는 것과 어떤 관계를 맺고 있는지 탐구한다. 여기서 특히 베긴회의 신비주의와 우연히 조우하게 되는 방식이 중요하다.[97] 라캉에게 신비주의란 "진지한 어떤 것"이고 "신비적 내던짐이란 게으른 수다도 공허한 장황함도 아니다."[98] 무엇보다도 라캉은 콘의 성적인 빈정거림을 마음에 두고서 신비주의를 '성교 문제affaires de foutre'로 환원하면 요점을 완전히 놓친다고 역설한다. (라캉은 앤트워프의 하데비치와 아빌라의 테레사를 명시적으로 떠올리고 있다.) 라캉은 이렇게 말을 이어 간다. "나는 여성의 주이상스가 덤en plus이라는 점에서 그 존재를 믿는다."[99] 여성 신비주의자들은 덤을 경험하는 과정, 라캉이 다른 곳에서 진리라고 부르는 것의 질서 위에 있다. 이로써 라캉이 의미하고 있는 것은 주체의 진리다. 이 초과적 주이상스의 차원은 라캉이 본질적으로 지식의 팔루스적 기능이라 보는 것의 덤인 어떤 것을 분절하는데, 이는 그가 하이데거에 수긍하며 '탈-존ex-sistence[자기 바깥에 있음]'이라 부르는 것이다. 위반적인 욕망이 욕망의 수련으로 향하는 노선을 따라가는 이 황홀경ecstasy의 차원을 우리는 사랑이라고 부를 수 있다. 분명히 해 두지만 이는 여성에게 국한된 것은 아니다. 라캉은 키르케고르(이 책의 결론에서 내가 염두에 두고 있는 것이다)를 생각하며 덧붙인다. "여성만큼이나 훌륭한 남성들이 있다." 즉 "그 너머에 틀림없이 주이상스가 있다는 생각이나 감각에 다다른 이들이 있다. 저들이 곧 우리가 신비주의자라 부르는 이들이다."[100]

타인이 아니라
오직 네 자신을 죽여라

존 그레이는 콘의 접근법이 암시하고 있는 것을 명시적으로 제시한다. 그레이는 자유성령과 같은 집단에 대한 규탄을 온갖 유토피아 운동에까지 확장한다. 『추악한 동맹』을 비롯한 저작들은 동시대에도 여전히 이어져 온 해로운 천년왕국주의의 현전을, 종말론적 정치의 현전을 보여 주고자 한다. 특히 그레이의 접근은 콘의 진단을 부시 행정부의 신보수주의적 천년왕국주의에 확장하는 방식에서 강력한 힘이 있다. 영국 수상 토니 블레어는 무척이나 신이 나서 이 신보수주의적 천년왕국주의를 받아들였는데, 블레어에게 "당대라는 상투적 표현은 언제나 영원한 진리였다."[101] 그러나 이미 밝혔듯, 그레이의 유토피아주의 비판은 원죄 개념의 자연화에서 이끌어 낸 정치적 현실주의가 필요하다는 정당성을 입증하지 못한다. 더불어 카를 슈미트가 신비주의 아나키즘의 신학이든, 정치든 이를 지지하지 않으리라는 상상도 가능하다. 나는 슈미트가 기꺼이 포레트의 심문관 노릇을 자처하고 몸소 그녀와 그녀의 책을 불태울 것이라 확신한다.

이 문제에 대해 아주 다른 견해를 라울 바네겜이 1986년에 쓴『자유성령 운동The Movement of the Free Spirit』에서 발견할 수 있다. 거기서 바네겜은 부지불식간에 콘이 느끼는 최악의 두려움이 전부 사실임을 보여 준다. 바네겜은 자유성령 운동을 〈국제 상황주의Situatonist International〉를 비롯한 1960년대 봉기 운동의 선구자로 여기며 적극 옹호한다. 바네겜의 저술들은 〈국제 상황주의〉 운동에 아주 지대한 영향을 미쳤다. 바네겜은 자유성령에 대해 이렇게 쓴다. "그 원천은 결코 고갈되지 않았다. 그것은 상업적 지형이 미동할 때 지상을 부수고 나가면서 역사의 갈라진 틈으로부터 분출된다."[102]

스펙터클 사회에서 모든 인간관계는 교환의 지배를 받는다는 드보르의 디스토피아적 전망(이때 바네겜은 항상 죽음의 부정성에 상품 체계의 독재를 견준다)에서 자유성령이란 생명, 육체적 쾌락과 속박받지 않을 자유의 이름으로 벌이는 해방 운동이다. 바네겜은 자유성령의 영적 가난에 대한 역설을, 삶이 목적 없는 생산성과 삶을 부정하는 노동으로 환원되어 있는 시장 체제를 비판하는 기반으로 재해석한다.

바네겜에게 자유성령 운동에서 가장 급진적인 요소는 "개별적 충만이라는 연금술"이었다. 완전성의 상태를 함양함으로써 "개인에 대한 경제의 지배권"이 단념될 공간이 창조된다.[103] 사랑에 대한 자유성령의 강조는 "시장 사회에 대한 유일한 대안"이다.[104] 자유성령 운동에 대한 고증을 강력하게 보강하고 또 확장시키면서 바네겜은 제한받지 않는 향락과 육체적 쾌락에 기초한 '자아의 연금술'이라 부르는 것을 주창한다. 그는 로마의 히폴리투스*의 명제를 호의적으로 인용한다. "남녀의 난교, 그것이 참된 성찬식이다."[105]

그러나 바네겜은 성령을 신에 동일시하고 또 자유성령을 신의 부정과 동일시하면서 양자 사이의 대립을 제기한다. 자기-신격화가 너무 억압적이고 권위적인 신의 관념에 의존해 있다고 주장하면서 『거울』에서 나타난 포레트의 입장에 회의를 표한다.[106] 바네겜은 포레트의 '정제된 사랑'이라는 관념을 빌려 오지만 그러한 접근이 너무 금욕적이고 지성화되어 있다고 생각한다. 바네겜은 지성이 아닌 '정념의 흐름'[107]에 기초한 개별적 쾌락주의hedonism를 변호한다. 그것은 포레트에게 발견되는 자기-말소라기보다, 자유연애와 여가의 [생활공동체] 팔랑스테르phalansteries로 가득 차 있다는 점에서 샤를 푸리에Charles Fourier가 제안한 열렬한 끌림의 유토피아주의와 친연성이 더 강하다. 이와 관련해 바네겜이 시적으로 고쳐 쓴 인권선언을 생각해 볼 수 있다. 제17항에는 "모든 인간존재에게는 정념의 흐름과 사랑의 자유에 내재하는 애정과 불만의 운동을 느낄 권리가 있다"[108]라고 쓰여 있다.

바네겜보다 한결 더 흥미진진한 주장들은 독일의 사회주의 아나키스트

---

* Hippolytus of Rome, 170~235. 3세기 로마의 대표적인 그리스도교 신학자이자 수많은 이교의 전향을 수용하도록 참회 체계를 유화적으로 운용한 로마 주교들에 반대했다는 점에서, 최초의 그리스도교 순교자. 최초의 대립교황antipope으로도 간주된다.

anarcho-socialist 구스타프 란다우어에게서 찾을 수 있다. 란다우어는 마르틴 부버Martin Buber, 게르숌 숄렘Gerschom Scholem, 청년 벤야민에게 큰 영향을 끼쳤다.[109] 1901년 「아나키즘에 대한 아나키적 생각Anarchic Thoughts on Anarchism」이라는 에세이는 같은 해 미국 대통령 윌리엄 매킨리William McKinley가 피살된 사건을 두고 아나키즘의 암살 정치라는 열띤 맥락에서 쓰였다.[110] 피살 사건은 1900년 이탈리아 국왕 움베르토 1세의 암살을 모방한 것이었다. 두 사건의 가해자 모두 스스로를 아나키스트라고 밝혔다. 란다우어는 수사학적으로 묻는다. "통치와 권위적 강압 없는 사회를 추구하는 이론이자 국가와 합법적 폭력에 대항하는 운동인 아나키즘과 살인이 무슨 관계가 있을까?" 그 답은 명쾌하다. "아무런 관계가 없다."[111]

란다우어는 모든 형태의 폭력은 전제적이므로 아나키즘은 비폭력을 수반한다고 주장한다. 만약 아나키스트가 폭력에 기댄다면 그들이 반대한다고 표방한 전제군주들보다 나을 것이 없다. 아나키즘은 무장 봉기나 군사적 공격의 문제가 아니라, "우리가 어떻게 살 것인가의 문제다."[112] 아나키즘은 "낡은 것의 한가운데서 만들어지는 작은 공동체들, 그 미미한 시작에서 생겨나는 새로운 사람들"과 함께하는 것에 관심이 있다.[113] 이것이 란다우어가 흥미롭게도 '내부 식민지화inward colonization'라 부르는 것이다.

그런데 어떻게 그런 내부 식민지화가 가능할까? 란다우어는 독특한 대답으로 우리를 자기-말소의 관념으로 되돌려 놓는다. "죽인 자는 누구든 죽는다. 삶을 창조하고 싶은 이들은 죽음도 껴안고 그 안에서 거듭나야만 한다."[114] 그러나 어떻게 그런 거듭남이 일어날 수 있을까? "그들 영혼의 심연까지 내려온 뒤 거듭나려면 신비주의적 의미에서" 스스로를 죽임으로써만 가능하다. "그들만의 자아들을 지나 여행하고 그들만의 혈액 속을 깊이 헤치며 거닐었던 이들만이 타인의 삶에 개입하지 않고서도 새

로운 세계를 창조하기 위해 도울 수 있다."¹¹⁵

란다우어는 그런 입장이 정적주의나 체념을 함축하고 있지 않다고 역설한다. 반대로 그는 "우리는 타인과 함께 행동한다"고 쓰고는 덧붙인다. "이 의지 가운데 어떤 것도 우리가 내적 자아를 정복함으로써 획득한 새로운 정신에 기초해 있지 않다면 실제로는 우리를 앞에 데려다 두지 않을 것이다."¹¹⁶

> 우리가 조건과 제도를 거부하는 것만으로는 충분하지 않다. 우리는 우리 스스로를 거부해야 한다. "타인이 아니라 오직 네 자신을 죽여라." 가장 진정성 있고 값진 내적 존재를 발견하고 세계와 신비적으로 하나가 되기 위해 그들 자신만의 카오스를 창출하라는 도전을 받아들인 이들에게 이것은 준칙이 될 것이다.¹¹⁷

진정성과 "값진 내적 존재"에 대한 이야기가 아무런 감흥을 주지 못하지만 나는 여기서 자기-말소와 아나키즘이라는 관념의 연결이 중요하다고 생각한다. 타인과 협동하고 연대하는 삶을 위한 가능성의 조건은 주체적 탈바꿈으로서 자기-살해다. 이는 타인의 살해를 일축한다. 란다우어에게 그것은 여느 정당 정치와 체제의 폭력 그리고 국가의 냉엄한 합리주의에 참여하는 아나키즘의 문제가 아니다. 차라리 국가의 권위와 단절하고 새로운 삶의 형식에서 하나가 되는 개인들의 문제다. 내부 식민지화에 대한 이야기는 자유성령 운동을 "보이지 않는 제국"으로 여기는 콘의 생각을 새롭게 비틀어 낸다. 여기서 관건은 국가 질서(가시성의 질서)로부터 거리를 둔 새로운 삶의 형식을 창조하고 란다우어가 아나키의 '어둡고 깊은 꿈'¹¹⁸이라 부른 것인 비가시적 공통성을 광범위하게 함양하는 것이다.

황홀한 신비적 경험에서 자아의 살해란 조르주 바타유가 '주권'이라 부르는 것에 가깝다. 바타유에게 이것은 그가 했던 실험과 계속 연관되었다. 특히 1930년대와 1940년대에 활동한 〈콩트르 아타크Contre Attaque〉[*], 〈콜레주 드 소시올로지Collège de Sociologie〉[**], 〈콜레주 소크라티크Collège Socratique〉[***]부터 더 신비스러운 〈아세팔Acéphale〉[****]까지, 바타유는 여러 형태로 소규모 공동체의 집단 협업을 실험했다.[119]

아마 그럴 것이다
: 봉기 그리고 추상의 위험

우리는 오랫동안 반反-1960년대를 살아오고 있다. 저 시기를 규정하던 공동생활과 집단 실존에서 다기다종한 반자본주의적 실험들이 우리에게는 예스럽게 지나간 일이고 터무니없이 비현실적이거나 위험스레 오도된 것으로 보인다. 우리는 다 자랐고 그렇게 유치한 방식을 떨쳐 버렸다. 이제 우리는 천국을 지상으로 허물어 내려, 구체적인 유토피아를 건설하려

---

[*] 바타유가 이끌던 반파시스트 예술 연합. 반격, 역공을 뜻한다.

[**] 바타유, 로저 칼루와, 피에르 클로소프스키 등 프랑스 파리의 전간기 지식인을 중심으로 설립된 모임. 1937년부터 1939년까지 활동했으며, 당시 유행하던 초현실주의가 개인의 무의식을 과도하게 강조하는 것에 반대해 '신성 사회학'을 내세웠다. 즉 신성한 것의 집단적 현존과 공동체 체험(가령 고대 부족 사회의 '포틀래치')이 훨씬 인간의 본질에 가깝다고 설파했다. 이른바 사회인류학의 방향에서 원시주의, 드 사드, 헤겔, 히틀러 등에 대한 광범위한 연구 성과를 일궜다.

[***] 바타유의 전간기 '콜레주 활동(공동체 체험에 대한 실험)' 가운데 실패한 마지막 기획. 비밀단체처럼 어떤 출판 활동도 하지 않았고 명칭과 달리 어떤 철학적 전통을 참조하지도 않았으며 다만 '부정적 내적 체험'을 함께 이야기하는 것이 목적이었다. 블랑쇼의 회고에 따르면 실현 불가능한 공동체 체험에 대한 최후의 기획에 불과했다고 한다.

[****] 1930년대 바타유가 벤야민과 함께 창간해 비밀리에 운영하던 단체이자 대항 파시즘 잡지.

들 만큼 어리석지 않다고 자신한다. 가끔 일시적인 열광과 오바마주의
에 빠져들더라도 우리는 그만큼 모두 정치적 현실주의자다. 사실은 대부
분 수동적 니힐리스트이자 냉소주의자다. 우리에게 원죄 같은 것에 대한
믿음belief이 여전히 필요한 이유다. 말하자면, 인간됨을 뜻하는 것에 존
재론적 결함이 있다는 이야기다. 앞에서 시사했다시피 유대 그리스도교
의 원죄 관념은 욕망과 문명 사이의 쇼펜하우어적 괴리에 대한 프로이트
의 변주와 하이데거의 현사실성과 퇴락 그리고 슈미트의 권위주의와 독
재 옹호(좌파의 주요 정파들이 현실정치Realpolitik로 여기는 것을 갈망하도록
유혹했다)를 추동한 홉스식 인간학에서 그 근대적 유비들을 발견한다. 인
간의 조건이 본질적으로 결함투성이고 위험할 정도로 탐욕적이라는 확
신이 없다면 우리의 실망을 정당화할 도리가 없을 것이다. 또 그 어떤 것
도 존 그레이를 좀 읽은 뒤 유치장의 창살에 윤을 내면서 극도의 소모감
과 권태를 질릴 정도로 느끼는 것보다 더한 전율을 안기지 못한다. 그레
이는 원죄 관념에 대한 아주 설득력 있는 다원주의적 변종을 제공한다.
그레이의 진화론은 우리가 호모 사피엔스라는 사실을 설명한다. 이를 어
떻게 해볼 도리가 없다. 인류가 전염병이라는데 말이다.

  사실인즉슨 1960년대의 저 유토피아적 정치 운동은 (《국제 상황주의》
운동처럼) 자유성령 같은 유토피아적 천년왕국 운동의 메아리를 들을 수
있는데, 나양한 형태의 환멸과 분열, 그리고 극단적인 경우에는 재난으로
까지 이어졌다. 집단적 재산 소유를 비롯해 가족이라는 억압적 제도 없
이 성적 자유에 기초한 공동생활에 관한 실험들(아니면 소위 광인과 정상
인을 구별하지 않는, 로널드 데이비드 랭*의 실험적인 공동 정신병원)은 누렇

---

* R. D. Laing, 1927~1989. 스코틀랜드의 심리학자. 실존주의의 영향을 많이 받았고 '신좌파'로 분류
  된다.

믿음 없는 믿음의 정치

게 변한 책장이 접힌 문고판과 선명하지 못한 저화질 영화에 포착된, 동떨어지고 괴벽한 문화적 기억처럼 보인다. 그것은 1970년대 후반 영국에서 펑크와 경제 붕괴 그리고 만연한 사회 폭력을 경험한 아이였던 내가 늘 이해하려 분투한 세계다. 그런 공동체 실험들은 지나치게 순수해지려고 했고 옳다는 확신이 차고 넘쳤을지 모른다. 아마 그런 실험들은 한마디로 너무나 **도덕을 강조한** 나머지 버텨 낼 재간이 없었을 것이다. 아마 그것들은 현실의 전면적 부인이라는 대가를 치르고서 어떤 이념에 지나치게 애착해 있는 상태라는 의미에서 '추상의 정치'라 칭할 수 있는 것 때문에 파멸할 운명이었을 것이다. 아마 정말 그랬을 것이다.

그 가장 극단([좌파 테러 조직들] 〈웨더 언더그라운드the Weather Underground〉, 〈독일 적군파the Red Army Faction〉, 〈붉은 여단Red Brigades〉의 활동)에서 폐쇄적이고 순수한 공동체에 대한 도덕적 확신은 정화와 구제의 폭력에 치명적으로 연결되었다. 테러는 덕의 종말을 불러오는 수단이 된다. 그것이 자코뱅주의의 논리다. 개인의 죽음은 영웅적인 계급투쟁의 거대 캔버스 위에서 작은 점에 불과했다. 그런 사고는 영웅적인 폭력의 정치에서 정점에 달했다. 납치, 유괴, 항공기 탈취와 암살 행위가 일련의 이념적 지지를 통해 정당화되었다. 장-뤽 고다르Jean-Luc Godard의 영화 〈아워 뮤직Notre Musique〉(2004)에 나오는 인물의 논평처럼 "어떤 이념을 변호하려 한 사람을 죽인다는 것은 이념을 변호하는 것이 아니라 사람을 죽이는 것이다."[120]

아마 그런 집단은 너무도 직접성immediacy이라는 관념에, 낙원을 급습하는 성급한 시도로서 폭력 행위라는 프로파간다에 애착했던 것일 수도 있다. 아마 그런 실험들에는 정치란 지속적이고 구체적인 매개 과정이라는 이해가 빠져 있었을 것이다. 말하자면 일반 원리(예를 들어 만인의 평등, 우정 또는 내 표현으로는 무한한 윤리적 요구)에 기반을 둔 주체적인 윤리적 헌신, 그리고 이해 집합이 흔히 충돌하는 이질적인 집단 간에 전선과 연합을 세우는 장소적 조직화의 경험(그람시가 '헤게모니' 활동이라 일컬은 것) 사이의 매개가 빠져 있었다는 소리다. 정의상 그런 매개 과정이란 결코 순수하지도 절대 완결적이지도 않다.

우리가 자유성령의 메아리를 발견하는 이 유토피아적 공동체의 실험은 끝장난 것일까, 아니면 어떤 형태로든 살아 있을까? 나는 이 유토피아적 충동이 존속하고 있다고 여겨지는 영역, 말하자면 두 가지 실험에 제안하고 싶은 것이 두 가지 있다. 하나는 동시대 예술에서, 또 다른 하나는 동시대 급진 정치에서부터 유래했다. 흥미롭게도 이 두 영역은 연결될 수 있다. 실제로 어떤 경향이 우리 시대를 가리키고 있다면, 그것은 실험 정치로부터 협업 예술 형태를 분리해 내는 일이 점점 어려워지고 있다는 것이다.

아마 그런 유토피아적 공동체 실험은 동시대 예술계의 제도적으로 허가된 공간들에 존속해 있는 것 같다. 해방 시간 연합L'Association des Temps Libérés (1995)이나 유토피아 역Utopia Station (2003) 같은 기획, 더불어 2008년 가을 뉴욕의 구겐하임 미술관에 열린 디에니스페이스왓에버 Theanyspacewhatever[121] 전시에 모인 숱한 사례들이 떠오를지도 모르겠다. 필립 파레노Philippe Parreno, 리암 길릭Liam Gillick 같은 예술가나 한스-울리히 오브리스트*와 마리아 린트** 같은 큐레이터들의 작업에는 집단성, 행농, 자기-운영, 협업, 그리고 집단이라는 관념 자체에 대한 상황주의적 항수가 진정 깊게 느껴진다. 그렇게 니콜라 부리요***가 '관계적'이라는 말로

---

* Hans-Ulrich Obrist, 1968~. 스위스 태생의 큐레이터이자 미술 평론가. 『Ai Wei Wei 아이웨이웨이 Ai Wei wei Speaks With Hans Ulrich Obrist』, 『큐레이팅의 역사A Brief History Of Curating』 등을 썼다.

** Maria Lind, 1966~. 미국 바드컬리지 큐레이터학 연구 센터 디렉터.

*** Nicolas Bourriaud, 1965~. 프랑스의 큐레이터이자 미술 평론가. 『관계의 미학Relational Aesthetics』, 『래디컨트The Radicant』 등을 썼다.

홀륭하게 표현한 예술 실천들에서 예술은 오브리스트의 말을 빌리자면, "집단 지성과 같은 것이 존재하는지"[122] 알아보기 위한, 어떤 상황에 대한 행동화다. 길릭이 강조하듯 "어쩌면 우리가 세 개의 집단으로 일하는 것이 훨씬 나을 테다."[123] 그렇게 동시대 예술과 정치의 많은 부분은 집단의 형태나 협업의 형태에 천착해 있고 아마도 작업이 거부되고 익명성이 함양될 때까지 내내 그럴 것이다.

물론 그런 동시대 유토피아 예술 실험의 문제는 두 겹이다. 한편으로 그것들은 예술계의 문화적 제도들을 통해서만 가능하고 정당화되기에, 상품화와 스펙타클을 전복하고자 하지만 그 회로에 완전히 휘말려 있다. 다른 한편으로는 공통성의 경험에 접근하는 데 지배적 양식이란 재연 reenactment의 전략을 통한 것이다. 은행 강도 짓을 일삼지는 않지만, 패티 허스트*가 브루클린의 창고에서 〈심바이어니즈 해방군Symbionese Liberation Army〉**과 함께 한 모험이나 그 비슷한 무엇이든 재연한다. 상황주의자의 전환détournement은 집요하게 계획된 재연으로 재생되었다. 재연이라는 범주는 동시대 예술에서 헤게모니를 차지하고 있다. 특히 예술과 정치의 관계를 사유하는 방법으로 말이다. 아마도 급진 정치 역시 재연되어 왔는지 모른다. 그런 실험들과 연루된 예술가들의 작업이 흥미진진하다고 느끼지만 '매너리즘적 상황주의'라 부를 수 있을 어떤 것은 의심스럽다. 여기서 회복recuperation이라는 낡은 문제는 심지어 적용되지도 않는다. 왜냐하면 그런 예술에 피가 돌게 만든 사회경제적 체제에 의해 그 예술이 완전히 포섭되었기 때문이다.

정치로 관심을 돌리면 또 다른 공동체 실험을 목격했다고 볼 수 있다.

---

* Patty Hearst, 1954~. 미국 출생의 언론사 재벌 상속녀. 19세 때 좌파 과격 단체에게 납치됐다가 그들과 함께 은행 강도를 일삼는 장면이 보도되어 스톡홀름 증후군의 대표적 사례로 거론된다.
** 1973에서 1975년까지 활동한 미국의 좌파 무장 단체. 스스로를 '방위군'이라 지칭했다.

2008년 11월 11일 프랑스에서 일어난 소위 〈타르낙 나인Tarnac Nine〉의 체포와 구금을 둘러싼 사건과 〈티쿤Tiqqun〉, 〈보이지 않는 위원회〉, 〈상상의 당the Imaginary Party〉 등 여러 가지 이름으로 통하는 집단의 작업들 말이다.[124] 그 자체로 무질서에 대한 압도적 공포와 1968년의 기억을 결정적으로 삭제하려는 욕망에 기반을 둔 니콜라 사르코지의 반동적 공포정치의 일환이었다. 중부 프랑스의 시골에서 〈티쿤〉과 형식적으로나마 연합했던 수많은 활동가들이 150명의 테러 진압 경찰 및 헬리콥터, 동원된 미디어에 의해 체포되었다. 그들은 마시프 상트랄의 코레즈주 타르낙이라는 작은 마을에 공동으로 거주하고 있었다. 듣자 하니 단체에 참여했던 수많은 사람들이 작은 농장을 구매해서 식료품 협동조합 점포를 운영했고 지역 영화 클럽 운영, 당근 재배, 노인들에게 음식을 배달하는 일 같은 아주 위험한 활동에도 관여했다고 한다. 놀라운 법적 상상력으로 그들은 '선-테러리즘pre-terrorism'이라는 혐의를 받았는데, 프랑스의 떼제베 철도 시스템에 대한 사보타주 행위와 연루되어 기소됐다.

이 사상 범죄의 기반은 2007년에 출간된 『반란의 조짐L'insurrection qui vient』[125]이라 불리는 책의 한 구절이었다. 그 책은 현대 사회에 대한 대단히 놀라운 디스토피아적 진단(총 일곱 장에 걸쳐 일곱 동심원의 지옥을 보여 준다)이자 그에 저항하기 위한 흥미진진한 전략을 담고 있었다. 『반란의 조짐』은 말미에서 '사회적 기계'라는 교통 네트워크에 대한 사보타주 행위를 옹호하며 묻는다. "떼제베 노선이나 송전망을 쓸모없게 만들려면 어떻게 해야 하는가?"[126] 선-테러리스트로 알려진 쥘리앙 쿠파와 일뒨느 레비는 구속된 후 '테러 행위 착수' 혐의로 20년 형을 선고받았다. 단체의 나머지 구성원들은 구류를 살았고, 쿠파는 기소되지 않고 1만 6,000유로의 보석금을 내고 풀려났으며 파리 지역 바깥으로 나가는 것이 금지되었다.[127] 그해 말, 타르낙 사태와 연관해서 새로운 검거가 뒤따랐다.[128] 억압적이고 반동적인 국가의 물리력이란 그런 것이다. 누구든 망각했을 만약을 대비해 나타난다. 『반란의 조짐』의 저자들이 상기시키듯 "통치 행위는 군중이 지도자의 목을 매달려는 순간을 수천 가지 핑계를 갖다 붙여 미루는 것 그 이상이었던 적이 한 번도 없었다."[129]

『반란의 조짐』에는 〈국제 상황주의〉의 강력한 메아리가 있다. 그러나 드보르의 헤겔-마르크스주의적 스펙터클과 상품화 분석은 아감벤을 아주 강력하게 되풀이하는 것으로 대체된다. 특히나 아감벤에게 법과 생명의 분리를 견뎌 낼 공동체라는 문제와 관련해서 그렇다.[130] 다음 장에서 자세히 보겠지만 여기서 문제는 법과 생명의 관계를 어떻게 이해할지, 그리고 저 두 항목이 서로 무관할 수 있는지에 달려 있다. 만약 법이 본질적으로 폭력이라면, 생명정치의 시대에 갈수록 더 깊숙이 생명이라는 저장소를 이용하는 그런 폭력이라면, 법과 생명의 분리는 아감벤이 정치라 부르는 것의 공간이다. 이것이 아감벤으로 하여금 바울을 아노미적으로 오독하게 만든다.

『반란의 조짐』은 〈보이지 않는 위원회〉의 저작이고 이 집단의 반란 전략은 비가시성의 문제 주변을 선회한다. 그것은 "비가시적이 되는 법을 배우는" 문제이자 "익명성에 대한 취향을" 되찾는 문제이고 경찰과 국가가 항상 통제하는 가시성의 질서에 노출되어서 길을 잃지 않도록 하는 문제다. 『반란의 조짐』의 저자들은 코뮌이 만들어질 수 있을 불투명 지역과 익명의 공간이 확산되어야 한다고 주장한다. 이 책은 '모든 권력을 코뮌에게Tout le pouvoir aux communes'라는 슬로건으로 끝난다. 모리스 블랑쇼Maurice Blanchot에 수긍하면서 이 코뮌들은 '무위désoeuvrée'*의

---

* 저자가 착각한 것 같다. '무위의 공동체'는 블랑쇼가 아니라 장 뤽 낭시Jean Luc Nancy의 저서 제목이다.

것으로, 노동이라는 자본주의적 전제군주를 거부하는 것으로 기술되어 있다. 달랑 『부름Call』이라는 제목이 붙어 있는 관련 텍스트에서 그들은 "이탈, 분리/독립secession의 극, 집결지라는 일련의 초점들"을 세우고자 도모한다. "도주를 위해서. 떠나는 이들을 위해서. 심연으로 향해 있는 문명의 통제로부터 대피할 수 있는 일련의 장소를."[131]

사보타주와 봉쇄 그리고 '인간 파업'이라 불리는 전략은 운이 다한 우리 문명을 그마저 더 약화시키기 위해 제안되었다. 〈티쿤〉이 1999년에 「아, 선함이여, 전쟁이여!Oh Good, the War」라 불리던 어느 텍스트에 썼다시피 "배를 포기하라. 가라앉고 있어서가 아니라 가라앉히기 위해서 말이다." 혹은 "한 문명이 파괴되었을 때 그것의 파산을 선포한다. 우리는 벼랑에서 떨어지고 있는 집 안을 깔끔하게 치우지 않는다."[132] 도시와 시골의 대립은 계속해서 되풀이된다. 그리고 불투명 지역의 건설은 확실히 근대 메트로폴리스의 감시 치안 공간보다는 시골 생활에 더 적합하다. 도시는 '디자이너 저항'이라 부를 수 있을 만한 것이 훨씬 잘 어울린다. 그러니까 라몬스* 티셔츠를 입고 커피숍에 앉아 "빌어먹을 자본주의!"라고 말한 다음, 자기 직업인 그래픽 디자이너의 삶으로 돌아가는 것이다.

『반란의 조짐』은 설득력 있고 짜릿하며 재미있는 데다 굉장히 서정적인 텍스트다. 중세의 자유성령과 프란치스코 영성주의자에서 시작해 영국 혁명의 원-아나키즘적 디거들Diggers**과 각기 다른 가닥의 19세기 유토피아 공산주의까지 이어지는 운동 및 온갖 종류의 역사적 메아리가

---

* The Ramones, 1974년 뉴욕에서 결성된 펑크록 그룹. 조이 라몬(보컬), 자니 라몬(기타), 디 디 라몬(베이스), 토미 라몬(드럼)이 멤버로 참여했다. 복잡한 화성과 스튜디오 작업에만 치중하던 기존 록에 반발하여 간결함을 무기로 하는 펑크록의 방법론을 일궈 냈다고 평가받는다.

** 1649년 크롬웰 집권기 제라르 윈스텐리가 '참된 수평파들'이라는 명칭으로 일으켜 세운 영국 프로테스탄트 농경 공동체주의자들. 직역하면 '땅을 파는 사람'을 뜻하는데 공유지를 경작했기 때문에 후대에 와서 그런 이름이 붙었다.

울려 퍼진다. 우리는 비밀, 비가시성, 방랑, 소규모 생활 공동체 실험, 중세의 탁발 실천과 노동 거부를 떠올리게 하는 가난의 정치화를 강조하는 것에 주목해야만 한다. 관건은 더 이상 노동으로 소진되지 않고 법과 치안에 주눅이 들지 않는 삶의 긍정이다. 이것들이 신비주의 아나키즘의 정치적 핵심 요소다.

이 이중 프로그램, 한편으로는 사보타주와 다른 한편으로는 문명으로부터의 분리/독립은 앞서 확인했듯 '추상의 정치' 내에 발이 걸려 남아 있게 될 위험을 무릅써야 한다. 이 놀라울 정도로 창조적인 상황주의 제스처의 재연이(내가 동시대 예술 실천과의 연결을 강조했던 이유다) 놓치고 있는 것은 정치적 매개에 대한 사유다. 정치적 매개를 사고함으로써 〈보이지 않는 위원회〉 같은 집단은, 복합적이고 충돌이 일어나는 투쟁의 자리, 노동자, 실업자, 심지어 디자이너 저항자들, (아마 가장 중요할 테지만) 적잖이 권리가 박탈된 인종 집단과 관련해 연합하고 구체화될 수 있다. 우리는 도시와 시골의 대립보다 더 풍부한 정치 지도를 제작해야 한다. 문명으로부터의 분리/독립과 결합된 사보타주는 유혹적일 수는 있으나 우리가 앞에서 감지한 도덕주의의 냄새를 풍긴다. 궁극적으로는 반정치적 순수주의의 냄새가 난다.

그렇지만 나 역시 분리/독립의 욕망을 이해한다. 운이 다한 듯 심연을 향해 있는 문명으로부터 도망치려는 욕망 말이다. 다음 장에서 자세히 보겠지만 그런 분리/독립주의의 적절한 신학적 명칭은 마르치온주의 Marcionism다. 마르치온주의는 생명으로부터 율법을, 구원 질서로부터 창조 질서를, 구약과 신약을 분리하는 것을 중심으로 삼는다. 전지구화, 원자화, 생명정치적 폭력과 지배의 법적 체제는 생명이라는 저수지의 물을 말리겠다고 위협한다. 이에 맞닥뜨려 분리/독립이란 물러남이자 또 다른 생명 형식과 집단 지성이 가능한 장소를 세우는 것이다. 분리/

독립은 생명으로부터 법의 도덕 폐기론적 분리 가능성을 제공한다. 자유로운 인간의 사회성을 실험함으로써 구질서로부터의 후퇴를, 달리 말해 "공통적인 것의 드러남, 그리고 힘의 함양, 감성의 공유 그리고 공유의 정교화"라고 이해되는 공산주의를 제공한다.[133]

정치적 저항의 전술에서 그 본성이 바뀌었거나 바뀌고 있는 경우도 마찬가지이다. 이른바 반지구화 운동이 시들면서 〈보이지 않는 위원회〉처럼 대단한 진단력과 전략적인 사고를 보유한 집단들이 사상과 행동에 일관성을 주고자 한다. 그들은 발원지에서 떨어진 거리와 무관하게 다양한 지역의 정치 행동들을 기술할 뿐 아니라 촉발하기도 하면서, 새롭고도 흥미진진한 반란 정치의 어휘들을 제공한다. 발원지 저 멀리에서는 〈보이지 않는 위원회〉가 '공명resonance'(흥미로운 어휘 선택이다)이라 부르는 것에 의해 움직인다.[134] 어떤 지역에서 공명하는 몸이 탁자 위의 유리잔들처럼 또 다른 몸을 흔들어 놓기 시작하고 갑자기 마루 전체가 유리로 뒤덮인다. 정치란 아마도 소위 반지구화 운동에서 그랬듯이 더 이상 가시성을 얻거나 가시성을 수단으로 삼는 투쟁이 아닐 것이다. 저항이란 비가시성, 불투명성, 익명성과 공명의 함양에 관한 것이다.

사랑의
정치

〈보이지 않는 위원회〉 같은 집단을 배회하고 있는 추상의 정치는 의심스럽다. 그런데 우리가 그런 정치 실험들을 거부한다면 어떤 결론이 이어질까? 정치적 사유에서 유토피아적 충동이란 그런 충동이 없다면 우

믿음 없는 믿음의 정치

리가 훨씬 더 잘 지낼 위험한 정치신학의 잔여에 불과하다고 결론지어야 하지 않을까? 신비주의 아나키즘 비판의 결말은 우리가 세계의 폭력적 불평등에 직면해 이를 받아들여야 하고, 우리를 안심시키는 비관론적 다원주의를 가지고 원죄에 대한 믿음을 갱신해야 한다는 것인가? 존 그레이의 정치적 현실주의나 카를 슈미트의 권위주의 혹은 버락 오바마의 자유주의라는 선택지를 감수해야만 할까? 우리는 개인적·정치적 사유에서 유토피아적 충동을 그저 일축해야만 할까?

그렇다면 그 귀결은 명약관화하다. 우리는 있는 그대로의 사태에 끼어서 꼼짝 못하거나 그보다 훨씬 더 심각한 사태에 직면해 꼼짝 못하게 될 수 있다. 사유와 행동에서 유토피아적 충동을 포기한다는 것은, 있는 그대로의 세계 내에 스스로를 가두는 것이고 (그런 세계가 제아무리 작고 덧없으며 어정쩡한 것이라 하더라도) 또 다른 세계가 가능하다는 모든 전망을 단번에 단념하는 것이다. 현재 우리를 둘러싼 서구의 정치 환경에서 정치적 사유의 유토피아적 충동을 포기한다는 것은 자유민주주의에 기꺼이 고개를 수그리겠다는 뜻이다. 앞서 살펴본 것처럼 자유민주주의란 법과 단절하는 그 어떤 것, 이를테면 기적적인 것, 사건이라는 모멘트, 공통적인 것의 이름으로 일어나는 상황과의 단절마저 무력하게 만드는 법의 지배이자 규칙 중의 규칙이다. 자유민주주의는 시장의 보이지 않는 신의 손의 통치를 받는 정치적 이신론과 같다.

신비주의 아나키즘, 자기-신격화나 자기-유일신론의 문제로 되돌아가자. 신 되기라는 관념의 변호가 응당 좀 멀리 나간 것으로 보일 수 있다는 데 동의한다. 그런 신비주의를 포용한다는 것은, 바디우가 다른 책에서 바울에 대해 몽매주의적 찬양 담론이라 부른 것의 먹이가 되고 만다.[135] 바디우가 라캉으로부터 빌려 온 네 가지 담론(주인, 대학, 히스테리, 분석가)의 도식에 비춰 볼 때 신비주의자는 히스테리 담론과 동일시되고, 바디우가 분석가 담론과 같다고 본 반몽매주의적 그리스도교 입장에 모순된다. 바디우는 그리스도 사건에 대한 바울의 선언(바디우가 '반몽매주의의 윤리적 차원'[136]이라 부르는 것)과 포레트와 같은 부류의 황홀경에 빠진 주체성, 신성과 동일시된 신비주의 담론 사이를 구분한다.

그런데 그런 결론을 묵인한다면 신비주의 아나키즘에 필수적인 어떤 것, 내가 **사랑의 정치**라 부르고자 하는 것을 놓치고 만다. 포레트에게 가장 흥미진진한 것은, 새로운 어떤 것이 존재할 수 있도록 낡은 자아를 빼내는 절대적인 영적 감행으로서 사랑이라는 관념이다. 앞에서 인용했듯, 앤 카슨의 말대로 사랑은 감히 자아를 뒤에 남겨 두고 가난 안으로 들어가 그 자신의 말소에 관여하게 한다. 사랑이 들어오기에 충분히 커다란 공간 하나를 만들기 위해 스스로를 내려치고 깎아낸다. 포레트는 주체의 불멸적 차원이라 불릴 만한 것을 향해 열려 있는 절대적 감행의 행위를 시도한다. (여기서 **유일하게** 중요한 시도는 신의 현현이라는 결과가 아니라 이것이다.)

불멸성의 유일한 증거는 사랑의 행위이다. 스스로를 말소함으로써 그 자신 너머로 확장하고자 하는 감행이자 자신이 기획투사할 수 있는 힘을 능가하는 것에 기획투사하고자 하는 감행이다. 사랑한다는 것은 가지고 있지 않은 것을 내주는 것이고 아무런 권한을 행사할 수 없는 어떤 것을 받아들이는 것이다. 란나우어에서 봤다시피 요점은 타인을 죽이는 것이 아니다. 타인과 변형된 관계가 가능하도록, 공통적인 것을 상상하고 타인과 함께할 수 있는 새로운 길이 가능하도록 자기 스스로를 죽이는 것이다. 아나키즘이란 내부 식민지화라는 행위로 시작될 수 있을 따름이다. 자아의 탈바꿈을 요구하는 사랑의 행위로 말이다. 마침내 (그리고 아주 단순하게) 아나키즘은 미래의 문제가 아니라 지금 어떻게 살아갈 것인가의 문제다. 물음은 이렇다. 우리는 어떻게 행동할 것인가?

3장

믿음의 본질에 대하여

"여러분의 몸은 여러분 것이 아닙니다" *

종교개혁

성 바울이 골칫거리다. 바울로의 복귀가 대개 국교에 아주 나쁜 소식이라는 것은 그리스도 교의사에서 단순한 사실이다. 위대한 독일 프로테스탄트 신학자 아돌프 폰 하르나크는 한 세기도 훨씬 전에 이미 이렇게 지적한 바 있다. "혹자는 교의의 역사를 교회 안에서 일어난 바울식 반동의 역사라고 서술할지도 모르겠다. 그러면서 역사적 전환점들을 죄다 건드릴 것이다."[1] 이것은 마르치온의 사도 교부Apostolic Fathers 반대, 교부들Church Fathers의 뒤를 이은 아우구스티누스, 스콜라주의자들 이후의 루터, 〈트렌트 공회의the Council of Trent〉 이후의 얀센주의까지 모두 아우른다. 하르나크는 말을 잇는다. "도처에 바울이 있었다. (…) 그가 종교개혁을 산출했다."[2]

그렇게 바울의 정신은 종교개혁 운동이다. 타락과 세속주의 그리고 국교의 지적 궤변을 정리하고, 가장 오래된 현존 문서인 바울 서간에 단단히 묶여 있는 그리스도교의 종교적 핵심으로 복귀하려는 것이다. 종교개혁을 추동한 바울적 동기는 키르케고르와 카를 바르트Karl Barth, 루돌프 불트만Rudolf Bultmann에게도 해당한다. 괴상하게 들릴지 모르지만 니체도 마찬가지다. 심지어 그가 적그리스도라는 희비극적 외관을 하고 있을 때조차 말이다. 조르조 아감벤은 니체가 데살로니가후서에 나오는 적그리스도의 형상을 차용한 것이 바울 메시아주의에 대한 일종의 패러디라고 본다.[3] 니체가 가치의 전도를 요구하는 기저에는, 그런 전도를 낳는 데 성공한 바울에 대한 순전한 질투가 있다. 하지만 니체는 다마스쿠스 체험에 이르는 바울의 길을 모방해 ("인간과 시간보다 6,000피트 위에 있는") 영원회귀에 대한 직관을 드러냈다. 야콥 타우베스가 서술했다시피 "바울은 가장 깊숙하고 은밀한 곳까지 샅샅이 니체에게 나타난다."[4]

내 관점에서 바울에 대한 이야기를 시작하자면, 하이데거는 1차 세계대전 이후 위기의 시간 동안 바울 서간에 대해 강의하면서 원시 그리스도교Urchristentum에 열렬한 관심을 표했다는 점에서 니체와 마찬가지였다. 나는 앞으로 어떻게 하이데거의 사유 개혁에 대한 기본 직관이 심히 바울적인지 보여 줄 것이다. 태고의 그리스도교를 회복하려는 바로 그 제스처가 바울의 모멘트를 반복하려는 욕망이다. 우리는 전통이라는 퇴적물(하이데거가 그의 사제인 교부 엥겔베르트 크렙스Engelbert Krebs에게 보낸, 유명한 1919년 편지에서 '가톨릭교의 체제'라 지칭한 것)을 버리고 본원적 체험이라는 이름으로 전통의 원천들을 재가동해야 한다.[5] 바울로의 복귀란 하나의 시도인데, 하이데거의 표현으로 하자면, 삶의 선포라는 이름으로 죽어 가는 전통을 파괴하거나 해체하려는 시도다.

웨인 믹스Wayne Meeks가 지적했다시피 바울은 "가장 신성한 사도"이자 "이단자들의 사도"[6]이다. 바울은 베드로와 유대 그리스도인들과 분쟁하던 시절 이래로 전통의 권위에 대한 열성적인 적이자 온갖 형태의 권위주의에 반하는 적대자로 존재했다. 바울은 그리스도교 역사에서 소요騷擾에 대한 고유명사이다. 실제로 그리스도교의 특유함조차도 의문에 자리매김했던 그런 소요다. 예를 들어 다니엘 보야린Daniel Boyarin 및 타우베스와 아감벤의 저서들은 바울이 훨씬 더 급진적인 유대인으로 이해될 수 있음을 보여 주려는 욕망을 공유하고 있다. 보야린이 강조하듯이 "바울은 자신이 유대교를 실행한 한 명의 유대인이라는 확신 속에서 살고

죽었다.["7"] 타우베스는 다음을 역설하며 더 멀리 나아간다. "바울은 광신
도이고 유대 열성 당원이다."[8] 그리고 "그 어떤 개혁주의 랍비들보다 훨씬
더 유대교적이다."[9] 아감벤의 지배적 가설은, 숄렘과 벤야민을 통해 재가
동된 유대 메시아주의의 전통 내에 바울 서간의 적절한 자리를 되찾아
주는 것이다.[10]

　바울의 정수가 놓일 자리가 있다면 그것은 행동주의가 틀림없다. 그
렇기 때문에 설립 후 재정 지원을 받고 잘 수호되고 있다고 여겨 온 온
갖 교회에 분란을 일으킨다. 바울이 들먹여질 때, 국교가 바빌론의 사
창가이고 그 위계가 적그리스도임이 선포되는 일이 보통 일어난다. 그러
므로 오늘날 바울에 대한 관심이 지대하다는 사실은 보수적 제스처나
모종의 전통 종교로의 복귀로 파악되어서는 안 된다. 반대로 바울로의
복귀란 개혁에 대한 요구다. 새로운 형태의 행동주의, 혹은 알랭 바디
우가 도덕적 상대주의와 공동체주의적 정체성 정치 그리고 글로벌 자본
주의로 규정되는 시대에 보편적인 것을 얻으려는 새로운 투사성이라 부
른 것에 대한 요구인 것이다.[11] 바울로 돌아갈 때 언뜻 보이며 더듬거리
게 되는 것은 믿음과 실존적 헌신에 대한 비전이다. 이 비전은 자유민주
주의의 조건 아래서 동기가 상실된 실존의 느슨함을 마주하고 제압하
기 시작할지도 모른다. 바울로의 복귀란 정치적 실망에서 그 동기를 얻
는다.[12]

바울의 수신

　바울 서간은 십 년이라는 아주 짧은 세월 동안(AD51~62?), 최소한 절

박한 위기의 순간으로 기술될 수 있을 법한 어떤 맥락에서 압도적인 긴박감을 가지고 쓰였으며, 폭넓게 제멋대로 해석되고 단순화되며 또 왜곡되기 쉬운 속성을 보여 주고 있었다. 복음서가 연이어 작성된 시기부터 사도행전을 지나 이른바 마르치온 이단까지, 줄곧 루터가 '전대미문의 설교'[13]라 일컬은 것, 미묘하고도 상반되게 복잡한 바울의 사유에는 무한히 가변적인 어떤 것이 있었던 것 같다. 바울을 가리켜 변화무쌍하다는 말만으로는 너무 부족하다.

틀림없이 가장 널리 퍼진 지독한 왜곡은 바울이 '그리스도교의 창시자'였다는 것이다. 바울을 읽은 독자라면 누구든 알고 있다시피 '그리스도인Christian'과 '그리스도교Christianity'라는 표현은 바울이 쓴 것이 아니다. 그 대신 바울은 '그리스도 안의in Christ' 존재에 대해 이야기하는데, 이는 적어도 두 가지 방식으로 이해될 수 있다.

첫째, 신비주의적인 방식이다. 영혼 안에 깃든 그리스도의 내재성을 주장하는 것처럼, 바울이 "이제는 내가 사는 것이 아니라 그리스도가 내 안에 사시는 것입니다"(갈라디아서 2장 20절)[14]라고 말할 때처럼 말이다. 둘째, 정치적인 방식이다. 마르틴 디벨리우스Martin Dibelius가 '기다림의 공동체의 자격'[15]이라 부르는 것이 사례다. 바울의 신비주의 비판이 가진 미묘함에 대해서는 뒤에서 다룰 것이다.

아무리 뒤이은 다수 그리스도교 교의가 바울을 좀 더 베드로에 가까운 주춧돌이나 머릿돌로 바꿔놓으려 애썼다 하더라도, 바울은 확실히 스스로를 조직된 제도 종교(영국 국교회는 말할 것도 없고 정통이든 가톨릭교이든 상관없이)의 창시자로 생각하지 않았다.

바울은 그저 메시아Mashiah, Christos를 선포했을 따름이었다. 메시아의 이름은 예수, 역사적 예수 벤 요세프Yeshu ben Yosef였다. 곧 살펴보겠지만 바울의 믿음이란 메시아에 대한 열렬한 헌신도 아니거니와 마르틴 부버가 비판한 그런 추상적인 신앙의 일종도 아니다.[16] 기름 부음을 받은 자 또는 메시아로서 예수에 대한 믿음이란 부활을 통해 확증되었고 이 부활의 절대적 구심점은 바울 서간 어디든 펼쳐서 몇 쪽만 읽어 봐도 발견할 수 있다. 부활이 없다면 믿음은 죄다 헛되다. 바디우가 그랬듯이 부활을 '우화fable'[17]라고 일축할 수는 없다. 그런데 부활에 대한 믿음을 가지고서 바울은 그의 표현대로 '은총으로 뽑힌 남아 있는 자들'(로마서 11장 5절)의 공동체를 세우고자 도모한다. 타우베스가 보여 준 것처럼 바울은 유대인과 로마인 모두에 맞선, 단 하나의 사랑이라는 헌신에 기초해 있는 부정의 정치신학을 구축한다. 바울은 사회 통념에 어긋나고 비밀스런 어떤 지하 공동체에 "유대인도 조금 있고 이방인도 조금 있는"[18] 한 무리의 쓰레기와 거부자들refuseniks에게, 바로 저 세상의 오물들에게 편지를 쓴다. "우리는 이 세상의 쓰레기perikatharmata tou kosmou처럼 되고 이제까지도 만물의 찌꺼기peripsiema처럼 되었습니다."(고린도전서 4장 13절)

여기서 프란츠 파농Frantz Fanon이 '대지의 저주받은 사람들' 혹은 (새 국제 성경(NIV)의 번역에 따라) 지상의 인간쓰레기perikatharmata tou kosmou의 정치신학이 상상되는 셈이다. 바울의 정치란 로마인의 세계에도 유대인의 세계에도 속하지 않은 달갑잖은 찌꺼기의 증대다. 말하자면 불결한 깍지이자 껍질 또는 피부 각질이며, 내버리고 내던져진 것, 세상의 인간 떨거지와 손발톱 조각들, 즉 대지의 똥의 증대다.[19] 그래서 아감벤이 바울의 관건은 단순히 공동체주의에 맞서 보편주의를 확언하는 것이 아니었다며 바디우를 비판하는 것은 타당하다.[20] 바울주의는 칸트주의가 아니다. 관건은 남겨진 자들의 정치다. 여기서 인간 찌꺼기가 새로운 정치적 분절의 기반이 된다.

이렇게 찌꺼기 같은 공동체들의 과제는 최후의 때에 이를 때까지 메시아의 메시지를 감당하는 것이었고, 바울은 그러한 시간을 살아가고 있다고 여겼다. "이 세상의 형체가 사라지고 있습니다."(고린도전서 7장 31절) 아감벤이 보여 준 것처럼 바울의 관심은 남겨진 시간il tempo che resta에 있다. 지금과 파루시아[재림] 사이의 남아 있는 시간, 부활의 역사성에 의해 규정된 지금과 예수의 귀환이라는 미래 사이의 그 시간 말이다.[21] 바울의 시간(메시아적 혹은 실로 황홀경[탈자적]이라 묘사될 수 있겠다)이란 부활의 '이미already'와 파루시아의 '아직 아님not yet' 사이에, 바울이 수신하는 지금, 카이로스kairos*에 표시되어 있는 역사성과 미래성 사이에 뻗어 있다. 이 수신의 긴급함은 그가 많은 시간이 남아 있지 않다고 생각했음을 보여 준다.

그것이 바울에게서 수신受信이 갖는 아주 매혹적인 본질이다. 첫째로 바울은 특정 공동체(데살로니가인들과 갈라디아인들) 또는 적어도 한 가지 경우로 빌레몬Philemon이라는 특정인을 수신자로 삼아 편지를 쓴다. 그런데 둘째로, 더 중요한 것은 바울이 이 편지들을 그가 수신되었기에 곧 그가 부름을 받았기에 쓴다는 것이다. 바울은 그가 수신되었으므로 편지를 부치는 셈이다. 바울은 결코 회개의 체험에 대해 말하지 않는다. 우리가 회개에 가장 가까이 다가가는 곳은 사도행전의 미심쩍은 구절이다. 예수가 "사울아, 사울아 왜 네가 나를 박해하느냐?"(사도행전 9장 4절)라고 말할 때 사울의 두 눈에서 비늘이 떨어지고 사울은 바울이 된다. 차라리 바울은 부름 받음kletos이나 부름klesis에 관해 이야기한다. 바울은 로마서 첫머리를 써 나갈 때 한 명의 사도이자 전령자로 부름을 받

---

* 카이로스는 때가 꽉 찬 구원의 순간으로 자신의 존재 의미를 느끼는 절대적인 시간이다. 예컨대, 예수 그리스도가 도래하는 시간이다. 이와 반대로 크로노스는 그냥 흘러가는 연대기적 시간이다. 보다 자세한 설명은 다음 책을 참고하라. 파울 틸리히, 『그리스도교 사상사: 원시교단부터 종교개혁 직후까지』, 송기득 옮김, 대한기독교서회, 2005, 35~36쪽.

았다.(로마서 1장 1절) 고린도후서에서 바울은 그 자신에 관해 3인칭으로 말한다. "내가 잘 아는 그리스도교인 하나가 14년 전에 셋째 하늘까지 붙들려 올라간 일이 있었습니다."(고린도후서 12장 2절) 그러나 바울을 유대 그리스도인들의 박해자에서 그리스도를 찬양하는 설교자로 바꿔 놓은 일이 무엇이든 간에 그는 부름의 주체다. 또는 더 적절하게 표현하자면, 바울의 주체성은 부름을 통해 구축된 셈이다.

우리는 묻는다. 바울은 누구인가? 바울은 부름을 받은 자다. 실제로 바울은 그가 부름을 받았으므로 바울이라 불린다. 부름 전에 바울은 사울 또는 [헬라어로는] 사울로스Saulos였다. 사울은 고귀했고 "베냐민 지파로 히브리인 중의 히브리인이고 (…) 율법으로는 흠잡을 데 없는"(빌립보서 3장 5~6절) 왕 같은 이름이었다. 부름을 통해 바울은 "나는 모든 것을 잃었고 그것들을 모두 쓰레기skubala로 여기고 있습니다"(빌립보서 3장 8절)라고 쓴다. 바울이 부름을 받았을 때 그는 쓰레기가 된다. 일부 초기 번역에 따르면 쓰레기to skubalon는 문자 그대로 한 덩어리의 배설물이나 똥이 된다. 로마의 자유 시민인 사울의 고귀함에 대립되는 것으로 바울은 작아진다. 아감벤이 상기시키듯 파울루스paulus는 라틴어로 '작고 보잘 것 없다'는 뜻이다.[22] 이 말은 가난하고 빈약하거나 메마른 사람을 뜻하는 파우퍼pauper에 연결된다. 부름으로 초래된 사울에서 바울로의 이동은 주류에서 비주류로의 전환이다. 파울로스Paulos는 '파울리Pauly'나 '파울린호Paulinho'처럼 극소의 어떤 것이다. 바울이 노예의 이름이고, 모든 노예의 이름이 그렇듯이 삭제된 고유명사의 자리에 덧붙여진, 폭력적으로 부과된 별명이라는 점이 대단히 중요하다. 바울이 로마서를 시작하며 말하고 있듯이, 그는 부름을 받자마자 메시아의 노예가 된다Paulos doulos Iesou Kristou. 바울이 했던 '전대미문의 설교'의 핵심이자 대립을 곱절로 만들면서 느끼는 기쁨과 탁월함이란, 바로 노예 생활이 우리를 자유롭게 만들고 약함이 곧 강함이라는 사실이다. "내가 약해졌을 때 나는 강하기 때문입니다."(고린도후서 12장 10절) 그리스도는 약한 채로 십자가에 못 박히지만 부활을 통해 강해졌다. 그처럼 메시아의 노예가 되면서 우리는 세속적인 로마 자유인의 삶을 포기하고 우리의 약함을 확언하라고 요구받는다. 그리스도 안에서 존재의 힘이란 힘 없는 힘인 셈이다. 그 힘은 인간의 힘을 능가하는 어떤 부름에 의해 구축되어 있다. 그것은 주체들을 불능으로 만듦으로써 주체들에게 행동의 잠재력을 부여한다. 우리는 뒤에서 불능impotence이라는 중심 주제로 되돌아갈 것이다.

게다가 바울은 역설한다. "이것이 내가 모든 교회를 위하여 세운 원칙입니다."(고린도전서 7장 17절) 우리가 부름을 받았던 그 처지에 남아 있어야 한다는 이야기다. 당신이 부름을 받을 때 노예라도 괜찮다. 노예로 부름을 받은 당신은 그리스도 안에서 자유롭게 될 것이고, 그렇지 않고 당신이 부름을 받을 때 바울처럼 자유롭다면 당신은 그리스도의 노예가 될 것이다. 바울이 결혼에 대해 다룰 때에도 비슷한 모순어법의 논리가 지배적으로 나타난다. 당신이 아내에게 묶여 있다면 "자유로워지려 하지 마라." 그러나 아내가 없는 사람이라면 "결혼하려 하지 마라."(고린도전서 7장 27절) 바울이 계속 써 내려가듯 "약속된 그때가 단축된 고로" 결혼하면 우리는 세상의 골칫거리에 이르게 될 것이다. 그러므로 "아내가 있는 사람은 아내가 없는 사람처럼 살라."(고린도전서 7장 29절) 이른바 그리스도교적인 가족의 소중함이란 여기까지다. 테리 이글턴이 우리에게 상기시키는 바대로 "가족에 대해 예수가 강한 적개심을 보였기" 때문이다.[23]

믿음 없는 믿음의 정치

서약-맹세
: 선포로서의 믿음

이 책에서 내가 관심을 갖는 것은 믿음faith의 본질이다. 나는 바울과 최근 그의 철학적 대화자들을 안내자로 삼고 그들을 활용해서 직접 이 쟁점을 다뤄 보고 싶다. 믿음이란 어떤 종류의 것인가? 그리고 (더 특별하게) 명목상으로나 교파적으로나 믿음 없는 나 같은 누군가가 여전히 믿음의 체험을 할 수 있을까? 믿음 없는 이들의 믿음에 대해 이야기할 수 있을까?

여기서 나는 선언적 행위이자 실행이며 선포의 수행으로서의 믿음에 관해 제안하고 하이데거 독해를 통해 이를 더 주의 깊게 발전시키고 싶다. 이 점에서 나는 복음과 복음주의적 희소식이라는 관념을 '선포하다'나 '고지하기'라는 동사적 의미에 엮고 싶다. 믿음이란 실행하는 고지이자 믿음의 주체를 낳는 선포다.

간결하게 표현하자면, 믿음이란 부름과 관련한 실행이라고 할 수 있다. 믿음은 긴박하고 시간을 엄수하는 서간 문학의 형태로 선포되어 있다. 부름을 수신함으로써 발생하는 편지는 보통 그 현존이 위기의 순간에 놓여 있는 특정 공동체에 부쳐진다. 믿음은 결정적 개입이 요청되는 어떤 위기 상황에서 단언된다. 달리 말해 믿음은 투쟁 상황에서 발생한다. 투쟁에서 미래의 의미와 그 미래가 현재에 드리운 그림자의 정확한 범위가 관건이다. 이것은 종말론적 투쟁이다. 그렇게 믿음이란 최후의 지복을 보상받는 내세에서 멀리 떨어져, 공허하고 고정되거나 변함없는 상태가 아니다. 차라리 믿음은 과거라는 사실성(바울에게는 부활이라는 사실)과 미래(파루시아)라는 절박함 모두가 관통한 현재에서의 실행이다. 바울 서간에서 바울의 선포를 규정하는 열정은, 우리가 걱정스럽게 기대하면서도 스스로 예비할 수밖에 없는 구원의 미래성과 우리가 맺는 관계에 관한 것이다.

그렇다면 바울의 믿음 개념은 신에 대한 형이상학적 믿음belief이라는 추상적 개념이 아니다. 그리스도는 신적인 것에 대한 헤겔적인 매개도, 초월적 너머로 이어 주는 전달자도 아니다. 믿음이란 차라리 내가 '무한한 요구'라 일컬은 것을 살아 낸 주체적 헌신과도 같다.[24] 그것은 선포를 위해 바울을 부르며 부활한 그리스도의 무한한 요구이다. 저 요구와 관련한 승인이나 충실성의 행위를 통해 주체가 구성된다. 다시 거론하겠지만, 결정적으로 주체란 그에게 자리매김한 무한한 요구와 동등한 것이 아니다. 만약 동등하다면 이 요구는 무한하지 않을 것이고 믿음의 구조도 자율과 같은 형태, 말하자면 스스로가 부과한 법(이를테면 칸트에게서처럼)을 가질 것이다. 오히려 바울을 부르는 무한한 요구는 내 권한을 능가하는 어떤 것인 예수 메시아라는 사실Faktum에 대한 믿음을 요구한다. 결론에서 살펴보겠지만 이 무한한 요구는 키르케고르의 의미에서 사랑의 역사役事다. 이 사실이 아주 특유한 식으로 주체를 이질의 것에 촉발되게hetero-affectively 구성한다. 믿음이란 주체가 자신에게 자리매김된 요구와 동등해질 수 있게 하는, 확신에 찬 주체의 강함에 있는 것이 아니다. 오히려 무한한 요구는 주체의 상황을 본질적인 약함이나 부족한 상태asthenia와 대면시킨다. 바울은 이렇게 쓴다. (여기서 유사-니힐리즘적인 바울의 정치신학 논리에 주목하자.) "하느님께서는 강하다는 자들을 부끄럽게 하시려고 이 세상의 약한 사람들을 택하셨습니다. 하느님께서 존재하는 것들을 폐하려고 세상의 천한 것들과 멸시받는 것들과 심지어 존재하지 않는 것들을 택하셨습니다."(고린도전서 1장 27~28절)

아감벤이 바울을 벤야민의 「역사의 개념에 대하여Theses on the Philosophy

믿음 없는 믿음의 정치

of History」에 연결하며 흥미진진하게 보여 준 바대로 메시아적 힘이란 언제나 약하다.[25] 형용사 '약한'은 (데리다는 『마르크스의 유령들Specters of Marx』[26]에서 그렇게 믿는 것처럼 보이지만) 메시아적 힘의 자질이나 그 축소를 뜻하는 것이 아니다. 주가 바울에게 응답하듯 "내 은총이 네게 족하도다. 이는 내 권능이 약한 자 안에서 온전해지는 탓이다."(고린도후서 12장 9절) 믿음(특히 초월적이고 형이상학적인 보증인이 빠져 있는 믿음 없는 이들의 믿음)이란 힘 없는 힘, 약함 안에서의 힘이다.

아감벤은 「여섯째 날The Sixth Day」에서 바울이 로마인들에게 보내는 편지를 여는 열 개의 단어를 독해하면서 믿음의 문제로 넘어가는데, 그 방식에서 내가 방금 시도한 주장의 반향을 발견하게 된다. 아감벤은 자신의 저술에서 대개 책이 끝날 때 (때로 정말 말미에서) 반복하는 제스처로 법과 생명 사이의 공간을 열어 두려 한다.[27] 벤야민에 준거한 아감벤의 테제는 역사란 인간 생명의 전 영역을 서서히 법률화해 가는 것과 다르지 않고 이때 법은 폭력과 동일시된다는 것이다. 아감벤이 볼 때 믿음 체험에는 바울의 피스티스*에서 바울 이후 수세기에 걸쳐 등장했던 성체성사적 믿음 형태로의 몰락이 있다. 신학사(어쩌면 신학 자체, 신성함에 대한 학문)의 믿음을 교리교의나 교리문답 항목들로 환원하는 것이다. (아감벤은 전형적으로 쓰는 함축적 방백 하나를 덧붙인다.) 이렇게 될 때, "법은 뻣뻣해지고 마비되며 인간관계는 모든 은총과 생기에 대한 감각을 상실한다."[28] 내가 이 장을 시작할 때 강조했듯, 아감벤은 개혁적인 제스처를 본질적으로 반복하는 것(마르치온파나 루터파)에서 바울의 믿음의 생기를 발견한다.

---

* pistis, 야콥 타우베스에 따르면, 바울적 믿음을 뜻하는 피스티스는 다른 종교들에서 구원을 얻으려면 현세에서 반드시 세워야 하는 인간의 '공로'와 반대되는 것으로, 그리스도가 일방적으로 선사하는 은총과 이에 기반을 두고 신과 맺는 관계에 구원이 달려 있음을 가리킨다.

아감벤은 믿음을 서약의 경험에, 그가 '법-이전pré-droit'[29]이라 일컫는 것의 영역에 연결한다. 그런 서약은 일종의 굳건한 약속이거나 내가 앞에서 '선포'라 부른 것이다. 누군가 맹세하는 것이다. 이렇게 교리-이전, 법률-이전에 있는 믿음의 체험에는, 심지어 성부와 성자가 존재론적으로는 동일 삼위일체의 두 측면이라 하더라도 니케아 신조에서처럼 성부에 대한 믿음과 성자에 대한 믿음 사이에 아무런 분열이 없다. 게다가 아감벤에게 결정적으로 믿음이란 결코 존재론적이지 않다. '예수는 메시아다'에 대한 믿음이 아니다. 여기서 메시아는 예수의 술어다. 차라리 믿음은 훨씬 간결한 사실의 공약인 '예수 메시아'에 표현되어 있다. 존재는 사실 진술 명제나 심지어 헤겔의 사변적 연결사를 통해 그리스도에 술어를 붙일 수 있는 그런 것이 아니다. 차라리 예수 메시아란 시쳇말로 존재와 다르게 또는 본질 저편에 있는 어떤 것이다.

유사하게 예수 메시아는 실존 너머에 있거나 역사적 예수라는 사실을 통해 증명되지 않는다. 바울이 갈라디아서에서 밝히듯 예수 그리스도의 계시를 받고 비유대인 가운데서 설교할 때, "그때 나는 어떤 사람과도 상의하지 않았고 또 나보다 먼저 사도가 된 사람들을 만나려고 예루살렘으로 가지도 않았습니다."(갈라디아서 1장 16~17절) 오히려 바울은 '아라비아'로 갔는데, 학자들은 아라비아를 지금의 시리아나 요르단 어디쯤이라고 본다. 이로써 믿음의 체험은 본질 혹은 실존으로 간주될 존재의 범주를 참조해서는 설명될 수 없다. 아감벤이 밝히듯 '예수'와 '메시아'라는 말 사이에는 연결사가 자신의 길을 짜내어 갈 여지가 전혀 없다. 그렇다면 믿음은 '예수 메시아'라는 말의 수행적 힘 그 이상도 그 이하도 아니다. 아감벤이 '말하기의 순수한 힘에 대한 효과적 체험'[30]이라 부른 그것이다.

믿음은 하나의 단어인데, 믿음을 선포하는 사건에 그 힘이 존재하는

믿음 없는 믿음의 정치

단어다. 선포는 존재가 실존으로 상상되든 본질로 상상되든 그것 안에서는 아무런 지지물도 발견할 수 없다. 아감벤은 이를 진리가 오직 말하기에만 놓여 있는 진리 검증veridiction이나 진리 말하기라는 푸코적 사고에 연결한다.[31] 그런데 이 사고는 똑같이 라캉이 벵베니스트Benveniste로부터 계승한 에농시아시옹énonciation(주체의 말하기 행위)과 에농세énoncé(말하기 행위를 하나의 진술이나 명제로 정식화하기)의 구별에 연결될 수 있다. 실제로 믿음이 선포라는 생각과 레비나스의 말하기le Dire(타인과 말을 건네 주고받는 수행적 행위)와 말해진 것le Dit('S는 P다' 형태의 명제로 저 행위를 정식화하기)이라는 개념 사이에는 중요한 반향이 있다. 이 책 서론에서 살펴봤다시피 우리는 여기서 명제적이거나 경험적인 진리 관념보다는 서약troth, 충실한 행위나 '진실됨'이라는 수행적인 진리 관념을 다루고 있다.[32] 진리란 꽤 그럴싸하고 고풍스러운 영어로 차라리 '서약-맹세troth-plight', 즉 신실한 약속이나 선포 행위라고 불릴 만한 것으로 간주된다.

서약으로서의 진리는 사랑에 의해 보증될 수 있다. 믿음의 선포는 약혼 행위다. 한 사람이 누군가와 약혼하는 것이고 누군가가 한 사람의 약혼자가 되는 것이다. 이는 고린도전서 13장에 나오는 일련의 유명한 사유들을 떠올리게 한다. 거기서 바울은 믿음이 사랑에 의해 보증되지 않는다면 "나는 울리는 징과 요란한 꽹과리다"(고린도전서 13장 1절)라고 강조한다. 물론 여기서의 맥락은 고린도 신자들 내로 뻗어 갔던 것으로 보이는 글로셀레일리어glossolalia 즉 방언放言에 대한 반론이다. 그런데 만약 믿음이 무한한 요구라는 부름을 선포하는 서약-맹세라면, 그 선포는 "모든 것을 참고 모든 것을 믿으며 모든 것을 바라며 모든 것을 견디는"(고린도전서 13장 7절) 사랑에 의해서 지탱되어야만 한다. 사랑 없는 믿음은 견딤의 주체적 헌신이 빠져 있는 속 빈 땡땡거림이다. 바울이 갈라디아서에서 표현한 것처럼 "그리스도 예수를 믿는 사람에게는 할례를 받았다든지 받지 않았다든지 하는 것이 중요하지 않고 오직 사랑으로 표현되는 믿음만이 중요합니다."(갈라디아서 5장 6절) 이것이 바디우가 그의 바울 독해에서 썩 잘 밝혀낸 요점이다. 믿음이 무한한 요구를 선포할 때의 주체의 나타남le surgir이라면, 사랑은 믿음 안에서 저 요구에 스스로를 결속한 주체의 노동labeur이다. 사랑은 주체에게 일관됨을 부여하고 바디우가 늘 '진리 공정'이라 부르는 것을 인내하게 한다. 사랑은 믿음처럼 연결 술어들을 고려하지 않고 사랑이라는 이유로 사랑하는 이의 술어들을 모으지도 않는다. 아감벤이 흥미로운 예시로 (예수 어머니의 이름과 관련해) 역설하듯 애인은 말한다. "마리아가 아름답고 흑갈색 머리를 가졌으며 상냥하기에 그녀를 사랑하는" 것이 아니라 "나는 아름다운-흑갈색 머리의-상냥한 마리아를 사랑한다"고 말이다.[33] 사랑에는 아무런 이유가 없고 아무것도 필요하지 않다. 그렇지 않다면 사랑이 아닐 테니까.[34]

하이데거의
바울

아감벤은 명시적으로 벤야민의 메시아주의의 표지 아래 바울을 해석하고, 바울을 숄렘의 표현대로 "혁명적 유대 신비주의자"[35]로 보고 싶어한다. 우리는 바울을 읽으면서 이러한 것들을 새로운 유사-종교개혁의 정통으로 간주하게 될 것인데, 이는 보야린과 타우베스에게도 발견된다. 그리스도교의 반유대주의는 바울을 해석함으로써 정당화의 구실을 마련하곤 했다. 그 긴 유혈의 역사를 고려해 볼 때 바울 서간을 새롭게 본다는 것은 곧 바울을 급진 유대주의로 마땅히 되돌려 놓는 것이다. 그런데 차차 밝혀지겠지만 아감벤은 바울 독해에서 벤야민보다 하이데거에 훨씬 더 빚지고 있다. 왜 아감벤은 자신이 하이데거에게 지고 있는 빚을 과소평가하려고 드는 것일까? 알 길은 없지만 추정해 볼 수는 있다.

전기적인 사실이 여기서 뭔가 도움이 될지 모른다. 하이데거는 체격적인 결함 탓에 1차 세계대전에서 실제 전투에 참여하지 못했다. 기상 병력과 함께 베르됭 전장의 후방에서 복무하며 날씨 예보라는 위험한 업무에 관계했는데, 전쟁 체험은 청년 철학자에게 중대한 형이상학적 충격을 남겼다. 하이데거가 [바울처럼] 다양한 신도들에게 서한을 쓰지는 않았겠지만, 최근에 출간된 아내에게 보낸 편지를 들여다보면 전쟁 체험에 대한 흥미로운 독해가 가능하다. 하이데거가 전쟁 초기인 1915년에서 1917년 사이 아내 엘프리데 페트리에게 보낸 편지에는 아주 달콤한 감상성이 드러난다. 적잖이 고상한 체하는 가톨릭교도의 신앙심과 열렬한 학문적 야심으로 한껏 달아올라 있지만 1918년 전장에 배치되자 어떤 극적인 변화가 일어났다. 표면상 이 시기부터 편지에서 관건이 되는 문제는 최근 태어난 아들 외르크를 아버지를 따라 가톨릭식으로 양육할 것인지, 아니면 어머니를 따라 프로테스탄트식으로 키워야 할지에 대한 것이다. 하이데거는 엘프리데의 프로테스탄트식 양육 요구에 의견을 양보하지 않고 "이미 결정됐다"[36]라고 쓴다. 이 지점에서 "기초 실존elemental existence"과 "실존의 원시성primitiveness of existence" 같은 표현이 처음 하이데거의 편지 안으로 들어오기 시작한다. 하이데거는 또한 "가톨릭 체계에서 내적 자유의 결핍"과 "자유로운 내적 결정"에 대한 무능을 비판하기도 한다.[37]

전쟁이 끝나던 달 하이데거는 강렬한 편지를 연달아 쓴다. 여기서 하이데거는 "목표 없이 움푹 들어간 눈"을 이유로 들어 독일의 정치적 리더십을 비판하고 "사람들이 범독일적 몽상에 체계적으로 구역질을 느껴

왔다"고 주장한다.[38] 동시에 "청년만이 지금 우리를 구할 것이고 창조적으로 새로운 성령이 세계에 육화되게 만들 것이다"[39]라고 쓸 때, 하이데거의 언어는 뚜렷이 바울스러워진다. 이 편지를 통틀어 하이데거는 "성령의 탄생"이 필요하다고 이야기한다. 이는 초기작 『존재와 시간』에서 명시적으로 피해야만 한다고 말한, 바로 그 철학소 가운데 하나였다.[40] 하이데거는 여기서 직접적으로 바울을 암시하는 듯 "내가 '부름'으로 상상하는 사적 성령이라는 본질로의"[41] 복귀에 대해 쓴다. 전쟁 기간 중에 썼던 마지막 서한에는 "인간 전체의 완전한 헌신인 급진주의를 통해서만 우리는 성령의 진짜 혁명가들로 진보할 것이다"[42]라고 적혀 있다. 하이데거는 자신의 군 동료들을 가리켜 "고만고만한 부르주아"라고 비판하고 "발본적으로 새로운" 것의 표지를 보기를 원한다. 그리고 암시적으로 끝맺는다. "우리의 영향은 처음에는 그저 소규모 모임에 제한되어 있을 것이다."[43] 어쩌면 우리는 이 언급의 운명에 대해서 장차 하이데거가 국가사회주의에 대해 정치적으로 헌신한 것과 관련해 이야기해 볼 수 있겠다.[44]

전쟁에서 돌아온 지 두 달도 채 안 되어 1919년 1월 9일 하이데거는 친구이자 신부인 엥겔베르트 크렙스(1917년 전쟁 중 하이데거와 엘프리데의 간소한 결혼식을 거행했던 그 가톨릭 신부)에게 한 통의 편지를 썼다. 하이데거는 자신의 철학 연구가 "가톨릭교 **체계**를 문제투성이로 만들고 내가 받아들일 수 없게" 만들었다고 쓴다. 그런데 그는 중요하게 덧붙인다. "어떤 새로운 의미를 가졌든지 간에, 그리스도교도 형이상학도 아니다." 이 '새로운 의미'는 하이데거가 '종교 현상학 탐구'[45]라 부른 것에서 발전시키려 한 것이다. 하이데거는 니체처럼 그리스도교를 거부하고 "배교자의 성나고 성긴 격론"[46]으로 넘어가지 않았다는 것이 중요하다. 하이데거는 1919년 여름부터 줄곧 종교와 신비주의에 대해 상세한 구상

믿음 없는 믿음의 정치

과 메모를 갖춰 놓고 있었는데도 정작 1920년 강의에서 자신이 원시적·본원적 혹은 초기 그리스도교라고 칭한 것으로 되돌아가 버린다. 이는 '종교'와 '삶'이라는 항목 사이의 내밀한 연결이 강조되어 있는『종교적 삶의 현상학*The Phenomenology of Religious Life*』으로 이어진다. 시원적 그리스도교는 하이데거가 이 시기에 현사실성facticity이라 부르기 시작했던 것에서 겪는 삶의 본원적 체험을 표현하고 있다.

1919년 가톨릭교와 단절한 하이데거는 이듬해 바울로 나아간다. 여기서 첫 번째로, 하이데거가 바울로 전향하는 데 프로테스탄티즘이 결정적 역할을 했다는 것에 주목해야 한다. 하이데거는 갈라디아서를 독해하는 맥락에서 "프로테스탄티즘과 바울이 실제로 연관되어 있다"[47]고 쓴다. 명백한 참조점은 루터다. 루터가 좋아한 서간 역시 갈라디아서였다. 갈라디아서 주해에 루터는 "복음의 진리란 우리의 의로움이 유일하게 믿음에 의해서만 온다는 것이다"[48]라고 단언한다. 강의용 메모(그러나 하이데거는 강의를 하지 않았다)인「중세 신비주의의 철학적 기초The Philosophical Foundations of Medieval Mysticism」에서 하이데거는 후설식으로 목청을 가다듬고 쓴다. "같은 믿음이라도 프로테스탄트와 가톨릭 사이에는 **근본적인 차이가 있다**. 경험이 인식 작용과 인식 내용에서 서로 갈린다. 루터에게서 **본원적** 형태의 종교성이 발생한다."[49]

체계적이고 교조적인 가톨릭의 특성을 거부하는 탓에 하이데거는 루터를 거쳐 바울에게 나아간다. 그런데 여기에 결합되어야만 하는 것은 '내밀한 하르나크주의crypto-Harnackianism'라 부를 만한, 가톨릭교의 철학적 특성에 대한 하이데거의 의심이다.[50] 하이데거의 서술처럼 "신이 사변의 대상으로 파악된다면 그것은 신에 대한 본래적 이해의 감쇄다. [개념적 연결에 대한 설명이 완수될 때에만 실현될 수 있는 것이다. 그러나] 그리스 철학이 그리스도교를 관통했기에 [이는 결코 시도되지 못했다.] 루터만이 이 방향에서 진전을 이뤘다."[51]

머잖아 하이데거는 종말론의 본원적 의미를 밝히려 하면서 그 의미가 "기원후 1세기 말부터 그리스도교에서는 완전히 가려져 있었고 [중세에는 이 문제가] 플라톤-아리스토텔레스 철학이 그리스도교 안으로 침투한 결과[더 이상 원래대로 파악되지 못했다]"[52]라고 말한다. 이 언급이 몇 년 후 하이데거가 '존재론 전통의 파괴에 대한 요구'라 부를 것을 선취함에도, 이 지점에서는 다만 종교 체험의 철학적 해석에 대한 하르나크의 일관된 격론을 차용하고 있다. 예를 들어 요한 페터 에커만*의 괴테Johann Wolfgang von Goethe로부터 인용하여 『교의사History of Dogma』 제1권에 제사로 나오는 독일어 문장은 다음으로 시작한다. "그리스도교는 철학과 아무런 관계가 없다."[53]** 하르나크는 다수의 책을 진행하면서 한편으로 바울 그리스도교의 가톨릭 교리로의 변성, 다른 한편으로 그노시즘과 같은 다양한 형태의 사변적 이단을 보여 준다. 루터의 가톨릭교 비판은 그리스도교를 믿음의 체험에서 바울의 뿌리로 복귀시킨다. 그것이 하르나크적 교의다. 하르나크는 믿음의 반철학적 순수성을 역설함으로써 우리가 곧 관심을 돌리게 될 마르치온으로 나아간다. 내밀한 하르나크주의는 내밀한 마르치온주의이고 그 가능한 위험이 곧 밝혀지기를 바란다.

---

* Johann Peter Eckerman, 1792~1854. 독일의 문필가이자, 괴테 만년의 비서. 괴테와 나눈 대화를 기록했다.

** 독일어 원문은 다음과 같다. "Die Christliche Religion hat nichts in der Philosophie zu thun." 요한 페터 에커만의 『괴테와의 대화 1Gesprache mit Goethe』에 나오는 (약간 변형된) 괴테의 말이다. 괴테는 기독교(종교)가 철학으로부터 독립된 관점을 유지해야 한다고 주장하면서 다음처럼 덧붙인다. "헤겔과 마찬가지로 그[슈바르트]는 **기독교를 철학의 영역으로 끌어들이고 있어. 철학은 그래 봤자 아무런 역할도 못하는데 말이야.** 기독교는 그 자체로 강력한 실체이며, 영락하거나 고뇌하는 인류는 때로는 그것에 의지하여 언제나 자신을 일으켜 세워 왔네. 종교의 이러한 작용을 인정하는 이상, 종교는 모든 철학을 초월하며 그것으로부터 어떠한 지원도 받을 필요도 없는 것이지."(강조는 역자) 하르나크는 이런 괴테의 모토를 책의 제사로 삼아 그리스도교의 반철학적 순수성을 회복하려는 자신의 의도를 압축적으로 표현하려 했다.

내밀한 마르치온주의의 영향은 그리스도교를 "역사적 전통을 통해서가 아니라 본원적 체험을 통해서"[54] 접근해야 한다는 하이데거의 주장에서도 감지될 수 있다. "역사적 전통"이라는 표현은 가톨릭교를 암시한다. 놀랍게 들릴지 몰라도 하이데거는 철학과 교조적 전통을 의심하며 메시아적 바울 독해로 나아가는데, 이는 곧 살펴보겠지만 특히 메시아적 시간이라는 문제와 관련해 아감벤과 상당히 닮아 있다. 하이데거는 어떻게 "공관 복음서에서 예수가 하느님의 나라e basileia tou theou를 공표했는지" 주목한다. "바울 복음서에서 고유한 **선포의 대상은 이미 메시아로서 예수 그 자신이다.**"[55] 바울 체험을 정의 내리는 특질은 예수 메시아의 선포다. 관건은 선포 안에서 그리고 선포로 일어나는 믿음의 체험이다.

하이데거의 바울 독해에서 중심 개념은 실행Vollzug이고 물음은 다음으로 이어진다. 어떻게 그리스도교의 삶이 실행되는가? 여기서 첫 번째로 주목할 것이, 삶이 실행되어야만 하는 어떤 것이라는 전제다. "삶의 실행이 결정적이다."[56] 삶은 생물학적 생명처럼 인간에게 주어지거나 변함없는 조건이 아니라 오히려 결단의 결과다. 어떻게 그 결단이 이뤄지는가? 이미 시사한 바 그것은 선포Verkündigung로 이뤄진다. 선포에는 에우아겔리온euaggelion, 즉 공표나 복음의 의미가 있다. 이 선포가 사도 서간에서 이루어지는데 위기라는 맥락에서 긴박감으로 규정된다. 초기 하이데거에게 발견된다는 점이 놀라운데, 하이데거는 사도 서간이라는 문학적 형식에 깊이 흥미를 느낀다. 그것은 어떤 미학적 이유 때문이 아니라 주석에 적었듯이 (그리고 결단이라는 표현이 반복되는 것에 주목하라) 편지란 "해명의 '방식', 마음 씀, 실행에 입각한 이해를 전유한 것, 곧 결단!"[57]이기 때문이다. 선포란 삶을 실행하는 것이다. 그리고 선포는 논문에서가 아니라 편지에서 일어난다. 시간이 부족하고 상황이 위태롭기 때문이다.

하이데거의 바울 독해에 배어든 또 다른 핵심 용어는 '비통Not'으로 명백히 『존재와 시간』의 불안Angst 개념을 선취한다. 바울적 주체의 기본 태도란 비통에 찬 기다림이다. 이 비통에는 일련의 감각이 있다. 무엇보다 먼저 그것은 부름과 관련한 비통이다. 내가 앞에서 보여 주려 했듯이, 바울을 바울로 규정하는 것은 그가 부름을 받았다는 사실이다. 이는 바울이 갈라디아서와 고린도후서에서 함축적으로 수신한 이른바 개종의 체험이다. 그리스도교적 삶이 어떤 선포로 실행된다면 선포된 것은 부름이다. 그것이 믿음의 핵심 체험이다.

게다가 비통이란 부름의 유일한 표시(엔데이그마endeigma[*])다. (이는 마르치온과 관련해 중요하다.) 믿음이란 지식도 아니고 본질과 실존의 질서를 참조하여 정당화되지도 않는다. 오히려 비통은 부름의 주관적 표지가 된다. 거듭 강조되어야 할 것은, 믿음이 우둔한 평온마냥 어떤 수동적 상태도 아니고 이론적 확신의 자족(아리스토텔레스의 에우다이모니아 eudaimonia^{**}에 대한 일종의 그리스도교적 변종)조차도 아니라는 것이다. 믿음은 비통에 찬 기다림이다. 여기서 비통은 부름의 '표시'이면서도 하이데거가 믿음의 '완고한' 특징이라 부른 것이기도 하다.[58] 하이데거는 바울이 지닌 믿음의 완고함(타우베스가 바울의 열심이라 부른 것), 종종 끔찍하고 끝내 지명적인 역경과 마주해서도 믿음을 고집했다는 사실에 감탄

---

[*] 완벽하게 적절한 증거로 뚜렷하게 제시한, 부인할 수 없는 명쾌한 증명이나 입증을 뜻한다.

^{**} 문자 그대로 옮기면 내면에 기쁘고 즐거운 마음과 수호신(다이몬)이 있다는 의미다. 그리스 전통에서 중요한 문제로 등장했고, 내외적인 상태 모두를 지칭했던 행복 개념은 아리스토텔레스에 이르러 근대적인 윤리의 지평을 획득하게 된다. 아리스토텔레스는 『니코마코스 윤리학』에서 마음의 상태나 취향보다는 '인간의 궁극적인 선이자 최종 목적인 가장 완전한 탁월함에 이르는 영혼의 활동'으로 이 개념을 발전시키고 여기에 도달하는 것을 곧 자기실현이라 불렀다. 그리고 아퀴나스는 인간이 신 없이 도달할 수 있는 세속적 행복, 신의 은총을 통해 가능한 신성한 행복으로 나눈다.

믿음 없는 믿음의 정치

한다. 비통했으므로 바울은 행동했으며 교회의 삶에 계속해서 개입하는 데로 나아갔다. 마지막으로 비통은 "각자가 홀로 하느님 앞에 서 있는"[59] 처지를 기술하는 것만은 아니다. 비통은 또한 자신의 서한을 접할 독자나 청자들이 믿음의 결단을 내리도록 유발해 내려 했던 것이기도 했다. 만약 서한이 올바르게 수신되어 그 청자에 다다른다면 그것은 비통의 공동체들을 창출할 것이다.

바울과 신비주의

이제 우리는 2장의 주제로 되돌아가기 위해 바울과 신비주의의 관계라는 중요한 쟁점에 다다랐다. 하이데거에게 흥미로운 것은, 바울의 부름에 대한 사도적 선포이자 주체성의 실행과 관계된 무한한 요구다. 이것이 바울의 부름에 본질적인 것이다. 그러므로 하이데거의 관심을 끌거나 우리를 흥미롭게 하는 것은 바울의 황홀이 아니다. 반대로 바울의 황홀에 대한 거부가 본질적인 것이다. 메시아에 대한 믿음은 약함에서만 체험될 수 있을 뿐이라는 주장 말이다. 하이데거는 이 약함을 삶 자체의 약함으로 해석한다. "신비적인 몰두와 특별한 분투가 아니라 차라리 삶의 약함을 견딘다는 것이 결정적이다."[60]

이는 하이데거가 바울 강의를 끝맺는 구절에도 연결될 수 있다. 거기서 하이데거는 "신비주의자와 그리스도교 사이에 심각한 대립이 남아 있다"[61]고 쓰고 있다. 하이데거는 "신비주의자"라는 표현으로, 고린도전서에서 바울이 '성숙'하거나 '완벽한' 이들 가운데 '숨겨진 비밀의 지혜

Sophia'를 전수하는 것에 대해 이야기하는 구절(고린도전서 2장 7절)*을 가리킨다. 여기서 마르그리트 포레트에게서 봤던 영혼의 찬미 및 신적인 것과의 동일시와 비슷한 종류가 가능할 수 있다. 그런 영적 황홀로 가득한 상태에서 "인간은 신 자체가 된다"[62]고 하이데거는 쓴다. 하이데거는 신비주의로 보이는 그런 그리스도교 해석을 거부하고 그리스도교인은 그런 '열광'을 알지도 못하고 취한 것 같은 황홀의 상태에 빠져 있지도 않다고 역설한다. 차라리 그리스도교인은 "우리 깨어 있고 냉철해집시다"[63]라고 말한다.

물론 우리는 여기서 바울 연구의 거대 주제를 가볍게 건드리고 있다. 바울은 신비주의자였을까? 아돌프 데이스만Adolf Deissmann과 알베르트 슈바이처Albert Schweitzer는 그렇게 생각했다.[64] 그러나 내 생각에는 마르틴 디벨리우스의 주장이 훨씬 더 설득력이 있다. 「신비주의자와 예언가Mystic and Prophet」에서 디벨리우스는 바울의 경건함이 신비주의적이기보다 예언적이라고 주장한다. (하지만 내게는 '예언적'보다는 '사도적'이라는 표현이 더 적합해 보인다. '예언적'이라는 표현은 장차 다가올 메시아의 도래를 알려 줄 표지를 탐색한다는 의미가 있는 반면, 바울에게 메시아란 이미 도래했기 때문이다.)[65] 게다가 디벨리우스는 바울이 그리스도에 대한 신비적 증명에 일절 관심을 두지 않았고 오히려 믿음을 구원사, 즉 그리스도의 부활이라는, 시기 추정이 가능한 실제 역사적 사건에 뿌리를 둔 구원론에 기댔다고 주장한다. 바울이 늘 그 자신과 그리스도 사이의 거리를 강조했다는 것은 확실히 맞는 이야기이고 영혼의 신격화에 대한 얘기도 일절 없다. 더군다나(여기서 포레트, 노리치의 줄리안, 아빌라의 테레사 같은 여성 신비주

---

* "여기에서 말하는 지혜는 하느님의 심오한 지혜입니다. 그것은 하느님께서 우리의 영광을 위하여 천지 창조 이전부터 미리 마련하여 감추어 두셨던 지혜입니다."

의자들과 바울의 진정한 차이가 드러난다) 바울에게는 신의 향유fruitio dei라는 것이 없고 신의 육적 향락이나 쾌락도 없다. 바울은 그리스도를 즐기기보다 염려하며 그에게 시달린다.

바울이 신비주의와 맺는 관계가 흥미진진하다는 소리다. 고린도전서와 후서에서 특유한 과시 논리라 부를 만한, 바울이 자신의 부름과 맺는 관계에 의해 모든 것이 좌우된다. 바울은 고린도인들을 아주 진기한 방식으로 꾸짖는다. 방언, 황홀 체험과 비밀스런 입회식을 두고 이 현상들을 그냥 거부하는 것만은 아니다. 예를 들어 바울은 이렇게 쓴다. "나는 여러분 중 어느 누구보다도 방언을 더 많이 할 수 있다는 것에 하느님께 감사드립니다 (…) 그러나 교회에서 남을 가르치기 위해서는 방언으로 일만 마디 말을 하는 것보다 차라리 내 이성으로 다섯 마디 말을 하고 싶습니다."(고린도전서 14장 18~19절) 바울은 복음을 설교하는 것은 이타적이고 교회 공동체를 향해 있기 때문에, 자만에 차 있는 방언 및 여타 황홀한 실천들과 구별되어야 한다고 주장하는 것으로 보인다. 그렇게 신비적 체험은 이기적 과시로 향하는 경향이 있고, 다른 한편으로 만인에게 수신되는 복음의 보편성은 소수의 경건함과 순수함에 종속된다.

바울은 신비주의자란 과시자이고 어리석은 사람이라고 말한다. 정교하고 능란하게 정반대의 이야기를 하면서 바울은 고린도인들에게 자기가 어리석은 사람이라는 것을 받아들이라고 요구한다. "그러면 자랑 좀 할 수 있겠습니다."(고린도후서 11장 16절) 바울은 미국에서 쓰는 이력서 양식으로 자신의 이력을 나열하기 시작한다. "미친 사람의 말 같겠지만"(고린도후서 11장 16절) "그들이 히브리 사람들입니까? 나도 그렇습니다. 그들이 이스라엘 사람들입니까? 나도 그렇습니다. 그들이 아브라함의 후손들입니까? 나도 그렇습니다. 그들이 그리스도의 일꾼들입니까? 나는 그리스도의 일꾼으로서는 그들보다 낫습니다."(고린도후서 11장 22~23절)

그런 뒤에 우리에게 매질, 돌팔매질, 세 번의 난파, 바다 위 고립무원, 기아, 갈증, 노역, 불면과 도처의 위험에 대한 이야기를 들려준다. "강물의 위험, 강도의 위험, 동족의 위험, 이방인의 위험, 도시의 위험, 광야의 위험, 바다의 위험, 가짜 교우의 위험"(고린도후서 11장 26절)에 대해 말이다. 위험이 꽤 많다. 그리고 우리가 이미 마주쳤던 약함이라는 주제를 덧붙인다. "이런 일들을 제쳐 놓고라도 나는 매일같이 여러 교회들에 대한 격정에 짓눌려서 고통을 당하고 있습니다. 어떤 교우가 허약해지면 내 마음이 같이 아프지 않겠습니까?"(고린도후서 11장 28~29절)

따라서 바울은 과시할 테지만, 오직 그의 약함을 보여 주는 것들만을 과시할 것이다. 그러고 나서 바울은 "주에 대한 비전과 계시"로 넘어가 3인칭으로 에둘러 이야기한다. "내가 잘 아는 그리스도교인 하나가 14년 전에 셋째 하늘까지 붙들려 올라간 일이 있었습니다."(고린도후서 12장 2절) 그래서 바울은 그 어떤 고린도 공동체의 영적pneumatic 잠입자보다 황홀과 찬미를 더 잘 알고 있었다. 바울은 자신이 약함만을 과시할 뿐이라고 역설한다. 자신이 지나치게 교만해지지 않도록 "내 몸에 가시로 찌르는 것 같은 병을 하나 주셨기"(고린도후서 12장 7절) 때문이다. 그가 주에게 이 약함의 이유를 묻자 주가 답한다. "너는 이미 내 은총을 충분히 받았다. 내 권능은 약한 자 안에서 완전히 드러난다."(고린도후서 12장 9절) 신석인 것에 내한 어떤 영지靈知의 지리에서 믿음을 선포한다는 것은, 지식이 아니라 은총이라는 뜻밖의 일을 향한 주체의 지향이다. 몸 안의 가시는 변함없는 불안의 현존이고 바울이 현 상태에 안주하지 않고 계속 설교하도록, 말하자면 정치적 사역을 하게 만드는 양심의 부름인 셈이다.

앞에서 살펴봤듯이 바울과 신비주의는 '그리스도 안에서'라는 표현의 두 가지 가능한 의미에서 궁극적으로 갈린다. 첫째, 영혼 안에 자리한 그리스도의 내재성. 둘째, 기다림의 공동체의 자격. 바울이 신비적 체험의 실재성을 일절 배제하지 않았지만, 신비적 체험은 앞서 분리/독립의 정치, 추상의 정치라 불렀던 것으로 끝날 위험이 있다. 사도의 중심적인 임무이자 저항하는 기다림의 공동체를 벼리는 수단인 설교의 긴급함을 무시하고 자만에 찬 과시로 끝날 수도 있다.

파루시아와
적그리스도

저 기다림의 공동체가 어쨌다는 말인가? 무엇을 기다리는가? 어떻게 기다리는가? 우리는 곧장 시간성의 문제에 가닿는다. 하이데거는 바울과 관련해 두 가지 작업 테제를 갖고 있다. 첫째, 시원적 그리스도교의 종교성이란 앞에서 기술한 식으로 삶이 실행되는 체험에 결속되어 있다. 둘째로 하이데거는 그리스도교적 종교성이 "시간 자체를 살아 낸다"[66]고 역설한다. 여기서는 파루시아에 대한 해석에 모든 것이 좌우된다. 파루시아는 '현전'이나 '도착', 더 흔하게는 '재림' 등 여러 가지로 해석된다. 하이데거는 몇몇 학자들이 바울이 쓴 것으로 불분명하게 추정하는 데살로니가후서를 해석하며 이 쟁점과 씨름한다. 그리스도의 귀환이라는 파루시아의 문자적 의미는 하이데거에게 그리 흥미롭지 않다. 차라리 하이데거는 파루시아가 객관적·일상적이거나 하이데거가 『존재와 시간』에서 시간의 '통속적vulgar' 의미라 일컫은 것에 환원될 수 없는 시간성을 암시하는 방식에 관심이 있다. "이때의 시간성이란 그것만의 질서와 구획이 없는"[67], 과거, 현재, 미래로의 단순 구획이 없는 시간성이다.

오히려 파루시아는 실행으로서의 삶이라는 관념을 다시 참조한다. 믿음의 선포로 실행되는 것은 시간성과 맺는 어떤 관계이다. 더 명확하게 현재에 긴박감과 비통을 유발하는 미래성으로서의 파루시아와 관계를 맺고 있는 시간성이다. 요컨대 우리는 바울의 해석에서 『존재와 시간』의 탈자적 시간성의 전조를 본다. 미래가 시간의 시원적 현상이 된다.

그런데 『존재와 시간』에서 시간의 유한성에 대한 핵심 통찰은 아주 암시적으로 바울 독해를 되비춘다. 하이데거의 걸작에서 시간이 죽음으로 끝나기 때문에 유한하다면, 바울에게 시간의 끝이란 '극도로', '가장 먼', 또는 '궁극'의 의미로 이해되는 에샤톤eschaton으로서의 파루시아 개념에 좌우된다. '그리스도 안에 있는' 사람은 현재에서 '이미(부활의 역사성)'와 '극도로 먼 아직-아님(파루시아의 미래성)'과의 관계를 선포한다. 시간성이란 순차적으로 연잇는 것이 아니라 세 차원의 유한한 통합이다. 또 다른 내밀한 하르나크주의의 제스처로 하이데거는 이 종말론적인 것에 대한 바울의 체험이 "기원후 1세기 말부터 그리스도교에서는 완전히 가려져 있었고 [중세에는 이 문제가] 플라톤-아리스토텔레스 철학이 그리스도교 안으로 침투한 결과[더 이상 원래대로 파악되지 못했다]"라고 주장한다.[68] 대조적으로 종말론적인 것의 본원적 의미는 "후기 유대spätjüdisch적이고 그 특유한 변형에 해당하는 그리스도적 의식"[69]이다. 여기서 하이데거의 유사-메시아적 계기를 계속 주목할 수 있다. 이 암시적 독해는 호 눈 카이로스ho nun kairos, 곧 지금의 시간에 뿌리를 둔 메시아적 시간성을 망라하게 한다. 아감벤은 그것을 벤야민의 예츠트-차이트Jetztzeit 곧 '지금-시간'과 하이데거의 아우겐-블리크Augenblick 곧 '눈 깜짝할 사이'라는 개념(이는 물론 바울의 카이로스에 대한 루터의 해석이다)에 연결한다.

하이데거가 주장하기를, 그리스도적 삶이란 안전 없이 살아진다. 그것은 현사실적 삶의 시간성이 극도로 먼 것인 에샤톤과 관련해 실행되는 자리인 "변함없는 불안전"[70]이다. 데살로니가후서의 중심에는 저 불안전과 비통의 감각이 있다. 파루시아의 형상이 '지옥의 아들' 말하자면 적그리스도에 연결되어야만 하는 곳이다. "우리 주 예수 그리스도께서 다시 오시는 일(파루시아)과 그분 앞에 우리가 모이게 될 일에 관해서 (…) 여러분은 아무에게도 절대로 속아 넘어가지 마십시오. 그날이 오기 전에 먼저 사람들이 하느님을 배반하게 될 것이며, 또 멸망할 운명을 지닌 악한 자가 나타날 것입니다."(데살로니가후서 2장 1~3절)

적그리스도의 형상은 기다림의 신앙 공동체 사이에 비통과 긴박감을 극도로 고조시킨다. 적그리스도는 모든 형태의 예배에 반대하고 스스로를 신이라고 선포하는 인물이다. 바울이 마르치온처럼 들리기 시작하는 어느 구절에서 적그리스도는 '이 세상의 신'(고린도후서 4장 4절)이라 선언되어 있다. 하이데거는 이 적그리스도를 이듬해 '퇴락'이라는 주제로 이어질 것에 연결한다. "경건한 예복을 입은 적그리스도의 겉모습은 퇴락하는 삶의 경향을 더 가속화할 것이다."[71] 여기서 하이데거가 상상하고 있는 것은 두 개의 신적 질서인 그리스도와 적그리스도 사이의 갈등에 가깝다. 하이데거에게 적그리스도는 세상의 퇴락한 특성을 밝힌다. 이와 관련해 "각자 결단할 수밖에 없다." 그리고 "그것의 먹이가 되지 않으려면 계속 그렇게 결단할 준비가 되어 있어야만 한다."[72] "결단 그 자체는 **아주** 어렵다"[73]고 하이데거는 덧붙인다.

파루시아와 적그리스도의 형상들은 세계에서 삶이 퇴락하는 경향을 밝힌다. 강의용 메모에 달린 주석에서 하이데거는 간결하게 "자기 안에 복음을 **박아 넣는**, 즉 '받아들이고 있는' 세계로서의 공동세계Mitwelt"라고 쓰며, 여기에 더해 "이 삶의 퇴락 경향과 공동세계의 지향에 사로잡힌 태도(그리스인의 지혜)"라고 쓴다.[74] 세계에서 우리의 일상생활은, 그러니까 하이데거가 훗날 세상 사람das Man이라고 일컫는 것은, 타락이나 낙하, 사라짐을 뜻할 뿐 아니라 이반Abfall, 쓰레기 혹은 쓰레기 같은 것이 된다는 의미에서 '퇴락하고 있는abfallend' 것으로 밝혀진다. 이는 특유한 이중 논리를 드러낸다. 믿음을 선포하고 삶을 수행하면서 세계는 쓰레기가 되고 우리는 세계의 쓰레기가 된다. 기다림의 공동체는 그리스인의 지혜에 비춰 볼 때 쓰레기통으로 보이는 달갑지 않은 인간 폐물이 되고 결과적으로 이 공동체는 현존하는 공동세계를 오물장으로 본다.

아닌/없는 것으로
: 바울의 비존재론

바울에게는 그의 공동체 모두에 적용되는 기본적인 규칙 하나가 있다. '네가 부름을 받은 처지에 남아 있으라.' 말하자면 "각 사람은 주님께서 나누어 주신 은총의 선물을 따라서 그리고 하느님께 부르심을 받았을 때의 처지대로 살아가십시오."(고린도전서 7장 17절) 개역표준판 성경(RSV)에 비추어 보면 바울은 다음과 같이 말한다. (여기서 '호 메hos me'라는 말이 다섯 차례 반복되는 것에 주목하자. 이 단어를 하이데거는 '~이 아닌/없는 것처럼as if not'이라고 번역하지만 좀 더 직역하자면 '아닌/없는 것으로as not'라고 볼 수 있다.)

이제 때가 얼마 남지 않았으니 이제부터는 아내가 있는 사람은 아내가 없는 hos me 사람처럼 살고 슬픔이 있는 사람은 슬픔이 없는hos me 사람처럼 지내고 기쁜 일이 있는 사람은 기쁜 일이 없는hos me 사람처럼 살고 물건을 산 사람은 그 물건이 자기 것이 아닌 것처럼hos me 생각하고 세상과 거래를 하는 사람은 세상과 거래를 하지 않는hos me 사람처럼 살아야 합니다. 우리가 보는 이 세상은 사라져 가고 있기 때문입니다.(고린도전서 7장 29~31절)

최근에 나온 바울 해석들이 이 구절을 과도하게 규정했다고 말하는 것으로는 충분치 않다. 이 구절은 하이데거의 바울 독해에서 결정적인 역할을 한다. 타우베스와 바디우 그리고 아감벤을 해석하는 경우에도 똑같이 중추가 된다.

타우베스는 바울의 이 말을 1921년(하이데거의 바울 강의가 쏟아져 나온 해이기도 하다) 벤야민이 「신학적·정치적 단편Theologico-Political Fragment」에서 이야기한 메시아주의[75]와 연결하고자 애쓴다. 이러한 방식은 아감벤에게 결정적인 영향을 끼쳤다. 벤야민은 메시아적인 것the Messianic과 세속적인 것the profane 사이의 단층선을 따라가면서 세속적 세계 정치란 니힐리즘이라 선언하며 이 단편을 끝맺는다. 메시아적 관점에서 볼 때 주변의 공동세계란 '없는 것으로as not' 보일 수밖에 없다. 바울과 벤야민에게서 "우리는 니힐리즘적인 세계관을 갖게 되고, 구체적으로는 로마 제국에 대한 니힐리즘적인 관점을 갖는다"[76]라고 타우베스는 결론짓는다. 바울이 이 세계의 형체나 도식이 사라지고 있다고 쓸 때, 그는 무가 되어 가고 있고 무가 되어야만 하는 권력인 제국의 권력에 대항하는 부정의 정치신학을 확언하고 있는 셈이다.

바울은 존재하지 않는 사물에 대한 이야기인 비존재론을 설교하고 있다. 더군다나 이중의 비존재론이다. 한편으로 이 세계의 형체가 사라지거나 쇠퇴해서 무가 된다. 이는 세계 정치의 니힐리즘이다. 그러나 다른 한편으로 '현세의 신'의 자리를 차지하게 될 것은 현재로서는 무다. 그것은 파루시아의 미래성과 관련해 규정된 메시아적 관점의 비통한 각성에 지나지 않는다. 우리는 여기서 바디우가 고린도전서에 등장하는 바울의 말을 읽는 방식에 가까이 가 있다. "유력한 자를 무력하게 하시려고 (…) 아무것도 아닌 사람들을 택하셨습니다."(고린도전서 1장 28절)[77] 바울이 설교하고 있는 것은 **존재하는** 어떤 것이 아니다. 정치적으로 상상해 보면 바디우의 용어로 '상황 상태state of situation'에 해당하는 로마 제국의 현실에 의해 완전히 결정되어 있는 존재가 아니라는 말이다. 오히려 바울은 바디우가 말하는 존재하지 **않는** 사건의 이름으로 존재의 질서와 단절하는 어떤 것을 공표하고 있다. 사건이란 상황에서 **분간되지 않는** 어떤 것으로 이는 바디우가 자기 저작의 중심 개념을 정의하는 방식이다. 유적 신이 강한 것을 물리치는 세계의 약한 것을 택했고 권력을 물리치는 무력한 것을 택했다는 식으로 말이다. 이는 압축된 형태의 이중의 비존재론이다. **신은 유력한 자를 무력하게 하려고 아무것도 아닌 사람들을 택했다.** 우리가 세계의 오물과 지상의 쓰레기가 되어야만 하는 이유다. 쓰레기나 오물을 가리키는 바디우의 어휘는 데셰déchet이다. 그는 이것을 하락, 몰락, 부패를 뜻하는 데셰앙스déchéance에 연결시키고 실추라는 함축적 의미를 포함하는 하이데거의 '퇴락'으로 번역한다.[78]

스스로를 세계의 쓰레기라 선포했을 때 쓰레기인 세계에서 어떻게 살 것인가? 마치 그렇지 않은 것처럼hos me 그 안에서 살아간다. 이 세계의 것이 아닌 부름이나 요구를 돌봄으로써 세계가 그렇지 않은 것처럼 거기서 살아가고 있는 기다림의 공동체, 비통의 공동체, 낮은 공동체, 지상의 비참한 이들의 에클레시아. 이로써 아감벤의 바울 독해에서 핵심적인 주장에 다다른다. 앞에서 강조했듯 아감벤은 바울의 편지를 "서구 전통에서 기초적인 메시아적 텍스트"[79]로 읽길 바란다. 아감벤이 제기하는 문제는 이렇다. "메시아 안에서 산다는 것은 무슨 뜻인가, 그리고 메시아적 삶이란 어떤 것인가?"[80] 답은 이미 명료하다. 메시아적 삶은 '없는 것으로' 살아진다. 아감벤은 앞서 살펴본 고린도서 구절의 마지막 말을 인용한다. 그의 번역에 따르면, "사라짐이란 형상이자 세계의 존재 방식이다. (…) 각 사물이 **없는 것으로**를 통과하여 자기 자신에게로 밀고 나아가게끔 하면서 메시아적인 것은 사라짐의 형상을 상쇄할 뿐 아니라 이 형상이 지나가게 하고 그 끝을 예비한다. 그것은 또 다른 형상이나 또 다른 세계가 아니라 이 세계라는 형상의 지나감이다."[81]

이 지점에서 아감벤의 바울 독해가 하이데거의 1920~1921년 강의와 교차한다. 아감벤의 하이데거 독해에는 세 가지 오류가 있는데, 아감벤의 하이데거 비판이라는 문제와 연결된다. 첫째는 가벼운 실수다. 아감벤은 하이데거가 '호 메'에 대한 고린도서의 앞 구절을 "간략하게 언급했다"[82]고 주장한다. 그런데 실은 그 구절이 하이데거의 1920~1921년 강의 전반에 걸친 주장에서 절정이자 정점이다. 곧바로 두 번째 실수에 주목해 보자. 나는 그 실수의 귀결이 앞으로 논의가 진행될수록 훨씬 명료해지기를 바란다. 바울을 부르는 이는 메시아인데, 하이데거의 바울 독해는 메시아적인 것을 제거하려 하지 않고 인정한다. 일단 그리스도인들이 부름을 받아 그들의 믿음과 그들의 삶까지도 "예수 그 자신이 메시아라는"[83] 선포 안에서 실행되면, 주위 세계(하이데거가 공동세계라 이름 붙인 것)에 어떻게 처신해야 하는가? 하이데거는 처음에 "네가 부름을 받은 자리에 남아 있어만 함"에 올바르게 주목한다. 이는 세계에 대해 "새로운 기초적 처신"을 발견해야 한다는 뜻이다. 이어 하이데거는 말한다. "실로 현존하는 실제 삶의 의미는 마치 없는 것처럼hos me 살아진다."[84]

하이데거의 바울 독해에서 핵심적인 용어는 기그노마이gignomai의 부정사로 '되다', '일어나다'나 '태어나다'의 뜻이 있는 게네스타이genesthai다. 바울이 고린도전서에서 쓰기를 "부르심을 받았을 때에 노예였다 하더라도 조금도 마음 쓸 것 없습니다. 그러나 자유로운 몸이 **될** 기회가 생기면 그 기회를 이용하십시오."(고린도전서 7장 21절, 강조는 저자) 하이데거는 게네스타이를 '되어감Werden'이나 '되었음Gewordensein'의 의미로 이해하는 것처럼 보인다.[85] 하이데거가 보기에 그리스도인들은 그들이 부름을 받은 상태에, 즉 그들이 존재하는 바가 되었던 상태에 남아 있어야 한다. 하이데거가 분명히 하듯 그리스도인의 되어감이란 둘레우에인douleuein, 즉 신 앞의 노예 상태다. 바울이 앞에서 말했다시피 만약 누군가 그리스도에게 노예로 부름을 받아 자유롭게 될 기회를 얻는다면 훨씬 더 좋다. 그런데 이는 한 구속 상태에서 다른 구속 상태로 교환되는 것이다. 더 이상 어떤 이의 소유는 아니지만 이제는 신의 소유다.

하이데거는 흥미롭게도 지나가는 말로 "니체가 바울에게 원한감정 혐의를 씌울 때" 니체가 바울을 윤리적 사상가로 오해했다고 주장한다. "원한감정은 결코 이 영역에 속하지 않는다."[86] 차라리 바울은 존재론적으로나 더 적절하게는 비존재론적으로 이해되어야 한다. 이는 우리를 '호 메'에 되돌려 놓는다. 하이데거가 정의했다시피 "모든 주위 세계의 관계는 '되었음'의 실행 연관을 통과해야만 한다."[87] 믿음의 실행과 선포를 통해서 '되었던 것'의 관점에서 세계를 바라봐야만 한다는 의미다.

세계를 향해 퇴락하려는 경향에 맞서 우리를 선포 안으로 되밀고 사물을 '없는 것'으로 바라보는 것은, 세계를 메시아의 빛에서, 구원의 관점에서 본다는 것이다. 그런데 우리가 우리의 실행, 밀하자면 무한한 요구나 부름 속에서 스스로를 향해 방향을 잡는다는 것은 우리의 권한에 속한 것이 아니다. 이것이 내가 여기서 개진하고 싶은 주장이자, 아감벤의 하이데거 독해에 존재하는 세 번째, 가장 중요한 실수다. 그것은 인간의 힘을 능가한다. 의지를 행사할 수 없는 어떤 것이다. 물론 은총의 사역이다. 하이데거는 쓴다. "그리스도인은 이 현사실성이 그만의 힘으로는 얻을 수 없고 오히려 신에게서 발원함을 의식하고 있다. 은총의 결과라

믿음 없는 믿음의 정치

는 현상으로 말이다."[88]

하이데거에게 선포는 선포하기를 도모하고 실행은 우리가 닿을 수 없는 것을 실행하려 한다. "실행은 인간의 힘을 능가한다. 그것은 우리만의 힘으로는 생각될 수 없다. 우리만의 자원에서 나온 현사실의 삶은 게네스타이까지 얻으려는 동기를 제공할 수 없다."[89] 우리의 됨이란 우리가 될 수 있는 어떤 것이 아니다. 우리가 취할 수 있는 결단도 아니다. 바울이 고린도전서에서 상당히 간결하게 표현하듯 "여러분의 몸은 여러분 것이 아닙니다."(고린도전서 6장 19절)

결정적으로 우리는 하이데거에게서 아스테니아asthenia, 즉 약함에 대한 긍정을 보게 된다. 여기에는 우리가 본래성의 본질과 그것이 비본래성과 맺는 관계를 어떻게 생각할지에 대한 중요한 귀결이 있다. 이 지점에서 우리는 아감벤과 다시 만나게 되는데, 아감벤은 "바울의 '호 메'를 독해하면서 하이데거는 비고유한 것의 고유화라는 자신의 관념을 인간 실존의 결정적 특징으로 최초로 발전시키는 것처럼 보인다"[90]라고 쓴다.

『존재와 시간』의 탄생을 고대하고 있는 이 말은 본래적인 것에는 비본래적인 것을 제하고 아무런 내용도 없다는 뜻이다.* 본래적 실존이란 하이데거의 표현처럼 "퇴락하는 일상성 위를 떠다니는"[91] 어떤 것이 아니다. 뭔가 새롭고 탈바꿈된 초월 상태의 획득이 아니다. '본래적임'이란 그저 비본래적인 것을 새로운 메시아적 측면에서 바라보는 것이다. 마치 그렇

---

* 하이데거의 『존재와 시간』을 일상의 선형적 시간 속에 빠져 비본래적인 삶을 누리고 있는 현존재가 다시 (자신의 죽음을 미리 앞당겨 봄으로써 획득한 미래의 시간성, 즉 메시아가 도래하는 파루시아의 시간을 통해) 본래적 실존을 회복해 가는 과정을 다룬 저작으로 볼 수 있다는 뜻이다. 물론 그 '방법론'에서 하이데거와 아감벤은 결정적으로 갈린다. 하이데거가 현존재를 하나의 능동적인 전체처럼 다루면서 자족성을 강조하는 것과 달리, 아감벤은 고유한 것과 본래적 실존의 내용에는 별다른 것이 없고 비고유한 것과 비본래적인 것의 측면에서 일방적으로 파악될 뿐이라면서 현존재의 불능이나 무력함을 더 부각시킨다.

지 않은 것처럼 말이다. 아감벤이 『도래하는 공동체The Coming Community』
에 쓰고 있듯이 "윤리는 선함이 다름 아니라 악을 붙드는 것으로 밝혀질
때만, 본래적인 것과 고유한 것이 비본래적인 것과 비고유한 것을 그 내
용으로 가질 때만 시작된다."[92]

　그러나 본래적인 것의 내용이 비본래적인 것이고 본래적인 것이 비본
래적인 것의 변양임에도 본래적인 것이 "일상성을 움켜쥐는" 방식이라
는 점에서 아감벤은 하이데거를 비판한다. 아감벤은 실존이 그런 '장악
seizure', '움켜쥠Ergreifen'[93]에 종속될 수 있다는 하이데거의 주장에 반대
한다. 이는 『존재와 시간』 후반 구절에 연결될 수 있는데, 하이데거는 '순
간[눈 깜짝할 사이, Augenblick]'에 대해서 그때만 일시적으로 일상을 '지
배'하는 것이라 이야기한다.[94] 아감벤은 바울에게 메시아적 주체란 "스스
로를 전체처럼 움켜쥘 수 없다. 본래적 결단의 형태로든 죽음을 향한 존
재에서든 그렇다"[95]라고 결론짓는다.

　『존재와 시간』에 결정적으로 전체성wholeness과 자족성autarchy을 향
한 열망이 표시되어 있다는 것은 의심할 바 없다. 처음부터 끝까지 '존
재'나 '현존재Dasein'는 그 잠재성이나 가능können을 강조하는 존재가능
Seinskönnen의 용어로 정의된다. 하이데거는 현존재를 하나의 전체처럼 보
려는 데에 분명한 관심이 있다. 이는 구체적으로는 현존재의 목적지를
우리가 파악하도록 만든다는 의미다. 현존재의 목적시에는 죽음이 있고
그와 관련해 『존재와 시간』에서 현존재의 본래성이 측정되는 그 한계란
죽음을 향한 존재다. 그러므로 본래성은 잠재화라는 행위로(우리가 좀 더
통속적으로 쓰는 용어로 말하자면 의지의 행위로) 자신의 유한성을 전유하
는 것이다. 죽음이란 본질적으로 나의 죽음이고, 유한성의 내면화인 양
심의 부름이란 그 자신을 부르는 현존재다. 역능으로 정의된 현존재는
그 자신과 동등한 것이다.

하이데거의 바울 독해를 아주 도발적으로 만드는 것은 아감벤이 부주의하게 또는 어쩌면 고의로 놓치고 있는 바, 인간의 역능에 한계를 표시한 것이다. 하이데거는 '인간의 힘을 능가하는 실행'에 대해 말하면서 은총의 논리를 받아들인다. 은총은 자기 자신이 되는 방법의 기획이 그 자신의 힘 바깥에 있다는 것을 수반한다. 인간은 본질적으로 메시아와 관련해 불능화되어 있다. 나는 누구인가에 대한 결단은 내 권한 밖의 일이고 약함에 대한 어떤 긍정을 통해서 이해될 따름이다. 본래성이란 '움켜쥠'이라기보다 스스로를 능가하는 어떤 것, 말하자면 나를 부르는 무한한 요구의 이질적 정동을 향해 그 자신의 방향을 잡는 것이다. 자유란 내가 정력적으로 자족성을 단언하며 스스로에게 부여할 수 있는 어떤 것이 아니다. 자유란 오로지 본질적 무력함과 구성적 불능을 인정함으로써 받아들일 수 있을 뿐이다. 자유는 노예가 되어 사랑의 인내(사랑은 모든 것을 견디는 탓이다)에 참여할 것을 결단할 때에만 되돌려 받을 수 있을 따름이다.

하이데거의 바울 강의에서 우리는 하이데거의 통찰에 담긴 참신성과 열정을 느끼게 된다. 하이데거는 바울 서한에서 열렬한 긴급함을 발견하고, 이를 통해 전달된 현사실성과 시간성을 사유한다. 청년 하이데거는 이번만큼은 후설 현상학에 대한 헌신이라는 난간에서 손을 뗐고, 그의 말은 칸트의 초월적 헛기침 또는 존재의 갖가지 의미를 탐구하다가 발생한 아리스토텔레스적 소음들로 방해받지 않았다. 그 대신 등장하는 것은 자기를 초과하는 부름과 관련된 자기-형성에 대한 흥미진진한 이야기다. 선포의 능동성으로는 수동성을 없앨 수 없고, 삶은 그런 선포 속에서 실행된다. 더군다나 자족성의 영웅적 논리가 『존재와 시간』에서 인간존재가 상상되는 방식을 독점하려 드는 것을 생각할 때, 바울 해석을 통해 하이데거를 약함의 긍정에 뿌리를 둔 것으로 독해할 여지를 만들 수 있다. 심지어 양심이라는 개념을 타우베스가 인간의 '심대한 무력함'[96]이라 부른 것의 표시나 각인으로 상상할 수 있을지도 모르겠다. 그런 접근은 『존재와 시간』에 대한 새로운 해석의 가능성을 용납하게 될까? 나는 그렇다고 생각한다. 나는 자기 몸 안에 가시 하나를 갖고 있는 하이데거를 상상한다. 타우베스를 인용하자면, 약간은 비유대인임을 인정하지만 또한 약간은 유대인 하이데거 말이다.[97] 이제 하이데거의 바울 독해를 계속 염두에 두면서 『존재와 시간』으로 관심을 돌려 양심의 부름과 그 본질적인 불능의 논리를 분석해 보자.

양심의 부름의
무력한 힘

종종 고전 철학 텍스트를 읽는다는 것은 지구온난화가 일어나는 동안 부서지는 유빙을 지켜보는 것과 같다. 어떤 일관된 체계에 대한 탄탄하고 차가운 확신이 유동적이 되고 큰 유빙 조각들이 당신이 보는 앞에서 갈라지고 자유로이 떠다니기 시작한다. 독자가 된다는 것은 빙산이 부서질 때 자기 자리를 시키고 서 있으러 애쓰는 것이거나 얼음물에 뛰어들어 익사하는 것이다. 이런 일들은 하이데거의 『존재와 시간』 매 페이지마다 계속 일어난다. 특히나 2편[「현존재와 시간성」]에서 양심에 대해 논의하면서 더 심각해지는데 그 책을 통틀어 가장 흥미로운 순간이 바로 이 대목이 아닐까 싶다. 내가 보여 주고 싶은 것은 기초 존재론이라는 유빙에 금이 가기 시작하는 모습이다.

하이데거는 2편에서 '자기'라는 문제에 의해 좌우되는, 전체로서의 본

믿음 없는 믿음의 정치

래적 존재가능을 모색한다. 현존재의 비본래적 자기성이 '세상 사람das Man(그들)'의 측면에서 정의된다면(그런데 이것이 내가 아무런 선택도 할 수 없는 어떤 것이라면), 하이데거가 2편 2장에서 찾고 있는 것은 선택의 측면에서 규정된 본래적 자기성이라는 관념이다. 그렇게 '나'는 스스로를 본래적이라고 선택하거나 '세상 사람'의 선택 없는 공공성 안에서 길을 잃고 있다. 하이데거의 주장은 이 전체로서의 (본래적) 존재가능이 양심의 소리에서 입증된다는 것이다.

하이데거에 따르면, 양심은 존재론적으로 무언가를 개시한다. 양심은 현존재를 그 자신에게 열어 밝힌다.

우리가 양심을 훨씬 철저하게 분석한다면 그것은 부름Ruf으로 밝혀질 것이다. 부름은 **말discourse**의 한 양태다. 양심의 부름은 현존재를 그의 가장 고유한 자기 자신이 되는 가능성으로 **불러내는appeal** 성격을 가지고 있으며, 그렇게 불러내면서 현존재가 그의 가장 고유한 책임 있음을 짊어지도록 불러 세운다.[98]

양심은 부름이다. 부름은 말Rede의 양태이자 침묵의 부름으로서 불러 냄Anruf의 특징이 있다. 현존재를 그의 가장 고유한 '책임 있음'에 불러 세우거나 소집하는Aufruf 불러냄 말이다. 앞으로 하이데거의 '책임guilt'이 뜻하는 바가 무엇인지 살펴보게 되겠지만, 책임은 도덕적 책임이나 과오보다는 라캉이 의미한 **결여lack**나 빚짐indebtedness에 더 가깝다. 하이데거는 우리가 이 부름을 이해한다면, 이 부름을 듣는다면, 그것은 '양심을 가지기를 원함Gewissenhabenwollen'으로 드러난다고 역설한다. 이 심급을 받아들이기, 이 선택을 하기, 선택을 선택하기가 엔트슐로센하이트Entschlossenheit의 의미다. 결연함이나 과단성 또는 결정 내림이나 고정된 목적을 보유한다는 뜻이다. 이것이 2편 2장에 펼친 주장의 기본 얼개와 거기서 차용된 용어들이다.

하이데거는 양심의 부름이 세상 사람으로서의 자기에게 귀 기울이는 것(이것은 늘 애매함의 북새통에 귀 기울여 듣기hinhören auf로 기술되곤 한다)으로부터 멀리 불러낸다고 주장한다. 대신에 우리는 이 북새통으로부터 멀리 벗어나, 침묵하는 낯선 양심의 확실성으로 밀어내는 부름에 귀를 기울인다. "부름은 먼 곳으로부터 먼 곳으로 불린다. 되돌려지고픈 이에게 가닿는다."[99] 이 '자기'는 양심의 부름을 들으면서 비본래적 삶의 아베르시오(회피)에 대립해 있는 콘베르시오(전향)의 운동에서 군중의 잠음을 외면하게 된다.[100]

양심에서 불러내질 때 어디로 부름을 받을까? 고유한 자기eigene Selbst에게로 부름을 받는다. 양심은 부름에서 현존재를 그 자신에게로 부른다. 양심의 부름에서 무엇이 말해지는 것일까? 하이데거는 명징하다. 아무것도 말해지지 않는다.

그런데 어떻게 이러한 **말에서 이야기된 것**을 규정하게 될까? 양심은 불러내진 자에게 **무엇을** 불러 말하는가? 엄밀히 말해 아무것도 아니다. 부름은 아무런 발언도, 세계 사건에 대해 아무런 정보도 주지도 않고 아무것도 이야기하지 않는다. 적어도 그것이 불러낸 자기 안에 일종의 '독백'을 열려고 애쓰지도 않는다. 이 자기에게는 '아무것도' 건네 말해지지 않고zu-gerufen 그 자신에게로, 말하자면 그것의 가장 고유한 존재가능에 불러 세워진aufgerufen 셈이다.[101]

부름은 어떤 정보를 담고 있는 것도, 늘 우유부단한 덴마크 왕자의 독백같은 것도 아니다. 부름은 현존재를 그 자신에게로 불러 세우는 것이다. 그것은 잠자코 일어난다. "음성 발화는 (…) 말에서 필수적이

믿음 없는 믿음의 정치

지 않다. 그러므로 부름에서도 역시 그렇다. 이 점을 간과하지 말아야 한다."¹⁰² 그렇게 양심은 침묵Verschwiegenheit이라는 양태로, 침묵 속에서, 침묵으로서 말한다. 그리고 『존재와 시간』에서 말을 논할 때, 이 침묵에는 예외적인 특권이 주어진다. 침묵은 말의 최고 형태다. 아무것도 말하지 않으면서 가장 많이 말한다.

부름의 논리는 역설적이다. 한편으로 양심의 부름은 '세상 사람'의 세계로 몰입하며 바닥없이 부유하는 현존재를 끌어내 그 자신에게로 부르는 것, 아무것도 말하지 않으면서 그 자신에게로 부르는 것과 다를 바 없다. 신이나 내 유전자가 나를 부르는 것이 아니라 나를, 나 스스로를 내가 부른다. 곧 살펴보겠지만 이 논리는 훨씬 복잡해진다.

그런데 **누가** 부르는지에 대한 물음을 계속해서 명시적으로 제기하는 것이 대체 필요할까? 부름이 누구에게 불러내는가 하는 물음만큼이나 꼭 분명하게 현존재라고 답하지 않았나? **양심에서 현존재가 자기 자신을 부른다**고 말이다. 이 부르는 자에 대한 [자기-]이해는 현사실적으로 부름을 들을 때는 적잖이 자각될지도 모른다. 그러나 현존재가 부르는 자인 **동시에** 불리는 자라는 대답은 존재론적으로는 충분치 않다. 현존재가 불러내지면 그것이 부를 때와는 다른 식으로 '거기' **있지** 않을까? 현존재의 가장 고유한 자기의 존재가능이 부르는 자로 기능하고 있다고 말해야 하지 않을까?

실제로 양심의 부름은 정확히 **우리 자신**에 의해 계획되지도 않고 준비되지도 않으며 의도적으로 수행되지도 않고 그랬던 적도 없다. 우리의 기대와 심지어 우리의 의지에 반하여 '그것[Es]'이 부른다. 다른 한편으로 부름은 의심의 여지없이 세계에서 나와 함께 있는 누군가 다른 이에게서 오는 것이 아니다. 부름은 **내 안에서부터** 오지만 그럼에도 나를 **넘어서** 온다Der Ruf kommt **aus mir** und doch **über** mich.¹⁰³ 이 '나를 넘어서über mich'

는 매우 섬뜩하고 내 의지에 반해서 일어나며 내가 의도적으로 수행할 수 없는 어떤 것을 의미한다. (여기서 『존재와 시간』이 출간되기 몇 해 전인 1923년, 세례를 받고 태어난 프로이트의 초자아Über-Ich나 슈퍼-에고의 메아리를 부지불식간에 발견한다.) 현존재는 부르는 자이면서 불리는 자이고, 부름의 이 두 측면이나 두 얼굴 사이에는 아무런 즉각적인 동일성이란 것이 없다. 어떻게 이를 설명할 수 있을까? 하이데거가 다소 논점을 회피하며 역설하듯 "**모든 이**가 들으리라고 다 동의하는"[104] 양심의 부름에서 핵심에 있는 이 분리를 어찌 설명할 것인가? 모두 다 부름을 들을까? 거대한 물음이다. 우리는 최소한 이렇게 말할 수 있다. 부름을 듣지 않은 이들은 진정한 현존재가 아니라는 것, 비-현존재인 존재자들은 부름을 들을 수 없는 능력에 의해 규정되리라는 것이다.

부름 내의 분리를 설명하고자 하이데거는 현존재의 존재[방식]인 마음씀[염려, Sorge]의 구조로 되돌아가 부름의 구조 분석을 전개한다. 부르는 자이자 불리는 자라는 현존재의 처지는 본래적이면서 비본래적인 현존재의 구조에 대응한다. 불안한 존재가능이나 자유, 그리고 '세상 사람' 안에 내던져진 길 잃음으로, 말하자면 현존재는 진리와 비진리 모두에 존재하고 있는 셈이다. 그렇게 내가 내던져진 기획투사일 때만 나는 불리는 자이자 부르는 자다. 이것으로 하이데거는 『존재와 시간』 초반에서 불안을 논할 때 처음 등장하는 '섬뜩함uncanniness'이라는 주제로 나아간다. 그는 묻는다. 만약 자신의 섬뜩함의 바로 그 심연에 처해 있는sich befindet 이 현존재가 양심의 부름을 부르는 자라면 어찌할 것인가? 이로부터 우리는 '생경하거나 낯선 소리die fremde Stimme'라는 관념으로 나아간다.

그 '누구'라는 형태로 부르는 자는 결코 무에 의해서 '세간의' 방식으로는 정의될 수 없다. 부르는 자는 세계의 무 앞에 직면하여 섬뜩하게 느끼고 있는 현존재다. 근원적이고 내던져진 세계 내 존재로 '안절부절하는' 자다. **세계의 무** 속에 있는 적나라한 '있음이라는 사실' 말이다. 부르는 자는 일상적인 세상 사람으로서의 자기에게 낯설다. 그것은 **낯선** 소리와 같은 것이다. 일상적인 세계의 다양한 일들에 빠져 자기를 상실하고 있는 '세상 사람'에게, 섬뜩함 속에서 자기를 향해서 단독자화되어 '무' 속으로 내던져진 자기보다 더 낯선 것은 없다.[105]

여기서 주목해야 하는 것은 '무'라는 단어를 반복해서 강조한다는 점과 하이데거가 역설하는 주장의 일반적인 낯섦이다. 양심의 부름은 가정의 친밀함Heimlichkeit 가운데 안절부절하고 불안한 섬뜩함Unheimlichkeit이지만, 이 '안절부절함'이 세계의 **무**라고 주장된다. (이 '무'라는 단어는 맥쿼리와 로빈슨의 번역에서는 인용 부호로 잘못 묶여 등장한다.) 자기는 세계의 무 안으로 내던져져 있고 그 안에서 나는 내게 낯설다는 인상을 주는 침묵의 부름을 듣는다. 나의 처지란 그래서 몹시도 바울스럽다. 내가 부름을 듣자마자 나는 모든 것이 '없는/아닌 듯' 바라보고 '아님/없음'의 관점에서 존재하는 모든 것을 바라본다. 그것이 바울의 이중적 비존재론이다.

엄밀히 말하자면(이것이 내가 가닿고 싶은 생각인데), 자아는 두 개의 무 사이에 나뉘어 있다. 한편으로 세계의 무에 그리고 다른 한편으로 죽음을 향한 존재에서 개시된 순수 가능이라는 무 사이에 나뉘어 있다. 그것은 『정신분석의 윤리The Ethics of Psychoanalysis』에서 라캉이 이야기한 '두 죽음 사이'라는 관념과 유사하지만 어쩌면 훨씬 더 급진적이다.[106] 자아란 내던져져 있음의 무와 기획투사의 무라는 두 개의 무 사이의 움직임과 다를 바 없다. 이는 인간이 된다는 것, 자신에게 낯선 자가 된다는 것의 섬뜩함이 이중의 불능화impotentialization를 통해 구성된다는 소리다.

하이데거는 섬뜩함이 부름을 가만히 부른다고 역설한다.

부름은 사건을 보고하지 않는다. 아무런 발성도 내지 않고 부른다. 부름은 **침묵을 지키는** 섬뜩한 양태로 말을 나눈다. 그리고 그렇게 하는 이유는 불러내진 자를 부를 때 그를 '세상 사람'의 공론[公/空論] 속으로 불러들이지 않고 그를 거기에서 그의 **실존하는** 존재가능의 **침묵으로 도로 불러들이기** 때문이다. 부르는 자가 불러내진 자에게 다다르면 그는 섬뜩하지만 결코 자명하지는 않은 차가운 확신으로 그렇게 한다.[107]

여기서 불러냄의 비감상적인 특질, "차가운 확신kalte Sicherheit"의 섬뜩함에 주목하자. 현존재가 자신을 망각했던 곳인 '세상 사람' 속에서 그 삶을 상실할 때까지 섬뜩함은 그를 밀고 나가고, 하이데거가 '반복 Wiederholung(다시 잡음)'이라 일컬을 어떤 운동에서 이 상실을 막으려 한다. 자기를 그 자신에게 스스로 반복하는 것에서만 세상 사람의 하향 전락을 일시적으로 치워 낼 수 있을 뿐이다. 자기가 스스로를 반복하길 멈출 때, 자기는 자신이 되는 것을 망각하고, 자신이 되기를 멈춘다.

비성의 비적 근거존재
: 현존재의 이중 불능

섬뜩한 부름은 무엇을 이해시키는가? 양심의 부름은 한 단어로 축약할 수 있다. "책임이 있다!"[108] 그런데 현존재의 책임 있음이란 대체 무슨 뜻인가? 현존재의 존재가 내던져진 기획투사이므로 그의 존재가 늘 존재

믿음 없는 믿음의 정치

하는 것으로 그에게 있다는 의미다. 현존재의 존재가 결여라는 말이다. 그것은 현존재가 **빚지고** 있는 어떤 것, 그가 채우거나 되갚으려 분투하는 빚이다. 이것이 슐트Schuld의 존재론적 의미다. 즉 책임이나 잘못, 심지어는 죄를 뜻하면서 또한 빚을 의미하기도 한다. 슐디히schuldig하다는 것은 책임이 있거나 비난받을 만하다는 뜻일 뿐 아니라 누군가에게 의무가 있거나 신세를 지고 있다 또는 누군가에게 갚을 채무가 있다는 뜻이기도 하다. 슐텐Schulden은 빚이다. 니체가 『도덕의 계보』에서 확신에 차서 보여 준 바대로 거기에는 물질적 기원이 있다.[109] 삶은 당신이 동의한 것은 아니지만 계속 불어나는 이자를 내면서 대출금을 상환하는 날들의 연속이고 그러면서 결국 당신의 삶을 내놓게 될 것이다. 그것은 죽음 저당, 죽음을 저당으로 잡히는 것mort-gage이다. 독일이 경제적으로 극도의 곤란을 겪던 시기에 『존재와 시간』이 집필됐다는 점을 떠올리더라도 하이데거의 말은 놀라운 구석이 있다. "인생은 사업이다. 그 비용을 감당할 수 있든 그렇지 못하든 말이다."[110] 빚은 존재의 한 방식이다. 그것은 존재 방식 **자체**인 것이 틀림없다. 신용, 그리고 신용에서의 신뢰, 그 믿음 구조가 중요한 이유다.

하이데거는 부채 있음, 책임 있음 또는 다른 이에게 뭔가 신세 지고 있음으로 이해되는 책임의 다양한 의미를 빠르게 살펴본다. 따로 분석해 볼 필요가 있지만, 하이데거가 그 자신의 책임 개념을 기존의 것과 분리하고자 애쓰는 것은 흥미롭다. 하이데거는 타인에 대한 책임responsibility으로서 통용되는 개념, 또는 법이나 당위sollen(헤겔이 비판했고 그 비판을 하이데거가 암암리에 따르던 칸트적 '당위')와 관련해 이해되는 어떤 책임 관념과도 거리를 둔다. 물론 하이데거는 책임의 존재론적 의미에 닿으려 하고 그 단어의 법적이거나 도덕적인 내포를 피하려 한다. 하이데거의 목표는 전前-윤리적이거나 전前-도덕적인 책임에 대한 이해다. 혹은 책임에 대한 본원적·윤리적 이해일지도 모르겠다. 이 지점에서 『존재와 시간』의 가장 급진적인 몇몇 구절과 마주하게 된다.

하이데거가 지치지 않고 역설하다시피 현존재는 내던져진 근거ein geworfene Grund다. 현존재는 내던져진 가능성을 근거로 앞을 향해 기획투사한다. 이는 곧 살펴보겠지만 현존재가 비null 근거라는 소리이기도 하다. 하이데거는 다음과 같이 쓴다. 밀도 높은 독일어로 쓰여 여기에 옮겨 놓기가 쉽진 않다.

어떤 근거로 존재하면서, 다시 말해 내던져져 있음으로 실존하면서 현존재는 끊임없이 자신의 가능성에 뒤처져 있다. 현존재는 결코 자신의 근거에 **앞서** 실존하지 않고 늘 그것**으로부터**만 **이 근거로서**만 존재할 뿐이다. 그러므로 '근거가 됨Being-a-basis[근거존재]'이란 자신의 가장 고유한 존재를 근본적으로 **결코** 마음대로 지배하지 못함을 말한다. 이 '비[못함]'가 '내던져져 있음'의 실존적 의미에 속한다. 현존재는 근거가 되면서 자기 자신의 비성으로 존재한다. '비성'은 결코 눈앞에 있지 않음이나 존립하지 않음을 뜻하지 않는다. 오히려 이 현존재의 존재를, 즉 그의 내던져져 있음을 구성하는 '비'를 의미한다. 이 '비'의 '비'라는 특질은 실존적으로 정의된다. 현존재는 자기 **자신**이 되면서 자기 자신으로서 내던져진 존재자라고 말이다. 현존재는 자기 자신의 **힘을 통해서가** 아니라 그 근거에서 **풀려나** 자기 자신**에게 놓아져서 이 근거로서** 존재하고 있는 것이다. 현존재는 그 자체로 자기 존재의 근거가 아니다. 이 존재근거가 현존재의 고유한 기획투사에서 처음 발생했다면 말이다. 차라리 현존재는 자기 자신으로 존재하는 자기 근거가 되는 존재다.[111]

현존재가 자기 자신의 비성nullity[Nichtigkeit]이라는 주장이다. 근거가 된다고 이해된 현존재가 자기 자신에 대해 힘이 없다는 의미다. 현존재는 자기 자신에 대한 비성의 경험인 셈이다. 현존재가 기획투사하는 그 힘을 규정하는 '전체존재'의 가능성이란 불능화인 셈이고, 기획투사에 반하고 현존재가 아무런 힘을 행사하지 못하는 한계임이 밝혀진다. 나에게 가장 흥미로운 대목이 바로 현존재의 불능이다. 곧 살펴보겠지만 그것은 이중의 불능이다.

내던져진 근거로 현존재는 변함없이 자신의 가능성에 뒤처져 있다. 앞에서 하이데거가 썼다시피 근거로 존재하면서Grund-seiend, 다시 말해 내던져진 것으로 실존하면서als geworfenes existierend(하이데거의 또 다른 수수께끼 문구다) 현존재는 끊임없이 자신의 가능성에 뒤처져 있다. 책임을 겪음으로써 인간의 존재가 결여이자 결핍된 것으로 개시된다. '자기'란 단지 불안의 경험과 죽음을 향한 존재에 의해 활기를 얻는 본래성을 향한 영웅적 도약의 황홀이 아니다. 자기를 영웅적 도약의 황홀로 해석하는 것은 실존적 분석가의 영웅적 독해(의심할 바 없이 하이데거가 의도한 것이다)로서, 그 목표가 자족성, 그러니까 자기-충족이나 자기-정복, 또는 하이데거가 '자기-지속성[자립성]Die Ständigkeit des Selbst'[112]이라 부르는 것의 한 형태에 있다. 오히려 내가 보기에는 자기의 기초적 자기 관계란 정복 불가능한 내던져져 있음이자 결코 나를 완전히 들어올릴 수도 없으면서 무겁게 짓누르는 현사실성이라는 짐이다. 그것이 내가 나 자신을 회피하고자 하는 이유다. 나는 어떤 내던져져 있음을 기획투사하거나 내던진다. 그런데 이 내던져져 있음은 그렇게 내던짐으로 나를 붙잡아서 내던짐을 불능 가까이에서 산산조각 내고 그 가능성의 운동을 뒤집는다. 나는 늘 내 운명을 맞이하기에 너무 늦다.

현존재란 두 개의 무 사이, 내던져져 있음의 비성과 기획투사의 비성이라는 두 비성 사이에 보류된 존재다. 여기가 하이데거의 텍스트가 가장 극단에 놓이는 곳이다.

내던져져 있는 것으로서 기획투사란 근거 됨의 비성에 의해 결정되어 있기만 한 것은 아니다. **기획투사로서** 그것 자체가 본질적으로 **비**이기도 하다. 그것이 '헛되다'거나 '가치가 없다'는 식의 존재 속성을 말하는 것이 아니라, 기획투사의 존재 구조를 이루고 있는 실존적 구성 계기를 의미한다. 여기서 말하는 비성은 현존재가 자신의 실존적 가능성에 대해 자유롭다는 사실에 속한다. 허나 자유는 어느 하나를 선택하는 것이다. 다시 말해 다른 것을 선택하지 않았고 선택할 수 없음을 견뎌 내는 것뿐이다.

내던져져 있음의 구조에는 기획투사의 구조처럼 본질적으로 일종의 비성이 놓여 있다. 그리고 이 비성은 퇴락해 있는 **비본래적** 현존재의 가능성에 대한 근거다. 그렇게 퇴락하는 것으로 모든 비본래적 현존재는 현사실적으로 존재하는 셈이다. **마음 씀 자체는 바로 그 본질에서 철저하게 비성에 의해 침투되어 있다.** 따라서 내던져진 기획투사로서 '마음 씀', 현존재의 존재가 비성의 근거가 됨을 뜻한다. (그런데 이 근거 자체가 비적이다.) 이는 **현존재에게 그 자체로 책임이 있다**는 의미다. 만약 우리가 '책임'을 '비성의 근거존재Being-the-basis of a nullity'로 형식적으로 정의 내린 것이 정말 옳다면 말이다.[113]

현존재는 이중의 비성이다. 현존재는 이 이중의 비성 주변에 구성되는 동시에 나뉘어 있다. 이것이 내던져진 기획투사의 구조이자 책임의 존재론적 의미다. 현존재에게 책임이 있다는 말은 현존재가 이중으로 빚을 지고 있는데 그 존재의 중심에서 현존재가 '비'이고 본질적으로 이중으로 결여되어 있다는 소리다. 내던져진 기획투사는 비성의 비적 근거존재를 의미한다. 그리고 그것이 다름 아닌 자유의 **경험**이다. 앞에 인용한 하이데거의 표현처럼 자유란 다른 것 말고 자기 자신을 선택하면서 어떤 존재 가능성을 선택하는 것이다. 그런데 그런 선택에서 선택하고 있는 것은 우리가 아무런 힘을 행사할 수 없는, 내던져진 근거의 비성에 투영하는

믿음 없는 믿음의 정치

기획투사의 비성이다. 자유란 스스로에게 존재론적으로 책임이 있고, 그 존재가 이중의 비성임을 떠맡는 것이다.

하이데거는 계속해서 이 책임의 실존론적-존재론적 의미가 책임에 대한 온갖 전통 도덕적 이해의 기반이 됨을 보여 준다. 하이데거의 책임 현상학은 니체의 『도덕의 계보』처럼 도덕성에 의해 규정될 수 없는 윤리적 주체성의 심층 구조를 밝혀낼 것이라고 주장한다. 왜냐면 여기서 이미 도덕성이라는 것이 윤리적 주체성을 전제하고 있기 때문이다. 하이데거는 선의 결여privatio boni라는 온갖 악의 관념을 거부하면서 책임이 어떤 도덕성에 대한 전前-도덕적 원천임을 주장한다. 그것은 선악의 피안에 있다. 책임이 나쁜 것인가? 아니다. 그런데 좋은 것도 아니다. 그저 우리의 본질이다. 우리에게는 책임이 **있다.** 그렇게 프란츠 카프카Franz Kafka와 영원한 진리를 공유한다.

하이데거는 위에서 논한 숱한 주제를 한데 모아 섬뜩함의 문제로 되돌아간다.

현존재는 섬뜩함 속에서 근원적으로 그 자신과 함께 서 있다. 섬뜩함은 이 존재자를 그것의 가장 고유한 존재가능의 가능성에 속하는, 그의 어긋남 없는 비성 앞으로 데려온다. 현존재에게, 마음 씀으로서, 자신의 존재가 문제가 되고 있는 한 현사실적으로 퇴락하고 있는 '세상 사람'으로 있는 자기 자신을 섬뜩함으로부터 자신의 존재가능으로 불러 세운다. 불러냄은 앞으로 불러내면서 도로 불러들인다. **앞으로** 불러낸다는 것은 현존재가 존재하는 바의 것인 내던져진 존재자조차 떠맡을 수 있는 가능성으로 불러낸다는 것이고, **도로** 불러들인다는 것은 현존재가 실존하며 받아들여야 하는 비적 근거로 이 내던져져 있음을 이해하기 위해 그 자신의 내던져져 있음으로 불러들인다는 말이다. 양심이 현존재를 앞으로 불러내면서 도로 불러들임으로써 현존재에게 다음을 이해시킨다. 현존재는 자기의 비적 기획투사의 비적 근거로서 '세상 사람' 속의 자기 상실로부터 자신을 자기 자신으로 되돌려 가져와야만 한다는 것, 다시 말해 그에게 **책임이 있다**는 것이다.[114]

책임은 현존재의 가장 내밀한 의미이자 바로 그것의 운동인 키네시스 kinesis로 보여진다. 다른 저작들에서도 마찬가지지만 여기서 하이데거는 그저 키네시스를 실존의 리듬이자 궁극적으로는 존재 자체의 리듬으로 사유하려 애쓰고 있다. 내던져진 기획투사의 운동인 이것(나는 '내던져진 내던짐'이라 부르고 싶다)은 '앞으로 불러내면서 도로 불러들이는' 부름의 구조다. 그것은 현존재를 앞으로 불러내어 그의 존재가능을 떠맡게 하면서 현존재의 내던져져 있음으로 도로 불러들여 이를 떠맡게 한다.

마지막 인용에서 하이데거의 말을 곱씹어 보자. 현존재는 자기의 비적 기획투사의 비적 근거다. 현존재가 이중의 무이자 이중의 비성이라는 말이다. 그것이 내던져진 기획투사의 의미다. 책임은 이 비성의 키네시스, 전후 운동, 혹은 베케트의 왕복 운동이다. 인간이 된다는 의미의 낯섦과 우리 스스로와 대면하게 된다는 섬뜩함이란 그런 것이다. 하이데거가 『형이상학 입문Introduction to Metaphysics』에 썼다시피 "현존재란 낯섦의 일어남이다."[115] 인간은 두 개의 무 사이에 있는 행위라는 전적인 낯섦이다. 인간의 자기란 그의 가능성의 유일한 근거, 한계, 조건이 이중의 무이자 이중의 불능화인 존재가능이다. 이는 물론 불가능성의 조건이자 실존적 유사-초월의 조건이기도 하다는 소리다. 불능은 (마침내) 우리를 인간으로 만든다. 우리는 그것을 명예 훈장처럼 달고 있어야 한다. 우리의 약함에 대한 표식이자 어떤 것도 이보다 더 중요하거나 불능일 수 없다.

하이데거는 현존재가 자기 자신에게 책임을 짊어지게 한다고 역설하는 것이 아니다. 현존재는 이미 그 존재 안에 책임이 있다. 현존재에게는 이미 늘 책임이 있지만 본래적이 되면서 현존재가 양심의 부름이나 불러냄을 **이해하고** 자기 자신에게로 가져간다는 점에서 변화가 생긴다. 본래적인 현존재는 자기 자신에게 책임이 있음을 이해하게 된다. 역능으로서의 현존재가 자기 자신을 불능으로 이해하게 된다는 뜻이다. 인간에게는 본질적으로 비본래성이 새겨져 있다. 본래적으로 되면서 바뀌는 것이라곤 우리가 비본래적인 것을 경험하는 그 방식이 변양되었다는 사실 그뿐이다. 그러나 그런 변양을 겪으면서 현존재는 하이데거가 서술하다시피 여하튼 자기 자신을 선택했다.[116] 선택된 것이 양심을 갖는다는 뜻이 아니라(여기서 현존재는 이미 현존재로서 양심을 갖고 있다) 하이데거가 '양심을 가지기를 원함'이라 부른 것을 뜻한다. 그것을 제2차의 원함 곧 **그 존재인 결핍을 원하기를 원함**으로 기술할 수도 있다. 여기에는 존재적이거나 실존적인 결단이 필요하다.

> **양심을 가지기를 원함이란 오히려 어떤 것을 현사실적으로 책임지게 되는 것을 가능하게 하는 가장 근원적인 실존적 전제다.** 현존재는 양심의 부름을 이해하면서 그의 선택된 존재가능으로 자신의 가장 고유한 자기가 **자기 안에서 행동하게**in sich handeln 한다. 단지 그렇게만 현존재는 부름에 응답할verantwortlich 수 있을 뿐이다.[117]

따라서 응답할 수 있음answerability이나 책임질 수 있음responsibility이란 양심을 가지기를 원하는 상태에서 부름을 듣고 부름을 인수하는 것이다. 이 선택, 현존재의 자기 자신에 대한 선택이 (하이데거의 기이한 표현으로는) 현존재 안에서 행동하고 있다. 하이데거가 2차 세계대전 이후 우리에게 상기시켰듯 "우리는 행동의 본질을 아직껏 결정적으로 충분히 숙고한 바 없다."[118] 하이데거는 『존재와 시간』에서 '행동'이라는 단어를 활용하고 있지만 회피하고 싶은 단어라는 것을 계속해서 주지시킨다. (데리다가 가르쳐 주듯) 그것이 하이데거의 회피의 논리다.[119] 그런데 우리가 기술한 이중의 비성과 관련해 상상된 것인 저 행동이란 무엇을 뜻할까? 가능성과 불가능성의 조건이 이중의 불능화라면 존재가능이란 무슨 의미일까? 지배는 노예화로 통하고 장악은 우리가 아무런 힘도 행사하지 못하는 것을 받아들이면서 무너지고 만다. 세계에서 행동을 하려면 약함의 인정이 필요하다. 행동의 강함은 바울이 말했다시피 그것의 약함 **이다**. 그런 행동 개념은 비극적이라고, 더 적절히는 희비극적이라 불릴지도 모르겠다. 베케트의 기진맥진한 자들의 행렬 중 하나인 몰로이가 단단히 빈정대며 자문하듯 말이다. "이 활력을 어디에서 얻게 된 거지? 아마도 내 약함에서 온 걸까."[120]

내밀한 마르치온주의

이제는 내가 처음에 제기했던 믿음의 문제로 돌아가서 다른 방향에서 탐구를 진행해 보자. 앞에서 주목한 것처럼 루터는 갈라디아서를 해설하며 아주 유명한 말을 한다. "복음의 진리란 우리의 의로움이 믿음 하나로만 도래한다는 것이다."[121] 종교개혁 운동을 규정하는 바울로의 복귀란 믿음의 순수함과 권위로의 복귀다. 그렇게 루터는 믿음과 율법 사이를 아주 극명하게 대조한다. "율법은 죄를 보여 줄 뿐이고 공포에 떨게 하며 겸허하게 만든다. 그럼으로써 우리에게 의로움을 예비하여 우리를 그리스도에게로 몰고 간다."[122] 유대인들을 늘 율법과 동일시하는 그리스도교의 반유대주의 구조에서 믿음과 율법 사이의 이 발본적 구별이 어떤 효

믿음 없는 믿음의 정치

과를 낳았는지는 잘 알려져 있으므로 여기서 반복하지 않겠다.[123]

여기서 내 관심은 바울에게서 믿음과 율법이 맺는 관계이며, 믿음 하나에만 기초하고 있는 급진적 바울주의를 긍정하는 데 무엇이 연루되었 냐는 것이다. 이것이 바로 그리스도 교의사에 나타난 마르치온주의의 위험이며, 내가 곧 다루고자 하는 문제다. 소크라테스의 표현을 빌리면 마르치온주의는 고상한 위험이지만 궁극적으로 거부되어야 하는 것이다. 특정 극-바울주의가 아감벤, 하이데거, 바디우 같은 인물들에서 발현되는 방식 역시 관심거리다. 이들은 동시대 바울로의 복귀가 실제로는 마르치온으로의 복귀라고 결론 내리게끔 한다.

타우베스가 썼다시피 바울에게서 연유하는 두 가지 길이 있다. 첫째는 기원후 초반 그리스도 교회 그 자체와 베드로의 전통이고, 둘째는 마르치온주의다. 마르치온주의는 특히 2세기 후반에 신흥 가톨릭 그리스도 교에 지대한 정치적 위협을 야기했다.

마르치온(기원후 85~160년)은 바울처럼 천부적인 조직가이자 교회의 끈덕진 창출자였다. 그의 추종자들은 수가 지극히 많았고 4세기 콘스탄티노플 박해기까지 공동체를 이루어 살거나 어떤 경우에는 마을을 구성하기도 했다. 마르치온 공동체는 10세기까지 존속했다고 전해진다. 마르치온에게 바울은 유일하게 참된 사도였고 마르치온은 바울의 참된 추종자였다. 마르치온은 자칭 '프레스비테로스Presbyteros', 즉 참된 사도의 참된 추종자들을 이끄는 지도자였다. 마르치온에게 바울의 선포에 자리한 중핵은 믿음과 율법, 은총과 사역, 영과 육, 이 질서들 간의 분리다. 마르치온은 바울적 사유의 반정립적 형태(유일하게 알려진 마르치온의 저작은 '반정립'이라는 제목이 붙어 있는데, 출간 연도는 거칠게 잡아 기원후 140년까지 거슬러 올라간다)를 창조를 구원에 묶던 끈을 끊는 지점까지 급진화한다. 그리고 마르치온이 바울에게서 창조란 아주 작은 역할을 맡고 있으며 바울이 변함없이 몰두하고 있는 것은 구원이라고 말할 때, 이 말은 확실히 옳다. 타우베스가 주목하듯 "창조와 구원을 연결하는 실은 아주 가늘다. 정말 아주 가는 실이다. 그래서 툭 끊어질 수 있다. 그렇게 한 것이 마르치온이다. 그는 예수 그리스도의 아버지가 천국과 지상의 창조자가 **아니라고** 읽는다. (그는 어떻게 읽어야 하는지 알고 있었다!)"[124]

하르나크가 (50년의 세월 동안 쓴) 집요하고도 이상하게 감동적인 저서 『마르치온: 이방 신의 복음Marcion: The Gospel of the Alien God』에서 보여 준 바대로, 마르치온은 창조를 구원에 묶던 존재론적 유대를 절단하고 존재론적 이원론을 세운다.[125] 바울이 '현세의 신'이라 부르던 창조주 신은 예수 그리스도를 통해서 또 그로서 현시하는 신인 구세주 신과 구별된다. 히브리 성경의 알려진 신과 달리 그리스도는 미지의 신으로 발본적으로 새로운 신이다. 마르치온의 『반정립The Antitheses』에서 형용사 '새로운' 보다 더 빈번히 사용되는 단어는 없다. 그런 까닭에 마르치온을 비판하려면 바울에 대한 최근의 철학적 독해가 새로움의 형상에 천착하는 것에 맞설 수밖에 없다. 미지의 신은 참된 신이지만 이방 신이다. 마르치온 교회에서 그리스도는 '이방인' 혹은 '선한 이방인'으로 불렸다.[126] 이는 신이 창조와 관련해 외부인이나 타인으로서 세계에 들어온다는 뜻이다.

마르치온은 자유로이 주어진 은총과 사역에 기초한 의로움을 구분하는 바울적 사유를 급진화하고 거기에 두 가지 신성한 원리, 즉 의롭고 노여움 많은 구약의 신과 사랑을 베푸는 자비로운 복음의 신을 결부시킨다. 물론 이는 그노시즘처럼 들리지만 결정적으로 마르치온에게는 그노시스라는 것이 없다. 하르나크는 『교의사』에서 그노시스를 '지성적·철학적 요소', 말하자면 신성함에 대한 모종의 지성적 직관이라고 본다.[127] 하르나크가 어떤 것을 '철학적'이라고 부를 때 그것은 칭찬하고는 거리가 멀다. 차라리 그 말은 종교를 헬레니즘 철학의 범주로 환원시키는 것이다. 그리고 우리가 살펴보았듯 하이데거는 바울을 독해하면서 하르나크적 제스처와 공명한다. 하르나크가 보기에 마르치온은 그노시스주의자에 포함될 수 없다. 마르치온이 어떤 형태의 그노시스가 아니라 전적으로 믿음을 강조하고 있기 때문이다. "그러므로 모든 가치를 믿음 하나에만 부여하고 그 자체의 확신하는 힘에 의존하게 하며 모든 철학적 의역과 주장을 피하는 것이 마르치온의 목적이었다."[128]

이 존재론적 이원론의 귀결은 극적이다. 이방 신은 이 세계의 신에서 분리되어 인간을 창조자와 그 창조로부터 자유롭게 만든다. 하르나크가 썼듯이 마르치온에게 "유대신은 그의 모든 책인 구약과 더불어 실제 적이 되어야만 했다."[129] 마르치온은 신약과 구약의 절충주의뿐 아니라 구약의 완수로 신약을 이해하는 모든 알레고리적 해석 형태도 거부했다. 알레고리적으로 이해하면 그리스도교란 유대교의 완수다.[130] (이것은 마르치온이 교황 클레멘스 1세Clement of Rome나 안티오키아의 총대주교 이그나티우스Ignatius of Antioch 같은 사도 교부를 비판한 내용의 중핵이기도 하다.) 반대로, 두 성서는 엄밀히 분리될 필요가 있고 마르치온은 신약과 구약 정본을 만들려는 최초의 시도를 통해 이를 해냈다. 이 정본은 대략 기원후 144년경을 전후로 해서 완성되었다. 여기서 구약은 전부 정본에 포함되었고 역사적 사실로 다루었지만 신약 정본에는 바울 서한의 몇몇 삭제판과 누가복음이 포함됐다. 마르치온의 진술처럼 "성서를 알레고리화해서는 안 되는 것이다."[131] 마르치온에게 사도 교부의 그리스도교란 유대 그리스도교였다. (물론 바울은 이 같은 비난을 베드로와 예루살렘 교회에 퍼부은 바 있다.) 마르치온의 눈에는 신흥 그리스도교가 새 포도주를 낡은 자루에 쏟아 부은 것으로 보였다. 그러면서 가톨릭교회는 계속 구약이라는 백미러로 복음을 봄으로써 그 급진성을 상실했다. 그리스도교

성서 정전이란 마르치온이 지어 낸 텍스트에 직접 화답하며 만들어졌고, 이 점에서 이른바 마르치온 이단에서 곧장 기인한 것이었다. 바로 신흥 가톨릭교회의 생존은 구약과 신약 사이의 일치를 보여 주는 것에 달려 있었다. 따라서 가톨릭 교의에서는 알레고리적 해석이 중심이 될 수밖에 없었다.

마르치온파의 금언 하나가 있다. "우리 신에게는 하나의 사역만으로도 충분하다. 신은 지고하고 가장 훌륭한 선함으로 인간을 구제했고, 이는 모든 메뚜기들을 창조한 것보다 더 바람직하다."[132]

창조를 구원에 이어 주던 실이 끊어지자 그리스도인의 과제는 더 이상 창조를 사랑하는 것이 아니라 창조로부터 스스로를 가능한 발본적으로 분리하는 것이 된다. 세계는 창조주 신의 구치소 감방이고 그곳은 해충, 메뚜기, 모기로 가득하다. 악의 소행을 저지르지 않으려고, 창조주 신과 어떤 관계도 맺지 않으려고 아흔 살 먹은 마르치온파 신도 한 명은 매일 아침 자신의 타액으로 몸을 씻었다.[133] 창조주가 육체를 통해 우리에게 행사하는 지배력을 느슨하게 하려고 마르치온은 세례를 따르는 신도들에게 모든 결혼과 성적 결합을 금하는 혹독한 금욕 윤리를 따를 것을 주창했다. 하르나크의 표현에 따르면 마르치온에게 결혼이란, "추잡하고" "부끄러운" 것이었다.[134] 이는 "이 세계의 형체가 사라져 가고" 있으므로 아내가 있는 사람은 "아내가 없는 것처럼 살고" 여기에 더해 "결혼하는 것도 잘하는 일이지만 결혼하지 않는 것이 더 잘하는 일입니다"(고린도전서 7장 29, 31, 38절)라는 바울의 말을 급진화한 것에 불과하다. 결혼이나 섹스, 육체와 연관된 모든 일들은 순전히 당면한 영적인 임무의 긴박성으로부터 주의를 산만하게 만드는 것들에 불과하다. "이제 때가 얼마 남지 않았으니"(고린도전서 7장 29절) 남아 있는 잠깐이라도 '영'을 창조라는 '육'으로 뒷걸음치게 하는 어떤 일을 하느라 낭비해서는 안 된다. 타우베스는 마르치온주의에 대해 "민중 교회로서 얻은 영예에 안주할 수 없는 급진적인 사명을 가진 교회였다. (…) 세계 종말을 실천하거나 집행하는 교회였던 것이다"[135]라고 쓴 적이 있다. 마르치온주의의 정수는 변함없는 행동주의다. 추종자들에게 재생산이 허가되지 않는다면 교회의 성장은 끊임없이 새 개종자들을 얻는 것에 기초할 수밖에 없다.

하르나크는 마르치온을 엄청난 종교개혁의 열성을 갖고 있는 강력한 지성인으로서 2세기의 루터로 본다. (이는 하르나크의 책에 암시된 의제이기도 하다.) 마르치온은 첫 프로테스탄트였다. 철학적 정론과 종교적 믿음의 체험 사이의 유대를 절단하면서 현존 교회를 이단이라 비난했다. 마르치온이 보기에 바울주의는 이미 2세기 초반에 배반된 대혁명을 대표했고, 이 대혁명은 개혁이 필요했다. 이 개혁의 중핵은 율법과 믿음 사이의 바울식 구별의 급진성을 단언하고 은총만이 홀로 복음의 가장 순수한 정수임을 확언하는 것이다. 타우베스는 마르치온이 이원론을 수용한 것은 오류이지만 바울이 창조와 구원 사이의 관계를 구상할 때 바울 안에 깃든 어떤 양가성과 일치하는 "천재적인" 실수라고 생각한다.[136] 하르나크에게 마르치온은 (헤겔의 사어를 각색하자면) 바울을 이해하고 그를 오해했던 유일한 사람인 셈이다. 그러나 하르나크가 마르치온 연구에서 도출하려는 결론은 극적이게도 구약이 거부되어야만 한다는 것이다. 프로테스탄티즘에게 구약은 "종교적이고 에클레시아적인 손상의 귀결"[137]이라고 하르나크는 역설한다. 하르나크는 그리스도교가 그리스도 안에서의 신의 계시에 대한 믿음에 다름 아니라는 급진적 신앙주의를 수호하고자 한다.

이상하게 들릴지 몰라도 나는 아감벤의 바울 독해가 근본적으로 도덕폐기론적 믿음 개념을 강조한다는 점에서 내밀한 마르치온적이라 생각한다. 예를 들어 아감벤은 바울에 대한 해석이 담긴 「다섯째 날Fifth Day」에서 동사 카타르게오katargeo에 주목한다. 그리고 이것을 '무위나 불활의 것으로 만들다' 혹은 아주 흥미롭게도, 앞서 유스티티움 논의를 떠올리게 하는 '중단하다'로 번역하고자 한다.[138] 아감벤은 암암리에 카타르게오를 슈미트의 예외상태(주권자가 법의 작용을 중단하는 자가 된다)에 연결한다. 아감벤은 메시아적인 것은 무법이라고 특징짓는다. 이는 주권자의 정치 행위에서 로마와 예루살렘 양자의 합법성과 정통성을 중단하는 것이다. 아감벤은 이러한 주장을 보충하기 위해 데살로니가후서의 아노미아anomia나 율법 없음이라는 형상에 대한 의도적인 독해를 덧붙인다.[139] 바울이 "율법 없음의 신비"를 말하면서, 메시아의 파루시아에 앞서 나타나게 될 "지옥의 아들"(데살로니가후서 2장 3~7절) 적그리스도를 다시 언급하는 것은 내 생각에 대단히 논쟁적이다. 그런데 아감벤은 율법 없음을 메시아적인 것과 동일시해 법과 생명 사이의 구분을 급진화하고자 한다. 이것은 아감벤의 저작을 관통하고 있는 벤야민의 주제다. 법이 폭력이고 법의 역사가 그러한 폭력의 역사(이는 아감벤이 '전지구적 내전'[140]이라 칭한 현재 상황으로 이어졌다)라면 메시아적인 것은 혁명적으로 법이 중단되면서 발생한다. 아감벤이 벤야민의 메시아주의를 한편에는 창조된 세계라는 세속 질서, 다른 한편에는 구원이라는 메시아적 질서의 급진적 이원론으로 밀어붙이고 싶어하는 듯 보이는 순간이 있다. 앞에서 살펴봤듯이 아감벤은 "생명과 무관한 법 그리고 법과 무관한 생명"[141]에 대해 쓴다. 그런데 이것은 마르치온이지 바울은 아니다.

바디우는 『사도 바울』에서 마르치온에 대해 짧지만 흥미진진한 논의를 제공한다. 바디우는 마르치온의 존재론적 이원론이 '조작의 심급'[142]이어서 어떤 일관된 바울 독해에 기초해 있을 수 없다고 역설함에도 "좀 더 밀고 가면 새로운 복음이 절대적 시작이라는 마르치온의 구상에 당도할

믿음 없는 믿음의 정치

수 있음"[143]을 인정한다. 그런데 바디우의 입장은 정확히 마르치온의 것이 아닌가? 구약은 "견고하고 뻔한 증거들인 예언들"에 의존해 있다고 주장하는 파스칼에 대립하여 바디우는 단언한다. "사건의 증거란 없고 사건이 증거인 것도 아니다."[144] 바울에게는 믿음만이 있고, 사건에 대한 충실성이란 존재 질서와의 단절이라는 것이 바디우의 기본 주장이다. 바디우는 "바울에게 사건이란 어떤 것을 입증하게 되지 않는다. 그것은 **순수 시작**"[145]이라고 말한다. 그런데 이 '순수 시작'이 바디우가 마르치온에게 귀속시키는 '절대 시작'이 아니면 뭐란 말인가? 우리는 바디우의 존재와 사건이라는 존재론적 이원론(사건은 늘 절대적으로 새로운 것으로 기술되고 바디우는 자신의 기획을 새로움을 개념화하는 시도로 본다)이 바울에 대한 마르치온적 급진화라고 결론지어야 하지 않을까? 바디우가 주체적 충실성을 유발하는 어떤 사건의 체험으로서 바울적인 그리스도 형상을 주장할 때 거기에는 법의 본질적 부인과 세계 내 존재의 현사실성이라는 불가피한 특질이 있지 않은가?

하이데거의 바울 독해에도 역시 마르치온적인 것이 있다. 마르치온 사후 수십 년 뒤 광휘에 찬 반동적인 [신학자] 테르툴리아누스Tertullian가 마르치온파 교회가 자신들의 견해에 대해 아무런 증거도 제시하지 못한다고 맹공을 퍼부었다. 그러나 그것이 정확히 마르치온의 요점이다. 구약의 예언, 철학적 논증, 신학적 개념화 혹은 심지어 그노시스에 대한 의존을 죄다 피하는 것 말이다. 그리스도교는 믿음 하나에만 기초해 있어야만 한다. 하이데거는 바울의 강의용 메모에 남긴 주석에서 암시적으로 믿음의 증거란 "들여다-봄에 있지 않고 차라리 그 선포란 '성령'의 '보여 줌'이자 '힘'이다"[146]라고 쓴다.

말하자면 믿음의 증거란 일종의 힘이나 권력에 해당하는 선포에서 성령을 보여 주는 데 있을 뿐이다. 믿음의 증거를 요구하는 것은 믿음의 참

본성을 오해하는 것이다. 앞서 말했듯 내밀하게 하르나크주의적인 하이데거의 바울 독해에는 플라톤, 아리스토텔레스, 헬레니즘 철학의 영향을 거부하고 가톨릭교의 교조적 체계에 맞서 초기 그리스도교를 회복하기를 시도한다는 점에서 극-프로테스탄티즘이 작동하고 있다.

그런데 하이데거도 메시아적 믿음 체험이 바울에게서 실행되고 있음을 단언하고 싶어하지만 좀 더 급진적인 아감벤의 도덕 폐기론과는 구별되어야 한다. 이미 확인했다시피 하이데거에게 본래성은 카이로스의 체험에서 그 정점에 달하지만 그것은 비본래적이고 퇴락한 세계 내 일상의 삶을 달리 비춰 보는 것에 다름 없다. 하이데거는 세계와 절대적으로 단절하리라는 발본적 믿음의 가능성을 믿지 않는다. 법과 삶은 여러모로 『존재와 시간』의 핵심 개념이었던 **변양**Modifikation이라는 관계에 늘 남아 있다.[147] 믿음의 선포란 언제나 그것이 밀어낸 비본래적 일상성의 중력 안을 이동한다. 기획투사의 '무'는 떨쳐 버릴 수 없는 내던져진 근거의 '무'로부터만 기획투사될 뿐이다. 현사실성의 법칙은 가차 없다.

마르치온주의에는 엄청난 매력이 있다. 그 존재론적 이원론과 창조와 구원의 분리로 인해 우리는 타락과 죽음 그리고 원죄라는 그리스도교 표준 서사 속에서 세계에 잘못된 것(메뚜기, 모기 등)을 두고 우리 스스로를 비난하기보다 모두 나쁜 신의 탓으로 돌릴 수 있다. 종교가 믿음에만 유일하게 존재한다는 생각에는 (그 어떤 그노시스나 지성적 직관에도 기초해 있지 않는 주체적 특질로 그것을 입증할 수 있는 아무런 증거가 없을 텐데도) 부인할 수 없는 힘이 있다. 그것은 발본적 새로움의 힘이자 절대적 순수 시작의 힘이다. 그러한 힘은 믿음 개념을 시험당하는 자기-책임으로 조성하는 한편, 우리가 완전히 다시 만들어지고 갱신되며 만회되리라는 것, 곧 다시 태어나리라는 가능성을 드러낸다.

그렇지만 마르치온주의는 거부되어야만 한다. 마르치온주의의 이원론은 세계를 거부하고 창조로부터 철수하는 종교에 대한 구상으로 이어진다. 그 가장 극단에서는 타락한 말기의 세계로부터 분리/독립의 정치를 조장한다. 앞서 신비주의 아나키즘, 자유성령의 이단, 〈보이지 않는 위원회〉의 신-봉기주의 변종에서 봤던 그런 종류의 정치를 말이다. 마르치온주의는 외계 납치의 신학이 된다. 하르나크가 그의 책 말미에 (반쯤 동경하며 썼듯이) 마르치온은 "우리를 우리가 엇나갔던 생경한 실존에서 우리의 진짜 집으로 불러내는 것이 아니라 우리가 속한 가공할 만한 고국에서 축복받은 외계의 땅으로 불러내는"[148] 것이다.

우리는 때로 저곳을 욕망한다. (그리고 이 욕망이 우리의 문화적 공백을 상당 부분 채우고 있다. 공상과학소설에서 외계의 것에 대한 할리우드의 변함없는 천착에 이르기까지. 그 이데올로기적 표현의 극점에는 제임스 카메론 James Cameron의 영화 〈아바타Avatar〉(2009)가 있다.) 그렇지만 축복받은 외계의 땅에 대한 욕망은 정확히 거부되어야만 할 것이다.

믿음과
율법

바울이 볼 때 우리는 율법에서 도망치지 못한다. 이것이 바울의 유대성이 본질적인 이유이기도 하다. 율법이 내 퇴락함의 인지와 죄의식으로 내 안에 완전히 있지 않다면 믿음은 율법의 극복으로서 아무런 의미가 없다. 마르치온과 하르나크와 함께 구약을 내다 버린다면 우리는 우리의 내던져짐을 내다 버리기를 시도하고 율법의 구성적 결함과 우리의 존재론적 결핍으로부터 거리를 둘 수 있으리라 상상한다. 구약을 내다 버린다면 그 뒤 우리는 스스로가 얼룩이나 죄 없이 완전해졌다고 상상한다. 우리가 언젠가 그런 상태를 얻게 된다면 믿음은 아무 의미가 없게 된다. 믿음은 율법에 대한 대항 운동으로만 가능할 뿐이고 운동의 두 항목은 영구적인 변증법 내에 존재한다. 절대적인 시작도 없고, 율법과 관계없는 삶이라는 관념은 순수주의적이고 좀 유치한 꿈이다.

바울이 로마서 7장과 8장에서 구불구불 복잡하게 에돌아가며 보여준 것이 이것이다. 로마서 7장의 문제는 율법과 죄 사이의 관계가 갖는 본질이다. 바울은 쓴다. "그러나 율법이 없었던들 나는 죄를 몰랐을 것입니다."(로마서 7장 7절) 바울은 탐욕의 예를 들며 "탐내지 말라"(로마서 7장 7절)는 율법이 없었다면 탐욕의 죄에 관여한다는 것이 무엇인지 우리는 결코 알지 못했으리라고 말한다. 율법과 관련해 죄가 있을 뿐 율법이 없다면 "죄는 죽은 것이나 다름없다." "나는 전에 율법이 없을 때에는 살았었는데"(로마서 7장 9절) "계명이 들어오자" 우리는 실수를 범했고 타락했다. 인간이 죄 없이 천국에서 살던 때와 마찬가지로 율법에 앞선 때가 있었는데, 선악이라는 지식의 나무를 먹지 말라는 금지가 들어오자 바울의 표현대로 "죄가 살아난"(로마서 7장 9절) 것이다. 그리하여 생명을 약속했던 바로 그 계명이 죽음을 가져오는 것으로 입증됐다. (여기서 사태는 멋지게 뒤엉키기 시작한다.) 그렇다면 이는 신성하고 정의상 선한 율법이 신으로부터 온 것이기에 죽음을 가져온다는 소리일까? "절대로 그렇지 않다!" 바울은 덧붙인다. 오히려 율법은 죄의 악독함을 부정적으로 밝혀서 "죄는 죄로 드러나게 되고", "그 죄가 얼마나 악독한 것인지가 드러나게 되었다."(로마서 7장 13절) "율법 자체는 영적인 것인데 나는 (…) 죄의 종으로 팔린 몸인"(로마서 7장 14절) 탓이다. (그리고 여기서 우리는 육과 영 사이의 반정립의 범위를 직면한다.)

율법과 죄 사이의 변증법에는 극적인 귀결이 있다. "나는 내가 하는 일을 도무지 알 수가 없습니다."(로마서 7장 15절) 나는 율법을 따라 내가 원하는 일을 하지 않는다는 소리다. 오히려 나는 내가 혐오하는 것, 곧 죄를 행한다. 그런데 내가 원하는 일을 하지 않고 내가 혐오하는 일을 한다면 이 '나'에 대해 우리는 뭐라고 말할 수 있을까? 우리는 어떻게 그런 자기를 특징화할까? 그런 자기란 '분인적dividual'이다. 율법과 관련해 스스로에 맞서 발본적으로 나뉘어 있는 것이다. 죄란 율법의 결과이고 내 존재는 율법과 죄 사이에 쪼개져 있다. 바울이 모순어법으로 매우 뛰어나게 표현하듯 "나는 내가 해야 하겠다고 생각하는 선은 행하지 않고 해서는 안 되겠다고 생각하는 악을 행하고 있다."(로마서 7장 19절) 내가 원하지 않는 일을 행하는 자기의 일부는 죄에 귀속되어 있다. "그런 일을 하는 것은 내가 아니라 내 속에 도사리고 있는 죄다."(로마서 7장 17절) 여기서 '자기'란 발본적으로 영과 육 사이에 나뉘어 있다. 한편으로 내 "마음 속 자기"에 속하는 "하느님의 율법을 반기는 마음"(로마서 7장 22절)이 있다. 그러나 다른 한편으로 "내 이성의 법과 대결하여 싸우고 있는 다른 법이 있다는 것을 알고 있다."(로마서 7장 23절) 가장 바깥쪽에 있는 이 자기는 "내 몸 속에 있다."(로마서 7장 23절) 그런데 가장 안쪽과 가장 바깥쪽의 것은 두 자기가 아니라 같은 자기의 두 반쪽으로 나뉘어 있는 것이다. 바울은 외친다. "나는 과연 비참한 인간입니다!"(로마서 7장 24절) 율법과 죄의 변증법은 치명적이고 자기를 그 자체로 나눈다. 그렇다면 어떻게 이 변증법이 깨질 수 있는가? 또는 바울의 표현에 따라 "누가 이 죽음의 육체에서 나를 구해 줄 것인가?"(로마서 7장 24절)

그 답은 물론 "고맙게도 하느님께서 우리 주 예수 그리스도를 통하여 우리를 구해 주십니다"(로마서 7장 25절)이다. 그런데 무슨 뜻인가? 물론 여기서 관건은 은총을 통한 구원, 정확히 자기의 의지가 행할 수 없는 구원이다. 자기는 혼자서 죽음의 육체와 율법과 죄의 변증법으로부터 스스로를 구할 수 없다. 오직 닮은 육체를 입힌 아들을 보낸 신을 통해서만, 그래서 죄와 죽음의 닮음에서만 이 죄와 죽음은 극복될 수 있다. 그러나 결정적으로 이는 바울에게 율법에 맞선 아감벤적 아노미아, 즉 율법 없음의 문제가 아니다. 오히려 관건은 '성령의 율법nomos tou Pneumatos'이다. 성령의 율법이 나를 "죄와 죽음의 율법"(로마서 8장 2절)으로부터 자유롭게 할 수 있다. 따라서 율법에 맞선 율법의 문제다. 바울이 나중에 로마서에서 사랑을 율법의 완성(로마서 13장 10절)이라고 쓸 때 의도한 것도 이것이라고 생각한다. 율법을 부정하는 것이 아니라 "네 이웃을 네 몸같이 사랑하여라"(로마서 13장 9절)라는 유일한 계명에서 율법을 완성한다는 뜻이다. 완성pleroma이란 가득 채운다는 뜻이다. 그것은 보완이며 대체가 아니고 [대리]보충이다.[149]

　여기서 구원은 의지가 행사될 수 있는 어떤 것이 아니라는 생각이 핵심적이다. "여러분의 몸은 여러분 것이 아닙니다." 의지가 행사될 수 있는 것이라곤 율법과 죄의 변증법이다. 구원은 인간 잠재력의 한계를 초과하여 우리를 불능 상태로 만든다. 예수라는 인격에 성령의 율법이 나타난 것은 의도하지 않았던 구원의 가능성, 그리스도의 부활로 우리가 "자녀의 성령"을 받아들이고 "그리스도의 상속자"(로마서 8장 17절)가 될 가능성이다. 만약 우리가 그리스도와 함께 고난을 받는다면 "영광도 그와 함께 받을 것이 아닙니까?"(로마서 8장 17절)라고 바울은 역설한다. 그런데 여기서 본질적인 것은 바울 담화의 가정법이다. 우리는 그리스도와 함께 영광을 **받을 것이다**. 이 가능성의 실현은 우리가 바라고 참을성 있게 기다리게 될 어떤 것이다. 그렇지만 여기에는 아무런 확실성도 없다. 그렇지 않다면 희망은 희망이 아닐 것이니까. 이것이 바울에게서 신음이 갖는 심층 논리다.

우리는 모든 피조물이 오늘날까지 다 함께 신음하며 진통을 겪고 있다는 것을 알고 있습니다. 피조물만이 아니라 성령을 하느님의 첫 선물로 받은 우리 자신도 하느님의 자녀가 되는 날과 우리의 몸이 해방될 날을 고대하면서 속으로 신음하고 있습니다. 우리는 이 희망으로 구원을 받았습니다. 눈에 보이는 것을 바라는 것은 희망이 아닙니다. 눈에 보이는 것을 누가 바라겠습니까? 우리는 보이지 않는 것을 바라기에 참고 기다릴 따름입니다.(로마서 8장 22~25절)

죄에 떨어져 타락했지만 부활을 통해 구원되기에 피조물은 진통으로 신음하고 있다. 인간 본성과 외적 자연 모두 수태 중이며 진통을 겪고 있다는 말이다. 이것이 바울이 현시대를 이해하는 바이다. 피조물은 구원의 가능성으로 수태 중이고 그것이 우리에게 희망의 이유를 준다. 그런데 희망에는 참을성과 기다림이 필요하다. 나는 이것이 다음 구절의 의미라 생각한다. "하느님께 부르심을 받았을 때의 처지대로 살아가십시오." 지금으로서 우리는 참고 기다린다. "밤이 거의 새어 낮이 가까워졌기"(로마서 13장 12절) 때문이다. 우리는 만물을 그것들이 '아닌/없는 것처럼' 메시아적 빛으로 바라본다.

마지막으로 마르치온의 유혹이 거부되어야 하고 동시대 내밀한 마르치온주의자들의 바울 번역이 치명적인 이유가 있다. 율법과 죄가 내 안에 있지 않다면 자유는 아무 의미도 없을 것이다. 자기는 부서져 있고 불능이고 비참하지만 이 비참함이 자기의 위대함이다. 우리는 우리가 부서져 있음을 **안다.**[150] 게다가 내가 부서져 있음을 알아야만 '우리가 보지 못하는 것'에 대한 희망을, 복원되리라는 희망을 지탱할 수 있다. 달리 말해 그리스도인은 적어도 자신의 아버지 편에서 유대인임을 알아야만 그리스도인이 될 수 있다. 바울의 소묘로는 인간의 조건이란 믿음과 율법, 사랑과 죄 사이에 구성적으로 찢겨 있고 우리는 우리를 나눈 불화에서만 규정될 뿐이다. 구성적으로 불능인 어떤 존재만이 아무런 권한도 행사하지 못하는 것인 사랑을 받을 수 있다. 나는 이 장에서 하이데거의 개념들, 본래적인 것과 비본래적인 것 사이 그리고 비전의 순간[눈 깜짝할 사이]이라는 카이로스와 퇴락으로의 도로 미끄러짐 사이의 관계를 사유하는 (내가 보기에 가장 설득력 있는) 하나의 방법을 보여 주고 싶었다. 나는 그것이 우리에게 양심에 대한 설득력 있는 소묘를, 인간이 된다는 의미의 가장 내밀한 측면인 우리의 힘과 우리의 구성적 무력함 모두를 제시한다고 생각한다.

4장

비폭력적 폭력

슬라보예 지젝에 대한
폭력적 생각

이 책은 정치, 종교, 폭력의 세 항목 주변에 현재를 삼원화하려는 시도와 함께 시작되었다. 이러한 진단에서 주장하는 바는 종교적으로 정당화된 폭력이 정치적 목적의 수단으로 차츰 더 쓰인다는 것이었다. 앞의 장들에서 폭력이라는 주제가 때로는 명시적으로, 또 지속적으로 암시되어 왔지만, 정치와 종교 사이의 상호 연결성에 지금껏 초점이 맞춰져 있었다는 것은 의심의 여지가 없다. 이제부터는 비폭력 정치의 본성과 타당성이라는 아주 난해한 문제를 성찰하기 위해 폭력이라는 주제에 접근해 볼 생각이다. 특히 어떻게 그런 정치가 비폭력의 한계를 뛰어넘어야 하는지, 또 어떤 환경에서 이 한계를 필연적으로 위반하게 될 것인지에 초점을 두고 싶다. 그런 위반의 복잡한 필연성은 주디스 버틀러의 역설적 정식화인 '비폭력적 폭력'[1]에 포착되어 있다. 나는 그간 계속되어 온 슬라보예 지젝과의 논쟁을 좇아 폭력과 비폭력의 관계를 탐구해 볼 생각이다. 그와의 논쟁이 매 단계마다 적잖이 과열됐다고 말하는 것으로는 좀 부족하다. 예를 들어 지젝은 『런던 리뷰 오브 북스*London Review of Books*』에 보내는 편지에서 나를 두고 "최고 형태의 타락"이라 비난한다. 다른 곳에서는 그의 비판에 대한 내 화답을 "오늘날 지식인들의 논쟁에서 최하 지점 중 하나"[2]로 본다. '최고'와 '최하'는 제쳐 두자. 나는 그와의 논쟁에 있어 끔찍한 세부 사항들을 상세히 논하고 싶지 않다. 다만 이러한 논쟁을 지렛대 삼아 비폭력과 정치적 행위 사이의 관계를 폭넓게 성찰하자는 것이다.[3]

지젝은 괜찮은 농담을 즐긴다. 여기 내가 좋아하는 농담 하나가 있다. 두 남자가 가볍게 술을 마시고 연극을 보러 갔는데 연극은 진저리가 나게 지루했다. 그중 하나가 급히 소변이 마려워지자 다른 한 명에게 자기가 화장실에 다녀올 사이 자리를 맡아 달라고 말한다. 친구는 그 말을 듣고 "저기 바깥 복도에서 하나 본 것 같아" 하고 일러 준다. 그래서 남자는 복도를 돌아다녔지만, 화장실을 찾지 못한다. 막간 휴식 시간이 지나도록 헤매다가 어떤 문을 열고 들어간 남자는 화분을 하나 발견한다. 그리고 거기다 엄청난 양의 소변을 눠 버린다. 이윽고 자리에 돌아와서는 친구에게 이런 말을 듣는다. "이를 어쩌지! 자네는 가장 뛰어난 부분을 놓쳤어. 어떤 녀석이 방금 무대에 올라와서는 저 화분에 오줌을 눴다네."

이 재담은 폭력 문제에 대한 지젝의 입장을 완벽히 설명해 준다. 우리는 술에 취해 세계라는 무대의 적잖이 지루한 스펙터클을 지켜보다가 어딘가 조심스런 신체 부위에서 자연의 부름을 따라야만 할 압도적이고 주관적인 필요를 느낄 때가 있다. 그런데 우리는 방광을 압박하는 자기-이해 탓에 연극이라는 객관적 현실과 그 행동에 함축된 의미를 시야에서 놓쳐 버린다. 전 세계가 지켜보는 무대에서 우리가 오줌을 누고 있다는 사실을 자각하지 못한다는 것이다.

폭력도 마찬가지다. 자살 폭탄 테러나 테러리스트의 공격, 무고해 보이는 정치적 인물의 암살이나 저항 운동에 대한 탄압 혹은 그 밖의 어떠한 것이 됐든, 폭력이라는 사실에 대한 우리의 주관적 분노는 세계의 객관적 폭력을, 우리가 무고한 구경꾼일 뿐만이 아니라 가해자이기도 한 폭

믿음 없는 믿음의 정치

력을 보지 못하게 한다. 우리가 보는 것이라곤 이른바 일상생활의 평화와 정상적 흐름을 방해하는 불가해한 폭력 행위다. 우리는 우리 사회경제 질서에 고유한 객관적인(지젝의 표현으로는 '구조적인systemic') 폭력을 일관되게 간과한다. 자본주의란 불평등과 소외 그리고 사회적 탈구를 폭력적으로 산출하는 생산관계의 조직이다.

지젝은 끊임없이 주관적 폭력을 그것의 밑면이자 그것을 가능하게 만드는 선결 조건인 객관적 폭력과 관련짓는다. "따라서 구조적 폭력은 물리학에서 말하는 악명 높은 '암흑 물질'과도 같은 것이다"[4]라고 지젝은 서술한다. 그는 선하고 관용적인 서구 다문화 자유주의자(지젝의 비판에 등장하는 변함없는 희생양이다)에게 폭력 행위에 대한 분노에 찬 열렬한 주관적 반응(나중에 지젝은 이를 두고 니체를 따라 능동적 힘이 아닌 반동적 힘이라고 지칭한다)을 중단하고 대신에 전지구적 상황의 객관적이거나 구조적인 특징에 관심을 돌리라고 요구한다. 아마도 지젝은 폭력을 이해하려면 자유주의적 감상주의가 아니라, 뭔가 선하고 유행이 지난 냉정한 마르크스주의적 유물론 비판이 필요하다고 주장할 것이다.

지젝이 폭력에 대해 접근할 때 그 핵심에 놓이는 것은 이데올로기 논의다. 지젝은 1989년에 첫 영문 저서 『이데올로기의 숭고한 대상The Sublime Object of Ideology』[5]을 낸 이후부터 이데올로기 논의에서 강력하고 일관된 특징을 보였다. 우리의 실제 현실이란 모든 문제가 신자유주의 경제와 인권이라는 자기 본위적 주장으로 진단될 수 있는, 역사의 종말이 임박한 모종의 포스트-이데올로기적 세계에 현존해 있는 것이 아니라 이데올로기에 의해 완전히 구조화되어 있다. 이 이데올로기는 주관적으로는 비가시적이지만 객관적으로는 실재한다. 우리는 자기만족적인 도취 상태에서 우리가 하는 일을 깨달을 수는 있을지언정 각자 무대 위에서 저 화분 안에 오줌을 누고 있는 셈이다. 이데올로기는 가상도 꿈도 아니다. 이데올로기는 (지금보다 라클라우의 신그람시주의적 헤게모니론에 훨씬 더 가까웠던) 초기 지젝이 사회관계를 구조화하는 기본 적대이자 **정치적** 적대로 봤던 것을 감추면서 경험을 구조화하는 것 또는 더 적절한 표현으로는 **봉합하는** 것이다.

이데올로기적 환상의 본질은 마르크스의 금언인 "그들은 그들이 하는 일을 알지 못하지만 그럼에도 그들은 그것을 한다"[6]에 표현되어 있다. 이데올로기가 인식론적 결손이나 기만 상태에 있는 것이 아니라는 소리다. 우리는 우리의 삶이 환상에 의해 구조화되어 있음을 아주 잘 알고 있지만 여전히 저 환상들을 믿는다. 그것이 마르크스의 상품 물신(주의) 분석에 있는 변치 않는 심층 진리다. 우리는 상품에 혹은 실제로 그것을 구매하는 데 필요한 화폐에 마술적인 것이 없음을 알고 있는데도 마치 그러한 것이 있듯이 행동한다. 극단적이지만 이해를 돕기 위해서 예를 하나 들자면, 성 구매자punter는 자신의 불알을 짓밟아 뭉개고 있는 여성 지배자dominatrix가 돈 때문에 그 일을 하고 있다는 것을 알지만 그럼에도 환상을 믿는다. 우리는 이론에서는 아니지만 실천에서는 물신주의자다. 실재란 믿음에 의해, 우리가 환상임을 알면서도 그럼에도 여전히 믿고 있는 환상에 대한 믿음에 의해 구조화되어 있다. 이것이 지젝의 흥미진진한 진단적 통찰이다. 그런데 문제는 늘 다음이다. 이 통찰로 무엇을 할까? 이데올로기적 환상의 구성적 본성을 주장하는 데에서 행동을 위한 어떤 결론이 도출될까? 우리는 결국 지젝과 미래의 지젝 세대들이 비판하는, 더 많은 환상의 끝없는 전염병 안에 영원히 갇힌 것일까? 종종 의문스럽다.

여하간 그렇게 많은 유사-능동성을 낳는 현재의 이데올로기적 대환상이란 성찰할 시간이 없고 **당장** 행동해야만 한다는 것이다. 반대로 지젝은 우리더러 현재의 그릇되고 반동적인 긴급함에서 한걸음 물러서라고 요구한다. 그러한 긴급함에는 선한 인도주의자들처럼 '개입하라'고 하는 숱한 명령이 있다. 이 거짓 긴급함에 마주할 때 우리는 더 마르크스처럼 되어야 한다고 지젝은 말한다. 마르크스는 1870년 잠재적 혁명이 임박했을 때 엥겔스에게 활동가들은 자신이 『자본』을 끝낼 때까지 몇 년 더 기다려야 한다고 불평했던 것이다. 이런 지젝의 이데올로기 진단은 상식으로 통하는 것을 뒤집는 반직관적인 전도를 낳는다. 『폭력이란 무엇인가Violence』에서 지젝은 사랑이 자위행위의 이기심으로 축소되는 것과 이스라엘-팔레스타인 갈등의 숱한 위선들, 자유주의적이라 알려진 빌 게이츠Bill Gates나 조지 소로스George Soros의 자선 활동에 분노를 표한다. 아부 그라이브 감옥에서 죄수들이 겪은 고문과 굴욕 장면에 대한 흥미진진한 분석도 있다. (지젝이 옳게 지적하듯 아부 그라이브는 다름 아닌 미국 사회의 외설적 밑면인 정치적-법적 감금의 체제를 전시하고 있다.)

그런데 이 모든 변증법적 활력은 어디로 향하는가? 아, 문제가 거기 있다. 지젝은 발터 벤야민을 따라 '신적 폭력'이라 불리는 것을 옹호하며 『폭력이란 무엇인가』를 끝맺는다. 신적 폭력이란 "고독한 주권적 결정을 영웅적으로 떠안는 것"[7]이라고 이론적으로 이해된다. 지젝은 신적 폭력을 1790년대 프랑스의 로베스피에르가 행한 급진적 자코뱅 폭력, 1990년대 리우데자네이루의 빈민 지역에서 내려와 인접한 부르주아 이웃의 평화를 방해한 브라질 빈민들의 침입이라는 미심쩍은 사례를 가지고 설명한다. 그런데 지젝은 최후의 비틀기로 객관적·구조적 세계 폭력을 마주하여 **아무것도** 하지 말라고 조언한다. 우리는 "그냥 앉아서 기다려야만" 하고 아무것도 하지 않을 용기를 가져야 한다. 그 책은 다음 문장으로 끝난다. "때로는 아무것도 하지 않는 것이 가장 폭력적으로 무언가를 하는 것이다."[8] 맞는 말이라고 해도, 이것이 무엇을 뜻할 수 있을까?

저 질문을 염두에 두고 지젝 작업에서 지배 개념 중 하나인(유일하다고 도 주장가능한) '시차parallax'로 잠시 넘어가자. 시차 개념은 그의 걸작이라 고 알려진 『시차적 관점The Parallax View』의 구성틀이었다. 시차 개념은 그 심층에서 사유와 존재의 발본적 불일치를 표현하는 한 방법이다. 잘 알 려졌다시피 하이데거가 되살린 파르메니데스Parmenides와 그를 따르는 존 재신학 전통 전체가 사유하는 것과 존재하는 것을 동일하다고 주장한다 면 지젝은 여기에 동의하지 않는다. 사유와 존재 사이(지젝의 어법으로는 간지러운 주체와 간질이는 객체 사이)에는 발본적 불일치가, 동일성의 구성 적 결핍이 존재한다. 지젝의 형이상학적인 기본 주장은 존재론적 차이의 핵심에 간극이 있다는 것이다. 그가 부단히 언급하는 하이데거의 표현 으로는 존재론적인 것과 존재적인 것 사이에 환원불가능한 단절이 있다. (『시차적 관점』에서 가장 흥미진진하게 이야기되는 것 중 하나는 존재론과 정 치 문제와 관련해 하이데거를 다룰 때이다.) 정확히 이 간극이 하이데거가 국가사회주의에 대한 정치적 헌신으로, 시골의 삶에 대한 애처로운 천착 으로 뒤덮으려 했던 것이다. 존재적인 것에서 존재론적인 것의 실체화를 발견해야 한다는 하이데거의 주장은, 존재의 역사성이 독일 인민에게서 실체화된다는 말이었다.

지젝의 방법론적인 주장은 이 사유와 존재 사이의 불일치에 **변증법 적** 접합이 필요하다는 것이다. 오해를 피하자면 이 변증법이란 긍정적 인 것이 아니다. 헤겔의 지양Aufhebung처럼 보다 높은 긍정성이나 종합, 혹은 대립의 화해로 끝나지 않는다는 소리다. 그것은 외려 지젝이 거 절Versagung이라 일컫는 부인이나 박탈, 혹은 실패로 특징화된다. **존재 함**의 핵심에 놓인 **매듭knot**과 같은, 그 외상적 중핵을 표현하는 '**아님 not**'이다. 지젝이 역설하듯 이 '존재함that which is'이란 물질성 그 자체이 고 따라서 그의 방법은 새로운 의미로 이해된 변증법적 유물론이다. 소비에트 시절의 변증법적 유물론Diamat의 경화된 어리석음도 아도르노식의 미학화된 부정변증법의 물러남도 아니다. (비록 테오도르 아도르노Theodor Adorno와 지젝 사이에는 암묵적인 친연성이 종종 드러나고, 때로는 아도르노와 지젝이 같은 대호텔 심연*에서 이웃한 방에 묵고 있는 것은 아닐까 하는 의심도 들지만 말이다.) 차라리 새로운 어떤 것, 말하자면 실재의 외상적 중핵을 선회하는 비-전체에 대한 라캉의 가르침이다. 우리를 존재함의 핵심에 있는, 극복할 수 없는 시차적 간극에 직면하도록 강제하는 변증법인 것이다.

『시차적 관점』 전반에 암시되어 있는 내용이긴 하지만, 결론에 가서 지젝은 시차적 관점이란 것이 (바디우를 상기시키면서) '감산의 정치'라 부르는 것으로 통한다고 주장한다.⁹ 이것은 허먼 멜빌Herman Melville의 바틀비라는 형상에 표현되어 있는 것으로, 『폭력이란 무엇인가』 결론부에 이르러 바틀비는 영웅으로 다시 등장한다.¹⁰ 지젝은 '나는 차라리 하지 않음을 하겠다I would prefer not to'는 바틀비의 고집에 흥미를 느낀다. 지젝은 '하지 않음not to'이나 '행하지 않음not to do'에 강조점을 둔다. 즉, 수동성과 모호한 폭력의 위협 사이 어딘가를 불확실하게 서성이고 있는 바틀비의 무표정하고 기력 없고 고집스런 존재에 강조점을 둔다는 말이다. 『시차적 관점』을 마무리하는 지젝의 환상은 바틀비의 영화적 판본이다. 노먼 베이츠식으로 연기하는 정신질환자 주인공 앤서니 퍼킨스가 등장하는 영

---

* Grand Hotel Abyss. 루카치가 『소설의 이론Die Theorie Des Romans』에 덧붙인 1962년 서문에서 아도르노와 블로흐 등을 위시한 프랑크푸르트학파가 외부의 정치적 현실로부터 격리되어 '부르주아 관념론'으로 전락해 있다고 비판하면서 비유적으로 사용한 표현이다. 루카치는 『이성의 파괴Die Zerstörung der Vernunft』에서도 유사한 의미로 쇼펜하우어의 철학을 비판한 적이 있다. 그가 아름다운 심연의 호텔에서 맛깔난 음식과 예술 활동을 오가면서 아주 편하게 그 심연을 사색한다고 말이다. 저자는 이 맥락을 그대로 가져와 지젝을 아도르노와 같은 호텔에 묵고 있는 투숙객이라고 우회적으로 비판하고 있다.

화 말이다.[11] 그렇게 그것은 정치적 차원에서, 궁극적으로는 바틀비식 웃음의 정치이자 '아님'의 정치로서, 지젝이 정치에 대한 다른(가령 나와 같은) 사유 형태들과 대립시키고자 하는 그러한 정치이다.

내 생각에 지젝이 사정없이 저서, 논문, 강의를 쏟아 내는 그 핵심에는 정신분석이 강박적 환상이라 부르는 것의 아주 순수한 판본이 있는 것 같다. 한편으로 지젝은 엄혹한 시대에 취할 수 있는 유일하게 참된 입장은 아무것도 하지 않는 것, 모든 헌신을 거부하는 것, 바틀비마냥 무력한 것이라고 이른다. 다른 한편으로는 신적 폭력, 주권적 윤리 행위라는 격변적인 정화의 폭력, 소포클레스의 『안티고네Antigone』와 같은 어떤 것을 꿈꾼다. 그런데 여기서는 셰익스피어 비극이 고대 그리스 비극보다 더 많은 이해를 돕는다. 지젝이 슬로베니아의 햄릿인 탓이다. 완전히 무력하지만 앙갚음할 폭력 행위를 꿈꾸고 있고 결국엔 그럴 용기는 없는 햄릿 말이다. 요컨대 그 어른거리는 변증법적 전도 뒤에서 지젝의 작업은 우리를 공포스럽고도 운명적인 교착상태에 내버려 둔다. 형이상학적이면서도 철학적이고 실천적이면서도 정치적인 교착상태, 여기서 유일하게 해야 할 것은 아무것도 하지 않는 것이다. 우리는 그저 앉아서 기다려야만 한다. 행동하지 말라, 저지르지 말라, 그렇지만 계속 절대 격변의 혁명적인 폭력 행위를 꿈꾸라. 위대한 강박증자는 이렇게 말한다.

햄릿이 이르듯 "준비는 다 됐다." 그러나 실상 지젝은 결코 준비가 되어 있지 않다. 그의 작업은 끝없는 연기와 과잉 생산에 머물러 있다. 스스로는 아무것도 하지 않으면서 헌신, 저항, 행동을 사유하려는 다른 이들의 시도를 조소한다. 지젝의 작업을 지탱하는 것은 신적 폭력과 잔혹함 그리고 힘에 대한 꿈이다.

믿음 없는 믿음의 정치

벤야민의
폭력과 비폭력

지젝의 신적 폭력 개념의 원천에 해당하는 것으로, 벤야민의 빽빽하고 난해하며 대단히 과잉 해석된 에세이 「폭력 비판을 위하여Critique of Violence」로 되돌아가 봄으로써 문제를 심화하고 논쟁을 해소해 보도록 하자. 여기서 기억해 두어야 할 것이 있다. 벤야민의 에세이가 '폭력 비판을 위하여'로 불린다는 것이고 독일어 게발트Gewalt에는 폭력, 힘, 권력, 심지어 주권과 지배까지 이르는 폭넓은 내포적 의미 계열이 있다는 것이다. 나는 '비판'이 뜻하는 바를 비폭력이라는 주제와 관련해 생각해 보고 싶다. 벤야민의 에세이는 "폭력은 (…) 법의 기원이다"[12]라는 서술에서 보듯 법의 폭력에 대한 비판이다. 법의 폭력은 삶과 죽음에 행사하는 폭력인 사형에서 예시되고 근대국가의 핵심 집행기관인 경찰의 활동에 구현되어 있다. 그렇다면 폭력 행위에는 법의 정수가 현현할 뿐더러 (햄릿의 표현을 활용하자면) 법의 어딘가 썩은 구석etwas Morsches을 드러낸다.[13]

벤야민은 흥미진진하지만 모호하고 개념적인 세 가지 구별을 제기한다. 법정립적 폭력을 법보존적 폭력과 구별하고, 정치적 파업을 총파업과 구별하며, 신화적 폭력을 신적 폭력과 구별한다. 이를 차례대로 살펴보면서 벤야민이 에세이를 통해 주장하고자 하는 바가 무엇인지 해명해 보자. 법정립적rechtsetzend 폭력과 법보존적rechtserhaltend 폭력 사이의 첫 번째 구별은 벤야민이 볼 때 법의 이론과 실천에 내재해 있다. 모든 법이 법정립적이거나 법보존적이고 이 형태 모두 폭력적이라는 것이 주장하는 바다. 벤야민은 모든 계약의 폭력적 기원에 대해 흥미진진한 여담을 들려

준다.[14] 이는 『베니스의 상인*The Merchant of Venice*』에서 샤일록이 법은 곧 자비라는 안토니오의 이상화를 훼손하는 것을 떠올리게 한다. 합법성을 계약, 채권 그리고 심장 가까이에서 도려낸 일 파운드의 살이라는 냉혹한 물질성으로 되돌림으로써 말이다. 같은 주장이 제헌법에도 적용될 수 있을 것이다. 여기에는 이를테면 혁명이나 극적인 사회 변혁 시기의 폭력적 절단, 결단의 계기와 권력의 확증, 이런 것이 필요하다.

신중하게 내 의심을 피력하자면, 지젝이 놓치고 있는 것은 법정립적 폭력과 법보존적 폭력 양자의 작용이 어떤 문제를 제기한다는 사실이다. 벤야민의 표현으로는 "갈등하는 인간의 이해관계를 조정하는 데 폭력적인 수단밖에 없는 것일까 하는 문제가 제기된다." 그러면서 그는 묻는다. "갈등의 비폭력적gewaltlose 해결이 대체 가능할까?"[15] 대답은 이렇다. 그런 갈등의 비폭력적 해결은 벤야민이 '사적 개인 사이의 관계들'이라 부르는 공손함, 공감, 평화로움과 신뢰에서 진정 가능하다. 여기서 벤야민은 다음 결론으로 나아간다. "폭력에 전적으로 접근 불가능한 그만큼 인간적 동의라는 비폭력 영역이 하나 있다. '이해'의 고유 영역인 언어die Sprache 말이다."[16] 벤야민에게서 언어가 뜻하는 바의 복잡함을, 특히 그의 순수 언어reine Sprache라는 관념을 굳이 생각하지 않더라도, 지젝과 달리 벤야민은 단순히 모든 인간의 삶이 매 차원에서 구조적이거나 객관적인 폭력에 의해 결정되어 있다고 주장할 뿐만 아니라, 비폭력의 영역이 시적 차원이나 그가 '주관적인' 차원이라 일컫는 것에서 가능할 수 있다고 주장한다는 것을 알 수 있다. 지젝에 맞서 나는 이 주관적인 것의 의미를 변호하고 싶다.

벤야민은 조르주 소렐Georges Sorel의 총파업 이야기로 넘어가서 두 형태의 파업인 정치적 파업과 프롤레타리아 총파업 사이를 구별한다.[17] 정치적 파업이 법정립적(즉 그저 국가권력을 강화하는 것)인 반면에 총파업은 "더 이상 국가에 의해 강제되지 않는 완전히 탈바꿈된 노동"을 주창하면서 국가권력을 파괴하고자 시도한다. 프롤레타리아 총파업이란 벤야민의 표현을 사용하자면 '아나키즘적'[18]이다. 그것은 개혁적이기보다 혁명적이고, 법의 폭력보다 '순수 수단'으로서의 비폭력에 헌신하며, 법과 국가의 지배를 받기보다 도덕적이고, 객관적이라기보다는 주관적이다. 그런 아나키즘은 계약의 폭력이나 헌법의 폭력을 요구하지 않고 대신 법외적인 갈등 해결을 목표로 하고 있다. 벤야민이 외교술을 논하는 맥락에서 "사적 개인 사이의 합의로부터 유추해" 쓰고 있듯이 "평화로우며 계약을 체결하지 않는" 해결을 목표로 한다.[19]

폭력에 대한 지젝의 이해와 그의 전반적인 철학적 입장의 모양새를 고려해 보면 왜 그가 벤야민의 비폭력 논의를 피하고 억압하는 쪽을 택했는지 어렵지 않게 상상할 수 있다. 그런데 비폭력의 본성과 가능성 문제는 벤야민이 신적 폭력이라는 핵심 개념을 도입한 배경이다. 「폭력 비판을 위하여」에서 신은 갑자기 지나가는 맥락에서 등장하는데, 행위 수단의 정당화나 목적의 올바름을 결정하는 데 이성의 능력이 제한되어 있다는 것을 강조한다는 점에서 흥미롭다. "결코 이성이 수단의 정당화와 목적의 올바름을 결정하는 것은 아니다. 운명적 폭력이 수단의 정당화를 결정하고 신이 목적의 올바름을 결정한다."[20]

수단의 정당화는 운명적 폭력의 영역이거나 벤야민이 신화적 폭력이라 일컬을 것의 영역이고 목적의 올바름이란 신이나 신적 폭력의 영역이다. 이 구별은 무엇을 뜻하는가?

신화적 폭력은 니오베의 그리스 신화를 참조해 설명된다. 이는 니오베가 자신에게 열네 명의 자녀가 있는 것과 달리 레토에게는 아폴로와 아르테미스 둘 뿐이라며 조롱하는 오만함에 대한 신화다. 겉보기에 가벼운 그런 몰지각 때문에 아폴로는 니오베의 아들 일곱을, 아르테미스는 딸 일곱을 마구 죽여 버렸고, 니오베는 끝없이 눈물을 흘리는 석상으로 변해 버린다.[21] 신화적 폭력 개념은 벤야민이 볼 때 법을 만드는 데 필수적으로 폭력이 합금된다는 것을 분명히 한다. 법정립이란 권력의 정립이고 이 점에서 필연적으로 폭력의 현현이다. 아이스킬로스Aeschylos의 『오레스테이아』는 그런 신화적 폭력을 틀림없이 더 괜찮게 예시한다. 여기에서 아테나가 아테네 민주주의에 정의를 도입할 수 있는 가능성의 조건이란 복수의 여신Furies에 맞서며 오레스테스를 지지하는 결정을 내리는 폭력 행위다. 자궁을 거치지 않고 제우스의 머리에서 직접 태어난 아테나는 단순한 이유에서 만물의 남성 원리를 찬미한다. 『오레스테이아』와 그리스 비극의 더 일반적인 교훈은, 아트레우스의 집과 테베 궁전에서 복수와 가족 폭력이라는 외상 회로가 아테나의 폭력적인 정의의 도입을 통해서만 중단될 수 있을 뿐이라는 것이다. 비극이란 가족 학살의 반복 회로를 깨뜨리길 시도하는 신화적 폭력이다.

벤야민은 신화적 폭력 논리를 멈출 수 있는 유일한 길은 법을 만들지 않고 법을 파괴하는 신적 폭력이라고 생각한다.[22] 신화적 폭력이 유혈이 낭자하다면 신적 폭력은 벤야민의 말처럼 "치명적이지만 피를 흘리지 않는다."[23] 벤야민은 고라가 신에 반항한 것을 두고 신이 그를 심판하는 성경의 사례를 든다. 고라는 신에 의해 죽임을 당하지 않았다. 대신 지상이 열려 그의 모든 소유물과 함께 (세탁소에 있던 실과 그에서 일마간 떨어져 사는 이들에게서 빌려 온 바늘까지도) 고라를 완전히 삼켜 버린다. 야훼는 철저하지 않다면 아무것도 아니다. 신화적 폭력이 국가권력을 돕기 위한 인간사에 대한 유혈 권력이라면, 신적 폭력은 살아 있는 것과 생명의 신성함, 버틀러가 '신성한 덧없음sacred transience'[24]이라 부른 것을 돕기 위한 생명에 대한 무혈 권력이다.

신적 폭력*과
살인 금지

「폭력 비판을 위하여」의 결론 단락에서 벤야민의 논증은 촘촘하고 숨은 뜻이 있는 데다 모호하기조차 하다. 신적 폭력은 치명적이고 말살적이지만 면죄이기도 하다고 그는 말한다. 면죄한다entsühnend는 것은 종교 제의에서 물을 사용하는 것과 같은 정화다. 신적 폭력은 '단순한 생명das bloße Leben'의 죄를 면죄한다. 그러고 나서 벤야민은 '단순한 생명'과 '자연적 생명' 사이를 구별한다. 자연적 생명의 뜻은 "여기서 자세히 보여 줄 수 없다"**고 괄호로 묶어 인정하며 말이다. "피란 단순한 생명의 상징인" 반면에 "법적 폭력의 유발은 (…) 훨씬 자연적인 생명의 죄에서 기인한다." 벤야민은 덧붙인다. 신적 폭력은 "단순한 생명의 죄를 '면죄한다', 그리고 의심 없이 죄인도 정화해 줄지 모르나 죄로부터는 아니고 법으로부터 정화할 것이다. 단순한 생명과 함께 살아 있는 것을 지배하는 법의 규칙이 중단되는 탓이다."25 이 난해한 문장들을 해설하며 버틀러는 다음과 같은 논평을 내놓는다.

---

* 이 절에서 벤야민의 '신적 폭력'에 대한 저자의 주장은 영어 번역본의 오역에 바탕한 해석에 일부 근거를 두고 있다. 예를 들어 '단순한 생명'과 '자연적 생명' 사이를 구분하여 "신적 폭력은 단순한 생명의 죄를 면죄한다"라는 주장은 벤야민의 글에 직접 등장하지 않으며 저자의 자의적인 결론이다. 그래서 이중의 전략을 취해 번역할 수밖에 없었다. 저자의 주장의 근거가 되고 독일어 원문과 비교해 그 의미가 모순되지 않는 부분은 영어 번역본 그대로 옮기고, 그 밖의 인용문은 원문을 따라 옮겼다.

** 저자의 실수다. 독일어 원문에 비추어 볼 때 "여기서 자세히 보여 줄 수 없다"고 벤야민이 거론한 대상은 '자연적 생명의 뜻'이 아니라 '법적 폭력의 유발'이다.

국가와의 법적 계약을 통해 보장된 어떤 죄로부터 생명을 풀어 주려는 욕망, 그것은 폭력에 맞선 폭력을 야기하려는 욕망, 법과 맺은 죽음 계약이자 죄의 경화력으로 인한 영혼의 죽음 계약으로부터 생명을 해방시키도록 도모하는 욕망이다.[26]

신적 폭력이란 법에 의한 주체의 (변)형으로부터 주체를 풀어놓는, '폭력에 맞선 폭력'이다. 신적 폭력은 법에 의한 결정으로부터 주체를 정화함으로써 단순한 생명의 죄를 면죄한다. 신적 폭력은 피흘리지 않고 가격하면서 법과 생명의 분리 가능성을 성취한다. 벤야민이 "신적 폭력은 살아 있는 것을 돕기 위해 온 생명에 가해지는 순수한 힘이다"[27]라고 썼듯 말이다. 벤야민에게 정치 문제가 법에 의한 정치의 퇴색과 규정이라면, 또 여기서 정치 영역이 국가권력을 돕기 위한 법정립적 신화적 폭력에 의해 결정되고 규제된다면(『오레스테이아』의 체험), 대안은 폭력과 법 사이의 연결을 절단하는 행위다. 이 법파괴적 폭력이 폭력에 맞선 폭력인 신적 폭력이다. 그것은 잠재성이지만, 오직 잠재성만이, 단순한 생명(동시대 생명정치에서는 벌거벗은 생명)의 조건을 생명의 덧없음의 어떤 실천으로 탈바꿈하는 그 잠재성만이 우리가 잠정적 아나키즘provisional anarchism이라 일컬을 만한 것이다.

물론 문제는 어떻게 그런 실천이 실현될 것이냐다. 특히, 그런 실천을 성취하는 한 방법으로 폭력에 맞선 폭력이란 무엇을 뜻하는가? 여기서 우리는 내가 벤야민에게서 처음 탐구하고자 했고 레비나스가 유사한 언어 사용역에서 추구했던 중심 쟁점에 닿게 된다. 「폭력 비판을 위하여」의 마지막 두 번째 단락에서 벤야민은 '살인하지 말라Du sollst nicht töten'는 성경의 계명을 분석한다. 관건이 되는 물음은 다음과 같다. 이 계명은 필연적으로 어떤 경우에도 살인하지 말고 폭력은 절대적으로 금지된다는 것을 수반하는가? 문제는 우리가 성경의 계명을, 또 명령과 요구 일반을 어떻게 이해하는가에 달려 있다. 계명은 판단의 규준일까? 어떤 경우에도 따라야만 하는 모종의 정언명령일까? 아니다. 벤야민은 역설한다. "갑이 을을 살해하는 폭력 **모두**를 계명에 근거해서 비난하는 이들은 따라서 실수를 범한 셈이다."[28] 신의 계명이란 원칙이나 공리, 정언명령이 아니라 벤야민이 '리히트슈누어 데스 한델른즈Richtschnur des Handelns'라 부르는 것, 번역하자면 개별 행동의 지침이다. 그러나 '지침guideline'은 '리히트슈누어'가 표현하고 있는 잠정적이고 실로 장인적인 관념인 다림줄이나 어림선으로서의 의미를 전달해 주지는 못한다. 여기서 슈누어Schnur란 건축가가 건물을 지으면서 의도한 방향Richtung을 표시할 때 사용하는 끈이나 줄을 가리킨다. 그런 리히트슈누어는 정확한 측정이 아니라 근사치와 추정이고 절대적 정언법이라기보다 어림짐작이다. (나는 이것이 벤야민의 요점이라 본다.) 벤야민은 살인 금지를 "고독하게 씨름in ihrer Einsamkeit sich auseinandersetzen"해야만 하고 예외적으로 이를 무시할 경우에는 스스로 책임을 떠안아야 하는 어림짐작으로 기술한다.[29]

고독 속의 씨름이라는 관념은 창세기 32장에서 야곱이 하느님의 천사와 씨름을 했던 이야기에서 발원하는데, 천사를 때려눕힌 야곱의 이름이 '이스라-엘Isra-el' 또는 '하느님과 겨루는 자'로 바뀌는 것으로 이 이야기는 마무리된다. 요점은 계명이 투쟁의 상황에서 발생한다는 것이다. 버틀러가 서술하듯 '살인하지 말라'는 계명은 혁명 행위의 신학적 기초가 아니라 생명의 가치를 파악하는 데 비목적론적인 기반으로 기능한다."[30]

평화의 알파와 오메가가 되는 말인 살인하지 말라는 명령은 예외적인 상황에서 살인의 가능성과 그 현실성을 배제하지 않는다. 그런데 중대하게도 그 계명은 그런 살해를 묵과하지도 않는다. 우리가 고독 속에서 계명과 씨름하고 그것을 따르지 않겠노라고 결정을 내릴 때 책임이 우리에게 떨어지는 셈이다. '살인하지 말라'는 계명은 비인칭적이거나 절대적인 금지가 아니다. 그것은 법이 위반되는 상황에서 그 수행적 힘이 발생하게 되는, 법의 신화적 폭력 바깥에서 있는 깨지기 쉬운 실천 지침이다. 명령이나 요구는 비강압적이고 우리의 동의를 요구하는 식으로 2인칭에게 수신된다.[31] 바울의 논의를 떠올려 보면 부름의 힘이란 약함에서 약함으로 현현되는 무력한 힘이다.

여기서 폭력과 비폭력 사이의 복잡한 관계가 문제가 된다. 비폭력에 대한 헌신이 여전히 폭력의 수행을 필요하게 되는 그런 관계다. 역설적으로 비폭력의 윤리와 정치는 폭력 행위의 가능성을 배제할 수 없다. 만약 우리가 신화적 유혈 폭력의 회로를 깨뜨린다면, 벤야민이 마지막 단락에서 아나키하게 '국가 폭력의 폐지'[32]라 일컬은 것을 얻으려 갈망한다면, 정치와 같은 어떤 것이 법의 바깥에서 생명의 신성함과 관련해 상상 가능하다면, 필요한 것은 폭력 경제의 운용이다. 벤야민을 따르면, 참된 정치의 지침이란 비폭력이고 그것의 목표는 아나키즘이다. 그러나 이 어림선은 칸트류의 새로운 정언명령이 될 수는 없다. 예외적 경우라는 고독 속에서 비폭력의 지침은 폭력을, 법과 경찰 그리고 국가의 객관적 폭력에 맞선 주관적 폭력을 요구할지도 모른다. 마지막 줄에 벤야민은 도발적으로 쓴다. "신적 폭력은 진정한 전쟁에서 현현할 것이다."[33]

우리가 이중으로 구속되어 있다는 것이 요점이다. 신의 계명의 어림선을 따를 뿐더러 그것을 따르지 않기로 선택하는 책임을 받아들이겠다는 이중 구속. 우리는 두 갈래 길에 묶여 있고 이중으로 책임이 있다. 계명이란 그것이 만들어지는 바로 그 순간 최종적으로 준수되어야만 하는 법령 같은 것이 아니다. 반대로 계명은 우리가 겨루고 씨름하는 어떤 것이다. 도덕 계명은 우리가 **후험적으로**a posteriori 귀결을 이끌어 내는 **선험적인** a priori 도덕 법칙이 아니다. 여러모로 상황은 언제나 그 역이다. 우리는 구체적인 사회적-정치적-법적 폭력 상황에 존재하고 비폭력과 생명의 신성함이라는 다림줄밖에 가지고 있지 않다. 어떤 초월적 보증자도, 더럽혀지지 않은 손도 없다. 우리는 행동하고 우리는 발명한다.

　명령에 해당하는 것은 윤리적 요구에, 특히 내가 다른 글에서 기술하고 변호했던 무한한 윤리적 요구에도 해당한다. 그것은 우리의 유한성에서 겨루는 행동의 다림줄이고 우리를 압도하는 구체적이고 유한한 요구다. 이 견해에 비춰 묻자. 신적 폭력에서 신적인 것이란 무엇일까? '신'이라는 이름은 도덕법칙의 초법률적 원천이 아니다. 반대로 '신'은 최초의 아나키스트로 우리를 법과 국가, 정치의 신화적 폭력과 벌이는 투쟁 안으로 불러낸다. 또 다른 어떤 것의 가능성을 일별할 수 있게, 충족될 수 없고 그것을 따르기 위해 애쓰는 주체성을 분열시키는 '무한한 요구'를 일별할 수 있도록 함으로써 우리를 불러낸다. 서론에서 논한 산상수훈의 사례로 되돌아가면, 예수가 무한하고 채울 수 없는 윤리적 요구를 내밀 때("원수를 사랑하고 너희를 박해하는 사람들을 위하여 기도하여라. 너희를 미워하는 이들에게 선을 행하고 경멸스럽게 너희를 이용하고 박해하는 이들을 위해 기도하라"(마태복음 5장 44절)) 단순히 따르거나 실행해야 할 어떤 것을 진술하고 있는 것이 아니다. 예수의 윤리적 요구는 터무니없는 요구다. 그것은 윤리적 주체를 순전한 윤리적 과부하라는 상황으로 밀어 넣는다. (하버마스라면 아마 그렇게 말할 것이다.) 서론에서 강조했다시피 그리스도가 산상수훈에서 "하늘에 계신 아버지께서 완전하신 것같이 너희도 완전한 사람이 되어라"(마태복음 5장 48절) 하고 말할 때 그는 한순간도 그런 완전함을 얻을 수 있다고 생각하지 않는다. 적어도 현세에서는 그렇다. 그리스도의 말이 인간적인 것과 신적인 것의 동등함을 요구하는 까닭이다. 그런 요구가 하는 일이란 우리의 불완전과 실패를 노출하는 것이고 우리는 요구의 힘과 상황 속 사실들과 씨름한다. 앞으로 살펴보겠지만 그것은 정확히 지젝이 "우리의 완전함의 표지"[34]인 신적 폭력의 이름으로 거부했던 불완전의 차원이다. 이에 맞서 나는 월리스 스티븐스를 인용해 "불완전함이 우리의 천국이다"[35]라고 역설하겠다.

비폭력과 폭력 사이의 관계 논리는 데리다의 후기 저작에서 차용된 것에 가깝다.[36] 데리다에게 책임 있는 정치적 행동이란 모순적이고 화해 불가능하지만 분리시킬 수 없는 요구들 사이를 협상하는 곳에 존재할 수 있을 따름이다. 한편으로 정치 행동은 그 순간의 세심하고 실용적인 필요로 환원되지 않는다면 (내 용어로는) '무한한 요구'나 성경 계명의 모멘트에 관련되어야만 한다. 행동은 어떤 맥락의 유한함도 초과하는 무한함이라는 관념과 관련되어 표현되어야 한다. 그러나 다른 한편으로 그런 무한한 요구는 알고리즘적으로 이론의 여지가 없는 도덕 수칙에서 특정한 결정들을 연역해 내는 그러한 정치 행동의 **프로그램화**를 용납할 수 없다. (혹은 데리다라면 용납해서는 안 된다고 표현할 것이다.) 행동은 엄격하게 결정 불가능한 어떤 상황에서, 피할 수 없는 이중 구속을 받아들여야 할 책임이 있는 상황에서 결정을 내리는 것으로 이어진다. 피해야 할 것은 한편으로는 비폭력에 대한 헌신이라는 원칙적 추상이고 다른 한편으로는 폭력 사용이라는 실용적 도구성이다.

저항하지 않음이라는 저항
: 레비나스의 폭력

벤야민의 「폭력 비판을 위하여」를 통해 생각을 정리하면서 염두에 두었던 것은 레비나스로, 특히 『전체성과 무한*Totality and Infinity*』을 여는 사유들이다. 실제로 책 제목에 나타난 두 범주는 벤야민의 폭력 범주들을 직접 반향하고 있는 것으로 보인다. 신화적 폭력은 레비나스에게 전쟁 체험이나 일반화된 예외상태에서 드러난 전체성의 경험에 해당할 텐데, 『전체성과 무한』은 전쟁 상태를 공표하며 시작한다. "전쟁에서 그 모습을 보이는 존재의 얼굴은 서구 철학을 지배한 전체성 개념에 붙박여 있다."[37] 반면 신적 폭력은 전체성에 대한 과잉인데, '메시아적 평화'라고도 불리는 무한성 범주로 레비나스가 표현하고자 하는 존재의 과잉이다. "도덕성은 역사에서 정치와 대립될 것이다. (…) 메시아적 평화의 종말론이 전쟁의 존재론에 겹쳐지게 될 그때."[38]

멋진 말이다. 레비나스는 어떻게 종말론과 메시아적 평화와 같은 범주들이 그저 독단, 맹목적 믿음이나 의견이라고 치부되지 않고 개념적으로나 철학적으로 표현될 수 있을 것인가 하는 문제와 마주한다. 『전체성과 무한』에서 레비나스의 주된 주장은, 메시아적 종말론을 철학으로 대체하지 않으면서 전체성이나 폭력, 전쟁 체험으로부터 전체성이 깨어진 어떤 상황으로, 즉 저 전체성의 바로 그 조건인 어떤 상황으로 되돌아갈 수 있다는 것이다. 그것이 레비나스의 취약하고 잠정적인 초월적 방법론이다. 레비나스는 『전체성과 무한』에서 처음으로 타인이라는 핵심 개념을 사용하며 말한다. "그런 상황이란 타인의 얼굴에서 마주한 외재성이나 초월성의 어슴푸레한 빛이다."[39]

여기서 문제는 법, 국가, 권력의 신화적 폭력이 늘 그것에 대립하는 것을 무효화하거나 제거하는 것으로 보인다는 점이다. 전쟁과 전체성의 체험 역시 생명의 신성함이나 타인과의 관계의 무한성으로 이해되는 평화에 대한 모든 이야기를 반박하거나 짓밟는다. 전쟁 때와 같은 암흑기에는 이 책의 2장에서 주장한 것처럼 카를 슈미트가 항상 옳아 보인다. 레비나스가 타인과의 비폭력적 관계를 표현해 내려고 할 때 폭력을 인정할 수밖에 없는 이유다. 레비나스의 윤리학이란 평화주의적이지 않다. 차라리 그것은 비폭력적 폭력이라는 벤야민식 줄타기 곡예를 한다.

레비나스는 타인을 영접하는 바로 그 체험이 자율이라는 이상에 전념해 온 마음에는 하나의 폭력이라 단언한다.[40] 레비나스는 타인과 맺은 윤리적 관계의 무한성과 함께 우리가 우리 자신의 집에서 주인도 아니고 주인이어서도 안 된다고 주장하고 있다. 타인을 영접한다는 것은 세계 내 우리의 자리에 대한 원천적인 보장, 우리의 주권을 그 권좌에서 쫓아내는 것이다. 따라서 초월성 체험과 평화로움 자체에 스스로를 개방하는 것이 폭력인 셈이다. 레비나스는 이것을 **행위**act(내가 지젝을 비판하는 데 핵심이 되는 어휘다)라 부른다. 그러한 행위는 '내 능력의 분쇄'로 묘사되는데, 생각과 앎의 영역 너머 '실재 안으로의 하방'이라 명명된다. 레비나스는 쓴다. "행위 관념은 본질적으로 폭력에 관련된다. (⋯) 행위에서 **본질적 폭력**으로 폭발하는 것은 존재를 담고 있다고 주장하던 그 생각을 초과하는 존재의 과잉, 곧 무한성 관념의 경이다."[41] 본질적 폭력에는 신적 폭력과 동일한 구조가 있다. 그것은 전체성이라는 신화적 폭력에 동요를 일으키는 과잉의 문제다. 그리고 그 기반에는 비폭력의 체험이 있다.

벤야민과 레비나스에게는 신화적 폭력, 전체성, 국가, 법, 영토와 전쟁의 영역을 넘어서는 무언가가 있다. 이 무언가를 두고 이들 모두는 비폭력의 체험으로, 계명의 자리 없음과 무한한 윤리적 요구로 간주하고 메시아적이라 기술한다. 「역사의 개념에 대하여」에서 벤야민은 메시아적 종말론을 종말의 때eschaton가 아니라 매 순간 객관적 시간이라는 균질 질서가 중단되는 가능성으로 이해한다. 그가 주목하듯 1830년 7월 혁명 동안 반란자들은 시계를 향해 총부리를 겨눠 시간을 멈추고 또 다른 시간 질서의 개시를 알렸다.[42] 레비나스와 벤야민은 공히 그런 가능성이 언어 경험 및 주관적인 것의 영역과 결속되어 있다고 이해한다. 두 사람 모두 신화적 폭력과 단절하는 것을 아나키적이라 본다. 그런데 레비나스는 이웃에 대한 윤리적 관계가 주체의 자생과 자율을 의문에 부치고 자신을 타인에 묶음으로써 주체를 풀어놓는다는 의미에서 아나키적이라 본다. 아나키란 국가의 발본적 소요이자 레비나스의 표현처럼 스스로를 하나의 전체처럼 정립하려는 국가의 시도를 중단하는 것이다.[43] 비폭력의 주관적 아나키-메시아주의는 어떤 면에서는 법정립적 폭력과 법보존적 폭력의 외부에 있는 행동에 방향을 정해 주는 지침이다. 생명의 이름으로 그렇게 한다. 이런 식으로, 내가 다른 글에서 보여 주려 했던 것처럼, 우리는 아나키적 법에 대해서조차 이야기할 수 있다.[44]

강조되어야 할 점은 레비나스가 그의 저작에서 기술하고 있는 것의 취약성이자 그 실험적 특징이다. 버틀러는 클라인식 정신분석과 관련해 레비나스에 대해 다음과 같이 옳게 지적한다.

책임의 의미란 열린 채 남아 있는 어떤 불안과 밀접한 관계가 있다. 이 불안은 부인을 통해 그 양가성을 해소할 수는 없지만, 그 자체로 실험적이고 생명을 파괴하기보다 더 잘 보존하려는 어떤 실천을 낳는다. 그것은 비폭력 원리가 아니라 그 자체로 실수를 범하고 생명의 불안정함을 돌보려 하고 저 생명을 비-생명으로 바꾸지 않으려 애쓰는 실천이다.[45]

너무나 빈번하게 레비나스는 윤리학을 제일철학으로 사유하는 자로 파악되곤 한다. 마치 그에게 모든 가능한 반론들을 잘 해명할 수 있는 **선험적이고** 공리적-연역적인 모종의 체계가 있는 것처럼 말이다. 그것은 전혀 사실이 아니다. 레비나스의 작업에는 철저한 취약성이 새겨져 있다. 가장 심오하게는 『전체성과 무한』의 핵심에 자리한 '너는 살인하지 않을 거야Tu ne tueras point(이것은 'shall' 없이[짐작이나 예상이 아니라] '너는 살인하지 않을 것이다'나 '살인하지 말라!'로 훨씬 직접적으로 번역될 수 있다)'라는 계명의 체험 속에서 발견할 수 있다.[46]

레비나스에게 계명은 타인의 얼굴을 마주할 때, 타인의 얼굴로서 표현된다. 평화의 상황에서가 아니라 내가 타인을 죽게 만들 찰나인 생사 투쟁 안에서 표현된다. 레비나스는 이때 "단검이나 탄환이 심장의 심실이나 심방을 건드린다"고 쓴다.[47] 결정적으로 레비나스에게 "타인이란 내가 죽이고 싶은 유일한 존재이다."[48] 그 또는 그녀가 반항이나 저항 행위로 나의 주권적 의지를 거부하기 때문이다. 타인을 죽이려는 순간에도 그 타인들은 여전히 나에게 저항하고 반항한다. 그들이 죽을 때조차 마찬가지이며, 아마 그때가 더할 것이다. 아니면 다시 말해 레비나스가 1984년 에세이 「평화와 가까움Peace and Proximity」에서 간결하게 표현한 것처럼 "타인의 얼굴은 그 불안정함과 무방비함의 측면에서 내게는 살인의 유혹인 동시에 '너는 살인하지 않을 거야'라는 평화로의 부름이다."[49]

이 문장에서 '동시에'를 주목하라. 타인의 얼굴은 내게 살인의 유혹을 불러일으키는 것인 동시에 내가 죽일 수 없는 것이다. 우리가 구체적 마주침이라는 현실에서 씨름하는 것이 바로 이 동시성이다.

즉 여기가 레비나스 사유의 취약성이 강조될 필요가 있는 곳이다. 살인을 금하는 계명은 타인의 얼굴이 여전히 저항하는 살해 현장에서 야기된다. 그렇다면 윤리적 저항이란 어떤 것인가? 레비나스는 역설적으로 "저항하지 않는다는 것의 저항"이라고 단언한다.[50] 예사롭지 않은 생각이다. 참된 저항이란 아무런 저항도 하지 않음의 저항, 곧 무력한 자, 빈곤한 자, 궁핍한 자, 굶주린 자의 저항이라는 것이다. 내 요점은 여기서 레비나스의 이야기가 (다시, 벤야민처럼) 행동의 다림줄, 지침, 어림짐작 그 이상도 이하도 아니라는 것이다. 레비나스는 『존재와 다르게 또는 본질의 저편Otherwise than Being or Beyond Essence』을 끝맺으며 "지상을 장식하는 자그마한 인류를 위한" 것이라고 쓴다.[51] 타인에 대한 비폭력적 관계는 벤야민이 '약한 메시아적 힘'이라 부른 것 그 이상도 이하도 아니다. 내가 보여 준 것처럼 메시아적 힘이란 언제나 약하다. 그것은 무력함의 힘이다. 레비나스가 타인에 대해 쓰듯이 "세계라는 직조물에서 그는 유사-무다."[52]

이것이 평화적 윤리가 무엇보다도 먼저 폭력·전쟁과 협상해야만 하는 이유다. 몇몇이 동의하듯 레비나스는 정치 영역으로부터 어떤 천사표 추상화를 제공하는 것이 아니라 더럽혀진 손의 윤리학을 제공한다. 『존재와 다르게 또는 본질의 저편』의 표현을 활용하자면 레비나스에게는 순수 윤리학의 영역이나 순수 윤리적 금언이 없다. 그것은 늘 법과 정치의 상술된 내용 안에서 분절하는 문제다. 바로 벤야민이 신적 폭력이 현실의 전쟁에서 모습을 드러낸다고 이야기할 때와 똑같이, 레비나스 역시 앞서 언급한 인용문에 뒤이어 이렇게 쓴다. "지상을 장식하는 자그마한 인류를 위해서는 그 본질이 제2급까지 완화되는 것이 필요하다. 즉 **전쟁을 벌이는 중인 정의로운 전쟁에서 바로 이 정의로움 탓에 매 순간 전율하는 것, 아직까지도 몸서리치는 것**, 이 약함이 필요하다Il faut cette faiblesse."[53]

여기서 레비나스는 정의로운 전쟁론이나 군사적 개입에 대한 모종의 이데올로기적 정당화를 하고 있는 것이 아니다. 차라리 매 순간 우리를 몸서리치게 하고 전율하게 하는 전쟁과 벌이는 전쟁의 실험적·체험적 실천(비폭력적 폭력)을 기술하고 있다. 그런 몸서리침과 그런 전율은 살인의 금지로 이해되는 정의에 내장된 체험이다. 비폭력의 잠정적인 어림짐작을 가진 채 어떤 폭력 상황에 처해 있는 것 말이다. 이런 상황에서 정당화된 폭력과 정의로운 전쟁에 대한 온갖 정력적이고 영웅적인 이야기들로는 족하지 않다. 오히려 필요한 것은 약함의 인정이다.

같은 텍스트의 약간 앞부분에서 레비나스는 "우리 다른 서구인들nous autres accidentaux"이라는 어구가 있는 놀랄 만한 구절을 쓰기 시작한다. 이 어구에서 어디에 강조점을 두어야 할지 정말 모르겠다. 이는 그저 '다른 이들 가운데 있는 우리 서구인들'을 뜻할까, 아니면 서구에 대해 타자인 이들을 지칭하는 것일까? 아무리 봐도 불명확하다. 레비나스는 이렇게 쓴다. "우리 다른 서구인들에게 진정한 문제는 폭력을 거부하는 것이 아니라 악에 대한 비-저항에 몸을 담그지 않고 폭력에 맞선 투쟁에 대해 자문하는 것이다. 바로 이런 투쟁에서 야기된 폭력의 도입을 피할 수 있을 그런 투쟁에 대해 말이다."54

문제는 이렇다. 폭력에 맞선 어떤 투쟁이 그 자체로 폭력 투쟁이 되는 것을 피할 수 있을까? 유일하게 정직한 답은 우리가 알지 못하고 확신할 수 없음을 인정하는 것이다. 아이스킬로스의 『오레스테이아』나 (탈)식민주의의 폭력, 또 근자에 벌어진 다수의 전쟁들이 입증하듯, 폭력은 주체가 스스로를 해방시키지 못할 것처럼 보이게 만드는 반복 효과를 발휘한다. 우리는 불가피하게 폭력과 비폭력, 정당화와 반정당화의 널뛰기에 사로잡혀 있다. 세계는 우리가 들이마시는 바로 그 공기 중에 있는 폭력에 의해 두 동강이 나 있다. 폭력의 무자비한 정치적·신화적·법적 논리는 냉혹하고 유혈이 낭자하며 반박의 여지가 없다. 그런 세계에서는 현실성치라는 진부한 이야기가 늘 힙리적인 것으로 등장할 것이다. 우리에게는 비폭력의 다림줄이라는 우직함, 예외적 환경의 집합, 그리고 무한한 윤리적 요구와 씨름하는 정치투쟁밖에 없다. 그런 씨름은 재치와 신중함, 우리가 처해 있는 상황에 대한 구체적 이해를 요구한다. 그러한 것들이 매 순간마다 불가능하게 보이는 것에 대한 완고한(때로 호전적인) 믿음과 결합되어야 한다. 인간 존재끼리 맺을 사회적 관계를 비폭력적으로 상상하는 또 다른 방식과 결합되어야 한다는 말이다.

저항은 쓸모 있다
: 권위주의 대 아나키즘

내 작업에 대한 지젝의 비판은 중요하면서도 실제로 항구적인 정치 논쟁을 조명하고 있다. 역사적으로 마르크스와 바쿠닌 또는 레닌과 아나키스트 사이에 벌어진 격론에 집중되어 있는 권위주의와 아나키즘 사이의 갈등 말이다. 나를 비판하는 지젝의 첫 글은 '저항은 투항이다'[55]라는 제목이 붙어 있었다. 제목이 정말 모든 것을 말하고 있다. 모든 형태의 정치적 저항은 국가를 장악하지 않는다면 투항에 불과하다는 것이다. 지젝은 나처럼 "국가 통제 바깥에 새로운 공간을" 창출하려고 국가권력의 영역으로부터 물러나 "새로운 저항의 정치"를 요구하는 이들을 '포스트모던 좌파'라고 비판한다. (내가 쓴 책이나 글에서 '포스트모던'이라는 표현이 긍정적으로 사용됐다고 생각하는 이가 있다면 가만히 있지 않겠다.) 지젝은 그런 "시위의 정치가 제3의 길 좌파Third Way Left의 도덕적 대리보충과 다를 바 없다"고 주장한다. 그는 그런 시위의 정치가 국가와 저항 사이의 상징적 관계를 보여 줄 뿐이라고 단언한다. 저항은 국가에 의해 용납되고 독려되기조차 하지만 자유민주주의 국가의 현존에 아무런 위협을 제기하지 않는다고 말이다. 반대로 저항은 국가라는 기계의 네 바퀴에 기름칠한다. 이것이 지젝이 2003년 이라크 반전시위를 해석하는 방식이고 암암리에 모든 형태의 대중 시위와 집회를 읽는 방식이다. 그는 쓴다. "시위자들은 자신들의 아름다운 영혼을 구제했다. 그들은 이라크에서 정부의 정책에 동의하지 않는다는 사실을 분명히 했다. 권력자들은 그 사실을 태연히 받아들이고 거기서 이득을 취하기조차 한다."[56] 이와 대조적으로 진짜 정치는 국가권력에 저항하는 데 시간을 낭비할 수만은 없는 것이다. 진짜 정치는 국가권력을 "거머쥐고", "무자비하게" 착취해야 한다.

지젝이 취하는 입장의 논리는 레닌주의적이며 『국가와 혁명』에서의 주장을 떠올리게 한다. 레닌 텍스트의 놀라운 특징 가운데 하나는 자유주의자, 사회민주주의자와 부르주아지에 대한 비판이 그의 진짜 적인 아나키스트를 향해 품고 있는 앙심에 비하면 아무것도 아니라는 것이다. 레닌의 『국가와 혁명』의 열쇠는 마르크스와 엥겔스의 두 어구 '프롤레타리아독재the dictatorship of the proletariat'와 '국가의 사멸the withering away of the state'에 대한 해석이다. 두 번째 어구부터 시작해 보자. 레닌은 엥겔스를 충실히 따르면서 자신이 지지하는 국가의 사멸과 아나키스트에게 귀속되는 견해인 국가의 폐지 사이를 구별한다. "국가는 '폐지'되는 것이 아니다. **국가는 사멸한다.**"[57] 레닌이 밝히듯 그는 국가의 폐지를 "목표로는" 동의하지 않는 것이 아니다.[58] 문제는 이 목표가 실현되는 방법이고 특히 실현의 수단으로서 "군대와 조직된 폭력의 사용"에 관한 것이다. 레닌은 "'반권위주의자'를 자처한" 프루동주의자들에 대한 엥겔스의 비판에 편승한다.[59] 엥겔스에 따르면 프루동주의자들과 달리 공산주의 혁명가들은 "의심할 나위 없이 혁명이란 존재하는 것 가운데 가장 권위적인 것"임을 받아들인다. 혁명에는 "대단히 권위주의적인 수단"이, 즉 "소총과 총검, 대포"가 필요하다.[60] 이 견해에 비춰 보면 아나키스트들은(우리는 여기서 지젝이 활용한 수사의 원천을 보게 된다) 반혁명적인 프티부르주아 겁생이들로, 권위라는 현실과 프롤레타리아 폭력의 불가피함을 마주하지 않으려는 자에 불과하다. 이것으로 우리는 국가라는 문제에 가닿는다.

모든 것은 1871년 파리 코뮌에 대한 해석에 좌우된다. 앞에서 바디우와 관련해 논한 파리 코뮌은 프롤레타리아독재의 최초 역사적 사례다. 문제는 이렇다. 코뮌의 기억과 유산은 누구에게 속해 있는가? 마르크스의 표현처럼 코뮌의 '의기충천storming of the heavens'은 아나키스트에 속하는가, 아니면 공산주의자에 속하는가?[61] 코뮌은 "국가에 대해 잘 표현된 대담한 반박"[62]이라고 바쿠닌과 함께 거론할 때 가장 잘 이해될 것인가? 아니면 코뮌은 레닌의 볼셰비즘에 대한 전조인가? 코뮌의 유산과 공산주의의 가능성은 레닌이 상상한 종류의 중앙집권적 국가주의적 독재를 필요로 하는가, 아니면 "국가를 헛소리라고 여기던" 피에르 조제프 프루동Pierre Joseph Proudhon, 바쿠닌, 크로포트킨 같은 아나키스트들의 탈중앙집권화된 비국가적 연방주의를 필요로 하는가?[63] 레닌은 "마르크스가 중앙집권주의자"[64]였다고 옳게 주장한다. 마르크스주의자와 아나키스트는 국가의 사멸이라는 정치의 목적에는 동의하는 듯 보이지만 레닌은 "우리가 주장하는 것은 (…) 국가 폐지라는 목적을 달성하려면 (…) 국가권력의 도구와 수단 및 방법을 **일시적으로** 사용할 필요가 있다"[65]고 단언한다.

레닌은 경탄할 만한 교묘한 속임수를 써 가며 주장한다. 부르주아 국가를 폐지해야 한다고 말할 때 아나키스트에 동의하는 것으로 보이다가도 중앙집권적 노동자 국가를 이식해야만 한다고 단언한다. 그런 국가의 목표는(여기서 속임수가 등장한다) 공산주의에서 국가가 사멸한다는 마르크스와 엥겔스의 생각에 알다시피 충실하지만, 오직 과도기적 국가를 통해서만 도달할 수 있다. 레닌은 이 국가를 다소 터무니없게도 '완전한 민주주의'[66]라고 부른다. 어떤 구절에서는 '참으로 완벽한 민주주의'[67]라고 정말로 일컫기까지 한다. 레닌이 아나키스트의 부르주아적 공모라 보는 것에 맞서 공산주의의 가능성을 실현하려면 권위주의적 막간극이 필요하다. 역사가 실제로 보여 준 바대로 이는 적잖이 긴 막간극이었고 현실 사회주의가 1980년대 말에 내부로부터 붕괴되기 시작할 때까지 이것이 끝나리라는 아무런 조짐도 없었다. "일시적"이라는 말을 꽤 탄력적으로 해석할 수 있다는 것은 분명하다.

1872년, 파리 코뮌이 끝난 이듬해 마르크스는 헤이그에서 열린 제1인 터내셔널 모임에서 바쿠닌과 그의 지지자들을 의도적으로 제명했다. 그 화답으로 바쿠닌은 빈정대며 "마르크스 씨는 스스로를 비스마르크의 후예라 생각한다"[68]고 썼다. 같은 해 브뤼셀의 신문사에 보내는 어느 편지에서 바쿠닌은 "독일인에게 걸맞게 그들(마르크스주의자들)은 국가권력을 찬미한다"고 쓰며 다음과 같이 덧붙인다. "그들의 인터내셔널조차 너무도 빈번하게 범독일주의 색채를 띠고 있다."[69] 마르크스가 자신을 변호하면서 『프랑스 내전The Civil War in France』에서 비스마르크의 정치적 허영을 조롱하지만, 바쿠닌의 의문은 국가 형식의 필요성과 '인민국가'라는 관념에 관한 것이다.[70] 1873년에 『국가주의와 아나키Statism and Anarchy』에서 바쿠닌은 논점을 더 멀리 가져가 마르크스주의 국가론의 본질적 모순을 지적한다. 바쿠닌은 레닌의 '일시적' 국가에 대한 주장의 천박함을 **그 말이 나오기도 전에** 폭로했던 셈이다. "만약 그들의 국가가 진정 '인민국가'라면 어떤 근거로 그것은 폐지될 것인가? 그리고 다른 한편으로 그 폐지가 인민의 실제 해방을 위해 필요하다면 어찌 그것을 '인민의 국가'라고 기술할 수 있는가?"[71]

바쿠닌은 불가피한 결론에 도달한다. "마르크스주의자들의 '인민국가'를 포함해 어떤 국가든 굴레인 셈이다. 한편으로 전제주의를 조성하고 다른 한편으로 노예 상태를 소성한다는 의미로 그렇다." 20세기의 마르크스-레닌주의의 모험을 고려해 보면 이 말들에는 대단한 선견지명이 있다.

바쿠닌은 프롤레타리아독재라는 관념이 중앙집권적 권위주의 국가를 정당화하는 모순에 빠졌다고 파악했고, 이는 에리코 말라테스타가 볼셰비키 혁명의 결과에서 목격했던 것이기도 하다. 말라테스타는 1919년 [이탈리아 아나키스트] 루이기 파브리Luigi Fabbri에게 보내는 어느 편지에서 프롤레타리아는 인류의 정당이라는 명제와 관련해 다음과 같이 타당한 주장을 했다. "프롤레타리아독재는 만인의 독재를 의미할 것입니다. 만인의 정부가 권위주의적·역사적·실천적 의미에서 더 이상 정부가 아닌 것처럼, 프롤레타리아독재도 더 이상 독재가 아닐 것입니다."[72] 프롤레타리아독재가 일당독재 아니면 그 정당 지도자들의 독재나 정당 지도자의 독재라는 것은 사실이다. 국가구조, 형벌 규정, 심복 그리고 무엇보다도 군대를 갖춘 진정한 독재이다. 이 군대는 애초에 외부의 적에 맞서 혁명 정부를 수호하려고 사용됐다. 그러나 말라테스타가 스탈린의 부흥을 예견하며 썼듯, 이 군대는 어떤 진정한 해방에 브레이크를 걸기 위해 "내일은 독재자들의 의지를 노동자들에게 부과하는 데 사용되고" 자신만의 이해관계를 수호하려고 존재할 새로운 지배계급을 산출하고 말 것이다.[73] 중앙집권적 국가 형태를 고집함으로써 혁명의 첫 희생자는 (꼼짝없이 보나파르트적 논리를 따라) 혁명 그 자체 그리고 그 이름을 걸고 혁명이 기능하리라고 주장한 이들인 프롤레타리아가 될 것이다.

이 맥락에서 가장 생생하고 음울하지만 우스운 증거는 볼린(브세볼로트 미하일로비치 예이첸바움Vsevolod Mikhailovitch Eichenbaum으로 알려져 있다)의 편지에 기록된 한 사건이다. 볼린은 러시아 아나키스트로, 1917년 혁명 이후 시기에 활동했고 결국 우크라이나 아나키스트 게릴라인 네스토르 마흐노Nestor Makhno와 함께 군대에 합류해 1919년 볼셰비키에 의해 체포되어 형을 받았다. 볼린은 편지에서, 1917년 4월 뉴욕에서 레온 트로츠키Leon Trotsky와 만났던 이야기를 들려준다. 뉴욕에서 트로츠키와 볼린은 각기 다른 러시아어 신문의 편집자였다. 당연히 자연스레 대화는 마르크스주의와 아나키즘 사이의 차이로 넘어갔다. 트로츠키는 "우리 사이에 어떤 차이가 있는가? 사소한 방법론의 문제로 이는 꽤 부차적이다"[74]라고 말한 것으로 전해진다. 트로츠키는 "당신처럼 우리는 최종 분석에 이르면 아나키스트들이다" 하고 말하면서 아나키스트와 마르크스주의자 모두 혁명가들이고 같은 것을 원하고 있음을 인정한다. "사소한" 차이란 아나키스트가 국가를 지금 당장 폐지하고자 한다면 "우리 마르크스주의자들은 단번에 자유지상주의의 영역 안으로 '비약'할 수 없다고 믿는다"[75]는 것이다. 마르크스주의자들은 '과도기적 단계'를 제안한다. 그에 따라 아나키스트 사회를 위한 길을 닦을 수 있다. 이른바 "권력을 쥔 프롤레타리아 정당이 실행하는 프롤레타리아독재"다. 트로츠키는 아나키즘과 마르크스주의 사이의 차이는 정도의 차이 그 이상도 이하도 아니라고 결론짓는다. "본질적으로 우리는 서로 아주 가까이에 있습니다. 팔장 긴 형제들이지요." 2년 반 뒤 1919년 12월 볼린은 우크라이나에서 볼셰비키 당국에 의해 체포되고 '상당한 과격분자'로 간주된다. 당국은 트로츠키에게 전보를 쳐 볼린을 어떻게 처리할지 물었다. 답변은 전보로 재빠르게 도착했다. "즉각 총살, 트로츠키." 볼린이 도망친 것은 순전히 우연이었다.

우리는 2장에서 카를 슈미트에게 비-의회주의적이고 비-자유주의적인 좌파의 두 가지 중요한 전통이 어떤 식으로 존재하는지 살펴보았다. 즉, 권위주의와 아나키즘, 이것은 인간 본성에 대한 상반된 평가에 의존해 있다. 잊지 말아야 할 것은, 슈미트가 레닌의 위대한 찬양자였고 그것은 그가 마오쩌둥에게 아낌없이 바쳤던 찬양을 능가해 마지않았다는 사실이다.[76] 지젝이 만약 특유의 레닌주의적 폭력으로 아나키즘을 지지하는 내 입장을 공격한다면 그가 어느 편에 서 있는지는 분명해진다. 엥겔스에서 레닌을 거쳐 지젝에 이르기까지, 아나키즘 비판은 기이하게도 끊임없이 잔존해 왔다. 이들은 아나키즘에 현실주의와 무자비함이 모두 결여되어 있다는 점을 지적한다. 이에 관해 1918년 6월 레닌을 접견한 아나키스트 네스토르 마흐노는 이렇게 말한다. "언제 한 번이라도 아나키스트가 삶의 '지금, 여기'에서 자신들에게 현실주의가 부족하다는 것을

믿음 없는 믿음의 정치

인정한 적이 있을까요? 그들은 그런 생각조차 하지 않습니다."⁷⁷『국가와
혁명』에서 레닌은 마르크스를 충실히 따르며 아나키스트의 전술은 "무자
비할 정도로 용감한 혁명 활동"⁷⁸에 자리한 절망의 전술이라고 쓴다. 이
무자비한 대담함과 가차 없는 권력 장악의 남성적 수사는 조직과 권위주
의 사이의 생략, 조직이 권위주의를 수반할 것이라는 믿음을 감춘다.

지젝의 경우에 조직과 권위주의의 동일시는 독재의 변호와 군사력
으로 방어되는 중앙집권국가로 이어진다. 그러나 말라테스타가 이미
1890년대에 생생하게 보여 준 것처럼 아나키즘은 조직에 반대하지 않
는다. 아나키즘이 반대하는 것은 말라테스타의 설명처럼 조직과 권위의
동일시다. "조직이란 협동과 연대의 실천이자 사회적 삶의 자연적 필수조
건이다."⁷⁹ 비슷한 식으로 아나키즘을 무질서와 동일시하는 것은 오해다.
국가와 정부라는 허구에 대한 반대는 무질서의 이름이 아니라 또 다른
질서 원리의 이름으로 개진된다. 자유 조직, 자기-결정, 협력, 협동 또는
루소의 어휘를 사용하자면, '연합'의 이름으로 말이다. 말라테스타는 이
렇게 표현한다.

> 정부의 폐지는 사회적 결속의 파괴를 뜻하지도 않고 그럴 수도 없다. 정반
> 대다. 오늘날 강제되어 있고 소수에게만 직접 이득이 되는 협동은 자유롭고
> 자발적이고 직접적인 만인의 이득을 위한 활동이 되어야 하고 이 목적을 위해
> 더욱더 강렬하고 효과적이 될 것이다.⁸⁰

레닌과 지젝 같은 내밀한 비스마르크주의적 권위주의자들에게 정치에
서 유일한 선택이란 모 아니면 도다. 국가권력 아니면 무권력인 것이다.
나는 이 대안이 거부되어야 한다고 생각한다. 내게 정치란 권력 없음과
국가권력 사이의 운동에 관한 것이고, 국가 내부에서 국가와 '틈새를 유

지하는 거리'[81]라 부르는 것을 창출함으로써 야기된다. 지젝은 이 점을 오해하고 있지만 이 틈새들은 주어지거나 현존하는 것이 아니다. 그것들은 지젝이 상상하는 것처럼 우리가 물러날 수 있는 어떤 것이 아니다.[82] 실제로 오늘날 국가는 갈수록 더 편재하는 감시와 안보 장치라는 기술을 사용함으로써 사회적인 것의 공간을 완전히 포화 상태로 만들겠다고 위협한다. 틈새는 주어지는 것이 아니다. 정치적 분절을 통해 창출되어야 하는 것이다. 내가 보기에 정치 행동이란 국가에 반대하는 국가 내에서 창의적 운동, 공동 전선의 구축, 저항과 반정부의 공간을 여는 새로운 사회적 결속을 상상하고 제정하는 일이다. 정치란 [국가로부터] 틈새[를 유지하는] 거리의 발명, 아무리 봐도 공간이 존재하지 않는 곳에서 공간을 만드는 것이다.

  나는 다른 글에서 멕시코와 오스트레일리아의 토착 권리 운동과 같은 정치 과정의 다양한 사례들을 논한 적이 있는데, 여기서는 볼리비아의 에보 모랄레스Evo Morales를 언급하고 싶다. 모랄레스는 진정한 사회운동을 통해 권력을 차지했고 이 운동에 대해 책임져야 할 것이 남아 있다.[83] 다른 운동들이 이와 관련해 중요하다. 프랑스의 불법 이주민sans papiers과 노숙자sans abri를 둘러싼 활동부터 대안 지구화 운동과 반전운동(지젝은 이러한 운동들이 권력과 공모하고 현상태에 안주한다고 경멸하지만 나는 오히려 새로운 시민불복종 언어의 가능성을 표현하고 있다고 본다) 그리고 다양한 직접행동 조직을 거쳐 시민사회 집단에서 NGO에 이르는 운동들이 있다. 이 목록에 나는 북아메리카와 유럽에서 이민 문제를 둘러싸고 일어난 투쟁을 더하고 싶은데, 이는 향후 수십 년 안에 핵심적인 정치 쟁점이 될 것이라 본다. 빈곤한 남반구에서 부유한 북반구로 인구가 이동하는 것은 막을 길 없이 대규모로 일어나고 있다. 이때 정치적 과제는 이민권의 창조적인 분절이고, 국가에 압박을 가해 폭넓은 이민 개혁을 실현시키는 것이다. 나는 그런 운동의 역사나 문화기술지ethnography에 정통한 사람은 아니지만 수년 동안 귀를 기울여 왔고 조금이나마 배움을 얻고자 했다.

그러나 이런 것들은 지젝에게 아무런 소용도 없다. 그에게 그런 저항 형태는 기존 권력에 대한 투항이자 공모에 불과하다. 지젝의 변증법적 전도에 숨겨진 귀결을 위대한 고故 크리스 하먼Chris Harman이 정확하고도 풍자적으로 포착했다. "'집에 앉아서 텔레비전으로 야만을 지켜보기'가 슬라보예 지젝의 새로운 자본주의 투쟁의 슬로건처럼 보인다." 하먼은 통렬한 아이러니로 말을 잇는다.

> 지젝의 명석한 변증법적 통찰로 우리는 목적을 완전히 성취하지 못하는 모든 투쟁이 현상태를 정당화한다고 보게 된다. 그러니까 1968년 5월 프랑스의 사건들은 드골 체제를 정당화했던 것이 틀림없고, 쿠바 혁명은 미국의 라틴아메리카 지배를, 인도의 독립은 대영제국을, 1848년 유럽 혁명은 반동을, 시민권 운동은 미국 인종주의를 유지시켰던 것이 분명하다. 변증법적 전도의 논리는 혁명과 반동 사이의 등치를 산출하는데 그 결과는 정치적 마비이고 우리가 지젝에서 발견하는 무위의 찬양이다.[84]

지젝은 독재와 정치 폭력 그리고 가차 없음에 대한 노스탤지어(마초적이고 끝내는 구태의연한 것)를 무심코 드러낸다. 프롤레타리아독재는 부르주아 계급이 "폭력에 의해 분쇄"되거나 "완전히 분쇄될" 것을 요청하는데 지젝은 이런 프롤레타리아독재를 인정하는 레닌에게 신실하다.[85] 레닌은 자기도 모르게 벤야민의 신화적 폭력과 그것의 유혈 응보의 순환을 그에 몇 년 앞서 정의 내리고 있는 것처럼 보인다. 이와 관련해 지젝이 베네수엘라의 민주주의를 제한하려는 우고 차베스Hugo Chávez를 변호한 것은 아주 의미심장하다. 훗날 『잃어버린 대의를 옹호하며*In Defense of Lost Causes*』에 편집되어 실리게 되는 한 구절에서 지젝은 '장악'과 '가차 없음'이라는 자신의 수사에 주목한다.

> 결코 국가권력에 저항하지 않고 그(차베스)는 그것을 **장악해**(처음에는 불발 쿠데타로 그 뒤엔 민주적으로) 자신의 목표를 촉진하는 데 베네수엘라 국가 장치들을 **가차 없이** 활용했다. 게다가 그는 도시 구역들을 **군사화하고** 거기에 무장군의 훈련을 조직했다. 그런데 궁극적인 불안이 있다. 자신의 원칙에 대한 자본의 '저항'이 낳을 경제 효과(국가 보조금을 지급받는 슈퍼마켓에서 일어나는 몇몇 품목의 일시적 부족)를 감지하고 있기에 그는 자신을 지지하는 24개 정당들을 단일 정당으로 통합할 계획을 공표했다.[86]

우리는 다시 한 번 지젝의 입장에 기본적으로 깔려 있는 강박적 환상으로 되돌아온다. 아무것도 하지 말고 잠자코 앉아 집에 머물면서 텔레비전을 시청하라, 차라리 아무것도 하지 않겠다는 바틀비가 되어라, 그리고 조용히 가차 없는 폭력과 권력 장악, 한 개인의 손 안에서 국가권력의 통합을 꿈꾸라. 당신이 그 대상이나 주체가 될, 아니면 아마도 동시에 그 둘 다 될 잔혹한 물리력이나 처벌이라는 단순 행위를 꿈꾸라. 지젝의 바람으로 보이는 것(라캉주의자인 그에게 아주 기이한 것이다)은 누군가가 주인의 자리를 차지하는 것이다. 라캉은 1969년 12월 벵센느 대학에서 레닌주의자 학생들의 방해를 받자 이렇게 말하며 상황을 종결지은 바 있다. "혁명가들로서 자네들이 열망하는 것은 주인일세. 자네들은 그걸 얻게 될 거야."[87]

내 비판의 초기 버전에 해당하는 「신적 폭력에서 무엇이 신적인가? What is Divine about Divine Violence?」라는 글을 두고 지젝은 강박에 대한 내 이야기를 맹렬히 반박했다. 지젝은 강박적 태도를 이해하는 가장 좋은 방법이 "**거짓 능동성**, 즉 당신이 능동적이라고 생각하지만 당신의 진짜 처지는 페티시에 체화된 수동적인 것"[88]이라는 관념을 통해서라고 주장한다. 어떤 긴장된 집단적 상황에서 강박적인 것이란 "광적으로 능동적이고 (…) 잠복해 있는 긴장감을 참여자들이 자각하게 되는 어색한 침묵의 순간을 차단하기 위해 끊임없이 이야기하고 농담하는 것이다."[89] 그러고 나서 지젝은 이를 우리가 이미 논한 그의 최근 저작에 일관된 주제, 즉 "오늘날 위협이란 수동성이 아니라 유사-능동성이다"와 연결시킨다. 지젝은 강박적 태도obsessional attitude를 강박적 행동compulsive behavior과 동일시한다. 이는 반만 참이다. 강박obsessionality의 다른 측면이 중단cessation인 탓이다. 아무것도 하지 않기, 불능과 억제 말이다. 정확히 이 강박적 중단의 경험을 지젝은 바틀비라는 형상으로 찬미하고 심지어 '비폭력적 폭력'에 대한 내 이야기와 맥을 같이하는 것으로 본다.[90] 그렇지만 강박적 태도는 강박적 행동과 단순히 동일시되는 것이 아니라 더 중요하게는 심각한 마비성 억제로부터 흘러나오는 중단과 동일시된다. 여기서 관건은, 지젝이 암시하듯 그의 "인격personality"[91]에 대한 공격이 아니라 우리를 사로잡고 있는 주체의 일반 구조가 지속된다는 것이다.

내 정치적 입장을 비판하면서 지젝은 어떠한 종류의 정치적 게임을 막론하고 가장 진부하면서도 노골적인 비장의 카드 한 장을 꺼내 든다. "그렇다면 만약 히틀러와 같은 적수를 대면하게 된다면 크리츨리는 어떻게 할까? 그런 경우에는 분명히 자신이 반대하는 '원형적 폭력 주권자를 흉내 내고 반영하지' 않을까?"[92]

결코 그렇지 않다. 국가사회주의는 벤야민의 신화적 폭력의 가장 강력한 20세기적 사례다. 그런데 신화적 폭력에 맞서기 위해 어떤 신화적 대항-폭력이 필요한 것일까? 아니다. 「폭력 비판을 위하여」가 주는 교훈은 분명 원형적 주권의 신화적 폭력과 신적 폭력의 아나키즘 사이를 구별할 필요가 있다는 것이고 그것이 내가 '비폭력적 폭력'이라 기술하고자 하는 것이다. 나치 독일의 상황에서는 이것이 구체적으로 무슨 뜻일까? 첫째, 국가사회주의를 어떤 정상 정치의 판본으로 취급하지 않고, 영국과 프랑스 정부가 도모했던 것처럼 유화정책을 쓰려 하지 않는다는 의미다. 둘째, 국가사회주의가 드러내는 것은 예외상태가 더 이상 예외가 아니라 상례이고 예외적 개입을 요청한다는 사실이다. 셋째, 그리고 결정적으로 국가사회주의에 대한 반대가 반드시 비폭력 전략에 국한됐던 것은 아니고 폭력적 저항이 필요하다고 여기기도 했다는 것이다. 혹자는 디트리히 본회퍼와 그가 노정한 길을 떠올릴지도 모르겠다. 본회퍼는 1930년대에 채택한 평화주의를 결국 그만두었고, 폭군 히틀러 암살에 참여했으며, 국가사회주의 체제에 맞선 쿠데타에 실패하여 종전 직전인 1945년에 참혹하게 처형당했다. 본회퍼의 윤리란 절대적·법적 원칙이 아니라 극단적 상황에서 궁여지책으로, 폭력적으로 행동하고자 하는, 자유롭게 떠안은 책임에 기대고 있다. 본회퍼는 위기 상황이라는 극도의 필연성이 "그 어떤 법칙에도 매이지 않는 책임에, 행동하는 자의 자유로운 책임에 직접 호소한다"[93]고 쓴다. 그러나 그런 윤리적 행동 개념은 파시즘과 국가사회주의에 고유한 모종의 폭력 예찬으로 이어지지 않는다. 그것은 예외적 환경에서 '살인하지 말라'는 계명을 깨뜨리도록 우리를 인도할 폭력에 대한 무한한 책임으로 이어진다. 책임지는 행동이란 본회퍼가 '죄책을 떠안을 용의'라 부른 것과 연루된다. 즉, 우리가 자유에 지불하는 대가인 것이다.[94] 그런 저항 전략이 성공할 수 있을까? 본회퍼의 경우에 우리는 폭군 암살 시도가 실패했음을 알고 있다. 그러나 여기서 요점은 내가 모든 정치적 경우에서 비폭력을 설파하고 있지 않다는 것이고, 저 비폭력이라는 이상으로 국가로부터 간단히, '더럽혀지지 않은 손'으로 퇴각할 것을 주장하고 있지도 않다는 점이다. 요점은 그 반대다.

비폭력 원칙의
문제

"그러나 고대의 폭력은 애타게 번식을 바란다.
그 치명적 때가 오면 새로운 폭력이 도래하리라."

— 아이스킬로스, 『아가멤논*Agamemnon*』

"이 의미에서 비폭력이란 평화 상태가 아니라 분노를 명확하고도 효과적으로 만드
는 사회·정치투쟁, 즉 세심하게 세공된 '엿 먹어라'다."

— 주디스 버틀러, 『전쟁 프레임*Frames of War*』

폭력은 어떤 식의 정의 개념에 부합되어 정당화되거나 정당화될 수 없는, 지금 여기의 어떤 행위로 환원되지 않는다. 반대로 폭력은 로버트 영 Robert Young이 우리에게 상기시키듯 "역사가 있는 현상이다."[95] 그것은 결코 단일 행위의 문제가 아니라 폭력과 대항-폭력이라는 순환으로 포화된 역사적 과정 안으로 스스로를 삽입하는 문제다. 폭력은 언제나 "인간 주체들 사이, 즉 그들의 폭력 경험이 스스로를 반복 효과 안으로 내삽시키기에 거기서 자유로울 수 없는 그런 인간 주체들 사이의"[96] 이중 행위다. 압도적인 식민주의의 증거를 생각해 보라. 영이 서술하듯 "폭력이란 결코 피식민지인에게 추상 개념이 아니다."[97] 역사적 기억상실과 과거의 폭력에 대한 무관심은 억압자의 사치다. 프란츠 파농이 상세히 보여 준

것처럼 피식민지 주체는 정신병과 정신이상, 귀신 들림 같은 현상들에 이를 때까지 본능적·육체적으로 그들을 수탈한 역사적 폭력을 살아간다.[98] 『대지의 저주받은 사람들The Wretched of the Earth』에서 형용사 '근육의'보다 더 빈번히 사용된 어휘는 없을 것이다.[99] 폭력은 민족 해방 투쟁의 맥락에서 식민지인에 맞선 피식민지인의 근육의 자기주장이다. 폭력이란 "구체적인 것에 대한 탐욕스런 취향"으로 추동되는 "절대적 실천"이자 "정화의 힘"이다.[100] 식민지인에 맞선 폭력을 통해 피식민 주체들은 자신들의 기형적 열등함을 제거하고 해방될 수 있다. 또는 문자 그대로 스스로를 개조할 수 있다. 파농은 "탈식민화는 진정 새로운 인간의 창조이다"라고 쓴다.[101]

폭력이 정화의 힘이라는 생각, 즉 식민화된 '것'이 사르트르가 '단검의 끈기the patience of knife'[102]라 부른 것을 통해 자유인이 되고, 인간을 구제하고 개조하는 치유의 유혈 도가니가 폭력이라는, 영웅적이고 남성적인 단언은 심히 의심스럽다. 나는 "유럽인을 쏴 죽이는 것은 일석이조의 행위다"라고 하는 사르트르의 과장된 변증법, 즉 하나의 폭력 행위로 억압자와 피억압자의 대립이 지양되고 이전의 피식민 주체가 "처음으로 (…) 그의 발밑에서 **조국의** 토양을 느낀다"고 하는 말에 설득당하지도 않는다.[103] 이 말은 마르크스나 소렐, 레닌을 아주 능가하는 폭력에 대한 찬미이자 아마도 아렌트가 주목하듯이 "근대 세계에서 실행력의 극심한 좌절"[104]로 야기된 표현일 것이다.

그러나 파농에게는 반박의 여지 없이, 폭력이 살아 낸 역사적 수탈 체험을 이해하는 것이 남아 있다. 수탈 체험의 결과로 대지의 저주받은 사람들의 일상적인 굴욕이 만들어진다. 폭력이 이런 식으로 이해되면 원칙적 비폭력에 대한 확언은 요점을 놓치고 말 것이라는 점은 의심할 바 없다. 더 심각하게, 비폭력은 권력에 대한 폭력적 타도로 자신들의 이해

관계에 불리한 영향이 미치지 않도록 권력자들이 도입한 이데올로기적 도구가 될 수 있다. 여기서 비폭력은 협상 전략이 된다. 파농이 쓰디쓴 불신으로 서술하듯 "비폭력은 돌이킬 수 없는 일이 벌어지기 전에, 유혈 사태나 후회할 만한 행위를 저지르기 전에 식민지 문제를 협상 테이블 위에서 해결하려는 시도다."[105]

언제나 그렇듯 사르트르는 이를 훨씬 다채롭게 표현한다.

> 이 점을 잘 이해하려 해 보라. 만약 폭력이 장래의 일에 불과하고 지금까지 착취와 억압이 지구상에 존재한 적이 없었다면, 비폭력 구호는 분쟁을 멈추게할 수도 있을 것이다. 그러나 체제 전체가 천년 동안이나 억압을 당해 왔다면, 당신이 아무리 비폭력의 사상을 가지고 있다 해도 당신의 수동성은 당신을 억압자의 편에 서도록 할 뿐이다.[106]

역사는 폭력과 대항-폭력의 끝없는 순환처럼 보이기에 그 압도적인 증거를 어떤 **선험적** 비폭력 개념으로 거부한다면, 역사를 그 최후 분석에서 이데올로기적인 것이 될 추상의 이름으로 부인하는 꼴이다. 간디Mahatma Gandhi의 크로포트킨식 비폭력 저항 운동Satyagraha처럼 결연한 비폭력의 정치가 대단히 주효할 수 있는 맥락들이 있다. 간디의 전술을 모방하는 것이 성공적으로 판명되기도 하는 맥락들이 있다. 1960년대 미국의 시민권 운동에서 입증된 다년간의 사례와 마틴 루터 킹Martin Luther king의 언행에서처럼 말이다. 데이비드 그레이버David Graeber가 '비폭력적 전투'[107]라 일컬은 직접행동의 기술들이 효과적이고 시의적절하다고 판명되는 맥락들이 있다. 폭력의 범위를 절충하기에 어렵지만 평화주의로도 충분할 맥락들이 있다. 그렇지만 비폭력적 저항이 국가와 경찰, 군대의 힘에 의해 분쇄되고 마는, 이루 다 헤아릴 수 없을 정도로 많은 절망스러운 맥락들이 존재한다. (이것이 앞에서 우리가 벤야민을 독해하면서 짚어 낸 것이다.) 그런 맥락들에서 비폭력적 전투와 폭력 행위를 구별하며 그었던 선분은 교차되어야 한다. 정치란 늘 현지 상황의 문제, 즉 현장 투쟁과 현장 승리의 문제다. 그런 투쟁의 다수성을 추상적 비폭력 개념에 기초해 판단한다면 교조적 맹목의 위험을 감수해야 한다.[108]

비폭력에 대한 헌신이 폭력의 가능성을 배제하는가? 이것이 문제다. 벤야민이 언급한 것처럼 "지금껏 있어 온 전 세계사적 실존 조건들의 한계로부터의 구제는 차치하고라도, 만약 폭력이 원칙상 완전히 배제되어 있다면 인간 문제의 상상 가능한 모든 해결은 불가능한 것으로 남게 된다."[109]

그러니까 우리가 폭력을 원칙상 배제한다면 세계 내 인간의 상태가 근본적으로 변화하리라고 기대할 수 없다. 벤야민이 핵심을 짚었다. 바로 정치 영역에서 어떤 추상적·원칙적·**선험적** 비폭력 개념을 확언하고 견지하는 것이 거의 의미가 없다는 말이다. 잘 알려졌다시피 아나키즘의 정치적 폭력 사용에 대한 표준 반론은 늘 이 지점에서 좌우된다. 당신은 어떻게 당신의 폭력 사용을 정당화할 수 있는가, 당신은 비폭력에 헌신해야 하지 않는가, 당신이 폭력에 기댄다면 당신이 맞서 싸우고 있는 적과 닮기 시작하는 것은 아닌가. 물론 협동과 상호부조의 영역, 사회적 결속의 삶, 벤야민이 공손함, 평화로움과 신뢰의 영역으로 상상한 비폭력은 아나키즘 정치의 전제이자 염원이다. 그런데 왜 아나키스트는 정치적 상황에서 그 구체적 정황이 불명료할 때조차 폭력적이어서는 안 된다고 사전에 결정된 정치 행위자밖에 될 수 없는가? 이 지점에서 폭력 대 비폭력이라는 추상적 문제는 아나키즘을 '구경꾼의 정치'라 부를 수 있을 만한 것으로 환원할 위험이 있다. 비폭력이 초월적 가치가 되고 추상이 되고 원칙이나 정언명령이 되는 그러한 정치로 말이다.[110] 특유한 정치적 장면에서 그것은 항상 그렇게 특유한 경우(바디우가 말하는 장소성이며 행위 연쇄, 사건의 자리이다)일 따름이며, 폭력으로의 전환은 완전히 납득 가능한 경우가 많다. 정부 저항자들, 비판자들과 반대자들의 폭력은 늘 그런 것은 아니지만 보통 경찰이나 군사 폭력의 도발에 대한 화답이다.

지젝과의 논쟁으로 돌아가 논의를 끝마치자. 그렇다면 내가 문제 삼는 것은 폭력이라기보다, 누군가가 안락의자나 책상머리에 앉아서, 지젝의 구태의연한 레닌주의에서 발견한 듯한 혁명적 폭력을 낭만적으로 찬미하는 짓이다. 이것은 현실로부터 더욱더 거리를 둠으로써 한층 피를 부른다. 〈티쿤〉의 표현으로 "고전적 정력이란 진통제를 요구한다."[111] 우리가 살펴본 것처럼 지젝의 입장에서 (실제로 되풀이되는) 기본 환상은 바틀비식 거절과 노만 베이츠식 폭력의 조합이다.[112] 실제로 지젝은 알프레드 히치콕Alfred Hitchcock의 〈사이코Psycho〉의 샤워실 살해 장면을 "가장 순수한 신적 폭력"으로 본다.[113] 그는 내가 초기에 가했던 비판에 수사적으로 물으며 화답한다. "그렇다면 바틀비식 '안 하고 싶음preferring not to'이 정확히 '비폭력적 폭력'의 사례인가?"[114] 그러나 이 물음에 대한 답은 분명 부정적이다. 비폭력적 폭력은 '안 하고 싶음'이 아닌 탓이다. 그것은 거절 행위가 아니다. 차라리 일련의 **선호하는**preferred 행동, 심지어 불가피하지만 정당화될 수 없는 폭력 행동이다. 지젝은 심지어 대담하게도 자신의 바틀비적 입장을 인도에서 간디가 벌인 영국에 대한 저항에 견준다.[115] 그러나 간디의 비폭력 저항을 규정하는 것은 지젝의 지적처럼 무위나 수동이 아니라 완고하게 집요하고 극도로 창의적인 행동주의다.

여기서 우리는 지젝이 "국가권력에 속한 폭력의 과잉에 대한 대항-폭력"[116]으로 정의 내린 신적 폭력의 문제로 복귀한다. 거기까지는 괜찮다. 지젝은 직접 『폭력이란 무엇인가』[117]를 다시 언급하면서 신적 폭력의 사례 목록을 미세하게 확장해서 보여 준다. 그 목록은, 레닌주의의 혁명적 열정, 아이티에서 목에 타이어를 걸어 불태워 죽이는 것Père Lebrun, 플래시 몹, 히치콕의 〈사이코〉에서 살인 장면, 메리 셸리Mary Shelley의 『프랑켄슈타인Frankenstein』에서 무명 괴물의 살인 행동까지 이어진다.[118] 지젝에게(지젝의 주이상스라고 부를 수 있는 상태에서) 이 신적 폭력의 행위들은 "선악의 피안에 있고 (…) 일종의 윤리적인 것에 대한 정치-종교적 중단이다."[119] 그리고 나서 지젝은 흥미롭고도 계시적으로 신적 폭력을 칸트적 범주인 "예지계의 현상계로의 직접적인 개입"[120]으로 번역한다. 인간의 유한성의 폭력적 위반인 칸트적 숭고와 신적 폭력이 등치된다. 칸트에게 숭고란 인간을 무한성과 유한성 사이, 내재성과 초월성 사이, 그리고 재현과 재현을 초과하는 것 사이의 근본 긴장에 자리매김하는 감정이다. 이 견해에서 보면 신적 폭력이란 유한한 것이 무한한 것을 통해, 현상적인 것이 예지적인 것을 통해 돌연 꿰뚫리는 것이다. 지젝은 (자기가 보기에 그렇다고 생각하는) 내 견해에 맞서 신적 폭력이 "우리가 우리의 불완전함에 지불하는 대가"가 아니라 "우리의 완전함과 '예지적' 신적 차원에 우리가 참여하고 있다는 표지"라고 역설한다.[121] 혹은 신적 폭력이란 "그 자체로 신적이고 그 자체로 신적 차원을 현현한다"[122]고 말한다.

여기서 우리는 지젝의 사유에 존재하는 기본 환상에 당도한다. 신적 질서가 인간의 경험 안으로 개입함으로써, 또 일상 안으로 숭고가 기적적으로 육화됨으로써 불완전함과 죄 그리고 유죄를 극복하는 환상 말이다. 그것은 격변을 일으키는 구제의 폭력 행위에 대한 환상이다. 그러한 폭력 행위는 우리에게서 연유하는 것이 아니라 (우리는 수동적인 바틀비식 구경꾼에 불과하다), 의지의 개입 없이 상황을 바꿔 놓는다. 그것은 마침내 책임 없는 완전함과 더럽혀지지 않은 손의 환상이다. 자, 벤야민의 신적 폭력이 그런 것을 의미했다면, 지젝이 옳았고 내가 틀렸다. 내가 사과할 일이다. 물론 이는 붉은광장의 레닌 묘지에 선 스탈린에 대한 오

믿음 없는 믿음의 정치

래된 농담을 떠오르게 한다. 스탈린이 군중에게 말한다. "제군들, 역사적 사건이 일어났습니다! 레온 트로츠키로부터 전보를 받았습니다!" 군중이 잠잠해지자 스탈린은 전보를 읽는다. "모스크바 크렘린의 이오시프 스탈린에게. 당신이 옳았고 내가 틀렸소. 당신이 레닌의 진짜 상속자요. 내가 사과해야겠소. 레온 트로츠키로부터." 군중이 포효한다. 그런데 앞줄에서 키 작은 유대인 재단사가 스탈린에게 손짓한다. 스탈린이 그 재단사가 하는 말을 들으려고 몸을 기울이자 재단사가 말한다. "메시지가 그렇긴 합니다만, 그걸 당신은 똑바로 강조해서 읽지 않았습니다." 스탈린이 손을 들어올려 군중을 진정시킨다. "제군들, 여기 우리에게 내가 트로츠키의 메시지를 읽을 때 감정을 똑바로 살리지 못했다고 말하는 평범한 노동자가 한 명 있습니다. 그가 생각하는 올바른 낭독 방식으로 우리에게 그 전보를 읽어 줄 것을 부탁합니다." 재단사가 전보를 받고 일어나 목청을 가다듬고 읽는다. "모스크바 크렘린의 이오시프 스탈린에게. **당신**이 옳았고 **내가** 틀렸소? **당신**이 레닌의 진짜 상속자요? **내가** 사과해야겠소?"

— • —

이 장은 신적 폭력과 살인을 금하는 계명 사이를 연결하는 것에 초점을 맞추었다. 벤야민은 살인 금지의 계명을 우리가 "고독 속에서 씨름하는" 행동에 대한 어림선이나 다림줄로 이해했고 나는 그것을 살인의 유혹과 살인 금지라는 것에 깃든 불안정성으로서 [타인의] 얼굴이라는 레비나스의 관념에 연결시켰다. 이는 책임의 이중 구속을 뜻하는 것으로, 여기서 주체는 신적 계명의 지침과 "그것을 무시할 책임을 스스로 떠안기"[123] 이 모두에 묶여 있다. 지젝은 이 입장을 "더 높은 목적을 위해 자신의 손을 더럽히는 영웅적 전망"[124]으로 본다. 지젝은 다음과 같이 역설한다. "우리는 비극적으로 우리의 손을 더럽히지 않는다. 폭력은 신적이고 이는 우리의 손이 깨끗하게 남아 있다는 뜻이다."[125] 그런데 나는 정치 행동에 관한 한 시종일관 더럽혀진 손의 문제라고 믿는다. 그것이 영웅적이라면 영웅적인 것이겠지만, 아마도 벤야민은 일종의 책임-영웅주의를 염두에 두었을 것이다. 벤야민은 신적 폭력이 "죄인도 정화해 줄지 모르나 죄로부터는 아니고 법으로부터 정화할 것이다"[126]라고 쓴다. 신적 폭력은 법에서 기인하는 죄를 면죄하지, 죄 그 자체를 면죄하지는 않는다. 지젝이 꿈꾸는 것은 책임을 면한 숭고한 폭력의 완전함으로 여기서 무한함이 어떤 신적 행위에서 유한함을 꿰뚫는다. 내 견해는 다르다. 정치란 비폭력에 대한 헌신과 우리가 삽입돼 있는 폭력의 역사적 현실 사이의 갈등에 위치해 있는 행동이다. 이 현실은 무한한 윤리적 요구에 의해 인도된 늘 약속되고 늘 불완전한 행동을 요구한다. 앞서 보여 주었듯 주체에 대한 나의 관점은 실존적 빚짐의 운동으로 이해되는 책임과 원죄의 구성적 특질에 의해 규정되어 있다.

나의 정치적 입장을 비판하는 글의 말미에서 지젝은 초장부터 강력해 보이는 비판을 전개한다.

여기서 교훈은 이런 것이다. 진정으로 전복적인 것은 우리가 알고 있는, 하지만 권력자들은 완전히 들어줄 수 없는 요구들을 '무한히' 고집하는 것이 아니라(그들 역시 우리가 알고 있다는 것을 알기 때문에 그렇게 '무한히 요구하는' 태도는 권력자에게 아주 쉽게 받아들여진다. "당신들의 비판적 요구는 참으로 훌륭하다. 당신은 우리 모두가 살고 싶어하는 세상을 우리에게 일깨워 주었다. 하지만 불행하게도, 우리는 현실 세계에 살고 있고 거기서는 정직하게 가능한 것만을 할 수밖에 없다.") 반대로 전략적으로 잘 선별된 **정밀하고 유한한** 요구들, 똑같은 변명을

허락하지 않는 요구들을 권력자들에게 퍼붓는 것이다.[127]

　　그러나 지젝은 거꾸로 말하고 있다. 무한히 요구한다는 것은 정치 행동에서 충족될 수 없는 무한한 요구를 제출하는 문제가 아니다. 바로 그 과도함 때문에 그런 요구는 손쉽게 무시됨으로써 수용될 수 있다. 무한하게 요구되고 있는 것은 차라리 우리가 처해 있는 유한한 상황을 초과하는 것에 대해 열려 있고 그것을 경청하도록 하는 윤리적 배치이다.[128] 여기서 '무한한'이란 내가 요구하는 내용이 아니라 요구의 한계를 초과하는 상황에서 무언가를 발견하는 데 있다. 무한한 요구란 어떤 주체가 제출하는 것이 아니라 어떤 상황에서 무제한의 것에 대한 주체의 민감함과 책임감의 표식이다. 임금 협상과 같은 구체적 행동에서 우리는 실제로 유한한 요구로부터, 최저 생활임금 보장이나 노동조합 가입을 요구하면서 시작할 것이다. 그런 요구는 수용되거나 그렇지 못할 것이고 그것이 문제의 끝이 될지도 모른다. '**정밀하고 유한한** 요구'에 투쟁을 국한시킬 때 저 요구들이 충족되거나 무시되면 투쟁이 끝난다는 사실이 문제다. 수용의 정치란 그런 것이다. 그러나 국가나 정부 차원에서의 수용에 만족하기를 거부하는 정치 또한 존재할 수 있다. 그런 정치 행동에서 어떤 투쟁이 그 주변에서 조직하는 유한한 요구란 이해 집단의 동일성이라는 한계 너머로 확장되어 훨씬 급진적이고 지대한 영향을 가져오게 된다. 이런 식으로 지역이나 인종의 동일성에 의해 규정된 특정 집단과 이해 당사자들의 구체적 투쟁들은, 말하자면 급속히 급진화되어 어쩌면 통치의 틀 전반이나 사회경제적 상황 상태를 의문시하기 시작할지도 모른다. 스스로를 유한한 요구에 국한시키면 투쟁들의 특수성 너머까지 확장되고 다른 장소에서 벌이는 다른 투쟁들과 연계되고 일반화될 수 있는 급진적 잠재성을 잃고 만다. 진정한 해방 정치의 열쇠란 어떤 특수성이나 어떤 동일성에 대한 주장을 초과하는 일반화된 투쟁의 가능성을 향한 개방성에 존재한다. 무한히 요구하기란 특유하고 어쩌면 이기적이거나 수세적인 투쟁들이 그 밖의 다른 것이 되는 과정이다. 우리가 처해 있는 상황에 대해 그간 알려지지 않은 어떤 것으로 통하게 되는 것이다. 무한히 요구한다는 것은, 되풀이하자면, 상황에서 아직 알려져 있지 않고 존재하지 않지만 여전히 강력하게 상상된 최상 허구라는 가능성을 향한 윤리적 헌신이다.

앞에서 살펴본 대로 무한한 요구란 이중의 비존재론적 요구다. 아직 존재하지 않는 것의 측면에서 존재하는 것을 보고, 존재하는 것에서 아직 존재하지 않는 것을 본다. 그것이 메시아적 관점을 받아들인다는 것에 함축된 의미다. 만물을 '없는/아닌 것hos me'으로 보라, "이 세계의 형체가 사라져가고 있으므로." 이는 이중의 니힐리즘을, 긍정적 니힐리즘을 껴안는다는 의미다. 앞에서 벤야민과 더불어 '세계 정치의 니힐리즘'이라 일컫은 것과 그런 세계 정치에서 도무지 현존하지 않는 것에 주의를 집중하려 애쓰기, 이 모두를 껴안는다는 말이다. 정치적으로 유한한 맥락에서 우리에게 가해진 요구는 정부나 국가 차원에서 수용될 어떤 유한한 요구의 내용도 초과한다. 문자 그대로 말해서 무한한 요구는 무이다. 하지만 엄청나게 창조적인 무이다.

믿음 없는 믿음의 정치

| 결론 |

네가 믿는 대로 될지어다

이 책을 시작했을 때처럼 일종의 우화로 이야기를 마무리하고 싶다. 『사랑의 역사』의 결론에서 키르케고르는 그 책 전반에 걸쳐 씨름해 온 사랑이라는 계명의 본성을 숙고한다. '네 이웃을 사랑하라'는 말의 위상과 그 힘이란 어떤 것일까? 키르케고르는 사랑의 맹렬함과 (페이지마다 가장 많이 반복되는 어휘인) 준엄함Strenghed를 강조한다. 그리스도적 사랑이란 모종의 "응석받이 사랑"이 아니다. 믿는 이들은 어떤 특별한 노력을 기울이지 않아도 되고 "스스로 만든 멍에에 시달리지 않는 기쁘고 즐거운 나날"로 특징지을 수 있는 그런 것이 아니다.[1] 이 손쉽고 상상에 나올 법한 사랑 관념은 그리스도교를 '제2의 유년기'로 환원하고 믿음을 유아적인 것으로 만든다. 키르케고르는 『사랑의 역사』에서 핵심이 되고 결정적인 범주인 '그리스도교적 보복의 공의公義, der christelige Lige for Lige'라는 개념을 도입한다. 이 개념은 '눈에는 눈, 이에는 이'를 뜻하는 '유대교적 보복의 공의'라 부르는 것과 구별된다. 유대교적 보복의 공의는 자기와 타인의 동등성과 상호성에 기초한 의무 개념이다.[2] 프란츠 로젠츠바이크Franz Rosenzweig의 『구원의 별The Star of Redemption』에 대한 피상적 독해가 손쉽게 보여 주듯,[3] 그것은 정형화되고 제한적인 유대교의 모습이다. 그러나 키르케고르의 요점은 이렇다. 그리스도교적 사랑이란 그가 '세속적' 사랑 개념이라 부르는 것으로 환원될 수 없다. 세속적 사랑에서 당신은 타인이 당신에게 한 것을 타인에게 하는 것뿐이다. 그리스도교적 보복적 공의란 타인이 내게 빚지고 있는 것에 대한 일종의 초월적 판단 중지 epoche에 관여해 있고 대신에 "다른 사람과 관계를 맺을 때마다 하느님-관계를 만들어 낸다."[4] 이는 외형적인 것에서 내면의 것으로의 이동과 일치한다. 키르케고르가 볼 때 그리스도인은 "세계와 그에게 할당된 세속적 삶의 관계들에 남아 있어야만" 하는데도 저 관계들을 내면의 관점에서, 이를테면 하느님과의 관계를 통해 매개된 관점에서 바라본다. 키르케고르가 『사랑의 역사』 1부에서 단호하게 표현하듯 "세속적 지혜는 사랑이란 사람과 사람 사이의 관계라고 생각한다. 그리스도교는 사랑이란 사람-하느님-사람 사이의 관계라고, 즉 하느님이 중간항으로 들어 있는 관계라고 가르친다."[5]

그리스도교의 준엄함은 발본적 불평등, 즉 인간적인 것과 신적인 것 사이의 절대적 차이에 기초한 사랑 개념이다. 이는 키르케고르가 예수의 산상수훈에 등장하는 말들을 해석하는 방법이다. "어찌하여 너는 형제의 눈 속에 있는 티는 보면서 내 눈 속에 들이 있는 들보는 깨닫지 못하느냐?"(마태복음 7장 3절) 내 눈 속의 들보가 타인 눈에 있는 티를 판단하는 것을 용납하지 않는다. 오히려 나는 타인이 무엇을 하고 또 하지 말아야 할 것인가에 대한 어떤 판단도 삼가야만 한다. 타인을 판단한다는 것은 문제를 내면보다는 외형의 관점에서 바라보는 것이다. 그것은 자만이자 주제넘은 짓이다. 타인이 내게 지고 있는 빚은 결코 내가 상관할 바 아니다. 키르케고르가 표현하듯 "그리스도적으로 이해하자면 너는 타인이 네게 행한 일과 절대적으로 아무런 관계가 없다." 그리고 "본질적으로 너는 하느님 앞의 네 자신과 관계할 뿐이다." 다시 한 번, 내면으로의 이동은 인간이 세계를 외면하게 만드는 것이 아니다. 오히려 "다른 이들이 현실이라 부르는 것의 새로운 판본이고 그것이 실재Virkeligheden다."[6]

키르케고르의 저술은 2인칭 단수 너Du라는 특정 방향으로 수신된다. 그는 복음에 등장하는 가버나움의 로마 백부장에 관한 이야기를 (마태복음과 누가복음에 나오는 판본들로) 들려준다. 백부장은 예수에게 다가가 "중풍으로 집에 누워 몹시 괴로워하고 있는"(마태복음 8장 6절) 자신의 소년 혹은 하인(뜻이 모호하다)을 치료해 달라고 간청한다. 예수가 소년을 찾아가겠다고 말하자 백부장은 수하에 병사들을 둔 점령지 로마제국 당국의 대변자로서, 예수를 집에 모시기가 마뜩치 않다고 고백한다. 예수가 이를 듣고 이스라엘을 통틀어 그런 위대한 믿음이 있는 자를 이제껏 만나 보지 못했노라 분명히 밝힌다. 예수는 "믿는 대로 될지어다Dig skeer som Du troer"[7]라고 덧붙이는데 이것이 키르케고르의 흥미를 끈다. 이 이야기는 믿음의 본질적 불안정성을 드러낸다. 키르케고르는 네게("바로 네게")[8] 믿음이 있다고 말해 주는 것은 그리스도교 교리에 속해 있지 않다고 쓴다. 누군가가 "내가 교회에서 세례를 받았고 그 제의와 법령을 따르기 때문에 내게 믿음이 있는 것이 절대적으로 확실하다"고 말한다면 적절한 반응은 "네가 믿는 대로 될지어다"가 될 것이다. 이 이야기의 요점은, 로마의 백부장이 그리스도인으로 세례를 받지 않았는데도 믿었다는 것이다. 키르케고르가 서술하듯 "그의 믿음 안에서 복음 자체가 비로소 하나의 복음이 되었다."[9] 그것은 앞에서 살펴봤다시피 삶을 실행하는 선포로서의 믿음이다. 내면적 믿음의 주체가 외형적 일상성을 뛰어넘고 또 그것에 맞서도록 만드는 결정이다. 그런 선포는 그리스도인에게만큼이나 비그리스도인에게도 참이다. 실제로는 비그리스도인에게 더 참되다. 그들의 믿음이 이른바 세례, 신념적 교의, 정기적 교회 참석, 혹은 덕행이 이 곳 지상에서가 아니라면 후세에서 행복으로 보상받게 되리라는 어떤 관념의 보증인을 통해 지탱되지 않기 때문이다. 따라서 역설적으로 비그리스도인의 믿음은 그리스도가 선포하려 한 믿음의 참된 본성을 드러낸다. 교파적으로 믿음 없는 이들조차, (진정으로 특별하게) 믿음의 체험을 할 수 있다. 믿음이 모종의 교리적 안정을 통해 뒷받침될 필요가 있다면 내면성은 외형화되고 맹렬한 믿음의 준엄함은 증발할 것이다.

그렇다면 믿음의 체험이란 어떤 종류의 확실성일까? 키르케고르는 쓴다. 재차 이 수신이 2인칭 단수를 향하고 있음에 주목해야 한다. "네가 믿는 대로 되리라는 것이 영원히 확실하다. 그러나 믿음의 확실성, 또는 **네가, 특히 네가** 믿는다는 그 확실성을 너는 매 순간 하느님의 도움으로 얻을 수밖에 없다. 그리하여 어떤 외적인 방식으로는 얻지 못한다."[10]

키르케고르는 어떤 목사나 성직자도 세례나 그 같은 종류의 교의에 따라 누군가에게 믿음이 있는지 여부를 말할 권리가 없다고 말한다. (혹자는 여기서 덴마크 국교회의 유사-그리스도교라는 지역 사례를 통해 비종교적인 것, 본질적으로 기독교인들의 세속 질서에 맞서 키르케고르의 격론이 가진 힘을 감지할지도 모르겠다.) 믿음을 선포한다는 것은 그런 외적이거나 세속적인 보증인을 포기하는 것이다. 믿음에는 "네가 매일 이 노력을 할 경우 처하게 되는"[11] 계속적인 추구라는 특징이 있다. 믿음과 믿음이 지속시키고자 하는 사랑의 계명이 율법이 아닌 이유다. 그것에는 외적 강제력이 없다. 로젠츠바이크가 서술하듯 "사랑이라는 계명은 사랑하는 이의 입에서 비롯될 따름이니"[12] 말이다. 로젠츠바이크는 사랑의 계명을 "시간을, 미래를, 지속을 무시할 수 없는" 율법과 대조한다. 율법과 달리 사랑의 계명은 "그 순간Augenblick만을 알 따름이다. 그것이 공포되는 바로 그 순간에 결과를 고대한다."[13] 사랑의 계명은 온화하고 자비롭지만 키르케고르가 역설하다시피 "그 안에는 준엄함이 있다." 포레트에게서 본 것처럼 사랑은 외형이라는 낡은 자기를 빼내어 새롭고도 내면적인 어떤 것이 존재할 수 있게 하는, 절대적인 영적 감행의 규율 행위, 즉 탈창조와 빈곤화의 과정이다.

키르케고르가 『사랑의 역사』에서 바울을 인용하며 표현하듯 "서로 사랑하는 것 이외에는 아무에게도 빚을 지지 말라."[14] 단순하게 들리지만 이 최소로 들리는 명령에서 무한한 빚의 경험으로서 사랑 개념이 암시된다. 되갚는 것이 불가능한 빚의 경험 말이다. "사람이 사랑에 사로잡히면 그는 이것이 무한한 빚과 같다고 느낀다."[15] 우리는 하이데거와 관련해 존재론적 빚짐이라는 실존적인 책임 개념을 살펴보았다. 존재한다는 것이란 빚지는 것이다. 나는 빚을 진다, 고로 존재한다. 원죄가 자기의 본질적 존재론적 빚짐에 대한 신학적 이름이라면, 사랑은 자기의 기획투사의 가능을 초과하는 무한한 요구 주변에 그 방향이 정해진 죄에 대한 대항 운동의 경험이다. 키르케고르가 서술하듯 "하느님이 인간과 맺는 관계는 매 순간 한 사람 안에 존재하는 어떤 것을 매 순간 무한하게 함이다."[16] 여기서 로젠츠바이크의 메아리를 발견하게 되는 '순간'이라는 표현에 놓인 이중의 강조에 주목하자. 내면성과 본질적 고독으로 물러나("네가 고독해 본 적이 없다면 하느님이 현존함을 결코 발견하지 못했을 것이다"[17]) 자기의 모든 말과 행동 하나하나가 하느님의 무한한 요구를 통해 울려 댄다.

이 지점에서 키르케고르는 『사랑의 역사』 끝에서 두 번째 단락에 있는 청각 심상으로 이동한다. 하느님은 거대한 반향실과 같다. 여기서 각 소리는 "미세한 소리까지도" 배가되어 주체의 귓속까지 크게 되울린다. 하느님은 주체가 발화한 각 단어의 반복에 대한 이름에 다름 아니다. 그런데 그것은 "무한히 증폭하여" 울려 대는 반복이다. 키르케고르가 외형적 삶의 '도시적 혼돈'이라 부르는 것에서는 이 반복되는 무한한 요구의 메아리를 듣는 것이 거의 불가능하다.[18] 외형의 판단중지가 필수적인 이유다. "외형은 공명하기에는 너무 육중한 몸이고 관능적인 귀는 난청이 심해 영원함의 반복을 붙잡지 못한다."[19] 우리는 자신의 말과 행동을 무한으로 만드는 내적이거나 내면적인 귀를 가꿀 필요가 있다. 키르케고르가 밝히듯 그의 조언은 "매일매일 죽음에 불안해하며 영원함의 반복에 귀를 기울인 채 앉아 있으라는 것"[20]이 아니다. 오히려 그가 요청하는 것은 준엄하고 행동주의적인 믿음 개념이다. 이 믿음은 보증인이나 안정 없이 매 계기마다 존재하리라 선포하고 사랑이라는 무한한 요구에 거주해 있다.

믿음이란 나의 힘을 초과하는 어떤 요구와 관련해, 내가 세계에 현사실적으로 내던져져 있다는 것 그리고 책임으로 성취된 자유라는 기획투사 운동 모두와 관련해 자기를 수행하는 것이다. 믿음은 같은 것끼리 되갚는like-for-like 관계가 아니라 같지 않은 것과 같음like-to-unlike의 비대칭성을 뜻한다. 이것이 내가 이 책에서 기술하려 애썼던 것, '양심의 무력한 힘'이다. 이 주체적 힘은 약함을 인정함으로써 행동할 힘을 발견할 뿐이다. 양심은 무한한 요구의 반복에 귀를 기울이는 내면의 귀다. 그 부름은 세계로부터 수동적으로 물러날 때가 아니라 능동적 관여로 긴박해질 때 들린다. 그런 믿음의 체험은 교리나 교파의 관점에서 믿음 없는 이들이 공유할 뿐너러 모범적인 방식으로 겪을 수 있다는 것이 이 책의 주장이다. 키르케고르가 묘사한 로마 백부장처럼, 어쩌면 안정과 보증인 또는 보상 없이 믿음이라는 준엄함을 가장 잘 지탱할 수 있는 이는 믿음 없는 자일지도 모른다. "네가 믿는 대로 될지어다."

크리츨리의 무한 책임의 아나키즘[*]

종교로서의
정치

이 책은 2012년 버소Verso 출판사에서 첫 출간되고 2014년에 페이퍼백이 나온 사이먼 크리츨리Simon Critchley의 『믿음 없는 자들의 믿음: 정치 신학에서의 실험들The Faith of the Faithless: Experiments in Political Theology』을 완역한 것이다. 크리츨리의 주장은, 원제인 '믿음 없는 자들의 믿음'에 역설적으로 나타나듯이 한마디로 정치적 실천에는 종교적 믿음이 반드시 뒤따라야 한다고 요약될 수 있다. 칸트의 유명한 경구를 빌려 와 표현해 보면, 믿음 없는 정치는 공허하고 정치 없는 믿음은 맹목이다. '전근대-근

---

[*] 이 해제는 저자의 이력이 항목별로 일목요연하게 정리되어 있는 사이먼 크리츨리 웹사이트(simoncritchley.org)를 바탕으로 작성했다.

대-탈근대'라는 순차적이고 발전적인 시대 구분법에서 보자면, 세속의 정치에 아직 세속화되지 못했거나 덜 세속화된 종교적 믿음을 접목하자는 주장이 시대착오처럼 들릴 수도 있겠다. 특히 9·11 테러 이후 새뮤얼 헌팅턴Samuel Huntington의 '문명 대 야만'의 도식이 세를 떨치고 최근 지역 내전과 국제 테러를 혼종 교배한 〈이슬람국가Islamic State〉의 위협이 커져 가는 상황에서 이런 주장은 한가한 소리로 일축될지도 모른다.

지상에 이슬람교의 창시자 무함마드가 예언했던 진성 '칼리파' 국가를 건설할 것을 대외적으로 표방하고 시리아와 이라크 점령지 주민들을 이슬람 율법과 종말론에 따라 통치하는 〈이슬람국가〉[1] 는 보통 이야기되듯 근대라는 세속화 시대에 괴물처럼 등장한 반시대적인 신정 체제의 구현에 불과할까(그래서 '서구 세속주의 대 이슬람 종교 근본주의'의 도식에 안성맞춤일까), 아니면 '포스트-세속화 시대'[2]의 흐름 가운데 등장하여 저 적대 자체를 무화시키는, 그 전례를 찾아보기 힘든 현상인 것일까? 당장 이 물음에 답하기보다 정치와 종교의 관계를 근대의 정치 운동을 분석하는 틀로 적극 활용했던 이탈리아의 파시즘 연구자 에밀리오 젠틸레의 주장을 잠시 경청해 보자.

젠틸레는 이 책을 관통하는 열쇳말이기도 한 '정치의 신성화the sacralization of politics'를 처음으로 적극 활용하여 20세기 전체주의와 파시즘 등의 근대 정치 운동을 새롭게 분석한다. 우리에게도 잘 알려져 있는, 파시즘에 대한 벤야민의 유명한 도식인 '정치의 심미화 또는 미학화'가 파시즘을 대중을 설득하고 지지를 얻어 내는 미학적 방식, 즉 벤야민의 표현을 따라 기술 복제 시대에 상실한 아우라를 회복하려는 집단적 시도라는 것을 보여 준다면, '정치의 신성화'는 신정 분리, 곧 세속화가 이루어져 사적인 영역으로 물러난 종교와 종교적 관습이 다시 정치라는 공적 영역으로 귀환하는 순간에 더 주목한다.

'정치의 신성화'라는 개념의 기원은 『사회계약론』을 시민종교에 대한 논의로 종합하려 한 루소에게 소급된다. 민주주의적 대의와 재현이라는 매개를 제쳐 두고 인민의 일반의지가 현전하고 동기화될 수 있는 가능성을 찾는 과정에서 발견한 것이 바로 시민종교였다. 그 뒤 이 악명 높은 시민종교는 정치 종교와 혼용되어 프랑스 혁명의 결과인 자코뱅주의 공포정치의 전거(이를테면 시민종교와 배타적 애국주의가 한통속이라는 통념)로 폄하되다가 20세기 초반 등장한 두 종류의 전체주의 체제인 파시즘과 현실 사회주의에 대한 유용한 분석틀로 새롭게 활용된다.

그리고 젠틸레에 이르러서야 정치의 신성화의 두 가지 유형으로 시민종교와 정치 종교는 엄밀하게 구별되기 시작한다. 시민종교가 "특정한 종교적 교의와 스스로를 동일시하지 않으면서 정파와 종파 모두를 넘어서는 공통의 시민적 교의를 제시한다면", 정치 종교는 루소가 거론한 불관용과 배타주의가 특징적인 시민의 종교religion of the citizen에 더 가까운 것으로 "다른 정치 이데올로기나 운동과의 공존을 거부하며 집단과의 관계에서 개인의 자율성을 인정하지 않고 계율 준수와 정치 의식 참여를 의무화하며 폭력을 적과의 투쟁에서 정당한 무기이자 재생의 도구로서 신성시한다."[3] 이 책에서도 등장하는 종교사회학자인 로버트 벨라가 1967년에 「미국의 시민종교Civil Religion in American」[4]에서 미국이라는 세속 국가에 깃들어 있는 애국주의 등과 같은 종교적 메커니즘을 분석했을 때나, 2000년대 초반 이른바 '박정희주의'를 국가의 일방적인 탄압과 억압으로 특징되는 '국가 독재'가 아니라 대중의 자발적인 동의에 기반을 두고 있는 '대중 독재'의 차원에서 재평가할 때도 시민종교가 중요한 분석 틀로 도입되었다.

이렇게 보면 시민종교(정치 종교와 뭉뚱그려 세속 종교secular religion로 칭해지기도 한다)는 역사적으로 민주주의와 전체주의 사이의 가족 유사성을 증명하는 개념처럼 느껴진다. 이 말은 민주주의가 종교적 광신에 맞서 한없이 무력하다는 뜻이 아니라, 버락 오바마가 명시적으로 표현했듯 '정치'와 '종교(신앙)'의 얽히고설킴을 민주주의 체제 내에서 어떻게 적극적으로 전유할 것이냐의 문제의식으로 읽어야 한다.

민주당원들은 대부분의 경우 그들이 던지는 미끼를 덥석 물어 왔습니다. 남의 기분을 상하게 하기가 두려운 나머지, 우리는 종교적 가치에 관한 대화 자체를 회피하는 것 정도가 최선인 듯이 행동해 왔습니다. 최악의 경우, 공공장소에서 대놓고 종교란 본래 비이성적이거나 비관용적이라고 치부하면서 종교인들의 모습을 광적으로 묘사하거나, '크리스천'이라는 단어 자체를 신앙을 가진 사람이라는 의미가 아니라 '정적政敵'이라는 의미로 여기는 진보주의자들도 있습니다. (…) 이제 오늘의 다원적 민주주의 상황 속에서 **정치와 신앙을 어떻게 융화시킬 것인지** 진지하게 논의할 때가 왔다고 생각합니다. 만약 그렇게 한다면 우리는 우선 미국인들이 종교적인 국민임을 이해해야 합니다.[5]

다시 말해 시민종교는 거대 이데올로기가 종언된 이래 지배적이었던 '진보=세속' 대 '보수=종교'라는 기존의 도식을 무효화한다.[6] 한마디로 그 분석의 결과가 진보, 보수 양쪽으로 활용 가능하다는 이야기다. 이를테면 카를 슈미트의 정치신학은 정치를 도덕, 윤리니 경제적 이해관계의 (세속적) 영역에 물들어 있지 않은 피아 구분과 적대의 순수 영역으로 특징화했다. 그 결과는 얼핏 형용모순처럼 보이는 '좌파 슈미트주의'[7]라는 이데올로기의 출현에서 확인되듯 마르크스주의를 거치지 않고서도 의회 민주주의나 신자유주의를 비판할 수 있는 상황에까지 이르게된다. 다른 한편으로 크리츨리가 '내밀한 슈미트주의'라고 칭하는 미국의 네오콘(신보수주의자)은 부시 행정부 때 슈미트의 정치 개념인 적대를 십분 활용하여 국가의 안전을 위해 시민의 자유를 제한하는 테러 방지법을 제정하기도 했다.

이 책은 어느 쪽에서 종교와 정치를 접목하려는 것일까? 크리츨리는 세속주의 좌파, 말하자면 미국에서 '리버럴'로 통칭되는 이들에게 제안한다. 그들은 그간 세속주의와 계몽주의 그리고 근대적 진보에 대한 과도한 '믿음faith'과 그 맹점 탓에, 자유민주주의 체제에서 시민과 인민의 정치적 관심과 행동을 불러일으키는 데 긴요한 종교와 믿음을 열등하고 문명인에 어울리지 않는 것으로 여겼고 우파에게 그 자리를 빼앗겨 왔다는 것이다. 그러면서 정치와 종교의 관계를 좌파의 입장에서, 더 정확히는 '자유로운 개인의 연합'(마르크스)에 다다르기 위한 과정으로 재고하자고 말한다. 그러니까 우파에 대한 도덕적 우월감이 시쳇말로 '정신 승리' 또는 충분히 알기에 더 냉소하거나 현실로부터 한걸음 물러나 체념하고 자위하는 그런 태도의 반영은 아니냐며 의문을 제기한다.[8]

물론 이와 유사한 주장이 우리에게 이미 잘 알려져 있다. 대표적으로 '바울의 (정치적) 종말론'에 가닿으려는 유럽 좌파 철학자들[9]의 행렬을 들 수 있다. 알랭 바디우가 포문을 열고 아감벤-타우베스가 좀 더 정통적으로 합류하고 슬라보예 지젝이 '유물론적 신학'으로 그 문을 닫은 흐름 말이다. 크리츨리는 이 흐름에 비판적으로 접근하고 또 이들과 미묘하게 의견을 달리한다. 이미 여러 차례 이들과 떠들썩한 논쟁이 있었고 이 책 역시 그 산물이다. 그러니까 시시각각 바뀌는 정치사회적 상황에 대한 정세 분석과 판단이 이 책에서 '정치-믿음-(비)폭력의 삼각형'의 매듭으로 조금은 느슨하게 묶여 있기에, 독자가 크리츨리의 다채로운 논의를 한눈에 조망하며 따라갈 수 있도록 그의 전기적·지적 지형도 하나쯤은 있어도 괜찮지 않을까. 그렇다면 우선 우리에게 청년들의 대대적인 저항기로 기억되는 1960년대로 거슬러 가 보자.

'장기 반-1960년대'
: 청년의 저항 문화와 그 장기 여파[10]

펑크록 등의 청년 문화를 한때 탐닉했던 크리츨리(1960년생)는 책이 출간된 후 어느 강연에서 "우리는 오랫동안 반反-1960년대를 살아가고 있다"고 말문을 연다. 저 말을 듣고 당장 연상되는 장면이 있다. 사르코지 전 프랑스 대통령이 68운동과 그 정신을 폄하하면서 지금 우리에게 절실한 것은 소비 윤리가 아닌 노동 윤리, 즉 근면과 절약으로 특징되는 베버식의 프로테스탄트적 자본주의 윤리의 회복이라고 연설하던 모습이다. 곧바로 프랑스에서도 공휴일에 상점들의 영업을 허가하는 법안을 통과시키려는 시도가 이어졌다. 다른 한편으로 프랑스 마오주의자 바디우와 이탈리아 자율주의자 안토니오 네그리Antonio Negri에게서처럼, 68운동에 대한 평가가 좌파 나름의 이론적·정치적 입장을 세우는 데 결정적인 역할을 하기도 했다. 잘 알려졌다시피 68운동을 파리 코뮌의 연장으로 보고 그 정신의 동시대성과 충실성을 역설하거나 그 여파로 신자유주의가 당도하여 노동으로부터의 해방을 도착적으로 성취했다는 식으로 말이다.[11] 이처럼 우리는 저마다 1960년대, 특히 유럽의 1960년대에 대한 갖가지 표상을 다르게 품고 있고 그것이 현재에 이르기까지 주요한 역사적 준거점으로도 활용된다. 최근에 벌어진 샤를리 엡도 테러를 '타락한 68 정신'의 차원에서, 더 정확히는 종교든 정치든 가리지 않고 권위라면 신랄하게 비판하고 조롱하는 좌파 세속주의의 타락에서 접근하려는 시도도 있지 않았던가.

그런데 그전에 1960년대는 완전고용을 이뤘고 유아사망률이 눈에 띄게 감소되기 시작한 때다. 한마디로 좌파가 꿈꾸던 역사의 진보가 드디

믿음 없는 믿음의 정치

어 정점에 이르던 때다. 요즘 유행하는 토마 피케티식 불평등의 관점에서 보자면, 전후 유럽의 재건 과정에서 자연스럽게 이뤄졌던 생산성 향상과 경제 번영 그리고 사회복지국가가 그 끄트머리에서 가장 빛을 발하던 때였다. 동시에 '자본주의의 겨울'인 1970년대가 들이닥치기 직전이기도 했다. 좌파가 그토록 염원하던 꿈이 하필이면 자본주의 체제 내에서 이뤄지자, 적어도 제도권에 진입한 좌파 정당들은 '반-자본주의'를 포기할 수밖에 없었다. 선거에서 '이기는 좌파(사회주의)'가 되기 위해 수정주의 노선을 따라 국가기구를 '탈환'하게 되자, 예전에는 생각할 필요조차 없었던 '국가관' 따위를 고민해야 하고 개혁이라는 장치로 (자국의) 자본주의를 우파 못지 않게 길들일 수 있다는 것을 유권자에게 보여 줘야만 했다.[12] 자본주의의 종착지는 공산주의 따위가 아니라 개선된 '인간의 얼굴을 한 자본주의'라고 여겨졌다.

이렇게 이데올로기가 종언됐음을 다들 암묵적으로 수긍하고 있을 무렵 "1968년이라는 놀라운 해에 공통점이라고는 찾아보기 힘든 다양한 나라에서 학생들은 정치투쟁의 선두에 나섰다."[13] 이데올로기가 부활한 것이다. 그러나 이번에는 마르크스주의가 아니라 반-권위주의를 무기로 들고 일어났다. 대학 진학률이 급증했지만 교육의 질은 떨어졌고 대중매체가 국제화되어 전 세계인이 동시적으로 대중문화를 향유할 수 있는 조건이 마련되어 있었다는 등 저항의 여러 원인을 짚어 볼 수 있다. 그런데 더 주목해야 할 부분은, 이 반-권위주의라는 이데올로기 자체가 예전에 해방과 평등으로 요약되던 이데올로기와 달리 일관되지 않고 모순투성이라는 사실이다. 이를테면 서독의 학생운동은 프랑크푸르트학파와 갈등하며 이른바 '프랑크푸르트학파의 법조인'이자 나치 협력으로 공적 활동에서 물러나 있던 나치 헌법학자 카를 슈미트의 이름으로, 현존하는 자유민주주의 체제의 위선과 무능을 마음껏 비판하였다.[14] 심지어 마르

크스주의를 거론하지 않고서도 가능했다.[15]

1960년대 이후를 한마디로 '장기 60년대' 혹은 반대로 '장기 반-60년대'라고 특징짓고 그 연속성을 강조하는 이들이 대개 그 근거로 내세우는 것이 바로 1980년대 재건된 보수주의의 등장이다. "장기적으로 볼 때 1960년대의 영향은 1980년대 이후 뜻밖의 분야에서 명백하게 드러났다. 1960년대 개인주의적이고 반-국가적인 일부 구호가 재건된 보수주의의 레이더망에 걸린 것이다. 재건된 보수주의는 '국가는 국민을 그만 괴롭히고 내버려 두라'고 강조했다. 그것은 이후 좌파 정당들이 내세운 어떤 구호보다 1960년대적인 구호였다. 어떻게 보면 1968년 5월은 프랑스에서 그토록 오랜 세월 동안 쩌렁쩌렁 울리던, 혁명적 정치에 대한 급진파의 구호가 소멸되어 가는 첫 단계였다."[16]

구좌파나 중고 좌파와 구별되는 신좌파가 등장한 기점을 1960년대로 잡을 때, 좌파의 세대론이라고 부를 만한 문제가 중요해진다. 더 정확히 말해서, 언제 어디서 태어났는지, 마르크스의 텍스트를 직접 읽었는지 아니면 헤르베르트 마르쿠제Herbert Marcuse를 비롯한 프랑크푸르트 비판 이론가들이나 푸코, 데리다 등의 '포스트-마르크스주의'를 통해 마르크스주의에 접근했는지의 문제다. 크리츨리와 마찬가지로 리버풀 출신에 같은 해(1960년) 태어난 앤디 메리필드Andy Merrifield는 국내에도 소개된 『마술적 마르크스주의Magical Marxism』에서 비슷한 식으로 좌파 세대론을 언급한다.

내 세대의 마르크스주의자들, 대략 40대 마르크스주의자들에 관해 흥미로운 사실은 숫자가 매우 적다는 것이다. 오늘날 저명한 마르크스주의자들은 나이가 훨씬 더 많으며, 히피와 이피와 SDS[민주화를 위한 학생 연합] 출신으로서 1960년대에 청년기를 보낸 사람들이다. 나보다 한 세대 아래, 심지어 두 세대

믿음 없는 믿음의 정치

아래의 젊은이들, 좌파 경향의 학자들, 활동가들은 종종 마르크스주의에 당황해한다. 이들이 비판 이론에 관심을 가질 경우, 푸코, 데리다 등등 '포스트-마르크스주의' 사상가들에게 관심이 있을 것이다. 이들이 활동가일 경우 새로운 신좌파의 일부일 가능성이 크다. (…) '중고' 신좌파와 새로운 신좌파의 세대 차이는 조직 기반과 이데올로기적 토대가 보여 주는 것처럼 명백하다. 시애틀 전투[1999년 WTO 반대 시위] 이후의 새로운 학파와 마르크스주의의 결합은 매우 도전적인 것인데, 특히 신자유주의와 일상생활의 기업화에 맞서는 저항을 떠받치고 있다. 흥미롭게도 내 세대의 마르크스주의는 [68세대와 그 후속 세대를 아우르는] 두 가지 마르크스주의 이야기이다. 왜냐하면 우리는 두 진영에 모두 발을 걸칠 수 있을 만큼 늦지 않았으면서도 충분히 나이를 먹었기 때문이다. **우리는 스타벅스 매장 유리창에 벽돌을 던지고 싶은 욕망만큼이나 『자본』을 읽을 필요를 이해한다. 우리 40대는 냉정한 비판의 정치적 강점과 약간 미친 파괴적 행동을 모두 이해한다."**[17]

크리츨리가 이 책에서 1960년대를 소환하는 관점도 이와 다르지 않다. 크리츨리는 이 책 2장에서 〈보이지 않는 위원회〉의 봉기주의를 분석하면서 1960년대와 1960년대 세대가 물려준 실패의 유산을 어떻게든 이해하고 받아들이려 애썼다고 고백한다. 그리고 4장에서 폭력과 비폭력의 관계를 논할 때도 20세기 파시즘의 부흥을 막아 내는 데 실패한 마르크스주의의 유산과 기억 대신에, 반세계화 운동의 물꼬를 텄던 '시애틀 세대'[18]의 이론적 대변자로 함께 묶이는 지젝과의 논쟁을 축으로 벤야민과 레비나스의 (비)폭력 비판을 곁들인다. 1942년생, 즉 1960년대 세대인 에티엔 발리바르Étienne Balibar가 마르크스주의가 주창한 폭력 혁명과 그 실패의 유산에 대해 성찰하던 것과 비교해 봐도 세대 차이는 명백하다.[19]

지금껏 국내에 소개된 소위 (반)좌파 이론가들의 저서들을 각각 중심
축으로 삼아, 1960년대 저항 문화와 그 여파를 대하는 이론적·정치적
입장을 다소 도식적으로 정리해 볼 수도 있겠다. 그 가장 좌측에는, 비록
이 책에서는 언급되지 않지만, 알베르토 토스카노Alberto Toscano(1974년
생)가 있고, 가장 우측에는 이 책에서 슈미트의 짝패로 거론되는 존 그
레이(1948년생)가 있다. 전자가 자유주의로부터 비판의 포화를 받고 궁
지에 몰린 좌파적 광신(이라는 꼬리표가 붙은 유토피아적 열망)을 구제하
려 한다면, 후자는 좌우를 불문하고 온갖 계몽주의 기획 자체를 그리스
도교 종말론의 산물로 보고 직접 행동하는 대신 자기-성찰과 관조 따
위에 더 매진하라고 주문한다. 그레이에게는, 테리 이글턴이 '디치킨스'라
고 묶어 조롱하던 리처드 디킨스와 크리스토퍼 히친스류의 무신론 또한
과학에 대한 '맹신'과 다를 바 없다.[20] 한편, 지젝의 바틀비는 역설적이게
도 양극단을 때로는 아슬아슬하게 때로는 거침없이 오가고 있다. 국가권
력을 장악하는 좌파에 대해 이야기하면서도 동시에 그전에는 국가를 향
해 아무것도 요구하지 말라고 요청하는 좌파로서 말이다. 이 좌표에서
1960년생인 크리츨리는 독특한 지점에 자리해 있다. 크리츨리는 아나키
스트를 자처하지만, 개인의 자유를 더 높이 사는 종래의 아나키즘 대신
에 오히려 타인에 대한 책임을 훨씬 강조한다. 여기에 그치지 않고 그는
1960년내 저항 문화의 맥락에서 라울 마네갬이 긍정적으로 소환하고 노
먼 콘이 비판적으로 호출했던 중세의 여성 신비주의를 아나키즘의 맥락
에서 되살린다. 1978년 3월 1일 콜레주 드 프랑스 강의에서 푸코가 품행
상의 반란의 요소 가운데 하나로 '신비주의', 특히 여성 신비주의를 거론
했던 것과 비슷한 맥락에서 말이다.[21]

크리츨리의
전기적·지적 연대기

우리가 아는 여느 서구 유럽의 철학자와 달리 크리츨리는 부르주아 출신도 아니고 그렇다고 중간계급 출신의 철학 엘리트도 아니다. 이른바 '좌파 인텔리겐치아'라는 고전적 레테르가 자연스럽게 따라붙는 바디우와도 구별되고, 미국 하버드 대학을 시작으로 그리스를 거쳐 프랑스 남부의 어느 동굴에서 개최된 하이데거와의 세미나 참석에 이르기까지 이른바 '그랜드 투어'를 감행했던 '비운동권 정치 철학자' 아감벤과도 차이가 있다. 크리츨리는 리버풀 철강 노동자 계급 출신의 아웃사이더에서 세계적으로 저명한 철학자로 거듭나는 드라마틱한 인생 역정을 겪었다. 그의 특이할 만한 삶의 조건 및 체험[22]을, 그의 출생부터 현재까지 '철학자의 삶'에 부합할 만한 사건들을 중심으로 정리한 연대기를 통해 살펴보자.

1960년 리버풀의 철강 노동자이자 자칭 공산주의자인 아버지와 미용사인 어머니 사이에서 출생. 학창 시절 체벌에 대한 공포로부터 벗어나기 위해 축구를 시작. 문법 학교 진학 후 도서관에서 훔친 『바빌론과 아시리아의 일상생활Everyday Life in Babylon and Assyria』을 읽고 그리스 철학에 대한 열정을 품게 됨. 부모의 이혼 후 제도 교육에 대한 반항과 일탈을 감행. 여러 밴드의 라이브 공연을 전전하고 기타 연주를 시작함.

1976년 그의 표현에 따르면 "영국 하층민의 삶에 질식하던 이들에게 산소 탱크와도 같았던" 펑크록과 조우.

1978년 산업재해로 왼손(그는 왼손잡이다)에 부상을 입고 밴드 활동 중단. 수영 안전 요원으로 일하며 '펭귄 모던 클래식'을 읽기 시작.

1982~1985년 문학을 공부할 수 있는 좌파 대학을 찾다가 당시 급진적이던 에식스 대학 철학·문학부 입학. 에식스대 〈학생 공산주의자회〉와 '시인회' 활동. 프랑스로 건너가 현상학자 도미니크 자니코Dominique Janicaud, 앙드레 토젤André Tosel, 클레망 로세Clement Rosset로부터 사사.

1988~1989년 스물여덟 살에 박사 학위 취득. 노동당, 대처 수상, 토리당 집권기를 거치며 인문대학에 일자리가 부족해지고, 크리스토퍼 노리스Christopher Norris의 조언을 따라 카디프 대학에서 박사 후 과정 이수 후 스물아홉 살에 에식스 대학 철학부에 취직.

1991~1992년 데리다와 레비나스에 대한 박사 논문『해체의 윤리The Ethics of Deconstruction』(1992) 완성. 박사 논문이 완성될 무렵 데리다의 '캠브리지 스캔들(데리다의 명예 박사 학위 수여가 교수들의 반발로 무산된 사건)'로 '해체'라는 말이 신문 지상에 오르내렸고, 여기에 힘입어 레비나스의 관점에서 '해체의 윤리'를 주장한 크리츨리의 책이 베스트셀러가 됨.

1997~2005년 첫 저서의 성공 후 전혀 다른 방향에서 본격 니힐리즘을 주제로 다룬『아주 조금 … 거의 무에 가까운』(1997) 저술 시작, 라클라우-데리다-로티와의 논쟁을 담고 정신분석학을 처음으로 논한『윤리, 정치, 주체성Ethics-Politics-Subjectivity』(1999)을 독일 프랑크푸르트에서 서술.『아주 간략한 내륙철학 입문Continental Philosophy: A Very Short Introduction』(2001)이나『유머에 대하여On Humour』(2002), 시인 월리스 스티븐스 등을 다룬『그저 존재하는 사물들: 월리스 스티븐스의 시에 나타난 철학Things Merely Are: Philosophy in the Poetry of Wallace Stevens』(2005) 등의 좀 더 대중적인 철학 입문서를 연달아 출간.

2004년 영국의 대학이 중간 관리 계급에 의해 인수되기 시작. '미스터 대륙철학'으로 불리던 크리츨리는 대외 활동을 청산하고 2004년 뉴욕(뉴스쿨)으로 이주.

2007년~현재 최초 연구 주제인 윤리학으로 복귀. 즉 규범성(승인과 요구)에 대한 메타윤리학을 논하기 시작. 시애틀 시위 등의 반세계화 운동이 일어난 때를 즈음하여 에식스 대학교 철학과 학생들을 중심으로 라클라우식 '담론 비판'에 대한 회의가 거세졌고 그 대신 마르크스의 '정치경제학 비판'으로 돌아가려는 움직임이 일어남. 이 무렵 반세계화 운동에 대한 '철학적 증언'인 안토니오 네그리와 마이클 하트의 『제국Empire』이 출간됨. 1990년대 중후반 바디우 독해와 그 영향으로 논평이나 주석 대신 체계적이고 엄밀한 글쓰기를 시작. 그 결과물로 마르크스에서 시작해 아나키즘까지 아우르는 『무한히 요구하기』(2007)를 집필. 루소에 대한 논문 「시민의 교리문답」과 『죽은 철학자들의 서The Book of Dead Philosophers』(2008/9) 등 출판. 최근에는 정신분석학자인 아내 제이미슨 웹스터와 『환상에 머물러라!: 햄릿 독트린Stay Illusion!: The Hamlet Doctrine』을 공저하는 등 주로 의식적으로 협업을 통해 집필 활동 중.

간략하게 정리한 그의 연대기를 살펴보면 우리가 흔히 알던 서구의 현대 철학자들과 다른 면모들이 금방 눈에 띈다. 무엇보다 박사 논문 『해체의 윤리』(1992/ 1999/ 2014)를 제외하고 그가 쓴 대부분의 책이 대중을 위한 철학서에 가깝다는 점이 그렇다. 국내에 유일하게 소개된 그의 저서 『죽은 철학자들의 서』(2009)는 철학자의 삶을 중심축으로 철학사를 다시 쓴 책이다. 이 책이 철학서로는 드물게 17개의 언어로 번역되어 미국과 그리스 등지에서 그해 3월 베스트셀러로 선정되었다는 사실만으로도 크리츨리의 이례성이 충분히 가늠될 것이다.

그렇다면 한국에서 크리츨리는 어떤 철학자로 받아들여지고 있을까? 국내 언론에 유일하게 소개된 인터뷰를 읽어 보면, 크리츨리의 철학과 정치적 입장을 대하는 일정한 통념들을 확인할 수 있다.[23] 대표적으로 '슬라보예 지젝과 세기의 논쟁을 벌였던 철학자'라는 식이다. 특히 크리츨리의 아나키즘은 지젝이라는 마르크스-레닌주의자의 대당으로, 조직보다는 개인의 자유를 더 중시하는 것으로만 이야기되고 있다. 그러나 곧 논하겠지만 크리츨리의 아나키즘은 차라리 이 책 2장의 제목처럼 푸코의 대항품행(대항인도)을 참조한 '신비주의 아나키즘' 또는 레비나스의 윤리학이라는 체로 걸러진 타인에 대한 '무한 책임의 아나키즘'이라 칭할 수 있는 것까지 그 스펙트럼이 방대하다. 말하자면 미국의 대표적 아나키스트인 노암 촘스키Noam Chomsky가 인용했던 구절처럼 "마치 뒷면이 널찍해서 무엇이든 써 넣을 수 있는 종이와 같은"[24] 아나키즘 위에 크리츨리가 철학자로서 새로 덧댄 것들에 주목할 필요가 있다. 한국에서 크리츨리는 한편으로는 철학자의 사상과 그 체계만큼이나 그 삶에도 주목하는 대중 철학자로서, 다른 한편으로는 이미 실시간으로 번역이 이뤄지는 지젝의 프리즘을 통해 굴절되어 소개됐다. 아니, 거의 알려져 있지 않다고 말해야 맞겠다. 내가 이 책을 번역하기 전에 가지고 있던 통념도 여기에서 그리 멀지 않았다.

이 책의
발생과 얼개

이 책 『믿음 없는 믿음의 정치』는 크리츨리에 대한 기존 통념을 보란 듯이 배반한다. 한편으로 체계적 철학서라는 모양새를 띠면서도 다른 한편으로 당대의 이론적·정치적 논쟁에 과감하게 뛰어들었던 흔적이 남아 있다.

크리츨리가 서론에 밝혔다시피, 오스카 와일드와 키르케고르에 대한 우화가 이 책을 열고 닫는 기능을 하며, 나머지 네 장은 각기 루소의 시민종교, 중세의 신비주의 아나키즘과 1960년대 저항 문화의 유산, 하이데거/바울의 종말론으로의 회귀, 그리고 '비폭력적 폭력'의 문제를 다루고 있다. 이것들이 '정치-종교-폭력'이라는 삼각형 위에 다소 헐겁지만 유기적으로 배치되어 있다.

1장 시민의 교리문답은 크리츨리의 2007년작 『무한히 요구하기』에 부록으로 실린 「내밀한 슈미트주의: 부시 집권기 미국의 정치적인 것의 논리 Crypto-Schmittianism: the Logic of the Political in Bush's America」에서 이른바 '이기는 보수주의'와는 다른 식으로 "정당한 정치체에서 이데올로기적인 통합의 아교"로 기능하는 시민종교의 가능성을 잠깐 언급했던 대목에서 그 출처를 찾을 수 있다. 말하자면 현실정치에 개입했던 흔적이 두 저서를 고스란히 관통하고 있다. 이 점에 대해서는 다시 논할 것이다. 이 논의가 좀 더 발전되어 2007년 논문 형태로 먼저 발표된 뒤, 이듬해 같은 제목의 소책자가 독일에서 출간되었다.[25] 이 장 첫머리에 크리츨리가 밝힌 것처럼 루소의 『사회계약론』을, 부록처럼 딸린 시민종교에 대한 장에서부터 거꾸로 다시 읽기를 시도하고 있다. 이 동행에 '마오주의자'가 아니라 '루소주의자'의 윗옷을 걸친 바디우(와 알튀세르)가 길잡이로 참여하고 있다.

2장 신비주의 아나키즘은 잡지 『비판적 지평Critical Horizons』 특집호(2009)[26]에 처음 실렸다. 이 특집호에서는 바디우와 지젝 등이 논쟁자로 참여해 『무한히 요구하기』와 크리츨리의 '신아나키즘neo-anarchism', 헌신의 윤리학과 저항의 정치학을 비판적으로 다룬다. 그리고 크리츨리는 자신의 책에 대한 비판의 십자포화에 대한 응수로, 고전적 아나키즘과 구별되는 중세 여성 신비주의자를 아나키스트로 호출한다.

3장 믿음의 본질에 대하여는 당대의 지적 유행인 좌파 이론가들이 사도 바울의 종말론으로 회귀하는 현상에 대한 비판적 개입이다. 이 또한 뉴스쿨의 저명한 하이데거 연구자인 라이너 쉬르만Reiner Schuermann[27]의 글과 함께 하이데거의 『존재와 시간』에 대한 해설서에 실린 글(「본원적 비본래성: 하이데거의 『존재와 시간』Original Inauthencity: Heidegger's Being and Time」)을 바탕으로 하고 있다.[28]

마지막으로 4장 비폭력적 폭력은 앞서 지적했다시피 국가(폭력)관과 저항의 방식 등을 두고 지젝과 벌인 논쟁을 그 출발점으로 삼고서 벤야민의 논쟁적 에세이 「폭력 비판을 위하여」를 레비나스의 『전체성과 무한』에 포개어 다시 읽고 있다. 신적 폭력을 차용했던 지젝과 달리 비폭력을 논한 부분만을 따로 떼어 내어 말이다.

미국 체류 경험과
철학 경향의 변화

『믿음 없는 믿음의 정치』 말고도, 크리츨리가 대중적 경향에서 이탈하여 일관된 세계를 지향하거나 적어도 그런 모양새를 띠면서도 본격적으로 현실정치에 개입을 시도한 책이 2007년 출간된 『무한히 요구하기』이다. 이 책을 쓰기까지 크리츨리는 2004년 도미하여 뉴욕 뉴스쿨에 정착한 뒤, 강의를 준비하는 데 전보다 훨씬 더 많은 시간과 노력을 할애해야만 했다. 더구나 여러 인터뷰에서 확인되듯, 이 시기에 그는 뉴욕 월가와 같은 '현장'에서 겪은 것들을 자신의 정치철학에 접목하기 시작한다. 이 책이 출간된 직후 어느 인터뷰에서 (월가에 우연히 들렀다고 전해지는 지젝과 달리) 크리츨리는 매일 의식적으로 월가를 방문해 관찰했다면서 자신의 두 정치철학서와 관련해 다음과 같이 덧붙인다.

『무한히 요구하기』에서 그려 보려고 했던 저항의 밑그림이 월가 점거에서 벌어졌던 일을 기술하는 데 매우 유용하다고 생각합니다. (…) 『믿음 없는 믿음의 정치』에서 제시한 정식 가운데 하나가 정치란 대의 없는 연합이라는 것입니다. 그것은 투표나 대의체, 의회 형태, 의회 건물을 비롯한 여타의 것들이 불필요한, 함께하기(결속)의 형태입니다. 그렇게 정치는 그 본질상 직접민주주의의 형태인 것이지요. 점거 운동은 제 생각에 정말 믿기 힘든 식으로 그것을 벌여 놓았습니다.[29]

이렇게 보면 크리츨리의 철학이나 그가 펴낸 철학서의 성격은 영국 체류 시기(1992~2003)와 미국 체류 시기(2004~현재)로 확연히 갈리는 것 같다. 2001년에 펴낸 『아주 간략한 대륙철학 입문』에서 대표적으로 확인되듯 이전까지는 주로 "영미 분석철학과 유럽 대륙철학을 잇는 가교 역할을 충실히 해낸" '미스터 대륙철학자'로 인정받았다면, 영국 대학의 신자유주의 개혁에 염증을 느끼고 미국의 철학계에 입성한 뒤에 그의 관심사는 좀 더 현실정치와 연동하는 정치철학으로 옮겨 간다.

예를 들어 크리츨리는 앞서 잠깐 소개한 『무한히 요구하기』의 부록 중 하나인 「내밀한 슈미트주의: 부시 집권기 미국의 정치적인 것의 논리」에서, 2004년에 부시가 대통령으로 선출될 수 있었던 이유로 부시의 지지 세력이 정치적인 것의 본질을 그 누구보다도 잘 이해하고 있었다는 점을 지적한다. 부시 행정부를 구성하는 '네오콘'이라 불리던 이들이 슈미트의 저서들을 탐독했다는 후일담도 잊지 않는다. 그러니까 우리에게 잘 알려진 것처럼, 포스트 9·11이라 통칭되는 시대에 관타나모 수용소에서 가장 극단적으로 표출됐던, 안팎으로 가상의 적을 발명하고 조국의 안전을 수호하려는 예외가 일상이 된 상태를, 그들이 교묘하고도 영리하게 통치술로 활용했다는 것이다. 특히 크리츨리는 '자유 수호'라는 대의에 함축된 형이상학적이고 도덕적인, 그래서 비정치화를 촉진하는 정치적 판단에 주목하면서 미국의 '리버럴'을 자칭하는 이들이 오랫동안 미국 시민사회를 지탱해 온 믿음faith과 정치(그리고 도덕)의 관계를 (무)의식적으로 무시했다고 지적한다. 그리고 마지막으로 미국의 민주당원들의 행태와 습속을 꼬집는다. 그들이 너무도 점잖아서 정치적인 것의 혹독한 본질에 대해 아는 것이 전연 없다고 말이다. 존 롤스(『정의론A Theory of Justice』) 따위는 책장에 꽂아 두고 슈미트(『정치적인 것의 개념Der Begriff des Politischen』)와 그람시('헤게모니론')를 꺼내 읽으라고 크리츨리는 당부한다.

이 부록은 루소가 『사회계약론』에 추가한 시민종교 논의 못지않게 흥미롭다. 현실정치의 차원, 더 정확히 말해서 국내에 번역·소개된 미국 민주주의에 대한 책들에서 공통적으로 나타나는 경향인, 민주당으로 대표되는 이른바 진보주의자들을 향한 비판[30]과 집권을 위한 상당히 현실적이고 실천 가능하며 거침없는 조언이 여기서도 발견된다. 그것은 이 글 첫머리에 인용한 오바마의 연설에서 발견되는 어조와 매우 닮아 있다. 그리고 최근 동성혼 합헌에 이르는 과정에서 오바마가 찬성 입장을 표방하며 그 근거로 들었던 논리 또한 그리스도교의 황금률("네가 남에게 대접받고자 하는 대로 남을 대접하라")이었다는 사실을 떠올려 볼 수도 있겠다.[31] 그러니까 크리츨리가 '내밀한 슈미트주의'라는 레테르를 붙여 부시 행정부를 부정적으로 논했다면, 이번에는 집권에 성공한 오바마 행정부에 대해서, 그 정치적 메커니즘에 '오바마주의'라는 레테르를 붙이고 미국의 시민종교라는 전통에 기반을 두었다면서 상당히 긍정적으로 논하고 있는 셈이다.[32]

윤리 + 정치 = 아나키즘

크리츨리에게 현실정치에 대한 관심은 새로운 것이지만, 이른바 서구철학 '계'에 발을 들여놓기 시작하면서 품었던 최초의 관심은 변함없이 지속된다. 그 관심이란 바로 정치와 윤리의 관계이다. 이른바 프랑스의 '포스트모던 철학(포스트-구조주의)'이 자신의 출처로 여기던 하이데거의 나치 복무 경력이 문제시되어 1987~1988년에 대대적인 논쟁이 일어났고, 여기에서 촉발된 윤리에 대한 관심과 태도 변화를 두루 '윤리적 전회'라 통칭할 수 있다. 크리츨리에 국한해서 보자면, 1980년대 이후에 등장한 레비나스의 '타자 윤리학'과 데리다의 '죽음과 윤리와의 상관성'에 대한 일련의 논의를 그 지표로 삼는다. 물론 그것은 푸코가 '자기에의 배려'나 '주체의 해석학'을 이야기하던 시기를 지칭하기도 한다. 또한 크리츨리는 데리다의 '해체'가 자신의 철학 이력과 철학하는 방법을 바꾸는 데 결정적으로 영향을 끼쳤다는 것을 이미 곳곳에서 되풀이해 강조한 바 있다. 최근에는 『해체의 윤리』 3판 서문에서 이 책을 쓰게 된 동기가, 레비나스의 윤리학을 경유하여 "상대주의나 회의주의 혹은 니힐리즘의 형태로 윤리적 책임의 문제와는 아무런 관련이 없다고 여겼던"[33] 데리다의 해체에서 어떻게 윤리적 책임을 도출할 수 있을까 하는 고민이었다고 회고한다. 또한 그러한 작업이 가능하다고 해도 어찌 "해체의 구조적 비결정성에 바탕을 둔 윤리적 책임이 실제 정치적 결정에 접목될 수 있을지"를 탐구했고 그 과정에서 라클라우의 도움을 받았다는 고백을 덧붙인다. 이러한 고민의 연장선상에서 『해체의 윤리』 5장은 "해체는 어떤 의미에서는 정치적 판단과 결정을 계속 연기하거나 모면하려고 했던 것은 아닌가" 하는, 으레 제기됐던 비판을 본격적으로 재검토한다.

『무한히 요구하기』에서도 이런 해체적 윤리에서 유용한 정치적 판단의 가능성을 더듬으려는 몸짓이 반복된다. 물론 이때는 데리다와 레비나스의 텍스트 읽기에서 한걸음 물러나 윤리와 정치의 상관성을 자유민주주의의 현행 제도에 결여된 정치적 행동을 유발하는 동기부여의 차원으로 좀 더 세속화하고 내재화한다. 자유민주주의가 기능 부전의 상태에 빠져 있을 때, 곧 '정치적 실망'이 속절없이 거세질 때 손쉽게 등장하는 유혹이 하나 있다. 바로, 예전에 일정 부분 결속 의식을 느끼도록 만들었던 종교적 광신으로 후퇴하거나 세상의 진보와 변화 가능성 자체를 부정하는 냉소주의, 니체의 표현대로라면 '능동적이거나 수동적인 니힐리즘'을 받아들이는 것이다. 지금, 여기의 현실보다 더 실재적인 내전에 휩싸여 있는 곳(이슬람 근본주의와 기독교 근본주의)에 몸을 던지거나, 멀찍 감치 떨어져서 니체가 '유럽적 불교'라 조롱했던 안락의자에 앉아 래디컬한 이들이 품은 유토피아주의를 냉소하고 성악설 혹은 성약설('호모 라피엔스') 따위에 몰두하는 것 말이다. 크리츨리는 이러한 유혹에 빠지는 대신에 자유민주주의의 기능 부전 자체를, 아무런 정치적 동기를 부여하지 못하는 결핍 자체를 일단 받아들이자고 제안한다. 여기서 그가 말하는 윤리가 시작된다. 동기부여 차원에서 한없이 결핍되어 있지만, 이에 대한 반작용으로 기존의 제도 정치 바깥에서 다른 형태의 정치(적인 것)를 모색하는 동기 재부여의 장이 열린다는 뜻에서 그렇다. "책임에 대한 요구를 발동시키는 어떤 부당한 상황에 처했을 때 발생하는 윤리적 실천이 곧 정치라고"[34] 크리츨리는 단언한다.

이 입장은 국내에 널리 유입된 유럽 좌파 이론가들의 도덕이나 윤리, 더 정확히는 '정치의 윤리화' 혹은 '정치적 실천에서 결속의 요인으로서의 윤리'에 대한 '침묵이나 적대'에 견줘 보면 상당히 낯설면서도 고전적으로까지 느껴진다. 그들 가운데 2004년에 이 문제를 정면에서 다룬 자크 랑시에르의 에세이 한 편을 살펴보자. 랑시에르는 당대 "정치와 미학에서의 윤리적 전회"를 이전과 달리 "정치나 예술이 차츰 그 원칙들의 타당성과 정치적·미학적 실천들의 결과에 대한 도덕적 판단에 종속된다는 의미"가 아니라, 오히려 "강제적인 법의 권력 앞에서 가치 평가와 판단이 무력해진 상태이자 아울러 이 법에 의해 아무런 선택의 여지가 없고 다만 사물의 질서에서 생겨난 단순한 제약만을 허락받은 상태"라고 규정한다.[35] 기존의 도덕이나 윤리란 '사실(존재 방식)'과 여기에 따른 '당위(행동 원칙)'의 분리를 뜻했고, 그래서 다양한 도덕성과 권리 형태가 나뉘고 사실과 권리가 대립하는 그 방식들이 구분된다는 의미였다. 그런데 이런 구분이나 분리가 사실이 당위(가치판단)에 흡수되는 식으로 모호해졌고 이 현상을 곧 당대의 '윤리적 전회'라 부를 수 있다는 것이다. 여기, "폭력이 지배하는 곳에선 폭력만이 유용할 뿐"(브레히트)이고 '무한한 악과 [이를 절멸하려는] 무한한 정의'가 되풀이된다. "악의 축에 맞서 싸우려면 무한한 정의만이 적절할 뿐이다."(부시) 마치 다른 동물에 비해 너무 일찍 태어났기에 필연적으로 겪을 수밖에 없는 어린 시절의 트라우마가 치유 불가능한 것처럼 무한한 악이 절멸될 때까지 이 무한한 정의는 무법 지대에 존속된다.

바디우도 윤리에 대해 비슷한 입장이다. 바디우는 『윤리학: 악의 양심에 대한 에세이*L'éthique, essai sur la conscience du mal*』에서 레비나스의 윤리학을 비판하는데, 레비나스가 내전 등으로 고통받는 인간을 절대화하고 타자화하는 것처럼 보이지만 그 이면에는 인간의 동물화라는 메커니즘이 작동하고 있다는 것이다. 그러면서 그는 인간의 유한성 대신 불멸성을 역설한다. 이처럼 '비정치적 인간apolitical human'부터 '비인간inhuman'을 거쳐 최근의 '벌거벗은 인간'에 이르기까지, 주로 '(세계) 인권'과 민주주의의 차원에서 전개된 논의와 이에 대한 비판은 갖가지 형태로 계속 변주되고 있다. 이런 윤리적 전회는 결국 "악으로 고통을 받는 타자의 절대적 권리와 메시아적 기다림"(리오타르)처럼 모종의 종말론이나 파국론으로 치달을 수밖에 없다. "진보, 해방이나 타자와 같은, 곧 실현되어야 할 목적지를 향한 시간 대신에 우리 뒤에 있는 파국을 향한 시간이 들어선다."[36] 다시 말해 "윤리적 전회에서는 (…) 역사가 이제 더 이상 우리 앞에 놓인 것이 아니라 뒤에 있는 어떤 근본 사건에 따라 시간을 쪼개는 것으로 그 질서가 잡힌다."[37] 우리에게 남은 것은, 그 사건과 희생자들을 끊임없이 애도하고 그와 유사한 비극의 사례들을 세계 곳곳에서 목도하는 것 말고는 없다. "유대인 수용소의 일상과 현행 자유민주주의의 일상 사이에는 더 이상 아무런 차이가 없기"[38] 때문이다. 이런 비참과 예외상태가 세계화되고 보편화된다.

그런데 크리츨리의 '윤리적 전회'는 이런 종류의 비판에 비껴 서 있는 것 같다. 크리츨리는 철학한다는 것은 죽는 법을 아는 것이라며 철학을 죽음과 자살의 문제로 정의하거나, 바디우의 '진리에 대한 충실성'의 변주처럼 보이는 '헌신의 윤리학ethics of commitment'을 통해 '헌신'과 같은 고전적 가치에 주목한다. 그리고 이 책의 결론에 다다르면 '눈에는 눈, 이에는 이'를 뜻하는 '유대교적 보복의 공의' 대신, 키르케고르를 따라 "다른 사람과 관계를 맺을 때마다 하느님-관계로 만들이" 내는 비대칭적인 그리스도교의 사랑 개념을 더 강조하기까지 한다.

철학적 개념을 빌려 와, 이 문제를 좀 더 추상화해 보자.『무한히 요구하기』에서처럼『믿음 없는 믿음의 정치』에서도 어떤 철학자의 논의를 끌어오든 상관없이 그것은 매번 레비나스라는 고유명사를 통해 이뤄진다. 레비나스를 직접 인용한 대목은 4장에서 벤야민의 '폭력 비판'을 '비폭력 비판'의 문제로 치환시키는 딱 한 곳에 불과하지만, 암암리에 이 책

곳곳에서 레비나스의 흔적이 발견된다. 여기서 '어떤 레비나스인가'가 중요할 텐데, 크리츨리가 명시하고 있지는 않지만 추정은 가능하다. 그것은 「휴머니즘과 아나키Humanism and An-archy」(1968)[39], 「대신함Substitution」(1968)[40]을 썼던 1968년의 레비나스다. 이 논문들이 작성되기 몇 달 전, 레비나스가 몸담고 있던 파리 낭테르 대학에서는 베트남 반전 시위에 가담했다는 이유로 대학생들이 퇴학 조치를 당했고 이에 반대하여 일어난 학생 시위가 경찰의 폭력에 의해 진압당하고 있었다. 앞서 거론했던 1960년대 저항 문화가 바로 여기서 탄생한다. 레비나스와 68혁명이 연관된다는 사실 자체가 낯설게 느껴지지만, 레비나스는 라울 바네겜이나 기 드보르 등과 같은 상황주의자들이 공통적으로 품었던 이른바 '제도 좌파'에 대한 회의 속에서, '아나키'를 국가 폭력이 초래한 타인의 고통에 대한 책임이라는 의미로, 그러니까 "일반적으로 그 용어에 부여되는 정치적인(또는 반정치적인) 의미에 앞서 있는 것"[41]으로 숙고하기 시작한다. 레비나스의 후기 작업에서도 이 고민은 지속되고 심화된다. 이때 레비나스가 썼던 논문 가운데 하나인 「대신함」은 그의 후기 저서 『존재와 다르게 또는 본질의 저편』 4장에 재수록된다.[42] 이 논문은 이 책 4장에서 레비나스의 '더럽혀진 손의 윤리학'을 입증하는 전거가 된다.

　이렇게 아나키즘을 '타인의 자유에 책임이 있다'는 윤리의 차원에서, 더 포괄적으로 말해서 '사람들 사이의 윤리적 관계'로까지 발전시킨 후기 레비나스의 면모는, 1975년부터 1976년까지 소르본 대학에서 했던 강의들을 정리한 『신, 죽음 그리고 시간』[43]에서 그의 육성으로 직접 확인할 수 있다. 여기서 레비나스는 철학사의 관점에서 '최상 존재자'로 정의되곤 하던 신이 "자신의 모든 최상성을 통해 존재를 짓누르고 혼란케 했을" 때 가장 손해를 본 것이 누구냐는 물음에 '존재'라는 답을 내놓았던 하이데거와 정반대로, "그리스에서 유래한 철학의 배신을 당했던" '신'이라고 답한다. 더 나아가 "존재에 의해 오염되지 않은 신의 소리를 들으려"는 "사람들-사이에서의 윤리"에 주목한다.

레비나스는 어떻게든 결국 모종의 의미를 추구하는 (현상학적) 지향성 개념과 근본적으로 다른 윤리에 대해 이렇게 적고 있다.

> 신 관념에 대해 존재-신-론이 아닌 방식으로 접근하는 일은 지향성의 구조로 편입되지 않는 사람-사이의 관계들을 분석함으로써 이뤄진다. 지향성은 언제나 내용을 가지며 그 사유는 언제나 자신의 척도에 따른다. 반면에 사람-사이의 관계는 욕망, 탐구, 물음, 희망처럼 자신의 한계를 넘어서는 사유들이다. 즉 자신이 사유하는 것 이상을 사유하는, 사유가 포함할 수 있는 것 이상을 사유하는 사유들이다. 이러한 것이 다른 인간들에 대한 윤리적 책임이다. 윤리는 지향성과, 또 자유와 뚜렷한 대조를 이룬다. 책임지는 것, 그것은 모든 결단에 앞서 책임지는 것이다.[44]

곧이어 레비나스는 이 윤리적 책임이 곧 '아나키anarchy'(라 쓰고 무-아르케로 읽어야만 하는 것)에 다름 아니라고 말한다. 우리가 통상 알던, 국가와 같은 조직을 극도로 혐오하거나 적어도 멀리하고 그보다는 개인화와 개인의 자유를 더 높이 사는 아나키(즘)와는 한참 다른 아나키를 이야기한다. 그것은 '타자를 위한 일자'라는 관계에서 '위한'에 놓여 있는 아나키이다. 내가 타인을 '위해' 생각하고 행동하면서 자율적으로나마 그 의미나 의의를 찾을 수 있다기보다 나의 자발성 자체를 무너뜨리는 타인에 대한 책임의 과잉에 사로잡혀 있다. 나의 기원이 되는 아르케에 앞서서 타인이 늘 나를 지배하고 있는 것이다. 이 상태를 레비나스는 '박해'라 부른다.

'나'의 아르케를 비판하는 가운데 탄생한 '무-아르케적 주체성'은 크리츨리의 전작 『무한히 요구하기』에 도입되어 이른바 윤리적 아나키즘을 주장하는 근거로 활용된다. 흔히 데카르트적 코기토로 상징되는 근대 철학의 주체로부터 그 아르케적 특질인 자율성과 주권성을 타인을 책임지는 관계를 통해 박탈한다는 뜻이다. 자유로운 개인과 그 개인들끼리의 협력('자유와 협동')으로 요약될 수 있는 기존의 아나키즘 대신에 저 자유의 토대를 허무는(무-아르케적), 타인과 맺는 윤리적 관계가 들어서는 것이다.

그런데 이 윤리적 아나키즘은 '통치받지 않겠다'는 선언에서 정점을 이루는 기존 아나키즘의 급진 정치적 성격을 그대로 계승할 수 있을까? 한마디로 이런 아나키즘만으로 저항의 정치가 온전히 지탱될까? 너무 과도하거나 반대로 너무 허약해서 어떤 행동도 불가능하지는 않을까? 레비나스의 윤리학에 대한 (국내의) 일반적인 통념에서 자주 제기되던 의문이기도 하다. 이를테면, 크리츨리처럼 월가 점거 운동의 현장에 참여·관찰하여 일종의 르포르타주를 썼고, 이미 그전에 그것의 이론서 격인 민주주의에 관한 책을 펴내기도 했던 철학자 고병권[45]은 레비나스 윤리학과 관련해 겪은 체험을 간접적으로 들려준다. 이른바 '현장 인문학'에서 많은 호응을 받는 서양 철학자들은 하이데거나 레비나스가 아니라 니체나 스피노자라며, 그런 경향에는 기존 삶을 제약하는 타율적인 요인들과 수동적인 상태에서 벗어나 어떻게든 자율성과 능동성을 얻으려는 삶의 태도가 반영되어 있는 것 같다고 말한다.[46] 이처럼 자율성이나 능동성 없이 타율성이나 수동성만으로도 정치적 행동이 가능할까? 아무리 그것이 발본적이거나 급진이라고 하더라도 말이다.

비슷한 맥락에서 영국 철학자 니나 파워Nina Power는 크리츨리의 '신아나키즘'을 통째로 다뤘던 저널에서 그의 철학적 아나키즘과 여기에 근거한 급진적 책임 개념에 의문을 표한다. "아나키즘이라는 용어의 (원래나 규칙이 없는) 철학적 활용과 그것의 (지배자 없는) 정치적 활용 사이에 미끄러짐이 있는 것 같고"[47] 더불어 자아를 타인에게 사로잡힌 '볼모'라고까지 말하는 레비나스의 급진적 수동성 개념과 책임 개념이 "타인에게 느끼는 뭐라 이름 붙일 수 없고 견딜 수 없는 의무의 무게 탓에 (…) 주체에게 완전한 무기력 상태를 초래한다"[48]고 그 한계를 짚기도 한다.[49] 결론적으로 크리츨리가 아나키즘의 '반철학적 역사'와 그것이 인간 본성론을 향해 품고 있는 지대한 관심을 무시하고 아나키즘을 제한적으로 이해하고 있다는 것이다.[50]

이런 비판들에 대해 크리츨리는 어찌 답할까? 전작에서 크리츨리가 정식화한 '헌신의 윤리학'과 '저항의 정치' 사이의 밀접한 관계를 두고 제기된 비판들이 이 책에서도 여전히 유효할까? 분명 이 비판에 응수하고 전작의 논의를 보완하거나 확장시키려는 의도가 발견되는 대목이 꽤 있다. 동기부여와 시민결속의 매개로 루소의 시민종교론을 재검토하고 (1장) 아나키즘의 여성적 원천을 중세의 여성 신비주의자들에게서 회복하려 할 때(2장), 그리고 하이데거가 논한 양심의 목소리에 바울의 종말론 논의를 더하여 저 행동할 수 없는 무기력 자체를 현존재의 실존을 이중적으로 규정하고 있는 근거로 긍정하고 있는 대목(3장)에서 그렇다.

마지막 대목을 좀 더 자세히 살펴보자. 3장 후반부에서 크리츨리는 청년 하이데거의 바울 서간 강의(『종교적 삶의 현상학』)를 참조하여 아감벤의 바울 독해가 벤야민과 타우베스의 메시아주의보다는 오히려 하이데거의 바울 독해에 더 영향을 받았다고 지적한다. 여기서 하이데거가 레비나스가 해석한 하이데거에 가깝기 때문에 가능한 이야기다. 이 책 3장에도 등장하지만 하이데거와 레비나스 모두에게 중요한 '자족성' 개념을 살펴보면, 그 의미가 명확해진다. 하이데거에게서 이 개념은 현존재를 전체로서 파악하고 자기의 실존을 한순간이라도 한손에 장악하려는 자기-충족, 자기-정복 또는 자기-지속성(자립성)이라 불리는 실존적 영웅 형상으로 알려져 있는 데 반해, 레비나스는 이 자족성, 즉 아우타르키auto-arche를 타인과 매번 관계를 맺는데도 불구하고 타인에 맞서 자기 자신을 고집하고 나의 자족성을 보장받고자 하는 [존재론적] 자유라고 말한다. 그리고 이 오토-아르케의 맞은편에 나의 자유 대신 타인의 자유에 책임을 지고자 하는 안-아르케an-arkhe를 이정표처럼 세워 놓는다.[51]

(아르케 없는) '아나키'와 연동하는 '자족성'(나-아르케)은 3장 전반부에 논의된 '바울의 비존재론', 즉 존재하는 것을 마치 존재하지 않는 것처럼 보고 존재하는 것에서 존재하지 않는 것을 보라는 이중 명령을 낳는다. 크리츨리가 벤야민-타우베스-아감벤의 계보 대신 하이데거-아감벤의 계보를 주장했던 대목이다. '여러분의 몸은 여러분 것이 아닙니다'는 말은 신과 타인들 앞에 놓인 나의 수동성과 무력함을 가리킨다. 그러니까 ('예수가 메시아다' 대신에) '예수=메시아'라고 선포되자마자 파루시아, 즉 예수의 재림을 비통에 차서 기다리는 바울(을 따르는 공동체 구성원)의 신 앞의 노예와 같은 처지는, 『존재와 시간』에서 미래의 죽음과 유한성을 자기화하고 세상 사람의 호기심 등과 같은 비본래성으로부터 벗어나고자 결단을 내리는 현존재의 자족성(우리에게 익히 알려진 하이데거의 영웅적 모습이나)과 다르다. 오히려 본래싱이 그저 비본래싱을 새로운 메시아석 측면에서 바라보는 것에 불과함을 깨닫고 만 현존재의 불능한 상태와 포개진다. 이로써 비유대인 하이데거가 잠시나마 유대인으로 탈바꿈하는 장면이 펼쳐진다. (하이데거의 몸 안에 어떻게 그런 유대인의 '가시'가 발견되는지는 크리츨리가 『존재와 시간』 2부의 '양심의 목소리'에 관한 대목을 꼼꼼히 읽고 있는 이 책 3장에서 확인할 수 있다.)

마지막으로 '아나키an-archy'(와 그 부정의 대상인 '아르케arche')라는 어휘 자체의 어원적 계보를 잠깐 돌아보는 것이 유용할 듯 싶다. 이 책의 2장 신비주의 아나키즘에서 무정부주의 대신 아나키즘으로 번역해야만 했던 이유를 해명하기 위해서다. 무정부(주의)로는 아우를 수 없는 이 개념 운동의 궤적에 저자가 특별히 여성 신비주의자를 강조한 맥락이 맞닿아 있다. 여성 아나키(스트)의 탄생 말이다. 보통 아나키즘의 역사를 서술하는 책에서는, 아나키스트들이 바쿠닌에 힘입어 인터내셔널에 합류했다가 1872년 헤이그에서 열린 제1인터내셔널 회의에서 마르크스 등에 의해 축출당한 쇠퇴기부터 시작하곤 한다. 여기서는 그 대신 그리스 고전기, 특히 그리스 서사시와 비극 그리고 아리스토텔레스에게서 그 용례를 찾아 보자.[52]

아리스토텔레스는 『자연학Physics』에서 "과학적 앎(에피스테메)은 아르케(현상을 지배하는 원리)를 제대로 다뤄야만 얻을 수 있다"고 적었다. 이런 맥락에서 아르케는 그리스어로 '시작'과 '정치적 권위'를 동시에 의미했다. 예를 들어 아리스토텔레스는 『형이상학Metaphysics』에서 아르케를 운동의 시작 등으로 보면서도 다른 한편으로는 지배를 뜻한다고도 했다. 이것이 『정치학Politics』에 이르면 주인과 노예의 비대칭적 관계를 설명하는 데 쓰인다. 주인은 노예의 주인일 뿐이고 노예에게 속하지 않지만 이와 반대로 노예는 주인의 노예라는 데 그치지 않고 그의 소유로 속해 있다. 그렇기에 노예는 타고날 때부터 수인의 지배를 받고 이 지배 아르케의 우위라는 논리는 계속해서 남편과 아내, 아버지와 자녀의 관계까지 널리 적용된다.

이런 아르케를 부정하는 아나르코스anarchos(무-아르케)는 그전까지는 전형적으로 지도자가 없는 상태를 기술하거나 아테네를 인도할 집정관(아르콘Archon)이 부재한 시기를 가리킬 때 사용되곤 했다. 그러다가 아이킬로스와 소포클레스의 『안티고네』에 이르게 되면 여성의 발화 한복판에 아나키가 불쑥 등장하게 된다. '시작 없고', '원리 없는' 아나키의 의미에 충실한 여성 아나키스트 안티고네가 탄생하게 되는 것이다. 피아 구분과 적대 기반의 가부장 정치의 대표자인 크레온에 맞설 뿐 아니라 그녀의 이름(반anti+탄생gone)대로 아버지 오이디푸스로부터 시작된 저주받은 혈통의 끈을 잘라 내려 한다.

이런 여성적 아나키가 19세기의 문턱에서 혁명적 실천의 사상으로 승격하려는 찰나, '아나키즘'은 다니엘 게랭Daniel Guérin 의 지적처럼 아나키스트조차 사용하기 꺼려했던(그래서 스스로를 연방주의자나 상호부조론자로 달리 소개하곤 했던) 말도 많고 탈도 많았던 단어였다. 이를테면 프루동과 그의 제자 바쿠닌에게는 아나키즘이 "가장 거대한 사회적 혼돈이자 가장 완벽한 혼란임과 동시에, 이 거대한 혁명적 변화 이후 자유와 연대에 기반한 안정되고 합리적인 새로운 질서를 건설하는 것을 의미하기도 했다."[53] 더 나아가 아나키즘은 평상시에는 사회주의와 동의어였다가도 실제로 혁명적 실천을 감행할 때면 아나키스트들은 종종 국가에 대한 혐오에 사로잡힌 테러리스트 집단으로 오해받거나 조롱당했다. 국내에 아나키즘이 유행하는 데 적잖은 영향을 끼쳤던 하승우는 아나키즘을 소개하는 짤막한 책에서 아나키즘이라는 말이 무정부주의로 잘못 옮겨져 숱한 편견을 낳았다고 지적한다. 그런 의미에서 독자들은 적어도 이 책을 읽는 순간만큼은, 홉스식 무질서를 비롯해, 아나키즘이 연상시키는 갖가지 이미지와 통념을 잠시 괄호로 묶은 뒤 아나키에서 '무-아르케an-arche', 즉 '아르케 없는' 상태를 먼저 떠올려 보는 것이 좋겠다.

남은
이야기들

　원래 쓰려던 해제와 상당히 다른 모양새가 되고 말았다. 그간 한국에서 소홀하게 취급받았던 윤리와 정치의 관계('정치 없는 윤리가 공허하다면 윤리 없는 정치는 맹목이다')가 아나키즘의 맥락에서 어떻게 자리할 수 있는지를 보여 주는 데 공을 들였다. 독자들이 어떻게 받아들일지 모르겠다. 이 과정에서 빠진 내용들이 여럿 있다.

　우선 아나키즘에서 곧장 이어지는 '국가의 지배 없는 시민 결속의 매개'로서 루소(주의)로의 회귀라는 문제다. 다시 말해 홉스식의 만인에 의한 만인의 전쟁 상태와 이를 종식하는 외부적 계기로서 국가를 강조하는 대신에, 순전히 인민의 일반의지라는 내적 통일성과 정당성에서만 근대 정치의 근거를 찾는 내재주의로 회귀하는 것이 당대에 어떠한 의의가 있을 것인가 하는 문제다. 이는 현대 정치철학에서 마르크스의 정치경제학으로부터 스피노자의 이데올로기론으로 초점이 이동한 경우와 대비시켜 볼 때 그 의미가 좀 더 분명해진다. 이를테면 이런 흐름의 좌장 격인 정치철학자 에티엔 발리바르는 루소(주의)가 (인민을 인민으로 만드는) '근대 정치의 자율성'을 내표한다면서 그 의의를 이렇게 평가한다. "'주권'과 '통치'를 분리시키고 '통치자들'과 '피통치자들'을 최초로 전위시키면서 정치적인 것의 자율성이라는 관점이 고전주의 시기 이후까지 살아남게 해준 것은 바로 그[루소]다."[54] 그러면서 발리바르는 루소(주의)에는 정치(적인 것)의 타율성에 대한 고려가 전혀 없다며 그 명확한 한계도 지적한다. 그 한계 때문에 경제적인 차원에서 정치의 타율성 문제('인민 중의 인민으로서 프롤레타리아의 구성')를 다루는 마르크스의 정치경제학으로 이동할 수밖에 없었고, 또 다른 정치의 타율성 유형인 스피노자의 이데올로기 비판('대중에 대한 공포와 대중의 자기 공포'라는 대중의 양가적 정념론)을 참조할 수밖에 없었다는 것이다. "이러한 관점에서 볼 때 정치는 조건들을 가질 수 있으며 '정념들'과 '이해관계들'로 이루어진 복합적인 사회적 소재와 관계할 수 있지만, 그것은 최종 분석에서 인민과 인민을 구성하는 개인들의 활동 또는 '구성적' 권력으로서의 자기 자신 위에 합리적으로 기초한다. 따라서 우리는 일종의 '악순환'에 빠지게 된다. 곧 정치는 자신이 그 조건들을 창출해 내는 개념들과 결단들의 자율성을 전제하는 것이다."[55]

그렇다면 이 책에서 보이는 루소주의로의 회귀는 어떻게 봐야 할까? 크리츨리는 루소주의로 뒷걸음치는 것일까? 더 정확히 말해, 마르크스의 정치경제학과 국가관으로부터 물러나는 것일까? 앞에서 언급한 것처럼 1960년대생 좌파에게 공통적으로 나타나는 양가성, 마르크스의 『자본』을 읽는 동시에 스타벅스 매장의 유리창에 벽돌을 던지고 싶은 양가성을 염두에 두면 그렇게 보이기도 한다. 그런 의미에서, 벌써 낡은 용어가 됐지만 크리츨리에게는 이른바 '포스트-마르크스주의'라는 명칭이 어울리는 듯하다. 크리츨리는 실용주의와 분석철학이 지배적이던 미국 철학계에 정치철학을 유행시킨 존 롤스의 정의론이 상징하는 정치의 자율성의 복원, 즉 마르크스주의의 유물론적 토대 분석을 거치지 않는 '관념론/이상주의idealism'를 복원시키고 있는 것 같기도 하다.

하지만 내가 보기에는 아즈마 히로키Azuma Hiroki와 비교할 때, 크리츨리에게 루소주의로의 회귀가 갖는 의미가 좀 더 분명해진다. 아즈마는 현대사회의 일반의지는 헌정의 구성적 권력이라는 자율성이 아니라 (의식에 대한 무의식이라는 의미에서) 데이터의 축적이라는 타율성에 구현되어 있다고 본다. 한마디로 "현대의 일반의지란 데이터베이스를 의미한다"[56]는 것이다. 물론 이때의 '소외로부터의 양도'는 인민(의 일반의지)이 아니라 매일매일 인터넷에 접속하여 시시각각 남긴 데이터 기록의 차원에서 이뤄진다. 한때 트위터가 진보 정치의 플랫폼으로 주목받던 것처럼, 이렇게 자발적으로 프라이버시를 데이터가 기록되는 인터넷 환경에 양도함으로써 설령 본인은 기억하지 못해도 그 기록이 남아서 현재의 정치적 판단 등에 영향을 끼치는, 수동성과 타율성의 일반의지가 구성된다는 것이다. 그것은 마치 루소가 순전히 내재적인 일반의지의 정당성을 논하다가 돌연 공동체의 바깥에서 한 공동체에 권위를 가지는 법을 제정하는 이방인이나 외국인의 존재를 상정하는 순간과 포개진다. 이번에는 구체적 인격이 아니라 "행위와 욕망의 집적, 사람들의 집합적 무의식=일반의지가 새겨진 정보환경"[57] 자체가 그런 외재성에 자리하고, 각 인터넷 유저는 서로 수동적으로 그런 외재성의 권위를 그것이 허구인데도 믿고 거기에 따라 판단한다.

나는 이것이 1960년대의 저항 문화의 서브 컬처화라는 주목할 만한 경향의 단면을 보여 준다고 생각한다. 아니나 다를까. 이런 추정에 설득력을 더하는 부분이 있다. 아나코-공산주의의 중요한 사례로 이 책에서 중요하게 다뤄진 〈보이지 않는 위원회〉의 익명의 저자/활동가들이 최근 했던 인터뷰가 바로 그것이다.[58] 메일을 통해 진행된 인터뷰에서 그들은 각 질문에 대해 토마스 뮌처부터 프란츠 카프카까지, 숱한 저자들의 인용문만으로 현대 자본주의를 비판하는 것으로 그 답을 대신하고 있다. 물론 이것을 그들의 투쟁 전략인 익명성과 비가시성의 표현으로 볼 수도 있겠다. 하지만 아즈마의 개념을 빌리자면 이것은 '데이터베이스화된 봉기주의'가 다시 고개를 들이미는 것처럼 보인다. 즉 저항 문화나 봉기주의(시쳇말로 '리셋'의 욕망)는 1960년대에 그 정점에 달했다가 폭력 혁명의 문제 때문에 급속히 쇠퇴기에 접어들었거나 신자유주의의 급진성 안

믿음 없는 믿음의 정치

으로 그 열정과 열기가 회수되었으나, 이제는 거대 서사 대신 데이터베이스라는 기록과 정보 축적, 재생의 형태로 최근 다시 부흥하고 있다는 것이다. 일본에서 적군파로 대표되는 봉기주의가 경제 호황에서 비롯된 서브 컬처 산업으로 흡수됐다가 서브 컬처에 기반을 둔 테러의 형태(옴 진리교 테러 사건)로 귀환했다는 분석이 한때 유행했듯이, 뒤늦게 서구 유럽에서는 이런 경향이 나타나는 것 같다.

이 책을 번역하고 해제를 쓰면서 세월호 사건을 떠올릴 수밖에 없었다. 실시간으로 지켜보며 국가의 무능을 절감했고 세월호 유가족들이 겪었던 모멸과 수난을 목격하며 극도의 죄책감과 무력감 사이를 어지럽게 오가기도 했다. 그런 감정의 곡예 속에서, 타인의 무한한 요구에 휘말릴 때 찾아오는 무력감(내 힘을 초과하는 것이기에), 그리고 그 와중에도 방향을 잡기 위한 고군분투의 '노동'(아직 존재하지 않는 것의 측면에서 존재하는 것을 보고 존재하는 것에서 아직 존재하지 않는 것을 보는)이라는 불가능한 가능성 사이를 어지럽게 오갔다. 크리츨리의 말대로 그것은 '믿음'과 '헌신', '충실성'의 문제일까? 아직 확신할 수 없다. 다만 이것만은 밝혀 둔다. 이 책을 번역하고 긴 해제를 준비하면서 사이먼 크리츨리라는 철학자에 대해 알게 모르게 품고 있던 통념들에서 거리를 두고 좀더 객관화할 수 있었다. 그의 사상을 한마디로 딱 잘라 말하기에는 그기반이 폭넓다. 더구나 여느 좌파 철학자들과 달리 정치가 종교 및 윤리와 맺는 관계에 주목하는 그를 접하고서, 으레 '과잉'이라는 꼬리표가 따라 붙던 윤리와 우파의 전유물로 여겨지거나 심지어는 정치의 방해물로 여겨지곤 하던 종교가 정치에 끼치는 지대한 영향에 대해 다시 생각해 보는 기회가 됐다. 독자들도 이 책을 읽고 비슷한 경험을 한다면 이 책의 번역자로서 더 바랄 것이 없겠다. 특히 해를 더할수록 한국 사회에 탈정치와 반정치의 경향이 더 짙어가는 지금 이 책에서 정치의 가능성을 재고하는 실마리를 찾고자 하는 독자들이 혹시라도 있다면 아마 이 지점에 주목해야 할 것이다.

이 책 번역을 시작한 순간부터 끝마칠 때까지, 알게 모르게 많은 이들로부터 때로는 직접적으로 때로는 우회적으로 도움을 받았다. 가장 먼저 이 책의 번역을 맡도록 주선해 준 김항 선생께 다시 한 번 감사드린다. 기다렸다는 듯 번역과 관련해 메일을 보낼 때마다 친절하게 바로 답해 준 저자에게도 감사의 말을 전한다. 일면식은 없지만, 이 책에 인용되거나 언급된 참고 문헌의 국내 번역본 역자들에게도 감사의 말을 전한다. 특히 철학자 박찬국의 『하이데거의 존재와 시간 강독』이 없었다면 3장의 하이데거에 관한 절을 저자의 논점에 부합하도록 번역할 수 없었을 것이다. 국내의 아주 드문 루소 연구 성과물에도 적잖은 빚을 졌다. 루소와 스피노자의 시민종교에 대한 정치학자 공진성의 논문 「루소, 스피노자, 그리고 시민종교의 문제」를 통해, 하마터면 그냥 지나쳤을 오역을 바로잡을 수 있었다. 끝으로 이 책에 꽤 긴 추천사를 흔쾌히 써 준 (크리츨리의 또 다른 책의 도래할 번역자이자 문학평론가인) 신형철 선생께도 감사의 말을 전한다. 이외에도 숱한 익명의 빚짐에도 이 번역서에 있을지 모를 오역과 오류는 오롯이 역자가 떠안아야 하는 몫이자 무한 책임이라는 점은 변함없다.

2015년 가을 초입
광주에서 옮긴이

서론

1. Oscar Wilde, *De Profundis and Other Writings* (Penguin, London, 1954), p. 153. (이후 DP로 표시)/ 오스카 와일드, 『심연으로부터』, 박영숙 옮김, 문학동네, 2015, 139쪽.
2. DP 155./ 『심연으로부터』, 143쪽.
3. DP 154./ 『심연으로부터』, 142쪽.
4. DP 154./ 『심연으로부터』, 142쪽.
5. Charles Taylor, *A Secular Age* (Harvard University Press, Cambridge MA and London, 2007), 6쪽과 그 밖의 여러 곳을 보라.
6. DP 154./ 『심연으로부터』, 142~143쪽.
7. DP 52./ 오스카 와일드, 「사회주의에서 인간의 영혼」, 『일탈의 미학』, 최경도·원유경 옮김, 한길사, 2008, 258쪽.
8. DP 161./ 『심연으로부터』, 154쪽.
9. DP 171./ 『심연으로부터』, 170쪽.
10. DP 154./ 『심연으로부터』, 141쪽. [저자가 참조하고 있는 판본은 1954년 펭귄출판사 본으로, 1962년 출간된 완전본과는 차이를 보인다. 대표적인 것이 바로 이 부분이다. 1962년 판본에는 본문과는 달리 '사랑love' 대신 '용서forgiving'라고 쓰여 있다.]
11. DP 179./ 『심연으로부터』, 182쪽.
12. DP 178./ 『심연으로부터』, 182쪽.
13. DP 179./ 『심연으로부터』, 183쪽.
14. DP 179./ 『심연으로부터』, 184쪽.
15. DP 19./ 『일탈의 미학』, 211쪽.
16. DP 20./ 『일탈의 미학』, 213쪽.
17. Simon Critchley, *Infinitely Demanding* (Verso, London and New York, 2007), PP. 38~68. [크리츨리의 '분인주의'는 다음 대목에 압축적으로 표현되어 있다. "타인의 요구를 늘 타율적으로 겪음으로써 내 자율성에 대한 주권을 빼앗긴다. 윤리적 주체란 분인된 것a dividual이다."(11쪽); "무한히 요구하는 윤리는 우리를 우리 자신으로부터 유머를 담아 인력으로 '분인시킨다dividuate.' 인간 존재가 그 중심이 되는 자기 자신으로부터 얼마나 벗어나 있는지를(탈중심성eccentricity)을 보여 줌으로써 말이다."(89쪽); 저자가 직접 인용하고 있지는 않지만 저 '탈중심성'이라는 개념은 독일의 철학자 헬무트 플레스너Helmuth Plessner가 막스 셸러Max Scheler와 더불어 발전시킨 '철학적 인간학 Philosophische Anthropologie'의 핵심 개념 가운데 하나이기도 하다. 인간이 주변 환경에 어떻게 관계를 맺고 상호작용하는지를 설명하는 개념으로, 바로 이 순간의 중심이 되는

육체의 내적 충동만을 따르며 살아가는 동물과 달리, 인간은 저 육체의 충동이라는 중심으로부터 거리를 두고 그 곁에서 자기 자신과 관계를 맺을 수 있다는 의미다. 인간만의 종적으로 특수한 위치를 '탈중심적 위치성exzentrische Positionalitaet'이라 일컫는다. 그 밖에도 저자의 '윤리적 분인주의'와 구별되는 또 다른 용례를 얼마 전 동시 출간된 일본 소설가 히라노 게이치로의 SF 소설 『던』(이영미 옮김, 문학동네, 2015)과 철학 에세이 『나란 무엇인가』(이영미 옮김, 21세기북스, 2015)에서 확인할 수 있다. 게이치로는 서구에서 유입된 '나눌 수 없다'는 의미의 개인in-dividual과 여기에 기반한 '진정한 나'라는 신화를 깨부수기 위해 어떤 타인과 만나서 관계하느냐에 따라 시시각각 달라지는 수많은 나의 네트워크로서의 '나눌 수 있는 나', 즉 분인dividual이라는 사회적 단위를 도입한다. 두 저자 모두 타인과의 관계에 빗대어 나를 규정한다는 점에서는 의견이 일치한다고 볼 수 있겠다.]

18. 이 책에서 다루겠다고 말했지만 그렇지 못했다고 밝혀 둔다. 종교적인 것과 세속적인 것의 구별과 그런 구별이 어디서 일어나며 또 그런 구별이 대체 가능할지에 대한 관심이 다시 거세게 일었다. 이 논쟁의 광범위한 철학적·역사적·사회학적·정치적·신학적 차원들과 지분들에 대한 안내로는 "The Religious-Secular Divide: the US Case", *Social Research*, Vol. 76, No. 4 (Winter 2009)의 글 모음에서 요약된 형태로 볼 수 있다. 이 논쟁들이 위에 넌지시 내비친 찰스 테일러의 『세속 시대*A Secular Age*』에 집중해 왔음은 명백하다. 세속주의, 종교와 공공영역 문제를 둘러싸고 진행 중인 논쟁으로 *The Immanent Frame*을 추천한다.(blogs.ssrc.org.에서 구할 수 있다.) 이 점에서 또한 흥미진진하게도 종교사회학 연구가 번성하고 있다. 특히 여기서 내 옛 동료인 호세 카사노바Jose Casanova의 작업이 영향력 있다. *Public Religions in the Modern World*(University of Chicago, Chicago, 1994)를 보라. 이 책을 쓰는 동안, 특히 초창기에는 다루고자 마음먹었던 적도 있지만, 칼 뢰비트의 세속화 해석에 대한 한스 블루멘베르크의 종합적 비판에서 근대성의 정당성이나 비정당성을 둘러싸고 자주 반복되는 논쟁들에는 직접 관여하지 않을 생각이다. H. Blumenberg, *The Legitimacy of the Modern Age*, trans. R. Wallace (MIT Press, Cambridge MA, 1983)과 K. Löwith, *Meaning in History* (University of Chicago Press, Chicago, 1949)[칼 뢰비트, 『역사의 의미』(이한우 옮김, 문예출판사, 1990)]를 보라. 아직도 충분히 명료치 않다면 다음 사실을 분명히 해 두겠다. 정치신학에 대한 내 관심은 근대가 그 선조격인 고대 그리스, 그리스도교, 또는 중세적 세계관의 희미한 반향이라는 그 주된 이유에서 슈미트, 하이데거와 함께 그것의 비정당성을 주장하고자 하는 세속화 테제에 대한 몇몇 보수적 오용에서 발생한 것이 아니다. 유사하게 나는 하버마스의 종교에 대한 최근 저작, 특히 그가 교황 베네딕토 16세가 된 추기경 요제프 라칭거Joseph Ratzinger와 벌인 논쟁에 관여하지 않는다. Jügen Habermas, *Between Naturalism and Religion*, trans. C. Cronin (Polity, Cambridge, 2008)을 보라. [국내에는 『대화: 하버마스 對 라칭거 추기경』, 윤종석 옮김, 새물결, 2009로 소개된 적 있다.] 하버마스와 라칭거의 논쟁은 보기 드물게 아주 유용한 정치-종교 개설서인 *Political Theologies: Public Religions in a Post-Secular World*, eds. H. de Vries and L. Sullivan (Fordam University Press, New York, 2006, 특히 251~268쪽을 보라)에서 찾아볼 수 있다. 이 논쟁의 철학적, 정치적 지분은 2007년 하버마스가 예수회 철학자 그룹과 벌인 공개 토론에 간결하게 나

타나 있다. Jügen Habermas, et al., *An Awareness of What Is Missing: Faith and Reason in a Post-Secular World*(Polity, Cambridge, 2010)을 보라. 나는 포스트모던 신학이나 급진 정통주의를 둘러싼 논쟁들에도 직접 관여하지 않겠다. 그럼에도 후자와 관련해서는 존 밀뱅크John Milbank가 내 책 3장의 주장에 유용하고도 날카롭게 화답한 것에 대해 감사를 표하고 싶다. 마지막으로 불가피하게 고백하자면, 나는 오랫동안 종교와 신학 문제에 매료되어 왔지만(그리고 때로 혐오하기도 했지만) 이 영역에 아무런 전문 능력이 없다. 그렇다면 나는 열렬한('열광'하지는 않더라도) 한 명의 아마추어로서 쓰고 있는 셈이다.

19. William Connolly, *Why I Am Not a Secularist*, University of Minnesota Press, Minneapolis, 1999, p. 3 및 전체를 보라.

20. James Wood, "God in the Quad", In *New Yorker*, August 31, 2009, p. 79.

21. Dietrich Bonhoeffer, *Letters and Papers From Prison*, new edition, ed. Eberhard Bethge, Simon & Schuster, New York, 1997, p. 279.

1장 시민의 교리문답

1. Jean-Jacques Rousseau, "Letter to Voltaire", in *The Discourses and Other Early Political Writings*, ed. V. Gourevitch (Cambridge University Press, Cambridge, 1997), p. 245, 강조는 저자. (이후 D로 표시)

2. D 246, 강조는 저자.

3. Mikhail Bakunin, "Revolutionary Catechism," in *Bakunin on Anarchy*, ed. Sam Dolgoff (Knopf, New York, 1972), pp. 76~97. Sergei Nechaev, "Catechism of a Revolutionary," uoregon.edu. [국내에는 필립 폼퍼가 쓴 네차예프의 평전 『네차예프, 혁명가의 교리문답』(윤길순 옮김, 교양인, 2006)이 번역되어 있다.]

4. D 108./ 장-자크 루소, 「보르드 씨에게 보내는 두 번째 편지 서문」, 『학문과 예술에 대하여 외』, 김중현 옮김, 한길사, 2007, 168쪽.

5. 나는 한나 아렌트의 루소 비판이 영향력 있지만 오도되었다고 생각한다. 특히 여기서는 일반의지의 문제를 염두에 두고 있다. Hannah Arendt, *On Revolution* (Viking, New York, 1963)[한나 아렌트, 『혁명론』, 홍원표 옮김, 한길사, 2004]을 보라.

6. 나는 정치와 종교의 관계에 대한 이 통찰을 조 팅겔리Joe Tinguely와의 대화에 빚지고 있다.

7. Emilio Gentile, *Politics as Religion*, trans. G. Staunton, Princeton University Press, Princeton and Oxford, 2006. [이 책에서 분석하는 핵심 현상인 '정치의 신성화the sacralization of politics'에 대한 개괄은 에밀리오 젠틸레, 「정치의 신성화」, 『대중독재 2: 정치 종교와 헤게모니』, 임지현·김용우 엮음, 책세상, 2005, 41~66쪽을 참고할 수 있다.]

8. 내 글 "Barack Obama and the American Void", *Harper's Magazine*, No. 1902 (November 2008), pp. 17~20, opendemocracy.net/article/barack-obama-and-the-american-void을 보라.

9. Gentile, *Politics as Religion*, 31쪽에서 재인용, 강조는 저자.

10. Louis Althusser, *Philosophy of the Encounter: Later Writings, 1978~1987*, ed. F. Matheron and O. Corpet (Verso, London and New York, 2006), pp. 163~207에 수

록./ 루이 알튀세르, 『철학과 맑스주의: 우발성의 유물론을 위하여』, 서관모·백승욱 편역, 새길, 1996, 25~92쪽.

11. Jean-Jacques Rousseau, *Collected Writings*, Vol. 4, *The Social Contract, Discourse on the Virtue Most Necessary for a Hero, Political Fragments and Geneva Manuscript*, eds. R. D. Masters and C. Kelly (University Press of New England, Hanover and London, 1994), p. 76. (이후 CW로 표기)

12. Jean-Jacques Rousseau, *The Social Contract and Other Later Political Writings*, ed. V. Gourevitch (Cambridge University Press, Cambridge, 1997), pp. 296~297. (이후 SC로 표기)

13. CW 77.

14. CW 78.

15. CW 78, 155.

16. CW 79.

17. CW 82. '폭력적 추론가'의 특질이 1755년부터 발행된 디드로의 『백과전서』 항목인 '자연권natural right'에 귀착된다는 점에 관해서는 CW 235~236을 보라.

18. CW 79.

19. CW 80.

20. CW 80.

21. CW 80, 강조는 저자.

22. Thomas Hobbes, *Leviathan*, ed. R. Tuck (Cambridge University Press, Cambridge, 1991), p. 474./ 토마스 홉스, 『리바이어던 2: 교회국가 및 시민국가의 재료와 형태 및 권력』, 진석용 옮김, 나남, 2008, 408쪽.

23. 같은 책. p. 117./ 『리바이어던 1』, 227쪽.

24. CW 80.

25. SC 159, CW 81~82, 강조는 저자.

26. Hobbes, *Leviathan*, p. 10 그리고 p. 491./ 『리바이어던 1』, 22쪽; 『리바이어던 2』, 438쪽. [여기엔 '인공인' 대신 '인공체an artificial body'라 쓰여 있다.]

27. 같은 책 p. 9./ 『리바이어던 1』, 22쪽.

28. CW 82.

29. SC xxxviii.

30. CW 70.

31. SC 41./ 장-자크 루소, 『사회계약론』, 김중현 옮김, 펭귄클래식코리아, 2014, 34쪽.

32. CW 82.

33. D 132./ 장-자크 루소, 『인간 불평등 기원론』, 김중현 옮김, 펭귄클래식코리아, 2010, 51쪽.

34. Alain Badiou, *Being and Event*, trans. O. Feltham (Continuum, London and New York, 2005), pp. 353~354. (이후 B로 표기)/ 알랭 바디우, 「성찰 32: 루소」, 『존재와 사건』, 조형준 옮김, 새물결, 2013, 568쪽.

35. SC 49~50./ 『사회계약론』, 46쪽.

36. SC 50./ 『사회계약론』, 46쪽.

37. SC 49./ 『사회계약론』, 45쪽.

38. Giorgio Agamben, *State of Exception*, trans. K. Attell (University of Chicago Press, Chicago and London, 2005), pp. 2~3; 그리고 pp. 85~88./ 조르조 아감벤, 『예외상태』, 김항 옮김, 새물결, 2009, 16쪽, 162~167쪽.

39. 정확히 루소의 '본성의 변화'가 무엇을 뜻하는가는 따로 연구가 필요하고 루소의 사유에 끼친 스토아주의의 주된 영향을 고려해야 한다. 이 쟁점의 탁월한 논의로는 웨인 마틴Wayne Martin의 미출간 에세이 "Conscience and Confession in Rousseau's Naturalistic Moral Psychology"와 "Stoic Self-Consciousness"를 보라. essex.ac.uk/~wmartin에서 둘 다 구할 수 있다.

40. Denis Guenoun, *L'Enlevement de la politique* (Circe, Paris, 2002), p. 15.

41. SC 50./『사회계약론』, 47쪽.

42. SC 50./『사회계약론』, 47쪽.

43. Louis Althusser, "Rousseau: The Social Contract (The Discrepancies)", in *Montesquieu, Rousseau, Marx* (Verso, London and New York, 1972), p. 127. (이후 A로 표기)/ 루이 알튀세르, 「루소―사회계약(불일치)」, 『마키아벨리의 고독』, 김석민 옮김, 새길, 1992, 138쪽.

44. A 147./『마키아벨리의 고독』, 161쪽.

45. D 173.

46. SC 54./『사회계약론』, 52쪽.

47. Jean Starobinski, *Jean-Jacques Rousseau: Transparency and Obstruction*, trans. A Goldhammer (University of Chicago Press, Chicago, 1988)./ 장 스타로뱅스키, 『장-자크 루소, 투명성과 장애물』, 이충훈 옮김, 아카넷, 2012.

48. SC 10./ 김용구 쓰고 옮김, 「정치경제론」, 『장-자크 루소와 국제정치』, 도서출판 원, 2004, 132쪽.

49. SC 13./『장-자크 루소와 국제정치』, 137쪽.

50. SC 16./『장-자크 루소와 국제정치』, 141쪽.

51. Juergen Habermas, *The Postnational Constellation: Political Essays*, trans. M. Pensky (MIT Press, Cambridge MA, 2001).

52. Barack Obama, *The Audacity of Hope* (Three Rivers, New York, 2006), pp. 71~100./ 버락 오바마, 『버락 오바마의 담대한 희망』, 홍수원 옮김, 랜덤하우스코리아, 2007, 109~151쪽.

53. Sarah Palin, *Going Rogue* (Harper Collins, New York, 2009), p. 395.

54. SC 179.

55. SC 179.

56. SC 186.

57. Jean-Jacques Rousseau, *Politics and the Arts*, trans. A. Bloom (Cornell University Press, Ithaca, 1960)을 보라.

58. SC 186.

59. D 161./『인간 불평등 기원론』, 93쪽.

60. 이 희곡은 루소의 서문과 함께 *Œuvres Compltès*, Tome 2, ed. B. Gagnebin and M. Raymond(Gallimard [Pleiade], Paris, 1961), pp. 959~1018에 실려 있다. 인용

은 1767년 루소의 『나르시스*Narcisse*』 영어 번역본을 참고했다. emory.edu에서 구할 수 있다.

61. Jean-Jacques Rousseau, *The Confessions*, trans. J. M. Cohen (Penguin, London, 1953), p. 119./ 장-자크 루소, 『고백록 1: 최초 현대인의 초상』, 이용철 옮김, 나남출판, 2012, 192쪽.

62. 같은 책, p. 361./ 『고백록 2』, 186쪽.

63. Maurice Cranston, *Jean-Jacques: The Early Life and Work of Jean-Jacques Rousseau* (University of Chicago Press, Chicago, 1982), p. 228에서 발췌./ 루소, 「말제르브에게 보내는 편지: 내 성격에 대한 진실한 묘사와 내 모든 행동의 진정한 동기가 포함되어 있는 편지들 1, 1762년 1월 1일, 몽모랑시에서」, 『루소 전집 4: 고독한 산책자의 몽상, 말제르브에게 보내는 편지 외』, 진인혜 옮김, 책세상, 2013, 172쪽.

64. Rousseau, *Œuvres Compltès*, Tome 2, p. 972, 번역은 저자.

65. 같은 책, p. 973, 번역은 저자.

66. 같은 책, p. 126.

67. 여기서 내가 참고하고 있는 것은 자크 랑시에르의 흥미진진한 글이다. "Schiller et la promesse esthetique," *Europe. Revue littéraire mensuelle*, April 2004, pp. 7~21.

68. Rousseau, *Œuvres Compltès*, Tome 2, p. 967, 번역은 저자.

69. SC 66./ 『사회계약론』, 70쪽.

70. SC 67./ 『사회계약론』, 71쪽.

71. A 136./ 『마키아벨리의 고독』, 148~149쪽.

72. SC 67./ 『사회계약론』, 72쪽.

73. SC 114./ 『사회계약론』, 135쪽.

74. 이와 관련해 Alain Badiou, *Logiques des Mondes* (Seuil, Paris, 2006), p. 575를 보라.

75. Rousseau, *Politics and the Arts*, p. 126.

76. B 347./ 『존재와 사건』, 557쪽.

77. Rousseau, *Confessions*, p. 547./ 『고백록 2』, 477쪽.

78. SC 114./ 『사회계약론』, 135쪽.

79. Edmund Morgan, *Inventing the People: The Rise of Popular Sovereignty in England and America* (Norton, New York, 1988), pp. 38~54. (이후 M으로 표기)

80. SC 115./ 『사회계약론』, 137쪽.

81. SC 117./ 『사회계약론』, 140쪽.

82. SC 117~118./ 『사회계약론』, 140쪽.

83. SC 179.

84. 이는 물론 야코비가 피히테를 비판하던 1790년대 니힐리즘으로서의 초월 철학 비판에서 핵심 쟁점에 해당한다." [1799년 야코비는 피히테의 초월 철학이 신과 자아 사이의 양자택일을 강제하는 니힐리즘이라고 반박한다.] F. H. Jacobi, "Open Letter to Fichte," trans. D. Behler, in *Philosophy of German Idealism*, ed. E Behler (Continuum, New York, 1987), pp. 119~141을 보라.

85. SC 68./ 『사회계약론』, 73쪽.

86. SC 68./ 『사회계약론』, 73쪽.

87. SC 53./『사회계약론』, 51쪽.

88. SC 69./『사회계약론』, 75쪽.

89. SC 69./『사회계약론』, 75쪽.

90. *The Confession of St. Augustine*, trans. J.K. Ryan (Doubleday, New York, 1960), p. 254./ 아우구스티누스, 「10권: 현재의 기억 그리고 욕망」, 『고백록』, 강영계 옮김, 서광사, 2014, 363쪽.

91. SC 70./『사회계약론』, 75~76쪽.

92. SC 70./『사회계약론』, 76쪽.

93. SC 68~69./『사회계약론』, 74쪽.

94. SC 95. [이 각주는 본래 1782년판 『사회계약론』 111쪽에 붙어 있었던 것으로 국역서(김중현 옮김)에는 빠져 있다.]

95. SC 71./『사회계약론』, 77쪽.

96. SC 70~71./『사회계약론』, 77쪽.

97. SC 71./『사회계약론』, 77쪽.

98. SC 71./『사회계약론』, 77쪽.

99. SC 77./『사회계약론』, 86쪽.

100. SC 78./『사회계약론』, 87쪽.

101. SC 138./『사회계약론』, 168쪽.

102. Agamben, "Iustitium", *State of Exception*, pp. 41~51을 보라./『예외상태』, 83~101쪽.

103. SC 138./『사회계약론』, 168쪽.

104. Benjamin, Agamben의 *State of Exception*, p. 6에서 재인용./『예외상태』, 23쪽.

105. SC 147./『사회계약론』, 180쪽. 이 점에 대해서는 구레비치의 유용한 설명을 보라. "사케르 에스토드 '저주받다'는 고대 로마의 도식으로 누군가를 공분과 신의 노여움에 데리고 갈 때 표명된다."(SC 305~306.)

106. Robert N. Bellah, *The Broken Covenant: American Civil Religion in Time of Trial* (University of Chicago Press, Chicago and London, 1992 [1975]).

107. bartleby.com에서 구할 수 있다.

108. SC 147~148./『사회계약론』, 182쪽.

109. SC 149./『사회계약론』, 183쪽.

110. SC 146./『사회계약론』, 178쪽.

111. SC 142~146./『사회계약론』, 174~179쪽.

112. SC 146~149./『사회계약론』, 179~184쪽.

113. SC 149~151./『사회계약론』, 184~186쪽.

114. SC 144./『사회계약론』, 176~177쪽.

115. SC 146./『사회계약론』, 178쪽.

116. Hobbes, *Leviathan*, p. 405./『리바이어던 2』, 42장, 233쪽.

117. SC 146./『사회계약론』, 178쪽.

118. Mark Silk, "Numa Pompilius and the Idea of Civil Religion in the West", *Journal of the American Academy of Religion*, Vol. 72, No. 4 (December 2004), p. 883에서 인용.

119. SC 146, 강조는 저자./『사회계약론』, 179쪽.

120. SC 181.

121. Silk, "Numa Pompilius and the Idea of Civil Religion in the West", pp. 871~874.

122. SC 147./『사회계약론』, 180쪽.

123. SC 147./『사회계약론』, 180쪽.

124. SC 147./『사회계약론』, 180~181쪽.

125. CW 122.

126. SC 149./『사회계약론』, 184쪽.

127. SC 150./『사회계약론』, 185쪽.

128. SC 150./『사회계약론』, 185쪽.

129. SC 150./『사회계약론』, 185쪽.

130. SC 151./『사회계약론』, 202~203쪽, 각주 46.

131. CW 124.

132. SC 147./『사회계약론』, 180쪽.

133. Gentile, *Politics as Religion*, pp. xi-xii를 비롯한 여러 곳에서 차용했다.

134. 나는 이하의 논평을 내 좋은 벗인 기도 베른스Gido Berns와의 대화에서 빚지고 있다. 그의 강의를 보라. "Maria's Flag: Religion and Public Space in Europe," videolectures. net에서 구할 수 있다.

135. 이와 연결 지어 Paul Kahn, *Sacred Violence* (University of Michigan Press, Ann Arbor, 2008)을 보라.

136. Paul Staniland and Gregory Treverton, *Analyzing Religious Politics and Violence* (Santa Monica, CA: RAND Corporation, forthcoming).

137. SC 8./『장-자크 루소와 국제정치』, 129쪽.

138. M 37.

139. Patrick Riley, *The General Will Before Rousseau* (Princeton University Press, Princeton, 1986).

140. 같은 책에서 인용, p. 5.

141. 같은 책, p. 258.

142. Immanuel Kant, *Critique of Pure Reason*, trans. N. Kemp Smith (Macmillan, London, 1929), p. 644, 강조는 저자 / 임마누엘 칸트, 『순수이성비판』, 백종현 옮김, 아카넷, 2006, 945쪽.

143. 같은 곳.

144. M 153.

145. SC 115~116./『사회계약론』, 137쪽.

146. Voltaire, *Miracles and Idolatry*, trans. T. Besterman (Penguin, London, 2005), p. 54.

147. David Hume, *Political Writings*, ed. S. D. Warner and D. W. Livingstone (Hackett, Indianapolis, 1994), pp. 240~252.

148. 같은 책, p. 252.

149. 같은 책, 강조는 저자.

150. M 271.

151. SC 145./『사회계약론』, 201쪽, 주석 42번.

152. David Hume, *Political Essays*, ed. Knud Haakonssen (Cambridge University Press, Cambridge, 1994), p. 16, M 14를 보라.

153. Gentile, *Politics as Religion*을 보라.

154. 나는 몇 년 전 스티븐스에 관한 책(*Things Merely Are*, Routledge, London and New York, 2005)을 썼고 알랭 바디우와의 대화에 기반하여 시에 가능한 정치적 함의를 숙고했다. 그 관심사는 이 책에서는 명백히 제외되어 있는데, 어디까지나 이 책의 관심은 인식론적인 것이다.

155. Wallace Stevens, *Opus Posthumous*, ed. M. J. Bates (Knopf, New York, 1989), p. 189.

156. Wallace Stevens, *The Palm at the End of the Mind* (Vintage, New York, 1967), p. 187.

157. 같은 책 p. 230. 나는 토드 크로난Todd Kronan에게 감사하고 싶다. 크로난은 스티븐스의 최상 허구라는 관념의 뿌리가 산타야나 독해에 있다는 것을 보여 주었다.

158. *Marx-Engels Werke*, Band 1 (Dietz, Berlin, 1988), p. 389; *Marx's Early Political Writings*, ed. J. O'Malley (Cambridge University Press, Cambridge, 1994), p. 67./ 카를 마르크스, 『헤겔 법철학 비판』, 강유원 옮김, 이론과실천, 2011, 25쪽.

159. Karl Marx, *Capital*, Vol. 1, trans. B. Fowkes (Penguin, London, 1990), p. 171./ 카를 마르크스, 『자본 I-1』, 강신준 옮김, 길, 2008, 142쪽; Daniel Guérin, *No Gods, No Masters: An Anthology of Anarchism* (AK Press, Oakland and Edinburgh, 2005), p. 535. (이후 GM으로 표기)

160. Alain Badiou, "Politics: A Non-expressive Dialectics," blog.urbanomic.com 에서 구할 수 있다.

161. D 245.

162. DP 34./『일탈의 미학』, 232쪽.

163. Alain Badiou, *Manifesto for Philosophy*, trans. N. Madarasz (State University of New York Press, Albany, 1999), p. 108./ 알랭 바디우, 『철학을 위한 선언』, 서용순 옮김, 길, 2010, 157쪽.

164. Alain Badiou, *Polemics*, trans. S. Corcoran (Verso, London and New York, 2006), p. 9. (이후 BP로 표기)

165. BP 35.

166. BP 21.

167. BP 10.

168. BP 99.

169. BP 114.

170. BP 85.

171. 다음을 보라. Alain Badiou, *The Meaning of Sarkozy*, trans. D. Fernbach (Verso, London and New York, 2008).

172. BP 56.

173. BP 57.

174. B 175./『존재와 사건』, 294쪽.

175. B 344./『존재와 사건』, 552쪽.

176. B 346~354./『존재와 사건』, 554~568쪽.

177. B 340./『존재와 사건』, 549쪽.

178. BP 97.

179. 2008년 11월 뉴욕의 카도조 로스쿨에서 바디우의 작업에 대한 컨퍼런스 행사가 열렸을 때 나왔던 이야기이다. 그 회의록은 "Law and Event," *Cardozo Law Review*, Vol. 29, No. 5 (2008)으로 출간되었다. 또 *Infinitely Demanding*에서 내가 펼친 주장에 대한 바디우의 훌륭한 화답은 다음을 보라. "On Simon Critchley's Infinitely Demanding: Ethics of Commitment, Politics of Resistance," *Critical Horizons*, Vol. 10, No. 2 (2009), pp. 154~162.

180. BP 95.

181. BP 95.

182. BP 96.

183. BP 284.

184. BP 286.

185. BP 291~328.

186. V. I. Lenin, *The State and Revolution*, trans. R. Service (Penguin, London, 1992), pp. 33~51을 보라. (이후 SR로 표기)/ V. I. 레닌, 『국가와 혁명』, 문성원·안규남 옮김, 아고라, 2013, 62~95쪽.

187. BP 307.

188. BP 287.

189. BP 289.

190. BP 292.

191. B 201~211./『존재와 사건』, 331~347쪽.

192. Arendt, *On Revolution*, p. 76. 및 여러 곳/『혁명론』, 155~156쪽; Jean-Paul Sartre, *Critique of Dialectical Reason*, Vol. 1, trans. A. Sheridan-Smith (Verso, London and New York, 2004 [new edition]), pp. 345~351./ 장-폴 사르트르, 『변증법적 이성비판 2』, 박정자·윤정임·변광배·장근상 옮김, 나남출판, 2009, 33~42쪽.

193. B 110~111./『존재와 사건』, 187~189쪽.

194. BP 321.

2장 신비주의 아나키즘

1. 이 장을 편집하고 준비하는 데 아주 유용한 도움을 준 로버트 진너브링크Robert Sinnerbrink에게 감사한다.

2. Carl Schmitt, *Political Theology: Four Chapters on the Concept of Sovereignty*, trans. G. Schwab (University of Chicago Press, Chicago and London, 1985), p. 36. (이후 SP로 표기)/ 카를 슈미트, 『정치신학: 주권론에 대한 네 개의 장』, 김항 옮김, 그린비, 2010, 54쪽. (이후 『정치신학』으로 표기)

3. SP 36./『정치신학』, 54쪽.

4. whitehouse.gov 에서 구할 수 있다.

5. SP 5./『정치신학』, 16쪽.

6. SP 36./『정치신학』, 54쪽.

7. SP 15./『정치신학』, 28쪽.

8. SP 53~66./『정치신학』, 73~90쪽.

9. Barack Obama, *The Audacity of Hope: Thoughts on Reclaiming the American Dream* (New York: Random House/Crown, 2006), p. 92/『버락 오바마의 담대한 희망』, 139쪽.

10. SP 65./『정치신학』, 89쪽.

11. Carl Schmitt, *The Concept of the Political*, trans. G. Schwab (University of Chicago Press, Chicago and London, 1996), p. 58./ 카를 슈미트, 「7장 정치이론과 인간론」, 『정치적인 것의 개념』, 김효전 외 옮김, 살림, 2012, 78쪽.

12. SP 58./『정치신학』, 80쪽.

13. Sigmund Freud, "On the Universal Tendency to Debasement in the Sphere of Love," *On Sexuality* (Penguin, London, 1977), pp. 247~260, 특히 p. 259를 보라./ 지그문트 프로이트, 「사랑의 영역에서 일어나는 가치 저하의 보편적 경향에 관하여」, 『성욕에 관한 세 편의 에세이』, 김정일 옮김, 열린책들, 2004, 219~236쪽과 235쪽.

14. Martin Heidegger, "The Problem of Sin in Luther," in *Supplements*, ed. J. van Buren (SUNY Press, Albany, 2002), pp. 105~110을 보라.

15. John Gray, *Straw Dogs* (Granta, London, 2002), p. 155./ 존 그레이, 『하찮은 인간: 호모 라피엔스』, 김승진 옮김, 이후, 2010, 198쪽.

16. John Gray, *Black Mass* (Penguin, London, 2007), p. 1. (이후 GB로 표기)/ 존 그레이, 『추악한 동맹: 종교적 신념이 빚어 낸 현대 정치의 비극』, 추선영 옮김, 이후, 2011. (이후 『추악한 동맹』으로 표기)

17. Norman Cohn, *The Pursuit of the Millennium* (Oxford University Press, Oxford, 1970, revised and enlarged edition [1957]), p. 15. (이후 C로 표기)/ 노먼 콘, 『천년왕국운동사』, 김승환 옮김, 한국신학연구소, 1993, 13~14쪽. (이후 『천년왕국』으로 표기)

18. Norman Cohn, *Cosmos, Chaos and the World to Come* (New Haven, CT: Yale University Press, 2001)을 보라.

19. 같은 책, 서문.

20. Ernesto Laclau, "What do Empty Signifiers Matter to Politics?," in *The Lesser Evil and the Greater Good*, ed. J. Weeks (London: Rivers Oram Press, 1994).

21. C 61./『천년왕국』, 76쪽.

22. Christopher Tyerman, *The Crusades* (Oxford University Press, Oxford, 2004)를 보라.

23. GB 271~288./『추악한 동맹』, 272~288쪽.

24. GB 263./『추악한 동맹』, 265쪽.

25. GB 206./『추악한 동맹』, 290~291쪽.

26. Martin Heidegger, "Overcoming Metaphysics," in *The End of Philosophy*, trans. J. Stambaugh (Harper & Row, New York, 1973), p. 110./ 마르틴 하이데거, 「형이상학의 극복」, 『강연과 논문』, 신상희 외 옮김, 이학사, 2008, 125쪽.

27. Martin Heidegger, "Only a God Can Save Us," the *Spiegel* interview, trans. W. J. Richardson, in *Heidegger: The Man and the Thinker* (Precedent Publishing, Chicago, 1981), pp. 477~495./ 마르틴 하이데거, 「슈피겔 인터뷰」, 『하이데거는 나치였는가』, 박찬국 지음, 철학과현실사, 2007, 288~327쪽[「부록: 슈피겔지와의 인터뷰」, 『하이데거와 나치즘』, 박찬국 지음, 문예출판사, 2001, 419~458쪽의 전면개정판.]

28. Friedrich Nietzsche, *The Will to Power*, trans. W. Kaufmann and R. J. Hollingdale (Vintage, New York, 1968), pp. 18, 36, 38./ 프리드리히 니체, 『유고 (1885년 가을~1887년 가을)』, 이진우 옮김, 책세상, 2005, 266쪽, 269쪽 ; 『유고 (1887년 가을~1888년 3월)』, 백승영 옮김, 책세상, 2000, 23쪽.

29. Terry Eagleton, *Reason, Faith and Revolution: Reflections on the God Debate* (Yale University Press, New Haven and London, 2009), p. 2 및 여러 곳./ 테리 이글턴, 『신을 옹호하다: 마르크스주의자의 무신론 비판』, 강주헌 옮김, 모멘토, 2010. 특히 12쪽을 보라.

30. Jean-Jacques Rousseau, *Reveries of the Solitary Walker*, trans. P. France (Penguin, London, 1979), p. 115./ 장-자크 루소, 『고독한 산책자의 몽상, 말제르브에게 보내는 편지 외』, 진인혜 옮김, 책세상, 2013, 109쪽.

31. 내 책 *Infinitely Demanding*, pp. 119~132를 보라.

32. C 199./ 『천년왕국』, 272쪽.

33. Jean Froissart, "The Peasant Revolt in England," In *Chronicles*, trans. G. Brereton (Penguin, London, 1968), pp. 212~213에서 인용.

34. Karl Marx and Friedrich Engels, *The Communist Manifesto, in Marx's Early Political Writings*, ed. T. Carver (Cambridge University Press, Cambridge, 1996), pp. 1~12./ 카를 마르크스·프리드리히 엥겔스, 『공산주의 선언』, 김태호 옮김, 박종철출판사, 1998, 1~22쪽.

35. Whitney R. Cross, *The Burned-Over District: The Social and Intellectual History of Enthusiastic Religion in Western New York 1800-1850* (Harper & Row, New York, 1950)를 보라.

36. Charles Noordhof, *The Communistic Societies of the United States: Harmony, Oneida, the Shakers and Others* (St. Petersburg FL: Red & Black, 2008); *America's Communal Utopias*, ed. D. E. Pilzer (Chapel Hill: University of North Carolina Press, 1997).

37. C 282./ 『천년왕국』, 383쪽.

38. Robert E. Lerner, *The Heresy of the Free Spirit in the Later Middle Ages* (Berkeley: University of California Press, 1972), 특히 pp. 8~9를 보라.

39. Raoul Vaneigem, *The Movement of the Free Spirit*, trans. R. Cherry and I. Patterson (New York: Zone Books, 1998), p. 194. (이후 FS로 표기)

40. Franz Pfeiffer, *Deutsche Mystiker des Vierzehnten Jahrhunderts Band 2: Meister Eckhart* (Leipzig, 1845~57); C. de B. Evans, *Meister Eckhart by Franz Pfeiffer* (London, 1924), pp. 312~334; Lerner, *The Heresy of the Free Spirit*, pp. 208~221을 보라.

41. Amy Hollywood, *The Soul as Virgin Wife* (Notre Dame and London: University of Notre Dame Press, 1995), p. 87. 포레트의 이름을 발음할 때 그 양가성에 주목해야 한다. 『거울』의 영어 번역본은 이 책이 '마가렛 포레트Margaret Porette'가 썼다고 말하지만, 대개의 학자들은 그녀를 '마르그리트 포레트Marguerite Porete'라고 언급한다.

42. *Archivio Italiano per la storia della pietà*, IV (1965), pp. 351~708.

43. Michael Sells, "Porete and Eckhart: The Apophasis of Gender," In *Mystical Language of Unsaying* (Chicago: University of Chicago Press, 1994), pp. 180~205, 특히 p. 180를 보라. 포레트와 에크하르트의 관계에 대해서는 Hollywood, *The Soul as Virgin Wife*, pp. 54~56, pp. 173~206을 보라.

44. Edmund Colledge and J. C. Marler, "Poverty of the Will: Ruusbroec, Eckhart and The Mirror of Simple Souls" in *Jan van Ruusbroec: The Sources, Content and Sequels of his Mysticism*, ed. P. Mommaers and N. de Paepe (University of Louvain Press, Louvain, 1984). 에크하르트의 잠언으로는 Reiner Schuermann, *Meister Eckhart: Mystic and Philosopher* (Indiana University Press, Bloomington, 1978), pp. 214~220을 보라.

45. Schuermann, *Meister Eckhart*, p. 104에서 인용.

46. "Foreword"와 긴 분량의 "Introductory Interpretative Essay" in Margaret Porette (Marguerite Porete), *The Mirror of Simple Souls*, trans. E. Colledge, J. C. Marler, and J. Grant (University of Notre Dame Press, Notre Dame, 1999), pp. vii~lxxxvii (이후 P로 표기)를 보라.

47. Anne Carson, "Decreation: How Women like Sappho, Marguerite Porete and Simone Weil Tell God" 및 "Decreation (An Opera in Three Parts)," *Decreation* (Knopf, New York, 2005), pp. 155~183과 pp. 187~240; Hollywood, *The Soul as Virgin Wife* 그리고 Amy Hollywood, *Sensible Ecstasy: Mysticism, Sexual Difference and the Demands of History* (University of Chicago Press, Chicago, 2002).

48. Carson, *Decreation*, pp. 203에서 인용.

49. P 78.

50. P 77~79.

51. 뒤잇는 내용은 『거울』(P 140~146)에서 가져와 각색한 것이다.

52. P 142.

53. P 142.

54. Carson, *Decreation*, p. 179; Simone Weil, *Gravity and Grace*, trans. A. Wills (University of Nebraska Press, Lincoln, 1997), p. 81도 보라./ 시몬 베유, 『중력과 은총』, 윤진 옮김, 사회평론, 1999, 58쪽.

55. P 142.

56. P 143.

57. P 143, 강조는 저자.

58. William James, *The Varieties of Religious Experience: A Study in Human Nature* (BiblioBazaar, Charleston SC, 2007), pp. 332~370을 보라./ 윌리엄 제임스, 『종교적

경험의 다양성』, 김재영 옮김, 한길사, 2000, 461~516쪽. 1882년에 출간된 그의 원본 에세이 "Subjective Effects of Nitrous Oxide," ebboks.adelaide.edu.au도 보라.

59. James, *The Varieties of Religious Experience*, p. 340./『종교적 경험의 다양성』, 471쪽.
60. 같은 곳.
61. P 144.
62. P 148.
63. P 144.
64. 이와 관련해 16세기 신비주의자 야콥 뵈메Jacob Boehme가 했던 말을 음미해 보자. "15분 동안 나는 여러 해 대학을 다니며 배웠던 것보다 더 많은 것을 보고 알았다. 모든 사물들의 존재, 우회로와 심연, 성 삼위일체의 영원한 발생, 세상의 몰락과 기원 그리고 신적 지혜를 통한 모든 피조물의 몰락과 기원을 보고 알았기 때문이다."(James, *The Varieties of Religious Experience*, pp. 359~360./『종교적 경험의 다양성』, 496쪽.)
65. P 145.
66. 에크하르트의 내맡김과 하이데거의 내맡김Gelassenheit 개념 사이의 관계에 대한 주목할 만한 논의로는 다음을 보라. Schuermann, *Meister Eckhart*, pp. 192~213.
67. P 145.
68. P 145.
69. P 145~146.
70. Carson, *Decreation*, p. 162.
71. *Life of Blessed Henry Suso by Himself*, Chapter LVI, "Of the Very Highest Flight of a Soul Experienced in the Ways of God"를 보라. (James, *The Varieties of Religious Experience*, pp. 411./『종교적 경험의 다양성』, 507쪽.)
72. Eckhart, from the sermon *Bead paupers spiritu*, Schuermann, *Meister Eckhart*, p. 219에서 재인용.
73. C 174./『천년왕국』, 236쪽.
74. Teresa of Avila, *The Life of St. Teresa of Avila by Herself*, trans. J. M. Cohen (Penguin, London, 1988), Chapter 29, pp. 16~17.
75. Angela of Foligno, "The Memorial," in *The Essential Writings of Christian Mysticism*, ed. Bernard McGinn (Modern Library, New York, 2006), p. 376.
76. Caroline Walker Bynum, *Fragmentation and Redemption: Essays on Gender and the Human Body in Medieval Religion* (Zone Books, New York, 1992), pp. 186~187.
77. 같은 책, p. 186.
78. Julian of Norwich, *Revelations of Divine Love*, in *Medieval Writings on Female Spirituality*, ed. E. Spearing (Penguin, London, 2002), p. 175.
79. 같은 책, p. xi.
80. 같은 책, p. 106.
81. 같은 책, p. 109.
82. 같은 책, pp. 75~86.
83. George Fox, *Journal*; Pink Dandelion, *The Creation of Quaker Theory: Insider*

믿음 없는 믿음의 정치

Perspectives (Ashgate, London, 2004), p. 161에서 인용.

84. Karl Marx, "Economic and Philosophical Manuscripts," in *Early Writings*, ed. L. Colletti (Penguin, London, 1975), p. 349./ 카를 마르크스, 『경제학-철학 수고』, 강유원 옮김, 이론과실천, 2006, 128~130쪽. 나는 이 사유의 노선을 알랭 바디우와 나눈 대화에 빚지고 있다.

85. C 175./『천년왕국』, 239쪽.

86. C 286./『천년왕국』, 387~388쪽.

87. Lerner, *The Heresy of the Free Spirit*, p. 8.

88. 순결에 대한 다수 논평은 리사벳 뒤링Lisabeth During과 나눈 수많은 대화에 빚지고 있다.

89. "The Compilation Concerning the New Spirit," in *The Essential Writings of Christian Mysticism*, ed. McGinn, p. 491.

90. FS 115.

91. C 162./『천년왕국』, 212쪽.

92. Michel Foucault, *Sécurité, territoire, population: Cours au Collège de France (1977–1978)*, ed. Michel Senellart (Gallimard/Seuil: Paris, 2004), p. 200./ 미셸 푸코, 「8강 1978년 3월 1일」, 『안전, 영토, 인구』, 오트르망 옮김, 난장, 2011, 278쪽. 이 구절에 주목하게 해 준 로베르토 니그로Roberto Nigro에게 감사한다.

93. C 148./『천년왕국』, 195쪽.

94. C 149./『천년왕국』, 195쪽.

95. C 114./『천년왕국』, 195쪽.

96. C 176./『천년왕국』, 240쪽.

97. Jacques Lacan, *On Feminine Sexuality: The Limits of Love and Knowledge*, trans. B. Fink (Norton, New York, 1998), pp. 76~77.

98. 같은 책, p. 76.

99. 같은 책, p. 77.

100. 같은 곳.

101. GB 99./『추악한 동맹』, 146쪽.

102. FS 94.

103. FS 249.

104. FS 254.

105. FS 241.

106. FS 246.

107. FS 195.

108. Raoul Vaneigem, *A Declaration of the Rights of Human Beings: On the Sovereignty of Life as Surpassing the Rights of Man* (Pluto Press, London, 2003).

109. 이와 관련해서는 다음을 보라. Michael Löwy, "Revolution Against 'Progress': Walter Benjamin's Romantic Anarchism," *New Left Review*, No. 152 (1985), pp. 42~59; Michael Löwy, *Redemption and Utopia: Jewish Libertarian Thought in Central Europe: A Study in Elective Affinity* (Athlone Press, London, 1992).

110. Gustav Landauer, "Anarchic Thoughts on Anarchism," trans. J. Cohn and G.

Kuhn, in *Perspectives on Anarchist Theory*, Vol. 6, No. 11(1) (Fall 2007). 원래 출간
된 판본은 "Anarchistische Gedanken ueber Anarchismus," *Die Zukunft* (October
26, 1901), pp. 134~140.

111. Landauer, "Anarchic Thoughts on Anarchism," p. 85.

112. 같은 책, p. 88.

113. 같은 곳.

114. 같은 곳.

115. 같은 책, p. 89.

116. 같은 곳.

117. 같은 곳.

118. 같은 책, p. 91.

119. 이와 연결해 다음을 보라. George Bataille, *The Unfinished System of Non-knowledge*, trans. M. Kendall and S. Kendall (University of Minnesota Press, Minneapolis and London, 2001). 특히 Stuart Kendall의 "Editor's Introduction," pp. xi-xliv이 유용하다.

120. 장-뤽 고다르, 〈아워 뮤직〉(2004), 프랑스/스위스, 프랑스 3 시네마, 레 필름 알랭 사르드, 카날 플러스 제작. (2006. 09. 07 국내 개봉)

121. Theanyspacewhatever(Guggenheim Museum, New York, 2008)에 모아 둔 다큐멘터리를 보라.

122. H-U Obrist, "In Conversation with Raoul Vaneigem," *e-flux journal*(http://e-flux. com), Nicolas Bourriaud, *Relational Aesthetics* (Les Presses du Réel, Paris, 2002) 를 보라./ 니콜라 부리요, 『관계의 미학』, 현지현 옮김, 미진사, 2011.

123. Liam Gillick, "Maybe It Would Be Better if We Worked in Groups of Three?," *e-flux journal*.

124. 〈타르낙 나인〉에 대한 더 많은 정보를 얻기 위해서는 다음을 보라. tarnac9.wordpress. com 알베르토 토스카노의 해설도 보라. Alberto Toscano, "The War Against Pre-Terrorism: The Tarnac 9 and The Coming Insurrection," *Radical Philosophy*, No. 154 (March/ April 2009).

125. *L'insurrection qui vient* (La Fabrique, Paris, 2007); 익명으로 *The Coming Insurrection*(Semiotext[e], Los Angeles, 2009)로 영역됨./ 『반란의 조짐』, 성귀수 옮김, 여름언덕, 2011.

126. 같은 책, p. 101./ 『반란의 조짐』, 115쪽.

127. "Julien Coupat Released," tarnac9.wordpress.com

128. "Statement From the Tarnac 10," tarnac9.wordpress.com

129. *L'insurrection qui vient*, p. 83./ 『반란의 조짐』, 95~96쪽.

130. 여기서 *The Coming Insurrection*과 아감벤의 *The Coming Community*, trans. Michael Hardt (University of Minnesota Press, Minneapolis, 1993) [『도래하는 공동체』, 이경진 옮김, 꾸리에, 2014]는 명백히 연결되어 있다.

131. *Call*, p. 57, bloomO101.org에서 구할 수 있다. *Call*은 2004년 〈보이지 않는 위원회〉가 익명으로 유포했던 초기 텍스트다.

132. *Politics Is Not a Banana* (Institute for Experimental Freedom, 2009), p. 156, 162.

133. "A Point of Clarification," *The Coming Insurrection*의 미국 판본의 첫머리에 등장하는 2009년 1월의 진술이다. 영역본은 pp. 5~19, 특히 p. 16를 보라.

134. 같은 책, p. 12.

135. Alain Badiou, *Saint Paul: The Foundation of Universalism*, trans. R. Brassier (Stanford University Press, Stanford, 2003), pp. 51~52. (이후 PB로 표기)/ 알랭 바디우, 『사도 바울: '제국'에 맞서는 보편주의의 윤리를 찾아서』, 현성환 옮김, 새물결, 2008, 103~104쪽. (이후 『사도 바울』로 표기)

136. PB 52./『사도 바울』, 104쪽.

3장 믿음의 본질에 대하여

1. Adolph von Harnack, *History of Dogma*, Vol. 1, trans. N. Buchanan (Williams & Norgate, London and Edinburgh), p. 136.

2. 같은 곳.

3. Giorgio Agamben, *The Time that Remains: A Commentary on the Letter to the Romans*, trans. P. Daily (Stanford University Press, Stanford, 2005), p. 112. (이후 PA로 표기)/ 조르조 아감벤, 『남겨진 시간: 로마인들에게 보낸 편지에 관한 강의』, 강승훈 옮김, 코나투스, 2008, 185쪽. (이후 『남겨진 시간』으로 표기)

4. Jacob Taubes, *The Political Theology of Paul*, trans. D. Hollander (Stanford University Press, Stanford, 2004), p. 83. (이후 PT로 표기)/ 야콥 타우베스, 『바울의 정치신학』, 조효원 옮김, 그린비, 2012, 192~193쪽.

5. Heidegger, "Letter to Father Engelbert Krebs," in *Supplements*, p. 69.

6. *The Writings of St. Paul*, ed. W. Meeks (Norton, New York and London, 1972), p. 435. (이후 PW로 표기)

7. Daniel Boyarin, *A Radical Jew: Paul and the Politics of Identity* (University of California Press, Berkeley, 1994), p. 2.

8. PT 24./『바울의 정치신학』, 63쪽.

9. PT 11./『바울의 정치신학』, 35쪽.

10. PA 3./『남겨진 시간』, 14쪽

11. PB 4~15./『사도 바울』, 15~35쪽.

12. 바울의 정치에 대해, 다소 차이는 있지만 놀라우리만치 자세한 설명은 다음을 참고하라. 여기서는 바울이 헬레니즘의 대중 정치철학 전통에 얼마나 빚지고 있는지를 보여준다. Bruno Blumenfeld, *The Political Paul* (Sheffield Academic Press, London, 2001).

13. PW 241.

14. 바울에 대한 모든 언급은 따로 지적된 것이 없으면 *The Writings of St. Paul*, ed. Meeks (PW)에 제시된 대로 개역표준판을 따랐다. 그리고 때때로 *The Parallel New Testament Greek and English* (Oxford University Press, Oxford, 1933 [1882])를 사용한 그리스어 판으로부터 번역을 확인했다.

15. PW 409.

16. Martin Buber, *Two Types of Faith*, trans. N. P. Goldhawk (Syracuse University Press, Syracuse NY, 1994)를 보라.

17. PB 4./『사도 바울』, 16쪽.

18. PT 54./『바울의 정치신학』, 130쪽.

19. 이 점에 관해서는 다음을 보라. Terry Eagleton, "The Scum of the Earth," in *Reason, Faith and Revolution*, p. 23./ 테리 이글턴, 「1장 인간 쓰레기」, 『신을 옹호하다』, 38~39쪽.

20. PA 51~52./『남겨진 시간』, 91~93쪽.

21. PA 62~72./『남겨진 시간』, 107~122쪽.

22. PA 7./『남겨진 시간』, 25쪽.

23. Eagleton, *Reason, Faith and Revolution*, p. 31./『신을 옹호하다』, 48쪽.

24. *Infinitely Demanding*, 2장을 보라.

25. PA 138~145./『남겨진 시간』, 226~238쪽.

26. Jacques Derrida, *Specters of Marx*, trans. P. Kamuf (Routledge, London and New York, 1994)./ 자크 데리다, 『마르크스의 유령들』, 진태원 옮김, 이제이북스, 2007.

27. 예를 들어 아감벤의 『예외상태』에서 다음으로 시작하는 마지막 단락을 보라. "생명과 무관한 법 그리고 법과 무관한 생명을 보여 주는 것." 우리는 뒤에서 이 구절로 되돌아올 것이다. (Agamben, *State of Exception*, p. 88./『예외상태』, 166쪽.)

28. PA 135./『남겨진 시간』, 222쪽.

29. PA 114./『남겨진 시간』, 189쪽.

30. PA 136./『남겨진 시간』, 224쪽.

31. PA 133~134./『남겨진 시간』, 216~220쪽. 아감벤은 여기서 푸코의 미출간된 1981년 강의 "Mal faire, dire vrai"를 언급하고 있다. 이는 고해와 수도사 규율을 다루고 있는 미출간된 성의 역사 제4권, *The Confessions of Flesh*와도 긴밀히 관련되어 있다.

32. 이는 내 책 *Infinitely Demanding*의 1장과 2장에 훨씬 철저하게 기술되어 있다.

33. PA 128./『남겨진 시간』, 211쪽.

34. 아감벤이 이와 관련해 *The Coming Community*에서 다음과 같이 쓰고 있다. "사랑하는 사람은 사랑하는 이를 그의 모든 술어와 함께 원한다. 있는 그대로 그의 존재를 원하는 것이다. 사랑하는 사람은 그가 그렇게 존재할 때에만 그의 그대로를 욕망한다. 이것이 사랑하는 사람의 특유한 페티시즘이다." (p. 2./ 11쪽.)

35. PA 144. /『남겨진 시간』, 236쪽.

36. Martin Heidegger, *Letters to his Wife 1915-70*, ed. G. Heidegger and trans. R. D. V. Glasgow (Polity Press, Cambridge, 2008), p. 50. (이후 HL로 표기)

37. HL 50.

38. HL 54.

39. HL 55.

40. Martin Heidegger, *Being and Time*, trans. J. Macquarrie and E. Robinson (Blackwell, Oxford, 1962), p. 46. (이후 SuZ로 표기) 앞으로는 영어본의 양쪽 여백에 매겨 있는 독어본의 페이지를 표기하겠다./ 마르틴 하이데거, 『존재와 시간』, 이기상 옮

김, 까치, 1998, 72쪽.

41. HL 57.

42. HL 58.

43. HL 59.

44. 나는 이 쟁점을 다음에서 훨씬 자세히 논했다. "Originary Inauthenticity," in Simon Critchley, *On Heidegger's Being and Time* (Routledge, London and New York, 2008.

45. Heidegger, *Supplements*, p. 69.

46. 같은 책, p. 70.

47. Martin Heidegger, *The Phenomenology of Religious Life*, trans. M. Fritsch and J.A. Gosetti-Ferencei (Indiana University Press, Bloomington and London, 2004), p. 47 (이후 PH로 표기)./ 마르틴 하이데거, 『종교적 삶의 현상학』, 김재철 옮김, 누멘, 2011, 85쪽. (이후 『종교 현상학』으로 표기)

48. PW 239.

49. PH 236./『종교 현상학』, 368쪽.

50. 하르나크에 대한 언급으로는 PH 50을 보라./『종교 현상학』, 89~90쪽.

51. PH 67./『종교 현상학』, 115쪽.

52. PH 73./『종교 현상학』, 124쪽.

53. Harnack, *History of Dogma*, Vol. 1, 권두삽화.

54. PH 49./『종교 현상학』, 86쪽.

55. PH 83./『종교 현상학』, 138쪽.

56. PH 56./『종교 현상학』, 98쪽.

57. PH 95./『종교 현상학』, 157쪽.

58. PH 79./『종교 현상학』, 133쪽.

59. PH 79./『종교 현상학』, 133쪽.

60. PH 70./『종교 현상학』, 119쪽.

61. PH 88~89./『종교 현상학』, 148쪽.

62. PH 88./『종교 현상학』, 148쪽.

63. PH 89./『종교 현상학』, 148쪽.

64. Adolf Deissmann, *Paul: A Study in Social and Religious History*, trans. W.E. Wilson (second revised ed., New York, 1926)과 Albert Schweizer, *The Mysticism of Paul the Apostle*, trans. W. Montgomery (New York, 1931)을 보라.

65. Martin Dibelius, "Mystic and Prophet," in PW 395~409.

66. PH 57./『종교 현상학』, 100쪽.

67. PH 73./『종교 현상학』, 123쪽.

68. PH 73./『종교 현상학』, 124쪽.

69. PH 73./『종교 현상학』, 124쪽.

70. PH 73./『종교 현상학』, 124쪽.

71. PH 80./『종교 현상학』, 135쪽.

72. PH 80./『종교 현상학』, 135쪽.

73. PH 82./『종교 현상학』, 137쪽.

74. PH 102./『종교 현상학』, 170쪽.

75. Walter Benjamin, *Reflections*, ed. P. Demetz (Schocken, New York, 1978), pp. 312~313./ 발터 벤야민, 「신학적·정치적 단편」, 『역사의 개념에 대하여 외』, 최성만 옮김, 길, 2008, 127~132쪽.

76. PT 72./『바울의 정치신학』, 171쪽.

77. PB 46~47./『사도 바울』, 91~94쪽을 참조하라.

78. PB 56./『사도 바울』, 111쪽. [국역본은 '낮춤'으로 옮겨졌다.]

79. PA 1./『남겨진 시간』, 11쪽.

80. PA 18./『남겨진 시간』, 38쪽.

81. PA 24~25./『남겨진 시간』, 49쪽.

82. PA 33./『남겨진 시간』, 63쪽.

83. PH 83./『종교 현상학』, 138쪽.

84. PH 84./『종교 현상학』, 140쪽.

85. PH 84~85./『종교 현상학』, 141~142쪽.

86. PH 86./『종교 현상학』, 143쪽.

87. PH 86./『종교 현상학』, 143쪽.

88. PH 87./『종교 현상학』, 145쪽.

89. PH 87./『종교 현상학』, 145쪽.

90. PA 34./『남겨진 시간』, 64~65쪽.

91. SuZ 179./『존재와 시간』, 245쪽.

92. Giorgio Agamben, *The Coming Community*, p. 14./ 조르조 아감벤, 『도래하는 공동체』, 25쪽.

93. SuZ 179./『존재와 시간』, 246쪽.

94. SuZ 371./『존재와 시간』, 486~487쪽.

95. PA 34./『남겨진 시간』, 65쪽.

96. PT 87./『바울의 정치신학』, 203쪽.

97. PT 54./『바울의 정치신학』, 130쪽.

98. SuZ 269./『존재와 시간』, 360쪽.

99. SuZ 271./『존재와 시간』, 363쪽.

100. SuZ 271./『존재와 시간』, 363쪽.

101. SuZ 273./『존재와 시간』, 365쪽.

102. SuZ 271./『존재와 시간』, 362쪽.

103. SuZ 275./『존재와 시간』, 368쪽.

104. SuZ 281, 강조는 저자./『존재와 시간』, 376쪽.

105. SuZ 276~277, 강조는 저자./『존재와 시간』, 369쪽.

106. Jacques Lacan, *The Ethics of Psychoanalysis*, trans. D. Porter (Norton, New York, 1992), pp. 270~287.

107. SuZ 277./『존재와 시간』, 370쪽.

108. SuZ 278./『존재와 시간』, 375쪽.

109. Friedrich Nietzsche, *On the Genealogy of Morals*, trans. W. Kaufmann (Vintage, New York, 1967), pp. 62~63./ 프리드리히 니체, 『선악의 저편/ 도덕의 계보』, 김정현 옮김, 책세상, 402~403쪽; 홍성광 옮김, 연암서가, 80~82쪽.

110. SuZ 289./ 『존재와 시간』, 386쪽.

111. SuZ 284./ 『존재와 시간』, 380쪽.

112. SuZ 323./ 『존재와 시간』, 429쪽.

113. SuZ 285./ 『존재와 시간』, 381쪽.

114. SuZ 286~287./ 『존재와 시간』, 383쪽.

115. Martin Heidegger, *Introduction to Metaphysics*, trans. R. Manheim (Yale University Press, New Haven, 1959), p. 158./ 마르틴 하이데거, 『형이상학 입문』, 박휘근 옮김, 문예출판사, 1994, 256쪽.

116. SuZ 287./ 『존재와 시간』, 384쪽.

117. SuZ 289./ 『존재와 시간』, 385쪽.

118. Martin Heidegger, "Letter on Humanism," in *Basic Writings*, ed. D.F. Krell (Harper & Row, New York, 1977), p. 193./ 마르틴 하이데거, 「휴머니즘 서간」, 『이정표 2』, 이선일 옮김, 한길사, 2005, 123쪽.

119. Jacques Derrida, *Of Spirit: Heidegger and the Question*, trans. G. Bennington and R. Bowlby (University of Chicago Press, Chicago, 1991)./ 자크 데리다, 『정신에 대해서』, 박찬국 옮김, 동문선, 2005.

120. Samuel Beckett, *Molloy* (Grove Press, New York, 2006), p. 79./ 사무엘 베케트, 『몰로이』, 김경의 옮김, 문학과 지성사, 2008, 124쪽.

121. PW 239.

122. PW 240.

123. 이 점에 관해서는 Boyarin, *A Radical Jew*, pp. 40~56을 보라.

124. PT 60./ 『바울의 정치신학』, 142쪽.

125. Adolf von Harnack, *Marcion: The Gospel of the Alien God*, trans. J. E. Steely and L. D. Bierma (Labyrinth, Durham NC, 1990), pp. 1~14 (이후 MG로 표기). 마르치온 논의와 관련해 다른 중요 저작은 Hans Jonas, *The Gnostic Religion* (Beacon, Boston, 1958)이다. 특히 pp. 130~146을 보라. 내가 이 맥락에서 요나스의 주장을 받아들일 수는 없지만, 그가 그노시즘 일반과 특정 마르치온주의 그리고 하이데거의 실존적 분석 사이를 암암리에 연결하고 있다는 것은 흥미롭다. *The Gnostic Religion*, pp. 320~340을 보라. 나는 이 문제를 다른 기회에 밀고 나가 볼 요량이다.

126. MG 80.

127. Harnack, *History of Dogma*, Vol. 1, p. 223.

128. 같은 책, p. 267.

129. MG 23.

130. 사도 교부들의 저작 선집으로는 *Early Christian Writings*, ed. A. Louth, trans. M. Staniforth (Penguin, London, 1987)를 보라.

131. MG 12.

132. MG 66.

133. MG 111.

134. MG 96.

135. PT 58./『바울의 정치신학』, 139쪽.

136. PT 61./『바울의 정치신학』, 145쪽.

137. MG 134.

138. PA 95~96./『남겨진 시간』, 159~161쪽.

139. PA 108~111./『남겨진 시간』, 180~185쪽.

140. Agamben, *State of Exception*, p. 87./『예외상태』, 165쪽.

141. 같은 책, p. 88./ 166쪽.

142. PB 35./『사도 바울』, 73쪽.

143. PB 35./『사도 바울』, 73쪽.

144. PB 48, 49./『사도 바울』, 99쪽.

145. PB 49, 강조는 저자./『사도 바울』, 99쪽.

146. PH 97./『종교 현상학』, 161쪽.

147. 예를 들어 SuZ 130을 보라./『존재와 시간』, 181쪽. 여기서 하이데거는 다음과 같이 서술한다. "본래적 자기 자신의 존재는 '세상 사람'으로부터 분리된 주체의 예외적 상태에 기인하는 것이 아니라 오히려 본질적 실존주로서의 '세상 사람'의 한 실존적 변양이다."

148. MG 139.

149. 율법의 완성으로서의 사랑에 대해서는 다음을 보라. "그러나 율법과 사랑은 서로 상치되지 않는다. 이것은 합과 그 합의 부분이 서로 상치되지 않는다는 것과 다를 바 없다." Søren Kierkegaard, *Works of Love*, trans. H. and E. Hong (Harper Perennial, New York, 2009), p. 111. (이후 WL로 표기)/ 쇠얀 키에르케고르, 『사랑의 역사』, 임춘갑 옮김, 치우, 2011, 188쪽.

150. 나는 이 생각을 리사벳 듀링과 나눈 대화에 빚지고 있다.

4장 비폭력적 폭력

1. Judith Butler, "Critique, Coercion, and Sacred Life in Benjamin's 'Critique of Violence'," in *Political Theologies*, eds. H. De Vries and L. E. Sullivan (Fordham University Press, New York, 2006), p. 202 및 여러 곳. 주디스 버틀러가 폭력과 비폭력의 문제에 관한 자신의 미출간 저술을 보내 준 데 감사한다. 차차 밝혀질 테지만 나는 폭력과 비폭력의 문제를 버틀러와 같은 견지에서 사유하고자 한다.

2. Slavoj Žižek, *In Defense of Lost Causes* (Verso, London and New York, 2008), p. 472. (이후 ZI로 표기)[『잃어버린 대의를 옹호하며』, 박정수 옮김, 그린비, 2009를 참고하라. (이후 『잃어버린 대의』로 표기) 그런데 해당 부분은 페이퍼백 제2판 영어본 후기 463~488쪽에 포함된 것으로 한국어판은 초판본을 대본으로 삼았기에 번역이 없다.] 『런던 리뷰 오브 북스』에 나온 인용문에는 지젝이 데이비드 그레이버의 편지에 화답했던 맥락이 있다. "데이비드 그레이버가 내 '진정한 메시지'를 '지식인들이 늘 권력의 매춘부였고 언제나 그럴 수밖에 없다'라고 생각한 것은 정말 의아하다. 반대로 그것은 권력에 대한 직접 관여가 지식인들을 권력의 매춘부로 바꿔 놓는다고 주장한 사이먼 크

리츨리처럼 권력의 틈새로부터의 저항을 지지하는 이들이 보내는 메시지가 아닌가? 내가 보기에 안전한 도덕적 입지로의 퇴각은 최고 형태의 타락이다." (Letters, *London Review of Books* January 24, 2008.)

3. 단지 기록의 차원에서 보자면 이 논쟁은 2007년에 나온 내 책 *Infinitely Demanding: Ethics of Commitment, Politics of Resistance*에 대한 지젝의 비판에서 시작됐다. 지젝의 비판 한 자락("Resistance is Surrender," *London Review of Books*, November 15, 2007.)은 특히 T. J. 클락T. J. Clark, 크리스 하먼Chris Harman과 안드레 베니슈Andre Benichou(Letters, *London Review of Books*, December 13, 2007을 보라)로부터 꽤 흥미로운 반응을 불러왔다. 그 뒤 지젝의 [본격적인] 비판이 2008년 2월 *Harper's Magazine*에 실렸고 나는 다음 발행본(2008년 5월)에서 이 비판에 화답했다. 지젝은 내 입장에 대한 상당히 확장된 판본의 비판을 『잃어버린 대의를 옹호하며』(ZI 337~350/ 503~522쪽)에 실었다. 나는 다음 논문("Violent Thoughts about Slavoj Zizek," *Naked Punch*, Free Supplement, Issue 11 (Autumn 2008), pp. 3~6.)에서 그의 비판에 응수했다. 그 뒤 지젝은 『잃어버린 대의를 옹호하며』(pp. 463~488, [해당 부분은 한국어판에는 없다])의 페이퍼백 후기에서 길게 답했다. 이 논쟁을 두고 또 다른 흥미로운 개입은 로버트 영이 했다.("The Violent State," *Naked Punch*, Free Supplement, Issue 12 (Spring 2009), pp. 1~11.)

4. Slavoj Žižek, *Violence* (Profile Books, London, 2008), p. 2. (이후 V로 표기)/ 슬라보예 지젝, 『폭력이란 무엇인가』, 이현우·김희진·정일권 옮김, 난장이, 2011, 24쪽. (이후 『폭력』으로 표기)

5. Slavoj Žižek, *The Sublime Object of Ideology* (Verso, London and New York, 1989)./ 슬라보예 지젝, 『이데올로기의 숭고한 대상』, 이수련 옮김, 새물결, 2013.

6. 굉장히 멋진 『이데올로기의 숭고한 대상』의 1부 1장 「마르크스는 어떻게 증상을 고안해냈는가?」, pp. 11~53을 보라./ 『이데올로기의 숭고한 대상』, 35~100쪽.

7. V 171./ 『폭력』, 277쪽.

8. V 183./ 『폭력』, 297쪽.

9. Slavoj Žižek, *The Parallax View* (MIT Press, Cambridge MA, 2006), pp. 375~385./ 슬라보예 지젝, 「달걀과 오믈렛과 바틀비의 미소」, 『시차적 관점』, 김서영 옮김, 마티, 2009, 734~753쪽.

10. V 180~183./ 『폭력』, 294~297쪽.

11. Žižek, *The Parallax View*, p. 385./ 『시차적 관점』, 753쪽.

12. Walter Benjamin, "Critique of Violence," *Selected Writings*, Vol. 1, ed. M. Bullock and M.W. Jennings (Harvard University Press, Cambridge MA, 1996), p. 242. (이후 CV로 표기)/ 발터 벤야민, 「폭력 비판을 위하여」, 『역사의 개념에 대하여 외』, 최성만 옮김, 길, 2008, 94쪽. (이후 「폭력 비판」으로 표기)

13. CV 242./ 「폭력 비판」, 94쪽.

14. CV 243./ 「폭력 비판」, 97~98쪽.

15. CV 243./ 「폭력 비판」, 98쪽.

16. CV 245./ 「폭력 비판」, 99쪽.

17. Georges Sorel, *Reflections on Violence*, ed. J. Jennings (Cambridge University

Press, Cambridge, 1999)./ 조르주 소렐, 『폭력에 대한 성찰』, 이용재 옮김, 나남, 2007.

18. CV 246./ 「폭력 비판」, 103쪽.

19. CV 247./ 「폭력 비판」, 105쪽.

20. CV 247./ 「폭력 비판」, 106쪽.

21. CV 248./ 「폭력 비판」, 107~108쪽.

22. CV 249./ 「폭력 비판」, 110쪽.

23. CV 249~250./ 「폭력 비판」, 111쪽.

24. Butler, "Critique, Coercion, and Sacred Life," p. 217.

25. CV 250./ 「폭력 비판」, 111쪽.

26. Butler, "Critique, Coercion, and Sacred Life," p. 211.

27. CV 250./ 「폭력 비판」, 112쪽.

28. CV 250, 강조는 저자./ 「폭력 비판」, 113쪽.

29. CV 250./ 「폭력 비판」, 113쪽.

30. Butler, "Critique, Coercion, and Sacred Life," pp. 218~219.

31. 나는 이 통찰을 로버트 깁스Robert Gibbs와의 대화에 빚지고 있다.

32. CV 252./ 「폭력 비판」, 116쪽.

33. CV 252./ 「폭력 비판」, 116쪽.

34. ZI 485.

35. Wallace Stevens, "The Poems of our Climate," in *The Palm at the End of the Mind*, ed. H. Stevens (Vintage, New York, 1990), p. 158.

36. 특히 Jacques Derrida, *On Cosmopolitanism and Forgiveness*, trans. M. Dooley and M. Hughes (Routledge, London and New York, 2001)를 보라.

37. Emmanuel Levinas, *Totality and Infinity*, trans. A. Lingis (Duquesne University Press, Pittsburgh, 1969), p. 21. (이후 TI로 표기)

38. TI 22.

39. TI 24.

40. TI 25.

41. TI 27, 강조는 저자.

42. Walter Benjamin, "Theses on the Philosophy of History," in *Illuminations*, trans. H. Zohn (Fontana, London, 1973), pp. 263~264./ 발터 벤야민, 「역사의 개념에 대하여」, 『역사의 개념에 대하여 외』, 최성만 옮김, 길, 2008, 346쪽.

43. Emmanuel Levinas, *Otherwise than Being or Beyond Essence*, trans. A. Lingis (Nijhoff, The Hague, 1974), p. 194. [『존재와 다르게: 본질의 저편』(김연숙 옮김, 인간사랑, 2010)으로 번역된 적이 있지만 절판됐다. 철학자 강영안은 이 책의 제목을 '존재와 다르게: 존재 사건 저편에'로 옮기는 것이 레비나스의 의도에 더 맞다고 주장한다. 강영안, 『타인의 얼굴: 레비나스의 철학』, 문학과 지성사, 2005, 164~165쪽을 참고하라.]

44. 나의 "Anarchic Law," *Law and Humanities*, Vol. 1, No. 2(Winter 2007), pp. 248~255를 보라. 이 측면에서 다음도 보라. Desmond Manderson, *Proximity, Levinas and the Soul of Law* (McGill-Queen's University Press, Montreal, 2006).

45. 2007년 런던에서 있었던 강의의 미출간 원고를 참조했다.

46. TI 199.

47. TI 199.

48. TI 198.

49. Emmanuel Levinas, *Basic Philosophical Writings*, eds. A. Peperzak, S. Critchley, and R. Bernasconi (Indiana University Press, Bloomington, 1996), p. 167.

50. TI 199.

51. Levinas, *Otherwise than Being or Beyond Essence*, p. 185.

52. TI 199.

53. Levinas, *Otherwise than Being or Beyond Essence*, p. 185.

54. 같은 책, p. 177.

55. Žižek, "Resistance Is Surrender"를 보라. 이는 몇 부분이 생략된 채로 ZI 346~350[『잃어버린 대의』 516~520쪽]에 더 상세히 서술돼 있다.

56. Žižek, "Resistance Is Surrender."

57. SR 16./『국가와 혁명』, 31쪽.

58. SR 55./『국가와 혁명』, 102쪽.

59. SR 56./『국가와 혁명』, 103쪽.

60. SR 55~56./『국가와 혁명』, 105쪽.

61. SR 33./『국가와 혁명』, 63쪽.

62. GM 202.

63. GM 288.

64. SR 48./『국가와 혁명』, 90쪽.

65. SR 55, 강조는 저자./『국가와 혁명』, 102~103쪽.

66. SR 18./『국가와 혁명』, 35쪽.

67. SR 80./『국가와 혁명』, 151쪽.

68. *Bakunin on Anarchy*, pp. 314~315.

69. GM 191.

70. 마르크스의 비스마르크 비판으로는 "The Civil War in France," in *Marx's Later Political Writings*, ed. T. Carver (Cambridge University Press, Cambridge, 1996), pp. 186, 193, 205를 보라./ 카를 마르크스, 『프랑스 내전』, 안효상 옮김, 최갑수 해제, 박종철출판사, 2003, 90, 100, 121쪽.

71. GM 196.

72. GM 391~392.

73. GM 392.

74. GM 476.

75. 이것과 뒤잇는 단락의 인용문은 GM 477에서 가져왔다.

76. Carl Schmitt, *Theory of the Partisan*, trans. G.L. Ulmen (Telos Press, New York, 2007), pp. 54~61을 보라./ 카를 슈미트, 「이론의 전개: IV 레닌에서 마오 쩌둥으로」, 『파르티잔』, 김효전 옮김, 문학과 지성사, 1998, 92~103쪽.

77. GM 511.

78. SR 106./『국가와 혁명』, 199쪽.

79. GM 353.

80. GM 361.

81. 내 책 *Infinitely Demanding*, pp. 111~114를 보라.

82. ZI 346./ 『잃어버린 대의』, 517쪽.

83. 이 점에 관해서는 지젝의 편지(*London Review of Books*, January 3, 2008)에 대한 데이비드 그레이버의 응수를 보라. *Infinitely Demanding*, pp. 105~111도 보라.

84. Letters, *London Review of Books*, December 13, 2007 참고.

85. SR 80./ 『국가와 혁명』, 149쪽.

86. Žižek, "Resistance is Surrender," 강조는 저자.

87. Jacques Lacan, *The Other Side of Psychoanalysis*, trans. R. Grigg (Norton, NewYork, 2007), p. 207.

88. ZI 475.

89. ZI 475.

90. ZI 476.

91. ZI 472./ 『잃어버린 대의』, 519쪽.

92. ZI 348./ 『잃어버린 대의』, 519쪽.

93. Dietrich Bonhoeffer, *Ethics*, ed. C. J. Green (Fortress Press, Minneapolis, 2005), p. 273을 보라./ 디트리히 본회퍼, 『윤리학』, 손규태 외 옮김, 대한기독교서회, 2010, 327쪽. 이 영어본에 실린 클리퍼드 그린의 유용한 서문도 참조하라.(pp. 1~44.)

94. 같은 책, p. 275./ 『윤리학』, 329쪽.

95. Young, "The Violent State," In *Naked Punch*, Free Supplement, Issue 12 (Spring 2009), p. 5.

96. 같은 책, p. 4~5.

97. 같은 책, p. 4.

98. Frantz Fanon, "Colonial War and Mental Disorders," in *The Wretched of the Earth*, trans. R. Philcox (Grove, New York, 2004), pp. 181~233을 보라./ 프란츠 파농, 「5장 식민지 전쟁과 정신질환」, 『대지의 저주받은 사람들』, 남경태 옮김, 그린비, 2010, 279~349쪽.

99. 같은 책, pp. 15, 17, 19 외/ 『대지의 저주받은 사람들』, 72, 74, 78쪽 외.

100. 같은 책, pp. 44, 51, 52 / 『대지의 저주받은 사람들』, 109, 118쪽.

101. 같은 책, p. 2./ 『대지의 저주받은 사람들』, 56쪽.

102. 같은 책, p. xlviii./ 『대지의 저주받은 사람들』, 30쪽.

103. 같은 책, p. lv./ 『대지의 저주받은 사람들』, 41쪽.

104. Hannah Arendt, *On Violence* (Harcourt, Orlando, 1970), pp. 83; 12, 20도 보라./ 한나 아렌트, 『폭력의 세기』, 김정한 옮김, 이후, 1999, 127쪽, 35~36쪽, 45~46쪽.

105. Fanon, *The Wretched of the Earth*, p. 23./ 『대지의 저주받은 사람들』, 83쪽.

106. 같은 책, p. lviii./ 『대지의 저주받은 사람들』, 44~45쪽.

107. David Graeber, "The New Anarchists," *New Left Review*, No. 13 (2002), p. 66.

108. 아주 정직하게 말해서, *Infinitely Demanding*에서 신-아나키즘과 관련된 나의 비폭력 옹호가 이러한 교조주의에 시달렸다고 생각한다. 그러한 반박에 귀를 기울이고 거

기에서 교훈도 얻은 결과, 이 장에서는 폭력과 비폭력 문제에 관해 내 입장을 재고하고자 했다.

109. CV 247./「폭력 비판」, 105쪽.
110. 이것과 다른 쟁점에 대해 내 생각을 명료하게 해 준 제이콥 블루멘펠드Jacob Blumenfeld에게 감사하고 싶다.
111. Tiqqun, *Introduction to Civil War*, trans. A. Galloway and J. Smith (Semiotext[e], Los Angeles, 2010), p. 209.
112. Žižek, *The Parallax View*, p. 385./『시차적 관점』, 753쪽.
113. ZI, 479.
114. ZI, 474.
115. ZI, 475. 이 측면에서 『처음에는 비극으로, 다음에는 희극으로First as Tragedy, Then as Farce』 (Verso, London and New York, 2009, p. 154. [김성호 옮김, 창비, 2010, 302~303쪽.])의 마지막 부분에 거듭되는 지젝의 사유선과 그의 적잖이 놀라운 간디의 만트라, '당신이 세계에서 보고 싶어하는 그 변화가 되라'(〈옥스팜〉이 냉장고용 자석에 사용한 문구라고 친구가 말해 주었다)를 보라. 실제로 어쩌면 훨씬 더 놀라운 것은 간디가 인용되는 맥락인데, 이는 호피족의 금언 '우리가 기다리던 사람들은 바로 우리다'에 연결된다. 지젝은 여기에 실체에서 주체로의 이동을 나타내는 헤겔식 비틀기를 하고 싶어 한다. 그렇지만 이것이 참이라면 버락 오바마는 잘 알려졌다시피 2008년 동안 행한 연설에서 허다하게 이 호피족 금언을 인용했기에 만만찮은 헤겔적 변증가인 셈이다. "너무 부당하지 않게 말하자면 『처음에는 비극으로, 다음에는 희극으로』가 중요한 주장들을 여럿 하고 있고 지젝이 우리에게 해 왔던 선언 가운데 가장 최선이라는 얘기다.
116. ZI 483.
117. V 172~173./『폭력』, 238~239쪽.
118. ZI 477~482.
119. ZI 478.
120. ZI 486.
121. ZI 485.
122. ZI 485.
123. CV 250./「폭력 비판」, 113쪽.
124. ZI 484.
125. ZI 485.
126. CV 250./「폭력 비판」, 111쪽.
127. ZI 349~350./『잃어버린 대의』, 522쪽.
128. 나는 이 통찰을 제이콥 블루멘펠드와 나눈 대화들에 빚지고 있다.

결론

1. WL 345./ 쇠얀 키르케고르, 『사랑의 역사』, 임춘갑 옮김, 치우, 2011, 633쪽.
2. WL 345./『사랑의 역사』, 634쪽.
3. 특히 Rosenzweig's *The Star of Redemption*, trans. W. Hallo (Notre Dame Press,

Notre Dame IN, 1985), pp. 156~253, 2권에서 사랑에 대한 비범한 논의를 보라.

4. WL 345./『사랑의 역사』, 634쪽.
5. WL 112~113./『사랑의 역사』, 190쪽.
6. WL 351./『사랑의 역사』, 646쪽.
7. WL 346./『사랑의 역사』, 636쪽.
8. WL 347./『사랑의 역사』, 637쪽.
9. WL 347./『사랑의 역사』, 637~638쪽.
10. WL 348, 강조는 저자./『사랑의 역사』, 639쪽.
11. WL 348./『사랑의 역사』, 679~680쪽.
12. Rosenzweig, *The Star of Redemption*, p. 176.
13. 같은 책, p. 177.
14. WL 171./『사랑의 역사』, 307쪽. (로마서 13장 8절. ["남에게 해야 할 의무를 다하십시오. 그러나 아무리 해도 다할 수 없는 의무가 한 가지 있습니다. 그것은 사랑의 의무입니다."])
15. WL 172./『사랑의 역사』, 309쪽.
16. WL 352./『사랑의 역사』, 648쪽.
17. WL 352./『사랑의 역사』, 648쪽.
18. WL 352./『사랑의 역사』, 648쪽.
19. WL 352~353./『사랑의 역사』, 649쪽.
20. WL 353./『사랑의 역사』, 650쪽.

옮긴이 해제

1. 이를테면 하디스라는 이슬람 경전에 쓰인 종말론('노예가 주인의 아이를 낳을 때 종말이 찾아온다')을 이교도 여성의 성노예화에 대한 근거로 내세우기도 한다.
2. 이른바 '포스트-세속주의post-secularism'라는 논쟁적인 표현은 위르겐 하버마스가 유행시켰다는 것이 정론이다. (『믿음 없는 믿음의 정치』 서론 18번 주석에서 크리츨리는 세속적인 것과 종교적인 것의 관계에 대한 최근 연구 지형을 간략하게 짚는다.) 그 뒤 헤겔 연구자인 찰스 테일러가 『세속 시대』에서 이 개념을 하버마스와는 다른 방향에서 더 발전시켰다. 전자가 이성과 신앙의 대화 가능성에 방점을 찍었다면 후자는 당대의 얼핏 반시대적으로 보이는 사회적 현상을 설명하는 데 이 (포스트) 세속화 개념이 어떻게 유효할지에 더 주목한다.
3. 에밀리오 젠틸레, 「정치의 신성화」, 『대중 독재: 강제와 동의 사이에서 1』, 임지현 외, 책세상, 2004, 53쪽.
4. Robert N. Bellah, "Civil Religion in American," *Dædalus*, Winter 1967, Vol. 96, No. 1, pp. 1~21.
5. 버락 오바마가 2006년 6월 28일 워싱턴 D. C.에서 '새로운 미국을 위한 계약 수립'이라는 컨퍼런스에서 연설한 내용이다. 「정치와 신앙」, 『우리가 믿을 수 있는 변화: 버락 오바마 연설문 2002~2008』, 이나경 옮김, 홍익출판사, 2008, 119쪽, 강조는 필자.
6. 국내에서도 아주 잠시였지만 '진보적 애국주의' 논쟁이 있었다. 장은주 교수와 서동진

교수를 필두로 각기 하버마스의 '헌법 애국주의' 개념과 발리바르의 보편적 근대 국가와 시민권에 대한 비판적 논의에 기대어 몇 차례 논쟁이 오갔다. 아쉽게도 이 논쟁은 국내에 시민종교 논의를 촉발시킬 수 있는 계기는 되지 못하고 금방 시들었다. 시민종교에 대한 (국내) 연구는 차성환의 『글로벌시대 한국의 시민종교』(삼영사, 2000)가 거의 유일하다.

7. 정치철학자 샹탈 무페가 1992년에 발표한 논문 「카를 슈미트와 더불어 그리고 반대로 민주주의를 사유하기」를 계기로, 1970년대 영미권에서 유행한 이른바 '슈미트 르네상스'에 뒤이어, 슈미트의 자유주의 비판과 피아 구분이라는 정치적인 것의 개념을 급진 민주주의의 기획에 접목시키려는 시도들이 독일을 제외한 지역에서 촉발됐다. Chantal Mouffe, "Penser la Démocratie avec et contre Carl Schmitt," In: *Revue français de Science Politique* 42, 1992, pp. 83~96.

8. 샤를리 엡도 테러 직후 미국의 진보적 자유주의자를 대표하는 마이클 왈쩌는 2015년 "Islamism and Left"라는 기고문에서 지젝, 버틀러, 네그리 등이 그간 '이슬람 혐오'에 대해 과도한 자기 검열을 거쳤고, 이슬람주의자들에게 해방의 이념을 투사하는 태도를 보였다며 노골적으로 비난한다. 그러면서 서구 유럽의 계몽주의와 세속주의를 계승한 좌파 본연의 모습으로 돌아가야 한다고 주장한다. 그런 의미에서 크리츨리는 '세속주의 논쟁'과 관련해 왈쩌의 정반대편에 있다고 볼 수 있다.

9. 국내에서는 '바울로의 회귀'라는 유행이 바울 자체에 대한 관심보다도 아감벤과 바디우가 '활용한' 바울에 대한 관심이었다. 김진호, 『리부팅 바울: 권리 없는 자들의 신학을 위하여』, 삼인, 2013, 특히 서문(7~22쪽)을 참조하라.

10. 이 꼭지의 논의는 주로 도널드 서순의 『사회주의 100년: 20세기 서유럽 좌파 정당의 흥망성쇠 1』(강주헌 외 옮김, 황소걸음, 2014)에서 가져왔다.

11. 두 이론적 입장에 대해서는 다음 글을 참고할 수 있다. 에오, 「운동 이후의 운동 주체 또는 미스 김-바틀비」, 『연세대학원신문』, 200호. (ysgradnews.org/31)

12. 이 내용이 더 궁금한 독자는 서순의 저작, 특히 11장 「좌파의 귀환」을 읽어 보면 유용하다.

13. 서순, 같은 책, 753쪽.

14. 영국의 정치학자 엘렌 케네디는 1세대부터 2세대 하버마스에 이르는 프랑크푸르트 학파와 카를 슈미트의 내밀한 관계를 독일의 자유주의 결여와 비판이라는 맥락에서 최초로 공론화했다. Ellen Kennedy, "Carl Schmitt und 'Frankfurter Schule': Deutsche Liberalismuskritik im 20. Jahrhundert," *Geschichte und Gesellschaft* 12, Vandenhoeck & Ruprecht, pp. 380~419.

15. 이와 유사한 일이 중국에서, 특히 천안문 사태 이후의 세대를 중심으로 벌어지고 있다. 신자유주의를 비판하는 데 더 이상 마르크스주의를 통하지 않고서도 슈미트와 네오콘의 사상적 지주인 레오 스트라우스만으로 가능하다. 다음 기고문을 참고하라. Mark Lilla, "Reading Strauss in Beijing", *New Republic*, 2010. 12. 17.

16. 서순, 같은 책, 768쪽. 번역 다소 수정.

17. 앤디 메리필드, 『마술적 마르크스주의』, 김채원 옮김, 책읽는수요일, 2013, 26~28쪽, 강조는 필자. 국내 언론과의 인터뷰에서 크리츨리도 이와 비슷한 언급을 한다. "직접적으로 마르크스 자체에 반대한다는 것은 아니다. (…) 마르크스를 읽지 말자는 것이 아

니다. 마르크스주의의 전통에서 볼 수 있는 경제적 환원주의를 경계하자는 것이다. 마르크스는 중요하다. 1844년을 전후한 정치적 마르크스도 설득력을 갖는다. 또한 후기 마르크스는 자본을 해체하는 작업에 주력했는데, 자본주의에 대한 그의 분석은 상당히 정확한 것이라고 할 수 있다. 후기 마르크스의 분석은 정치이론을 누락하고 있다. 이런 까닭에 다른 이론에 관심을 기울일 수밖에 없다. 경제 분석이 곧 정치적인 것은 아니다. 마르크스의 경제 분석을 정치적인 것으로 전환시킬 수 있어야 한다. 마르크스-레닌주의에서 주장하는 당 이론도 문제다. 국가권력을 장악하는 것을 목적으로 존재하는 아방가르드적인 당의 역할에 대한 주장도 신뢰하기 어려운 것이라고 할 수 있다." 이택광, 『다시 더 낫게 실패하라: 위기의 순간을 사는 철학자들』, 자음과모음, 2013, 191쪽.

18. 1999년 11월 30일 시애틀에서 개최되는 〈세계무역기구〉 정상회담을 저지하기 위해 민간기업 주도의 세계화는 대안이 될 수 없다는 공통의 신념을 가지고 5일간 '시애틀 전투'를 벌였던 사회주의자들과 아나키스트들을 비롯한 수많은 이질적인 분파와 운동 조직들을 통칭한다. 이 전투의 성공으로 이후 다양한 반신자유주의 운동과 대안 세계화 운동 그리고 반전 시위(이라크 전쟁 반대) 등이 널리 일어났다. 크리츨리는 니나 파워 등과 함께 쓴 에세이에서 이 '운동 중의 운동'이 1990년대와 그 이후 급진 이론의 지형을 대폭 바꿔 놓았다고 적고 있다. 가령 텍스트에 대한 해체적 독해나 포스트-구조주의의 반본질주의 등에 염증을 느끼고, 2000년 시애틀 전투에 대한 "철학적 증언"처럼 출간된 네그리와 하트의 『제국』(이학사, 2001)이나 바디우, 랑시에르 등으로 그 무대가 이동했다는 것이다. Simon Critchley, Nina Power, "Theoretically speaking" (frieze. com/issue/print_article/theoretically-speaking).

19. 발리바르는 『폭력과 시민다움: 반폭력의 정치를 위하여』(진태원 옮김, 난장, 2012)에서 데리다와 아감벤, 벤야민 등이 해방의 관점에서 폭력 비판을 논할 때 간과했던 '마르크스주의의 역사 속에서의 폭력 문제', 더 정확히 말하자면 폭력 문제를 정면에서 다루지 못했기 때문에 마르크스주의가 몰락했을 뿐 아니라 20세기의 전체주의나 파시즘적 폭력과의 대결에서 패배했다고 주장한다.

20. 이 맥락에서 아감벤의 『세속화 예찬』(김상운 옮김, 난장, 2010)은 세속화와 관련해 흥미로운 계보를 만들어 낸다. 한나 아렌트가 『인간의 조건』에서 종교개혁을 통한 세속화를 신성한 교회의 재산이 세속 공동체로 환수되는 과정으로 봤던 것을 적극 받아들여 아감벤은 저 환수를 '공통으로 사용하기'라고 번역하고 보통 세속화로 번역되던 'secularization' 대신에 'profanation'을 내세운다. 전자가 단순히 성스러운 사물의 자리를 세속의 자리로(천상의 군주제를 지상의 군주제로) 옮겨 놓을 뿐 그 권력은 그대로 놔둔다면, 후자는 권력 자체를 무력화하고 그 아우라마저 상실시킨다. 그러니까 과학에 대한 맹신은 전지전능한 신의 자리에 대신 경험주의와 실험주의라는 과학이 들어선 것에 불과하다. 아감벤의 입장을 따르자면 수시로 어떤 사물이 신성의 영역과 세속의 영역을 오가고 그 경계와 구분이 모호하다는 것을 인정해야 비로소 생산적인 논쟁이 가능해진다.

21. 푸코는 근대 유럽 사회의 정치와 종교의 밀접한 관계가 교회와 국가 사이에서가 아니라 사목과 통치 사이에서 작동했다고 하면서 중세 신비주의나 종교개혁을 특정 집단이나 계급의 (유토피아적) 열망이 종교적 신앙에 표출된 '이데올로기'의 차원에서 접근

하는 대신 사목 권력의 구조를 바꿔 놓는 반란의 전술이라는 차원에서 접근해야 한다고 덧붙인다. 이 맥락에서 그는 중세 신비주의를 대항품행의 구성 요소로 거론한다. 푸코의 '대항품행(대항인도)'에 대한 명쾌한 해설로는 다음을 참고할 수 있다. 하코다 테츠, 「이슬람적 통치는 존재하지 않는다: 푸코의 이란 혁명론과 대항인도」, 오모다 소노에 외, 세리자와 가즈야 외 엮음, 『푸코 이후』, 김상운 옮김, 난장, 2015, 167~200쪽.

22. 크리츨리의 전기적 사실은 대부분 인터뷰집 *How to Stop Living and Start Worrying* (Polity, 2010), 특히 1장에서 가져왔다.

23. 이택광, 『다시 더 낫게 실패하라: 위기의 순간을 사는 철학자들』, 자음과모음, 2013.

24. 다니엘 게랭, 『아나키즘: 이론에서 실천까지』, 김홍옥 옮김, 여름언덕, 2015, 8쪽에 재인용.

25. "The catechism of the citizen: politics, law and religion in, after, with and against Rousseau," *Law and Humanities*, Volume 1, Issue 1, 2007, pp. 79~109와 *Der Katechismus des Bürgers* (diaphanes, 2008)를 보라.

26. 여기에 실린 논문 가운데 바디우의 글은 '민주주의와 실망: 저항의 정치에 대하여'라는 제목으로 2007년 11월 15일 뉴욕에서 열린 바디우와 크리츨리의 대담의 구술본이다.

27. 무아르케로서의 아나키즘이라는 크리츨리의 구상에 레비나스 말고도 쉬르만의 *Heidegger on Being and Acting: From Principles to Anarchy* (Indiana UP, 1987)가 영향을 끼쳤으리라 추정된다.

28. Simon Critchley, Reiner Schuermann, Ed. by S. Levine, *On Heidegger's Being and Time*, Routledge, 2008. 특히, 3장에서 전개되는, 하이데거의 『존재와 시간』의 두 명제 '현존재는 내던져진 기획투사다'와 '현존재는 현사실적으로 실존한다'에 대한 분석을 참고할 수 있다.

29. Tyler Malone, Simon Critchley, full-stop.net/2012/04/02/interviews/tyler-malone/simon-critchley.

30. 대표적으로 조너선 하이트의 『바른 마음』(왕수민 옮김, 웅진지식하우스, 2014)과 이것의 한국 번외편인 강준만의 『싸가지 없는 진보』(인물과사상사, 2014)를 들 수 있다.

31. 미국의 동성혼 합헌을 '보수적 전략과 급진적 결과'라는 차원에서 분석한 국내 기사는 대표적으로 다음을 들 수 있다. 천관율, 「커버스토리: 26년 전 칼럼, 백악관 밝히다」, 『시사인』 408호. 그리고 기사에도 언급되어 있지만 동성혼 합헌의 뿌리 깊은 배경이 되는 미국의 시민종교에 대한 논의는 다음 책을 참고할 수 있다. 로버트 퍼트넘 외, 『아메리칸 그레이스』, 안병진 외 옮김, 페이퍼로드, 2013.

32. 이런 측면에서 흥미로운 가설을 하나 제시하고 싶다. 이 시기에 크리츨리는 리처드 로티가 정식화했던 자유주의적 아이러니스트, 즉 '자유주의를 선택하지만 그것이 우연적인 일이기에 타인에게 강제할 순 없다'는 것을 아는 자라는 바로 그 위치에 아이러니하게도 가까워진 것처럼 보인다. 리처드 로티는 보통 크리츨리와 이론적 대척점에 있다고 이야기되고, 실제로도 1993년 파리에서 국제 철학 학교가 개최한 '해체와 실용주의' 컨퍼런스에서 데리다의 '해체'와 관련해 이견을 보였다. (이때의 결과물이 *Ethics-Politics-Subjectivity*의 4장과 5장에 각기 실려 있다.) 특히 『미국 만들기: 20세기 미국에서의 좌파 사상』(임옥희 옮김, 동문선, 2003)에서 로티가 유럽의 혁명적 좌파와 구별되는

미국 특유의 '애국주의 개량 좌파' 전통을 상기시킬 때, 이 책 1장에서 루소의 애국주의 담론을 호의적으로 검토하는 크리츨리의 제스처와 일부 포개진다. 로티에 대해 간략히 개괄하려면 다음을 참고할 수 있다. 나가마사 마사키, 『현대 미국 사상』, 송태욱 옮김, 을유문화사, 2012, 특히 6장 「정치적 자유주의로의 전략 전환: 유동화하는 자유」, 213~239쪽.

33. Simon Critchley, *Ethics of Deconstruction: Derrida and Levinas*, Edinburgh UP, 2014, xiii.

34. Simon Critchley, *Infinitely Demanding: Ethics of Commitment, Politics of Resistance*, Verso, 2007, p. 92.

35. Jacques Ranciere, "The Ethical Turn of Aesthetics and Politics," *Critical Horizons* 7:1, 2006, p. 2.

36. 같은 책, p. 9.

37. 같은 책, p. 18.

38. 같은 책, p. 10.

39. Emmanuel Levinas, *Collected Philosophical Papers*, trans. by Alphonso Lingis, Martinus Nijhoff, 1987, pp. 127~140.

40. Emmanuel Levinas, *Basic Philosophical Writings*, edit. by Simon Critchley et al., Indiana UP, 1996, pp. 79~96.

41. Emmanuel Levinas, *Otherwise than Being or Beyond Essence*, trans. Alphonso Lingis, Martinus Nijhoff, 1981, p. 180. 이후 이 시기의 레비나스와 아나키즘에 대한 논의는 다음 논문에 바탕을 두고 있다. Mitchell Verter, "anarchism of the other person"(waste.org/~roadrunner/writing/Levinas/AnarchismOtherPerson_WEB. htm#_edn4).

42. 같은 책, pp. 99~130.

43. 에마뉘엘 레비나스, 『신, 죽음 그리고 시간』, 문성원 외 옮김, 그린비, 2013. 이후 따로 쪽수 표시가 없이 인용 부호로 묶인 구절은 모두 이 책, 특히 2부 「신과 존재-신-론」에서 가져왔다.

44. 같은 책, 259쪽.

45. 고병권, 『점거, 새로운 거버넌트: 월스트리트 점거운동 르포르타주』, 그린비, 2012. 『민주주의란 무엇인가』, 그린비, 2011. 이 책에서 흥미롭게도, 저자는 정치학자 최장집의 정당 민주주의에 전제된 발전주의 도식을 밝혀내면서 그런 종류의 역사적 필연성이나 인과성과 단절하는 자유의 공간을 창출하는 것으로서의 민주주의, 즉 대의가 필요 없는 삶의 새로운 형식으로서의 민주주의를 내세운다. 이는 공교롭게도 크리츨리의 민주주의관과 닮아 있다.

46. 고병권, 『살아가겠다』, 삶창, 2014, 235~239쪽을 참고하라.

47. Nina Power, "Which Anarchism? On the Advantages and Disadvantages of Infinity for (Political) Life: A Response to Simon Critchley's Infinitely Demanding," In: *Critical Horizons*, 2009, Volume 10, Issue 2, p. 231.

48. 같은 책, p. 232.

49. 우리는 이미 세월호 사건에서 여러 차례 이런 발본적인 죄책감과 무력감을 동시에 경

험했다. 어느 언론사 기자는 세월호 진상 조사를 요구하기 위해 국회 앞에까지 갔다가 철저하게 외면당한 세월호 유가족의 얼굴을 차마 볼 수 없어서 묵묵히 그들의 행진을 뒤에서 따라갈 수밖에 없었다고 고백한 적이 있다. 그리고 한 철학자는 '이게 국가란 말인가'라는 분노와 부르짖음 속에서 무아르케로서의 아나키(즘)를 읽어 내기도 했다. 진태원, 「세월호라는 이름이 뜻하는 것: 폭력, 국가, 주체화」, 『팽목항에서 불어오는 바람』, 현실문화, 2015를 참고하라.

50. Nina Power, 같은 책, p. 239.

51. 더 나아가 이 아르케 없는 것으로서의 '윤리적 아나키'를 근거로 이른바 '아나코-공산주의자'처럼 소유 재산의 철폐까지 주장할 수 있다. 로크의 말마따나 자기 소유self-ownership는 물려받은 재산이나 자연을 대상으로 행한 노동을 통해 얻었던 재산 말고도 타고난 자기 몸의 확장과 동일성까지 포함되어 있기 때문이다. 물론 레비나스-아나코-공산주의자와 다르게 노동을 통한 자기의 외재화와 자기소외의 문제를 더 부각시키는 헤겔-마르크스의 길도 있다.

52. 전자의 대표적인 책은 폴 애브리치의 『아나키스트의 초상』 (하승우 옮김, 갈무리, 2004)이 있고 후자의 경향을 띠는 책으로는 장 프레포지에의 『아나키즘의 역사』(이소희 외 옮김, 자음과모음, 2003)를 들 수 있다. 이후의 아나키즘에 대한 논의는 대부분 68혁명 당시 대표적인 아나키스트였던 다니엘 게랭의 『아나키즘』에 빚지고 있고 앞으로 전개될 아나키-아르케에 대한 논의는 대부분 다음 글에서 가져왔다. Mitchell Verter, 같은 글.

53. 다니엘 게랭, 같은 곳.

54. 에티엔 발리바르, 『스피노자와 정치』, 진태원 옮김, 그린비, 2014, 233쪽.

55. 발리바르, 같은 곳.

56. 아즈마 히로키, 『일반의지 2.0』, 안천 옮김, 현실문화, 2012, 85쪽.

57. 아즈마, 같은 책, 103쪽

58. "Die Wut gewinnt an Boden", *Die Zeit*, 2015. 05. 08.

ㄱ

ㅇ

믿음 없는 믿음의 정치

믿음 없는 믿음의 정치

믿음 없는 믿음의 정치